国家级一流本科课程配套教材

审计学

AUDITING

黄 浩 主编

科学出版社

北 京

内 容 简 介

本书是学习和理解审计学理论和实践的教材,内容包括注册会计师职业道德、法律责任,审计流程和方法,内部控制、风险评估和数据分析等关键主题,涵盖了审计学的核心概念、原则、方法和技术。本书采用分章节结构,不仅涵盖最新审计准则内容,还融入多种丰富的学习元素,如审计故事、扩展阅读、前沿资讯、专业拓展、审计案例、审计实践和一问一答等,以提供更广泛的学习体验和深入的拓展知识。本书秉持专业与思政融合的理念,注重实用性和问题解决能力的培养,兼顾前瞻性和全面性的知识覆盖,是一部全面且实用的指导手册。

本书适合高等学校审计学专业学生使用,也可作为经济管理类其他专业学生学习的参考书。

图书在版编目(CIP)数据

审计学 / 黄浩主编. —北京:科学出版社,2023.10

国家级一流本科课程配套教材

ISBN 978-7-03-075618-3

Ⅰ. ①审… Ⅱ. ①黄… Ⅲ. ①审计学-高等学校-教材 Ⅳ. ①F239.0

中国国家版本馆CIP数据核字(2023)第094153号

责任编辑:王京苏 / 责任校对:贾娜娜
责任印制:霍 兵 / 封面设计:楠竹设计

科 学 出 版 社 出版
北京东黄城根北街 16 号
邮政编码:100717
http://www.sciencep.com

中煤(北京)印务有限公司印刷
科学出版社发行 各地新华书店经销

*

2023 年 10 月第 一 版 开本:787×1092 1/16
2025 年 1 月第四次印刷 印张:19 1/4
字数:455 000

定价:52.00 元

(如有印装质量问题,我社负责调换)

前　言

习近平总书记在党的二十大报告中强调："健全党统一领导、全面覆盖、权威高效的监督体系，完善权力监督制约机制，以党内监督为主导，促进各类监督贯通协调，让权力在阳光下运行。"[①]审计监督是党和国家监督体系的重要组成部分，在国家治理中发挥着国家财产看门人、经济安全守护者等重要作用。更好发挥审计监督的重要作用，对于维护国家财政经济秩序、提高财政资金使用效益、促进廉政建设、保障经济社会健康发展具有重要意义[②]。在全球化和信息化快速发展的今天，审计的重要性不言而喻。作为企业和组织的核心管理工具之一，审计在确保财务透明度、风险管理及合规性方面扮演着至关重要的角色。然而，随着商业环境的复杂性和全球化程度的不断提高，审计面临着新的挑战和机遇。基于上述原因，我们迫切需要一部教材来引导同行和学生们深入理解审计学的核心概念，探索新兴趋势和技术对审计实践的影响，并提供有效的解决方案。

编写这部教材的初衷是为学生、专业人士和其他对审计学感兴趣的读者提供一部全面且实用的指导手册。无论您是想进入审计职业领域，还是已经从事审计工作多年，这部教材都将成为您的宝贵资源。它将帮助您建立坚实的审计基础，掌握核心概念、技能和工具，以适应快速变化的审计环境。

在编写教材时，我们深入研究了审计学的各个方面，包括审计的基本原则、程序和方法、内部控制、风险评估和数据分析等关键主题，同时借鉴了国内外学术界的最新研究成果，努力确保教材内容既具有学术深度，又富有实践应用性。本教材配套丰富，体例架构上设置了"审计故事""前沿资讯""专业拓展""审计案例"等理论与实践一体化素材，以清晰、简洁的语言呈现，配有大量数字化资源，以帮助读者将理论知识与实际情境相结合。

在编写本教材时，我们注重以下几方面特色。

（1）专业与思政的融合：落实立德树人根本任务，将习近平新时代中国特色社会主义思想写进教材，将党的二十大精神融入教材，推动中华优秀传统文化同社会主义社会相适应，展示中华民族的独特精神标识，更好构筑中国精神、中国价值、中国力量，培育学生经世济民、诚信服务、德法兼修的职业素养。

---

① 习近平. 高举中国特色社会主义伟大旗帜　为全面建设社会主义现代化国家而团结奋斗——在中国共产党第二十次全国代表大会上的报告. http://www.gov.cn/xinwen/2022-10/25/content_5721685.hmt，2022-10-25.

② 更好发挥审计监督的重要作用（专题深思）. http://opinion.people.com.cn/n1/2023/0117/c1003-32607903.html，2023-01-17.

（2）理论与实践的融合：通过真实案例和实际业务场景再现，帮助读者将抽象的理论应用到具体的审计实践中，引导学生深入社会实践、关注现实问题，更好地理解和应用审计学的核心概念和方法。

（3）最新趋势和技术的涵盖：紧跟审计领域的最新发展，特别关注数字化审计、大数据分析和人工智能等新兴技术在审计中的应用。教材内容涵盖了这些趋势和技术的原理、方法和实践案例，帮助读者掌握当代审计所需的技能和知识。

（4）实用性和问题解决能力的培养：我们强调实践导向，通过详尽的案例研究、实操示例和讨论题，培养读者的问题解决能力。读者将学习如何应对复杂的审计问题，如风险评估、内部控制和审计报告等，从而在实际工作中能够应用所学知识。

（5）前瞻性和全面性的内容覆盖：教材内容不仅涵盖了传统审计学的基本理论和方法，还关注了前沿领域和新兴议题。我们特别关注可持续发展和环境、社会、治理审计的要求，使读者能够了解和应对日益增长的社会责任和环境可持续性的挑战。

本教材由广东外语外贸大学黄浩教授担任主编，参编人员包括广东外语外贸大学孙家和教授、许锐博士以及史雪琳、关慈欣、张子婧、潘思如等，具体分工如下：第一章由黄浩编写；第二、三章由黄浩、关慈欣编写；第四、五章由孙家和编写；第六、七章由许锐编写；第八、九章由黄浩、张子婧编写；第十至第十二章由黄浩、潘思如编写；第十三至第十五章由黄浩、史雪琳编写。

在编写过程中，我们参阅了国内外大量的文献和资料，在此，对所有审计学研究领域的专家和学者致以最诚挚的谢意，衷心感谢所有在编写审计学教材过程中给予我们支持和帮助的学术界同仁和机构。你们的专业知识和经验对于本教材的完善起到了重要作用，我们感激不尽。

由于作者水平有限，书中难免会有不足之处，恳请读者批评指正，以便我们在下一次修订时加以完善。

编 者

2023年5月20日

目 录

第一章 审计与鉴证概论 ··· 1
  第一节 审计的产生与发展 ·· 1
  第二节 审计概念与分类 ·· 14
  第三节 审计相关业务概述 ·· 18
  第四节 审计技术的演进与趋势 ·· 22
第二章 注册会计师管理 ··· 38
  第一节 注册会计师 ·· 38
  第二节 会计师事务所 ·· 43
  第三节 注册会计师协会 ·· 46
第三章 注册会计师执业准则 ··· 54
  第一节 注册会计师执业准则概述 ······································ 54
  第二节 中国注册会计师业务准则 ······································ 56
  第三节 会计师事务所质量管理准则 ···································· 68
第四章 注册会计师职业道德 ··· 83
  第一节 注册会计师职业道德守则概述 ·································· 83
  第二节 中国注册会计师职业道德守则的基本原则 ························ 87
  第三节 注册会计师职业道德概念框架 ·································· 94
  第四节 职业道德框架的具体应用 ······································ 101
第五章 注册会计师法律责任 ··· 111
  第一节 注册会计师法律责任概述 ······································ 112
  第二节 外国注册会计师的法律责任 ···································· 118
  第三节 中国注册会计师的法律责任 ···································· 123
  第四节 注册会计师法律责任的预防 ···································· 127
第六章 财务报表审计目标与审计过程 ····································· 130
  第一节 审计总体目标 ·· 130
  第二节 管理层、治理层和注册会计师对财务报表的责任 ·················· 133
  第三节 认定与具体审计目标 ·· 137
  第四节 审计目标的实现过程 ·· 141
第七章 审计证据与审计工作底稿 ··· 144
  第一节 审计证据 ·· 144

第二节　获取审计证据的审计程序……………………………………… 148
   第三节　审计工作底稿……………………………………………………… 157
第八章　审计重要性与审计风险……………………………………………… 167
   第一节　审计重要性……………………………………………………… 167
   第二节　审计风险………………………………………………………… 177
第九章　接受业务委托与计划审计工作……………………………………… 182
   第一节　初步业务活动…………………………………………………… 183
   第二节　总体审计策略和具体审计计划………………………………… 193
第十章　风险评估……………………………………………………………… 205
   第一节　风险评估的含义………………………………………………… 206
   第二节　了解被审计单位及其环境……………………………………… 210
   第三节　了解被审计单位的内部控制…………………………………… 216
   第四节　识别和评估重大错报风险……………………………………… 223
第十一章　风险应对…………………………………………………………… 230
   第一节　针对财务报表层次重大错报风险的总体应对措施…………… 231
   第二节　针对认定层次重大错报风险的进一步审计程序……………… 233
   第三节　控制测试………………………………………………………… 236
   第四节　实质性程序……………………………………………………… 242
第十二章　财务报表审计中对舞弊的考虑…………………………………… 248
   第一节　舞弊及其舞弊风险动因和责任………………………………… 248
   第二节　识别与评估舞弊风险…………………………………………… 251
   第三节　应对舞弊风险的决策…………………………………………… 253
第十三章　审计抽样…………………………………………………………… 260
   第一节　审计中选择测试项目的方法…………………………………… 260
   第二节　审计抽样………………………………………………………… 262
   第三节　控制测试中抽样技术的运用…………………………………… 265
   第四节　细节测试中抽样技术的运用…………………………………… 266
第十四章　审计报告与沟通…………………………………………………… 269
   第一节　审计报告概述…………………………………………………… 269
   第二节　无保留意见审计报告…………………………………………… 271
   第三节　非无保留意见审计报告………………………………………… 271
   第四节　在审计报告中增加强调事项段和其他事项段………………… 274
   第五节　公司持续经营能力对审计报告的影响………………………… 275
   第六节　在审计报告中沟通关键审计事项……………………………… 279
   第七节　期后事项………………………………………………………… 281
第十五章　常见非年报审计的鉴证业务……………………………………… 284
   第一节　验资业务………………………………………………………… 284
   第二节　内部控制审计…………………………………………………… 290

二维码目录

第一章 审计与鉴证概论 1
【审计故事】"会稽山"的由来 1
【审计故事】秦朝御史大夫是否掌管财政？ 3
【审计故事】古代审计的萌芽 3
【审计故事】古代审计制度的发展 4
【审计故事】新四军在苏中抗日根据地的审计制度的建立过程 5
【一问一答】中国审计机关在世界审计组织和亚洲审计组织中
　　　　　　发挥了什么作用？ 7
【一问一答】影响力较大的国际审计组织有哪些？ 8
【扩展阅读】中国注册会计师执业准则发展历程 11
【一问一答】审计业务的三方关系人指的是谁？ 20
【前沿资讯】审计中的大数据思维的应用 22
【审计故事】会"说话"的指纹签到机 25
【审计故事】航空公司：明修栈道，暗度陈仓 26
【扩展阅读】以数字化转型推动内部审计高质量发展 29
【前沿资讯】未来审计：什么是区块链？ 31
【一问一答】信息技术对审计的影响有哪些？ 33
【前沿资讯】财务智能机器人——"失业"VS"提升" 37

第二章 注册会计师管理 38
【一问一答】审计助理是做什么的？ 46
【扩展阅读】规范秩序，优化服务，促进注册会计师行业持续健康发展 ... 49
【一问一答】国际上政府审计公认的准则体系是什么？ 53
【审计实践】会计师事务所业务质量控制准则情况 53

第三章 注册会计师执业准则 54
【专业拓展】会计师事务所质量管理准则常见问题 68
【一问一答】如何判断一个联合体是否形成网络？ 70
【专业拓展】质量管理领导层示例 70
【一问一答】公众利益实体包括哪些？ 74
【专业拓展】对改进项目质量控制复核的具体措施 77

第四章　注册会计师职业道德 ····· 83

- 【审计故事】董狐直笔 ····· 83
- 【审计故事】《论语》与审计工作 ····· 87
- 【一问一答】审计人员的基本职业道德有哪些？ ····· 87
- 【扩展阅读】财政部印发《注册会计师行业诚信建设纲要》 ····· 88
- 【专业拓展】穿透式审计 ····· 89
- 【一问一答】保持职业怀疑的作用有哪些？ ····· 90
- 【审计故事】《论语》与审计良好职业行为 ····· 91
- 【专业拓展】在财务报表审计中，遵循职业道德基本原则与保持职业怀疑是一致的 ····· 93
- 【一问一答】怎样理解习近平总书记提出的"三立"要求？ ····· 94
- 【专业拓展】因收入过分依赖客户而导致独立性受影响的防范措施 ····· 96
- 【一问一答】与前任注册会计师沟通，为何需要征得客户同意？ ····· 105
- 【审计实践】判断是否符合《中国注册会计师职业道德守则》 ····· 110

第五章　注册会计师法律责任 ····· 111

- 【审计案例】R 会计师收受贿赂，与公司合作造假？ ····· 117
- 【审计案例】康美药业一案的中国证券监督管理委员会行政处罚决定书（节选） ····· 129

第六章　财务报表审计目标与审计过程 ····· 130

- 【专业拓展】会计监管风险提示第 2 号——通过未披露关联方实施的舞弊风险摘录 ····· 131
- 【一问一答】审计的固有限制表现在哪几个方面？ ····· 132

第七章　审计证据与审计工作底稿 ····· 144

- 【一问一答】存货监盘审计程序要点是什么？ ····· 150
- 【一问一答】存货监盘不可行的情况有哪些？替代审计程序如何操作？ ····· 150
- 【审计实践】被审计单位存货存放在多个地点，注册会计师在计划监盘程序时需要考虑哪些因素？ ····· 150
- 【一问一答】存货监盘应注意哪些问题？ ····· 151
- 【审计案例】监盘时的风险应对 ····· 151
- 【一问一答】函证应注意哪些事项？ ····· 155
- 【审计案例】询问和分析程序在识别和评价舞弊中的作用 ····· 157
- 【一问一答】审计证据取证方法的应用场景有哪些？ ····· 157
- 【审计案例】浑水对瑞幸咖啡的做空 ····· 157
- 【一问一答】审计工作底稿具有法律效力吗？ ····· 160
- 【一问一答】审计工作底稿编制需要注意哪些事项？ ····· 166

第八章　审计重要性与审计风险 ····· 167

- 【一问一答】如何理解重要性水平？ ····· 169

【一问一答】财务报表整体层次的重要性水平等于各账户或认定的
　　　　　　　重要性水平之和吗? ··· 173
　　【一问一答】为什么注册会计师在审计过程中要考虑重要性概念? ··············· 174
　　【一问一答】扩大审计程序范围与追加审计程序的适用前提是什么? ············ 176
　　【审计案例】审计的重要性 ·· 177
　　【一问一答】审计风险与经营风险的区别是什么? ····································· 177
　　【扩展阅读】从理论模型看高质量审计实现路径 ·· 180
　　【一问一答】扩大审计程序范围与追加审计程序的区别是什么? ··············· 181

第九章　接受业务委托与计划审计工作 ··· 182
　　【一问一答】不应该承接哪些客户的审计委托? ·· 184
　　【审计案例】初步业务活动 ··· 193

第十章　风险评估 ··· 205
　　【一问一答】用作风险评估程序的分析程序有哪些要求? ····························· 208
　　【审计案例】上市公司财务造假套路 ·· 210
　　【审计案例】内控被否的上市公司漏洞在哪? ··· 223
　　【一问一答】生产与存货循环的主要风险有哪些? ··· 225
　　【审计实践】被审计单位风险评估 ·· 229

第十一章　风险应对 ·· 230
　　【一问一答】如何理解财务报表层次重大错报风险? ····································· 233
　　【一问一答】生产与存货循环的控制测试包括哪些? ····································· 241
　　【一问一答】实施函证时应该对舞弊风险迹象采取什么应对措施? ············ 243
　　【一问一答】如何确定已记录金额与预期值之间可接受的差异额? ············ 246
　　【审计实践】重大错报风险评估及其应对措施 ··· 246

第十二章　财务报表审计中对舞弊的考虑 ··· 248
　　【审计故事】以小见大，见微知著 ·· 248
　　【审计案例】欣泰电气（300372）IPO造假 ··· 249
　　【审计案例】基于舞弊三角理论探析东方金钰虚构翡翠原石销售
　　　　　　　财务造假案件 ·· 250
　　【审计故事】审计人的客观性——公正审计 ··· 252
　　【扩展阅读】《中国企业反舞弊调查报告2022》摘要 ···································· 253
　　【一问一答】为何仅通过实质性程序无法应对重大错报风险? ··············· 254
　　【专业拓展】针对常见的会计估计，注册会计师可以考虑的事项 ·············· 259
　　【专业拓展】11项公司财务风险及其尽调方法 ··· 259

第十三章　审计抽样 ·· 260
　　【一问一答】传统变量抽样属于统计抽样吗? ·· 263
　　【一问一答】如何理解抽样风险? ·· 264
　　【一问一答】抽样风险与非抽样风险的关系是什么? ·································· 265
　　【审计案例】抽样风险的识别及其对审计工作的影响 ································· 265

【一问一答】控制测试中影响样本规模的因素有哪些? ……………………… 268
第十四章　审计报告与沟通 ………………………………………………… 269
【审计案例】华信证券被出具"无法表示意见" ……………………… 273
【扩展阅读】对与持续经营相关的重大不确定性的上市公司年报审计
　　　　　　风险的关注 …………………………………………………… 279
【一问一答】期后事项的三个阶段是什么? …………………………… 283
【审计实践】期后事项的披露 …………………………………………… 283
第十五章　常见非年报审计的鉴证业务 ……………………………………… 284
【一问一答】内部控制审计与财务报表审计中的控制测试有何区别? ………… 296
【一问一答】经济责任审计的对象有哪些? 经济责任审计的内容有哪些? …… 297
【一问一答】什么是资源环境审计? …………………………………… 297

第一章

审计与鉴证概论

第一节 审计的产生与发展

一、我国审计产生与发展概况

【审计故事】"会稽山"的由来

（一）我国奴隶社会时期的审计制度——官厅（政府）审计的萌芽时期

中国审计制度可能起源于夏商西周时期。公元前21世纪，随着夏朝的建立，国家有了初步的财政，大禹作为夏朝的开国君主最早建立了国家税赋制度，始创"会稽"工作。在商代，有关审计方面的活动缺乏明确的文字记载，但结合后世审计状况推断，商代可能是我国审计的初步萌芽时期。

西周的审计制度在我国乃至在世界审计发展史中都具有重要地位，有着极其深远的影响。《周礼》记载，当时的审计由家宰总抓大事，司会和宰夫进行具体工作。家宰命令各寝官于年终正确处理其所治文书，向其汇报，经审查后再报告于周王，以决定对百官的升迁或罢免；司会以所执书契版图的副本为依据，进行交叉考核，了解各地情况，报告周王和家宰决定奖励或处罚；宰夫则按照朝政，考核府郡都县百官的政绩，根据治朝之法报请家宰加以诛罚或奖赏。司会是家宰的属官，其监督工作相当于现在的内部稽核。宰夫的监督工作相当于现在的外部监督，其职务的出现，不但是我国国家审计的起源，而且对后世审计组织的建制与发展产生了深刻影响，其后审计机构的建立和审计官员的出现均与宰夫的职掌有密切联系。

在春秋时期，建立了"复计著"的报告制度，即由乡到什、伍等各级官吏要逐级定期向上级报告工作，上级对下级进行审核考查。在《管子》中还提出了"明法审数"的主张，被誉为我国乃至世界上最古老的审计原则。

（二）我国封建社会时期的审计制度——官厅审计的形成与缓慢发展时期

战国时期推行上计制度。这是一种定期报表币核制度，即各级官吏定期（年终）将其管辖的财政收支和人口、垦田、盗贼、狱讼等情况报告中央，经审查后，视各级官吏政绩的优劣给予升降奖惩。上计的内容，虽然涉及政治功过的考核，但其侧重点是各地的年度财政收支情况。

秦朝推行御史监察制度。秦朝进一步发展和完善了上计制度，还制定了明确具体的法规制度，并首创了由御史大夫主持上计工作的制度，即由御史大夫行使监察职权，对上计报告进行审查与考核，并将审核结果报告皇帝，以决定奖惩。御史大夫是直接辅佐皇帝，行使对国家政治、经济监察大权的高官。

汉代继续推行御史监察制度，同时在地方设置侍御史官职，负责地方财政收支的监察，并出现了上计簿、上计会议等比较科学的制度，还颁布上计律，首次将上计制度上升到法律高度，以法律作为保证，从而将审计监督用法律的形式固定下来。

隋朝除继续推行秦汉以来的御史监察制度以外，还推行比部制度，对官吏财政收支职责履行情况进行审计。比部是一个专业审计机关，它归属刑部直接领导，从而兼具司法和行政监督的性质，其审计监察的内容主要是各级财政官吏所掌管的财政收支活动的数量情况。

唐代发展了隋朝的比部制度，审计权限更加独立，范围更加广泛，并加强了与司法的联系。此外，还设立了全国最高监察机关——御史台。御史台对国家财计的监察与比部的审计，既有分工，又有配合。比部勾覆若发现一般性违法行为，即由刑部依法直接处置；若发现贪污、盗窃等重大事项，则由比部勾覆后，移交御史台核证上奏弹劾，然后法办。唐代还制定了考核审计人员的标准，"明于堪复，稽失无隐，为勾检之最"。即比部官员既要充分、公正地揭露错误与弊端，又要自身公正无私、刚直不阿，不得因私隐匿事实真相。

宋代初年，没有设立独立的审计机构，导致财计混乱，贪污盗窃、隐昧侵欺泛滥。宋太宗淳化三年（992 年），专门设置审计院，这是"审计"一词在我国首次出现。宋朝将审计机构归属于比部，恢复唐代财审分立制度，专门审查财政收支情况。

元代仍然仿效唐制，设御史台为最高监察机关，从中央到地方有一套较完善的监察审计制度，其审计内容包括赋税、劳役征收、会计核算、工程营造支出等，但审计工作归户部管辖，即由户部审计科对中央各部门、地方各官府所呈送的审计报告进行审计。

明朝推行都察院审计制度。都察院的职责之一就是对官吏经济责任履行情况进行审计，揭露与弹劾贪官污吏，对受贿索贿、贪赃枉法、虚报冒领等腐败官吏和违犯官纪的官吏给予严厉惩处。明朝还继承了唐宋上计制度的成规，但由户部对上计报告进行审核。

清代仍设都察院，下设十五道监察御史，出现了单一的审计机构，主要负责对中央和地方财政的收支活动和其他方面进行审计，采用稽查账簿为主，结合监察御史巡察的方式，对各部门、各级地方政府的财政会计账簿逐级进行审计。

【审计故事】秦朝御史大夫是否掌管财政？

【审计故事】古代审计的萌芽

（三）我国民国时期的审计制度——现代审计制度形成时期

清末民初，中国民族资本主义有了一定发展，又有一大批掌握了近代审计理论的优秀知识分子，因而有了注册会计师行业诞生的必要条件。1918年6月，中国银行总司账谢霖先生向北京政府农商部和财政部呈请开办会计师事务所。同年9月16日，两部批准谢霖会计师事务所承揽业务广告。同年9月7日，北京政府农商部颁布《会计师暂行章程》，谢霖先生领到了中国第一号会计师证书，其创办的中国第一家会计师事务所——正则会计师事务所获批准成立，标志着我国民间审计的诞生。1930年1月25日，国民政府立法院颁布了《会计师条例》，第一次以立法形式正式确立了会计师职业的法律地位。1945年6月30日，颁布了《会计师法》。截至1947年8月，全国共有注册会计师1583人。会计师事务所主要集中在上海、天津、广州等沿海城市，其主要业务是为企业设计会计制度、代理申报纳税、培训会计人才和其他会计咨询服务。

民国时期，国民政府重视审计制度建设。例如，1912年由大总统批准施行《审计处暂行章程》，对于审查收支、国库、国债、工程与买卖借贷等作出了规定；1929年10月公布了《审计部组织法》，规定审计部直属国民政府监察院，监督财政预算执行、核定收支命令、审核财政决算、稽查财政收支上的不法或不忠行为。但由于长期军阀割据、战乱动荡、政治腐败，审计部的上述职能一直未能认真执行。

在这一时期，中国共产党领导的新民主主义革命政府也十分重视审计工作。例如，1931年11月，在中央机关以外，设立审计委员会，审计政府岁入岁出，监督政府预算执行。在抗日战争时期，也设立各级审计机关，部队也设有审计机构，监察财政财务收支及管理事项。例如，1932年8月17日，中华苏维埃共和国中央人民委员会第22次常务会通过《财政部暂行组织纲要》，规定在中央财政人民委员部设审计处、省财政部审计科，对各级政府财政的预决算进行审查。抗日战争前期，随着红军反"围剿"的胜利，国民党军队加紧了对根据地的封锁，临时中央面对经济困难的局面，考虑对某些经济政策作调整。例如，1933年9月15日，中华苏维埃共和国中央人民委员会第四十九次会议决定，在中央人民委员会下设审计委员会，与财政部门相分离，加强对财政部的监督审核。1934年1月，毛泽东在第二次苏维埃代表大会上指出，根据地的财政支出，应该贯彻节省方针。同年2月17日颁布的《中华苏维埃共和国中央苏维埃组织法》规定在中央执行委员会下设中央审计委员会，阮啸仙担任中央审计委员会委员；20日《中华苏维埃共和国中央政府执行委员会审计条例》颁布。审计工作在抗日战争时期逐步完善。随着长征胜利会师的进行，1936年8月，西北革命军事委员会、总政治部、中央财政部共同发布关于"筹款工作问题"的训令，提出要在总供给部建立审计处，审核所属机关部队的收支。1939年6月5日，中共中央书记处发布《中央关于严格建立财政经济制度的决定》，明确要求"建立会计审计制度"。12月，中共中央财政经济部下设审计处，对陕甘宁边区党政军的经费支出进行审计。抗日战争后期，华北各根据地军民积极开展游击战争，并通过加强根据地建设，满足战争和生活需要。各地设立审计委员会以贯彻精兵简政政策，掌握边区军政财粮预决算。例如，1942年8月13日，晋察冀军区司令部以及边区行政委员会共同决定组织审计委员会，保证了边区财政收支的大体平衡，对经济的发展和持久作战起了好作用。在解放战争时期，各解放区也设立了相应的审计机构，负责审核财政收支和财政干部忠于职守的情况。在这一时期，随着物资需求不断增大，中央军委也更加重视审计监督，各野战军结合实际，设立审计机构，建立审计制度，开展审计监督，设立军费预决算审计，有组织有计划地检查和督促各后勤机关贯彻各种制度，克服贪污浪费现象。例如，1948年12月，军委后勤会议决定统一全军的审计制度，野战军、大军区、二级军区分别设置审计委员会，各团与分区要成立审计小组。

【审计故事】 古代审计制度的发展

【审计故事】新四军在苏中抗日根据地的审计制度的建立过程

(四)中华人民共和国成立后的审计制度——现代审计重建与蓬勃发展时期

1. 现代政府审计制度的恢复和发展

中华人民共和国成立至20世纪70年代末,我国全面学习苏联,实行财政与审计合一制度,不设独立审计机构。1982年12月通过的《中华人民共和国宪法》规定,我国在国务院和县级以上的各级人民政府设立审计机关,对国务院各部门和地方各级政府的财政收支,对国家财政金融机构和企事业组织的财务收支进行审计监督。1983年9月,国务院成立审计署,各地成立审计机关,标志着我国现代审计制度的重建。1985年8月,国务院颁布了《关于审计工作的暂行规定》,明确了审计机关的职权与任务。1988年10月,国务院颁布了《中华人民共和国审计条例》。1994年8月通过了《中华人民共和国审计法》,对我国审计监督的原则、审计机关和审计人员、审计机关职责与权限、审计程序、法律责任等方面的内容进行了明确规定,并从1995年1月1日起执行;2000年,审计署制定并实施国家审计准则;2005年5月,《中华人民共和国审计法实施条例》发布实施。《中华人民共和国审计法》的颁布实施,为审计机关依法履行审计监督职责提供了法律保障,保证了审计监督的连续性与稳定性,构建了与社会主义市场经济体制相适应的审计监督法律框架;将我国审计监督纳入了法律运行的快车道,标志着我国审计法律规范体系日趋成熟,是我国审计法制建设的一个重要里程碑。《中华人民共和国审计法》的颁布实施,标志着我国政府(国家)审计现代化走向成熟。2006年2月修订了《中华人民共和国审计法》。2010年2月,《中华人民共和国审计法实施条例》修订并发布。2010年9月,审计署发布了全面修订的《中华人民共和国国家审计准则》。《中华人民共和国审计法》及其实施条例、国家审计准则的修订,使其更适应我国社会经济和审计理论与实务的发展,标志着我国国家(政府)审计现代化走向成熟,并在国家治理体系中发挥了重要作用,取得了重大成绩。

20世纪90年代以来,领导干部经济责任审计在我国得到了蓬勃发展。1999年5月,中共中央办公厅、国务院办公厅印发《县级以下党政领导干部任期经济责任审计暂行规定》和《国有企业及国有控股企业领导人员任期经济责任审计暂行规定》,标志着在我国领导干部经济责任审计全面推开。2010年12月和2014年7月,《党政主要领导干部和国有企业领导人员经济责任审计规定》及其实施细则分别颁布实施,将领导干部经济责任审计推向了一个新阶段:领导干部的审计级别提升到省部级;实现党委书记与行政首长经济责任"同步审";优化了领导干部经济责任审计的组织实施,强化了对经济责任审计结果的运用。

2014年10月,国务院发布《关于加强审计工作的意见》,提出要加强重大政策措施和决策部署落实情况、重大投资项目、重点专项资金和重大突发事件的全过程跟踪审计,加强公共资金、国有资产、国有资源、领导干部经济责任履行情况的审计,加强国家经济安全审计、民生审计、生态审计,探索实行自然资源资产离任审计,实现审计监督全覆盖,促进国家治理现代化和国民经济健康发展。自此,国家审计范围和内容得到进一步拓展。

2015年12月,中共中央办公厅、国务院办公厅印发了《关于完善审计制度若干重大问题的框架意见》及《关于实行审计全覆盖的实施意见》等相关配套文件,提出实行审计全覆盖、强化上级审计机关对下级审计机关的领导、探索省以下地方审计机关人财物管理改革、推进审计职业化建设、加强审计队伍思想和作风建设、建立健全履行法定审计职责保障机制、完善审计结果反馈机制、加强对审计机关的监督等方面的要求和措施,以推动形成与国家治理体系和治理能力现代化相适应的审计监督机制。

2018年3月党中央组建了中国共产党中央审计委员会,作为党中央决策议事协调机构。其主要职责是,研究提出并组织实施在审计领域坚持党的领导、加强党的建设方针政策,审议审计监督重大政策和改革方案,审议年度中央预算执行和其他财政支出情况审计报告,审议决策审计监督其他重大事项等。随后,各级地方党委也成立了本级党委审计委员会。

2. 现代民间审计制度的恢复和发展

1956年,我国完成对生产资料私有制的社会主义改造,计划经济体制确立,注册会计师失去了职业基础,民间审计随之消失。1978年实行经济体制改革后,多种经济成分并存的局面开始出现,民间审计土壤又复肥沃。1980年9月,甘肃成立了兰州会计事务公司,开展民间审计与咨询服务业务。同年12月23日,财政部发布了《关于成立会计顾问处的暂行规定》,规定了注册会计师资格、工作规程、业务范围等,这是我国恢复和重建注册会计师制度的第一步。1981年1月1日,上海会计师事务所(1998年改制为上海上会会计师事务所)成立。随后,全国一些大中城市相继成立了事务所,开展民间审计与会计咨询服务业务。1986年7月,国务院发布了《中华人民共和国注册会计师条例》,规定了注册会计师审计的原则、考试与注册、业务范围、工作规则、事务所等内容。1988年11月,中国注册会计师协会(The Chinese Institute of Certified Public Accountants,CICPA)成立,并着手制定注册会计师执业规则。1993年10月颁布了《中华人民共和国注册会计师法》,并从1994年1月1日起执行。1995年12月,财政部开始发布《中国注册会计师独立审计准则》,并自1996年1月1日起实施。《中华人民共和国注册会计师法》和《中国注册会计师独立审计准则》的颁布实施,标志着我国民间审计走向了法制化、规范化建设的快车道,也标志着我国现代民间审计走向了成熟。2006年2月15日,财政部发布了新修订和制定的与国际会计师联合会(International Federation of Accountants,IFAC)制定的国际审计准则(International Standards on Auditing,ISA)全面趋同的《中国注册会计师执业准则2006》,并自2007年1月1日起施行,标志着我国注册会计师审计准则全面实现了国际化。2010年11月,在国际会计师联合会完成了国际审计准则清晰化项目后,财政部发布了对《中国注册会计师执业准则 2006》全面修订后的《中国注册会计师执业准则 2010》,并自2012年1月1日起施行,确保了中国注册会计师审计准则与国际审计准则的持续趋同。

3. 现代内部审计制度的发展

我国在组建政府审计机关的同时,也注重内部审计制度的建设。例如,在国家金融机构、全民所有制大中型企业、财务收支金额较大的全民所有制事业单位以及审计机关未设立派出机构的政府部门等,根据需要建立内部审计机构或审计工作人员。1985年12月,审计署印发了《关于内部审计工作的若干规定》,强调内部审计是部门单位加强财政财务监督的重要手段。1987年4月,中国内部审计学会(1998年改为中国内部审计协会)正式成立。1989年12月,审计署发布《关于内部审计工作的规定》,废除了《关于内部审计工作的若干规定》。1995年7月、2003年3月、2018年1月,审计署又先后三次对其进行修订,对内部审计的性质、内部审计机构设置和人员管理、内部审计职责与权限、内部审计结果运用、审计机关对内部审计的指导与监督、与内部审计相关的责任追究等进行了适应新形势的全面修订,适用于国家行政机关和国有企事业单位,其他性质的单位则需参照执行,为各类组织依法进行内部审计提供了法律支持。2003年4月,中国内部审计协会发布了内部审计准则及实务指南,之后又根据内部审计理论与实务以及国际内部审计准则的发展,进行了全面修订,内部审计准则的颁布实施,使我国内部审计更规范化,更适应社会经济发展的需求。

尤其值得一提的是,随着我国资本市场的发展,上市公司增加,规模和影响扩大,其内部审计制度也日益完善,并在公司治理和内部控制中发挥了重要作用。目前,上市公司均建立了内部审计制度,设立了内部审计机构,并接受董事会下属的审计委员会领导,重点开展公司对外披露的财务信息的公允性、内部控制与风险管理的有效性、募集资金管理与使用的合规性与安全性、公司资产的安全完整性、公司风险管理、财务收支的合规性、内部经济责任等方面的审计工作。

【一问一答】中国审计机关在世界审计组织和亚洲审计组织中发挥了什么作用?

【一问一答】 影响力较大的国际审计组织有哪些?

(五)中国特色社会主义进入新时代对审计的要求

中国特色社会主义进入新时代,对我国审计制度提出更高的要求。在以往明确"审计是党和国家监督体系的重要组成部分"的基础上,进一步明确审计"是推动国家治理体系和治理能力现代化的重要力量"。在强国建设、民族复兴新征程上,审计担负重要使命,"要立足经济监督定位,聚焦主责主业","加强审计领域战略谋划与顶层设计","以有力有效的审计监督服务保障党和国家工作大局",更好地发挥审计在推进党的自我革命中的独特作用。要坚持以习近平新时代中国特色社会主义思想为指导,深入学习贯彻党的二十大精神,完整、准确、全面贯彻新发展理念,聚焦全局性、长远性、战略性问题,加强审计领域战略谋划与顶层设计,进一步推进新时代审计工作高质量发展,以有力有效的审计监督服务保障党和国家工作大局。

1. 坚持和加强党的全面领导为审计事业跨越式发展创造了根本前提

改革审计管理体制,把审计作为党直接领导下的监督制度安排,全面纳入党的治理体系,极大释放了审计监督效能,使审计工作具有了高度的政治权威、制度权威和工作权威。审计机关应自觉融入党和国家事业发展大局,立足经济监督定位,聚焦财政财务收支真实合法效益主责主业,紧扣"国之大者",深入开展研究型审计,在推动国家治理体系和治理能力现代化中发挥了越来越重要的作用。

在审计工作中要积极支持、大力推进贯彻新发展理念以及建设现代化经济体系的各项工作,努力为实现更高质量、更有效率、更加公平、更可持续的发展贡献审计智慧。加大对国家重大政策措施贯彻落实情况跟踪审计的力度,围绕党的十九大关于建设现代化经济体系的部署要求,以供给侧结构性改革为主线,重点关注深化供给侧结构性改革、"三去一降一补"任务落实情况、"放管服"改革措施到位情况、创新型国家建设、乡村振兴战略、区域协调发展战略和"一带一路"建设推进情况等,推动重大政策落地、国有企业改革、创新驱动发展和经济转型升级。

2. 切实把握好新时代中国社会主要矛盾变化

党的十九大报告指出,我国社会主要矛盾已经转化为人民日益增长的美好生活需要和不平衡不充分的发展之间的矛盾①。这就要求我们对出现的发展质量和效益不高的问

---

① 习近平. 决胜全面建成小康社会 夺取新时代中国特色社会主义伟大胜利——在中国共产党第十九次全国代表大会上的报告. http://www.gov.cn/zhuanti/2017-10/27/content_5234876.htm,2017-10-27.

题、对影响人民美好生活的问题等要高度重视，及时揭示反映，积极推动问题解决。尤其要围绕党的十九大关于加快生态文明体制改革、建设美丽中国的部署要求，加大资源环境审计力度，促进领导干部更好践行新发展理念，认真落实自然资源资产管理和生态环境保护责任。

3. 牢固树立以人民为中心的发展思想

审计工作要突出民生审计重点，围绕党的十九大关于提高保障和改善民生水平的部署要求，牢固树立以人民为中心的发展思想，密切关注人民群众最关心最直接最现实的利益问题，加大教育、医疗卫生、棚户区改造和保障性住房、社保、饮水、环境等民生资金和项目的审计力度，关注财政资金使用绩效，坚持实现好、维护好、发展好最广大人民的根本利益，促进更好地统筹民生改善与经济发展，助推建设美丽中国各项重点任务的完成。二十届中央审计委员会第一次会议要求坚决查处群众身边的"蝇贪蚁腐"，说明中央紧盯事关人民群众根本利益问题，为稳经济、惠民生、促发展提供坚强保障。

4. 坚决维护国家经济安全

审计工作要以促进财政做大增量、盘活存量、优化结构、提高绩效为目标，进一步深化预算执行、税收征管、重点专项资金管理使用等审计，推动深化财税体制改革和提高公共资金使用绩效。紧紧盯住风险高发、易发、多发的领域和环节，坚决打好防范化解重大风险、污染防治攻坚战。密切关注财政、金融、民生、国有资产、资源环境等领域存在的影响国家经济安全的薄弱环节和风险隐患，揭示弄虚作假、不作为等履职不到位等问题，促进财政资金安全完整和提高使用绩效、国有资产保值增值、国资资本做强做优做大。继续发挥推进金融服务实体经济、防范化解金融风险、深化金融改革方面的重要作用，守住不发生系统性金融风险的底线。二十届中央审计委员会第一次会议要求加大对重大项目、重大战略、重大举措落实落地情况的监督力度，加大对稳经济一揽子政策措施落实情况的审计力度，加大对金融支持实体经济、助企纾困政策落实情况的审计力度。此外，还要密切关注地方政府债务、金融、房地产、粮食、能源等重点领域，聚焦权力规范运行，充分发挥审计在反腐治乱方面的重要作用[①]。这些要求坚持问题导向，具有风险意识，聚焦全局性、长远性、战略性问题。

5. 坚持依法审计客观求实

在决胜全面建成小康社会的新时代，审计工作要围绕党的十九大关于健全党和国家监督体系的部署要求，坚持党政同责同审，进一步加大经济责任审计力度，切实强化对权力运行的监督制约。对审计发现的问题的认定，务必要把创新、协调、绿色、开放、共享理念贯穿其中，要以是否符合党的政策、中央的决策部署和重大改革方向作为评判标准，充分调动广大干部干事创业的积极性、主动性，促进领导干部依法作为、主动作

---

① 习近平主持召开二十届中央审计委员会第一次会议强调 发挥审计在推进党的自我革命中的独特作用 进一步推进新时代审计工作高质量发展. https://www.gov.cn/yaowen/liebiao/202305/content_6875819.htm，2021-05-23.

为、有效作为。审计中要全面客观历史地看待改革发展中出现的新情况新问题，积极营造鼓励干事创业和促进改革发展的良好环境。

2022年10月16日，中国共产党第二十次全国代表大会在北京召开，党的二十大高举中国特色社会主义伟大旗帜，擘画了全面建设社会主义现代化国家、以中国式现代化全面推进中华民族伟大复兴的宏伟蓝图，明确了新时代新征程党和国家事业发展的目标任务。

党的二十大报告深刻阐释了新时代坚持和发展中国特色社会主义的一系列重大理论和实践问题，为新时代新征程推进党和国家事业发展、实现第二个百年奋斗目标确立了行动指南，也为审计工作指明了前进方向。坚持和加强党的全面领导决定了审计体制变革；全面从严治党、推进党的自我革命决定了审计在党和国家监督体系中的地位和作用；以中国式现代化全面推进中华民族伟大复兴决定了审计工作的价值取向。党的二十大报告精神对审计事业发展具有决定性意义，特别是关于党的全面领导、党的自我革命、中国式现代化的重要思想，决定了审计的体制变革、地位作用和价值取向。"要传承审计光荣传统和优良作风"，"建设忠诚干净担当的高素质专业化审计干部队伍"[①]。

二十届中央审计委员会第一次会议指出："总的要求是在构建集中统一、全面覆盖、权威高效的审计监督体系，更好发挥审计监督作用上聚焦发力。"[①]

具体来看，就是牢牢把握高质量发展这个首要任务，做到三个"要"。一要如臂使指，增强审计的政治属性和政治功能，把党中央部署把握准、领会透、落实好；二要如影随形，对所有管理使用公共资金、国有资产、国有资源的地方、部门和单位的审计监督权无一遗漏、无一例外，形成常态化、动态化震慑；三要如雷贯耳，坚持依法审计，做实研究型审计，发扬斗争精神，增强斗争本领，打造经济监督的"特种部队"，并与其他监督贯通协同，形成监督合力。

审计工作中一系列重要论述，要求坚持围绕党和国家中心工作开展审计，坚持围绕总体国家安全观开展审计，坚持围绕以人民为中心的发展思想开展审计，坚持围绕促进党的自我革命开展审计。这些重要论述是对审计工作的全局总揽和对审计事业规律性认识的高度概括，是引领新时代审计工作的根本宗旨和发展目标，为审计工作提供了根本遵循。坚持党中央集中统一领导是政治统领，立足经济监督定位聚焦财政财务收支主责主业是看家本领，开展研究型审计是必由路径，敢于担当的审计职业精神和扎实过硬的专业能力是重要保障。

因此，以深入学习贯彻党的二十大精神为首要政治任务，深刻领悟"两个确立"的决定性意义，增强"四个意识"、坚定"四个自信"、做到"两个维护"，深刻把握新时代新征程审计工作战略定位和前进方向，依法忠实履行审计监督职责，不断开创审计事业高质量发展新局面。

随着审计力度不断加大，审计触角更为广泛，审计整改正向更深层次、更大范围推

[①] 习近平主持召开二十届中央审计委员会第一次会议强调 发挥审计在推进党的自我革命中的独特作用 进一步推进新时代审计工作高质量发展. https://www.gov.cn/yaowen/liebiao/202305/content_6875819.htm，2021-05-23.

进。进一步压实整改责任，推动问题整改落细落实，有助于以高质量审计成果为党中央治国理政提供决策参考，以高质量监督保障经济社会高质量发展，切实将制度优势转化为治理效能。

【扩展阅读】中国注册会计师执业准则发展历程

二、审计产生与发展的动因

受托经济责任关系是审计产生的社会基础。受托经济责任是指由于委托或受托经营管理经济资源而产生的受托人（即资源财产的经营管理者或下级经营管理者对委托人即资源财产的所有者或最高经营管理者）所承担的责任，其包括按委托人要求经营管理经济资源的责任（经管责任）和按特定要求向委托人报告其资源财产经营管理过程及其结果的责任（报告责任）两方面。

在受托经济责任关系（图1-1）中，委托人总希望受托人的经济管理行为能够体现自己的意志，符合一定的要求，这就需要对受托人进行审核检查；受托人则需要对自己日常经营管理行为进行必要的记录和计量，并定期形成报告，对其承担经济责任的履行情况向委托人要求审核检查，以表明自己的忠诚能干并解除责任。委托人所需的监督，受托人主动要求的审查，最好是由委托人实施，然而委托人出于某些方面的原因，如缺乏足够的时间和精力，不具备相应的技能，或者因委托人众多，不可能都亲自去审查受托人，监督经济责任履行情况的时候，就必须委托或授权第三方——审计组织或审计人员对受托人履行受托经济责任的情况进行审核检查。这就产生了审计。

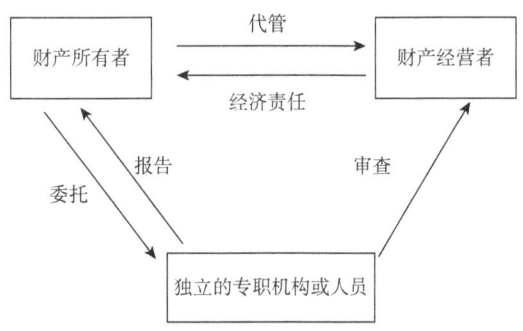

图1-1 受托经济责任关系

（一）会计信息的传递过程

会计信息的传递过程如图 1-2 所示。

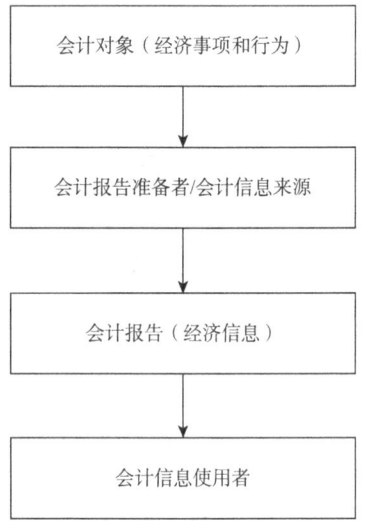

图 1-2　会计信息的传递过程

会计信息传递的基本目的在于把关于经济行为和事项的信息转换和传递给会计信息使用者。会计使用者收到信息后通常有两种判断：

（1）把信息内容转换成他所需了解的经济事项的相关知识；

（2）评价收到的信息的质量。

如果会计信息使用者有能力对这两项判断作出正确的分析，那么审计也没有产生的可能。

（二）审计存在的充分条件

（1）利益冲突：企业规模的发展，导致企业的所有权与使用权开始分离。绝大多数股东不能参与企业的经营管理，报表准备者为了自身的利益有可能会损害股东的利益，使得独立于两者的第三人对信息质量的检查成为必要。

（2）经济后果：信息传递通常用来提供帮助使用者作出决策的信息，这些决策对使用者而言有显著的经济后果。

（3）信息复杂：随着对经济事项处理和传递难度的加大，使用者亲自评价信息质量越来越困难。在此情况下，对会计信息质量的专业审计需求增加，而投资者本人由于缺乏必要的专业知识或受其他因素制约，也难以亲自履行审查公司财务报表的责任。

（4）距离遥远：它是由信息使用者和经济事项、报告准备者之间的分离引起的。这种分离指诸如空间上的分离、法律或制度上的障碍，以及成本和时间的限制等，或者诸多因素的综合影响使得亲自评价不可能实现。

(三)修正后的信息传递结果

修正后的信息传递结果如图 1-3 所示。

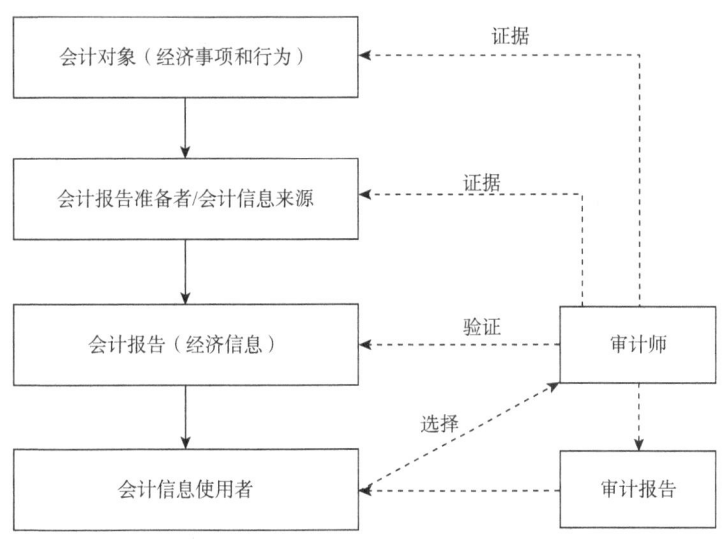

图 1-3 修正后的信息传递结果

三、审计模式的演进

审计模式是审计导向性目标、范围和方法等要素的组合,它规定了如何分配审计资源、如何控制审计风险、如何规划审计程序、如何收集审计证据、如何形成审计结论等内容。审计环境的不断变化和审计理论水平的不断提高,促进了审计模式和方法的不断发展和完善。截至目前,审计模式和方法的演进经历了账项导向审计阶段、内控导向审计阶段和风险导向审计阶段。

(一)账项导向审计阶段

该阶段大致从 19 世纪中叶到 20 世纪 40 年代。最初的账项导向以查错防弊为主要目的:详细审查公司的全部账簿和凭证,即检查各项分录的有效性和准确性、账簿记录的加总和过账是否正确、总账和明细账是否一致。经过一段时期后,企业规模日渐增大,审计范围也不断扩大,审计师已无法全面审查企业的会计账目,客观上要求改变原有的审计模式。注册会计师审计开始转向以财务报表为基础进行抽查,审计方式由顺查法改为逆查法,即通过先审查资产负债表有关项目,再有针对性地抽取凭证进行详细检查。在此阶段,抽查的数量仍然很大,但由于采取以判断抽样为主的方法,会计师仍难以有效揭示企业财务报表中可能存在的重大错弊。

(二)内控导向审计阶段

20 世纪 40 年代以后,随着经济的发展,财务报表的外部使用者越来越关注企业的经营管理活动，日益希望审计师全面了解企业的内部控制情况，审计目标逐渐从查错防弊发展到对财务报表发表审计意见。经过长期的审计实践，审计师们发现内部控制制度与财务信息质量存在很大的相关性。如果内部控制制度健全有效，财务报表发生错误和舞弊的可能性就小，财务信息的质量就更有保证，审计测试范围也可以相应缩小；反之，就必须扩大审计测试范围，抽查更多的样本。为顺应这种要求并提高审计工作效率，账项导向审计逐渐发展为内控导向审计，即通过了解和评价被审计单位的内部控制制度，评估审计风险，制订审计计划并确定审计实施的范围和重点，在此基础上进行实质性测试，获取充分、适当的审计证据，从而提出合理的审计意见。实施内控导向审计，大大提高了审计工作的效率和质量，但客观上也增加了审计风险。

（三）风险导向审计阶段

随着经济环境的变化，社会公众日益对审计人员赋予更高的期望，要求审计人员担负更大的责任。20世纪70年代以来，审计诉讼案件有增无减，深入研究、防范和降低审计风险成为审计职业界的重要任务。为合理地防范和降低审计风险并降低审计成本，注册会计师审计逐渐从内控导向审计发展到风险导向审计。在此阶段，审计人员在考虑审计风险时，不仅考虑会计系统和控制程序，还考虑控制环境。换句话说，风险导向审计既关注和评估企业内部控制风险，又关注和评估企业经营所面临的外部风险。通过审计风险的量化和模型化，确定审计证据的数量，使审计风险的控制更加科学有效。风险导向审计是适应现代社会高风险的特性，为量化审计风险、减轻审计责任、提高审计效率和审计质量所做的一种尝试。风险导向审计的出现，有助于审计人员有效地控制审计风险，提高审计工作的效率和效果，因而越来越受到注册会计师的青睐，标志着注册会计师审计发展到了一个新阶段。

第二节 审计概念与分类

一、审计概念

美国会计学会（American Accounting Association，AAA）在1973年《基本审计概念报告》中将审计定义如下："审计是一个客观地获取和评价与经济活动和经济事项的认定有关的证据，以确认这些认定与既定标准之间的符合程度，并把审计结果传达给有利害关系的用户的系统过程。"

简单地说，审计是对有关经济活动和经济事项的一些说法加以验证。例如，财务报表就是企业的管理层表示认定主张的一种方式，企业通过发布财务报表来认定其财务状况、经营成果和现金流量等情况。这些认定是否真实，就需要审计人员加以验证。如何进行验证呢？应当将这些认定同有关的标准进行比较，看其是否与既定的标准相符并判断其相符合的程度。在验证过程当中，特别强调审计人员应当收集证据，没有证据就不能发表意见；而且在收集证据时必须保持系统性和客观性，以保证审计的质量。最后，审计的结论必须以一定的方式传达给使用者，审计过程才算完成。

为了更好地理解上述定义，以下就其中的几个关键术语做进一步的解释。

（一）经济活动和经济事项的认定

引起被审计单位的资产、负债、所有者权益及收入和费用发生增减变化的活动就是经济活动或称交易事项。被审计单位有关经济环境和经济事项的认定是审计的对象，它可以是公司的财务报表，也可以是某一建造合同的总成本等。

（二）客观地获取和评价证据

客观意味着没有偏见，这不仅是对信息获取方法的质量要求，也是对审计人员的道德要求。审计证据是审计人员用来确定被审计的认定与既定标准是否一致的资料。获取和评价证据是审计的中心环节，客观地获取和评价证据要求对被审计单位有关认定的形成基础加以审查，并对其结果加以公正的评估，不因支持或反对作此认定的个人或单位而有所偏差或持有任何偏见。审计证据的收集与评价过程如图1-4所示。

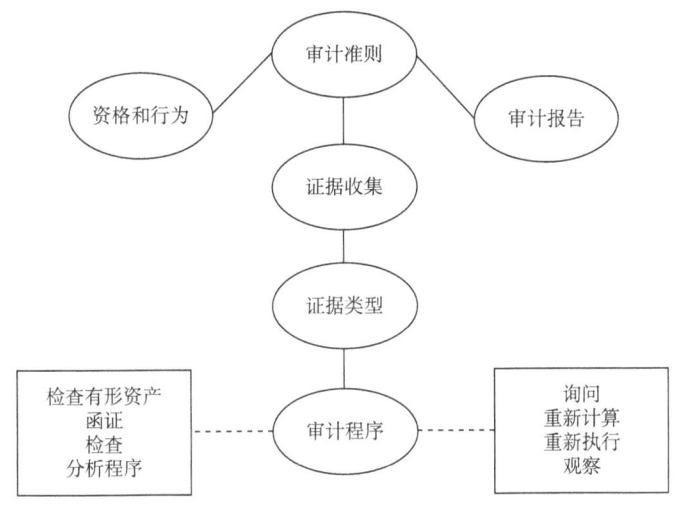

图1-4　审计证据的收集与评价过程

（三）系统的过程

系统的过程是指合理的、有序的、有组织的步骤或程序。审计是一种遵循顺序、逻辑严密的活动，这就要求审计的事前规划必须详细周到，执行过程必须合乎顺序，传达结果的报告必须用词明确且准时送达。

（四）与既定标准相符合的程度

既定的标准是指判断认定时所采用的衡量标准，这些标准可能是立法机关所制定的规则，或管理层所制定的预算或绩效衡量标准，也可能是财务会计委员会或其他权威机构制定的一般公认会计原则。符合的程度就是将被审计单位所作的认定与既定标准相比较，验证两者的接近程度。

（五）审计结果

审计结果是基于对证据的分析与评价而得出的对认定与结果的一致程度的评价。审计结果的传达通常采用书面报告的形式，如财务报表审计报告。

（六）有利害关系的用户

审计服务的对象并不仅限于被审计的单位或审计的委托人，可能是所有有利害关系的用户，包括股东、债权人、证券交易机构、税务金融机构及潜在投资者等。

审计的系统化过程如图 1-5 所示。

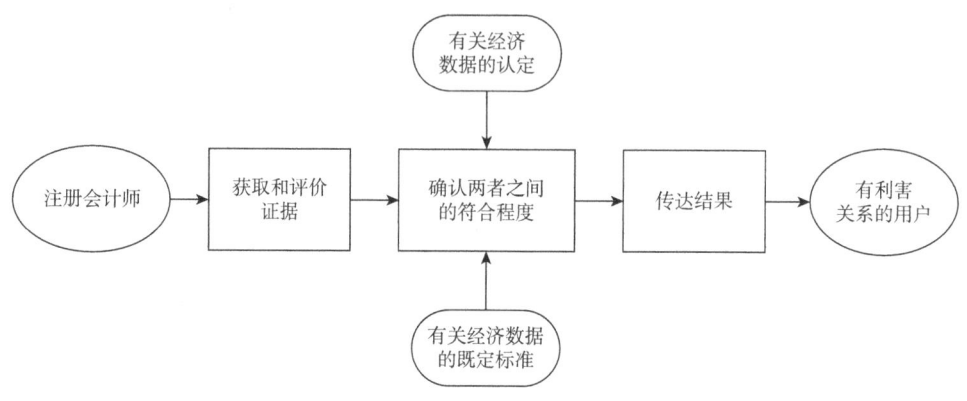

图 1-5　审计的系统化过程

二、审计分类

为了能正确理解与掌握不同的审计形态，有必要按照一定的标准，对审计予以科学的分类。审计分类的标准很多，按审计主体的不同，可以划分为政府审计、内部审计和注册会计师审计；按审计范围的不同，可以划分为全面审计和局部审计、综合审计和专题审计；按审计时间的不同，可分为事前审计和事后审计、期中审计和期末审计、定期审计和不定期审计；按审计地点的不同，可分为就地审计、送达审计和远程网络审计；按审计动机的不同，可分为法定审计和任意审计；等等。本节的论述将按照审计的目的、内容的不同，对审计进行分类，包括财务报表审计、合规审计和经营审计三类。

（一）财务报表审计

财务报表审计，亦称会计报表审计，是对被审计单位的财务报表（如资产负债表、利润表、股东权益变动表和现金流量表）、财务报表附注及相关附表进行的审计。这种审计的目的在于查明被审计单位的财务报表是否按照一般公认会计准则（在我国，是指适用的《企业会计准则》和相关会计制度，下同），公允地反映其财务状况、经营成果和现金流量情况。

财务报表审计是近代股份公司出现后,由于公司的所有权和经营权的分离,以及股份的社会化而逐渐发展起来的一种审计方式。在西方国家,从名义上讲,财务报表审计是保护股东权益的一种手段,但从实际效果来看,财务报表审计所涉及的范围包括与被审计单位有财务联系的各个方面。例如,在美国注册会计师协会颁布的《审计准则说明书》中,就详细规定了审计人员所应考虑的有关事项。财务报表审计是现代审计中理论最完备、方法最先进的一种审计方式。

(二)合规审计

合规审计,是为查明和确定被审计单位财务活动或经营活动是否符合有关法律、法规、规章制度、合同、协议和有关控制标准而进行的审计。由注册会计师或税务审核人员就企业所得税结算申报书是否遵从税法规定申报而进行的审计,是合规审计的典型例子。我国开展的财经法纪审计,如对严重违反国家现金管理规定、银行结算规定、成本开支范围规定、税法规定等行为所进行的审计,也是一种合规审计,其主要目的是检查财经纪律执行情况,揭露违法乱纪行为,如偷税漏税、乱挤乱摊成本、擅自提价涨价、滥发实物奖金、公款旅游、请客送礼、贪污盗窃、投机倒把、行贿受贿等。由于违反财经纪律手段的特殊性,审计机构应采取不同的审计对策。按照有关规定,审计机关对违反财经纪律的单位和个人有权予以经济制裁;对严重违法乱纪人员,有权向有关部门建议予以行政纪律处分;对触犯国家刑律的,有权提请司法机关依法惩处。开展财经法纪审计对于维护财经纪律的严肃性,保证和推动改革开放的深入进行,保护国家、企业和个人三者的正当权益有特殊意义。

(三)经营审计

经营审计是为了评价某个组织的经济活动在业务、经营、管理方面的业绩,找出改进的机会并提出改善的建议,而对一个组织的全部或部分业务程序与方法进行的检查。经营审计的独立性要求不像财务报表审计那么严格,此外,内部审计人员、政府审计人员或注册会计师都可以执行经营审计。经营审计的结果以一定的报告形式传达给用户,但这种报告的形式与内容随着约定任务的情况不同而有非常大的差别。经营审计的用户通常即被审计单位,而且经营审计报告很少被第三方所利用。

财务报表审计、合规审计和经营审计三种不同审计类型的差异如表1-1所示。

表1-1 财务报表审计、合规审计和经营审计三种不同审计类型的差异

审计类型	认定的性质	既定标准	审计报告的性质	示例
财务报表审计	企业个体的财务报表信息	一般公认会计原则	财务报表是否公允的意见	上市公司年度财务报表审计
合规审计	认定或资料是否遵照政策、法令、法律、规定及规章等	管理层的政策、法律、规定或第三者的要求	发现偏差的汇总及对合规程度的保证要求	财经法纪审计
经营审计	活动或执行的资料	管理层或法令设立的目标	观察到的效率或效果;改进的建议	经济效益审计

第三节 审计相关业务概述

一、鉴证业务

鉴证业务是指注册会计师对鉴证对象信息提出结论，以增强除责任方之外的预期使用者对鉴证对象信息信任程度的业务。

鉴证对象信息是按照标准对鉴证对象进行评价和计量的结果。例如，责任方按照会计准则和相关会计制度（标准）对其财务状况、经营成果和现金流量（鉴证对象）进行确认、计量和列报（包括披露，下同）而形成的财务报表（鉴证对象信息）。

1. 鉴证业务的要素

鉴证业务的要素是指鉴证业务的三方关系、鉴证对象、标准、证据和鉴证报告。

1) 三方关系

鉴证业务涉及的三方关系人包括注册会计师、责任方和预期使用者。责任方与预期使用者可能是同一方，也可能不是同一方。

注册会计师可以承接符合《中国注册会计师鉴证业务基本准则》第十条规定的各类鉴证业务。如果鉴证业务涉及的特殊知识和技能超出了注册会计师的能力，注册会计师可以利用专家协助执行鉴证业务。在这种情况下，注册会计师应当确信包括专家在内的项目组整体已具备执行该项鉴证业务所需的知识和技能，并充分参与该项鉴证业务和了解专家所承担的工作。注册会计师通常提请责任方提供书面声明，表明责任方已按照既定标准对鉴证对象进行评价或计量，无论该声明是否能为预期使用者获取。

在直接报告业务中，当委托人与责任方不是同一方时，注册会计师可能无法获取此类书面声明。

责任方是指下列组织或人员：

（1）在直接报告业务中，对鉴证对象负责的组织或人员。

（2）在基于责任方认定的业务中，对鉴证对象信息负责并可能同时对鉴证对象负责的组织或人员。

值得注意的是，责任方可能是鉴证业务的委托人，也可能不是委托人。

预期使用者是指预期使用鉴证报告的组织或人员。责任方可能是预期使用者，但不是唯一的预期使用者。注册会计师可能无法识别使用鉴证报告的所有组织和人员，尤其在各种可能的预期使用者对鉴证对象存在不同的利益需求时。注册会计师应当根据法律法规的规定或与委托人签订的协议识别预期使用者。在可行的情况下，鉴证报告的收件人应当明确为所有的预期使用者。

2）鉴证对象

鉴证对象与鉴证对象信息具有多种形式，主要包括财务报表、反映效率或效果的关键指标、有关鉴证对象物理特征的说明文件、关于其有效性的认定和对法律法规遵守情况或执行效果的声明。

鉴证对象具有不同特征，可能表现为定性或定量、客观或主观、历史或预测、时点或期间。这些特征将对按照标准对鉴证对象进行评价或计量的准确性或证据的说服力产生影响。鉴证报告应当说明与预期使用者特别相关的鉴证对象特征。

3）标准

标准是指用于评价或计量鉴证对象的基准，当涉及列报时，还包括列报的基准。标准可能是由法律法规规定的，或由政府主管部门或国家认可的专业团体依照公开、适当的程序发布的，也可能是专门制定的。采用标准的类型不同，注册会计师为评价该标准对于具体鉴证业务的适用性所需执行的工作也不同。注册会计师在运用职业判断对鉴证对象作出合理一致的评价或计量时，需要有适当的标准。适当的标准应当具备下列所有特征。

（1）相关性：相关的标准有助于得出结论，便于预期使用者作出决策。

（2）完整性：完整的标准不应忽略业务环境中可能影响得出结论的相关因素，当涉及列报时，还包括列报的基准。

（3）可靠性：可靠的标准能够使能力相近的注册会计师在相似的业务环境中，对鉴证对象作出合理一致的评价或计量。

（4）中立性：中立的标准有助于得出无偏向的结论。

（5）可理解性：可理解的标准有助于得出清晰、易于理解、不会产生重大歧义的结论。

4）证据

注册会计师应当以职业怀疑态度计划和执行鉴证业务，获取有关鉴证对象信息是否不存在重大错报的充分、适当的证据。

5）鉴证报告

注册会计师应当出具含有鉴证结论的书面报告，该鉴证结论应当说明注册会计师就鉴证对象信息获取的保证。

在合理保证的鉴证业务中，注册会计师应当以积极方式提出结论，如"我们认为，根据×标准，内部控制在所有重大方面是有效的"或"我们认为，责任方作出的'根据×标准，内部控制在所有重大方面是有效的'这一认定是公允的"。

在有限保证的鉴证业务中，注册会计师应当以消极方式提出结论，如"基于本报告所述的工作，我们没有注意到任何事项使我们相信，根据×标准，×系统在任何重大方面是无效的"或"基于本报告所述的工作，我们没有注意到任何事项使我们相信，责任方作出的'根据×标准，×系统在所有重大方面是有效的'这一认定是不公允的"。

【一问一答】审计业务的三方关系人指的是谁？

2. 鉴证业务的目标

鉴证业务的保证程度分为合理保证和有限保证。合理保证的保证程度高于有限保证。

合理保证的鉴证业务的目标是注册会计师将鉴证业务风险降至该业务环境下可接受的低水平，以此作为以积极方式提出结论的基础。例如，在历史财务信息审计中，要求注册会计师将审计风险降至可接受的低水平，对审计后的历史财务信息提供高水平保证（合理保证），在审计报告中对历史财务信息采用积极方式提出结论。这种业务属于合理保证的鉴证业务。

有限保证的鉴证业务的目标是注册会计师将鉴证业务风险降至该业务环境下可接受的水平，以此作为以消极方式提出结论的基础。例如，在历史财务信息审阅中，要求注册会计师将审阅风险降至该业务环境下可接受的水平（高于历史财务信息审计中可接受的低水平），对审阅后的历史财务信息提供低于高水平的保证（有限保证），在审阅报告中对历史财务信息采用消极方式提出结论。这种业务属于有限保证的鉴证业务。

3. 基于责任方认定的业务和直接报告业务

在基于责任方认定的业务中，责任方对鉴证对象进行评价或计量，鉴证对象信息以责任方认定的形式为预期使用者获取。例如，在财务报表审计中，被审计单位管理层（责任方）对财务状况、经营成果和现金流量（鉴证对象）进行确认、计量和列报（评价或计量）而形成的财务报表（鉴证对象信息）即责任方的认定，该财务报表可为预期报表使用者获取，注册会计师针对财务报表出具审计报告。这种业务属于基于责任方认定的业务。

在直接报告业务中，注册会计师直接对鉴证对象进行评价或计量，或者从责任方获取对鉴证对象评价或计量的认定，而该认定无法为预期使用者获取，预期使用者只能通过阅读鉴证报告获取鉴证对象信息。例如，在内部控制鉴证业务中，注册会计师可能无法从管理层（责任方）获取其对内部控制有效性的评价报告（责任方认定），或虽然注册会计师能够获取该报告，但预期使用者无法获取该报告，注册会计师直接对内部控制的有效性（鉴证对象）进行评价并出具鉴证报告，预期使用者只能通过阅读该鉴证报告获得内部控制有效性的信息（鉴证对象信息）。这种业务属于直接报告业务。

二、其他相关服务

相关服务,是相对于鉴证服务而言的,是指那些由注册会计师提供的、除了鉴证服务以外的其他服务,主要包括以下内容。

(一)对财务信息执行商定程序

对财务信息执行商定程序的目标是注册会计师对特定财务数据、单一财务报表或整套财务报表等财务信息执行与特定主体商定的具有审计性质的程序,并就执行的商定程序及其结果出具报告。

注册会计师执行商定程序业务,仅报告执行的商定程序及其结果,并不提出鉴证结论。报告使用者自行对注册会计师执行的商定程序及其结果作出评价,并根据注册会计师的工作得出自己的结论。

(二)代编业务

代编业务的目标是注册会计师运用会计而非审计的专业知识和技能,代客户编制一套完整或非完整的财务报表,或代为收集、分类和汇总其他财务信息。

注册会计师执行代编业务使用的程序并不旨在也不能对财务信息提出任何鉴证结论。咨询服务是为个人或组织提供信息使用建议的专业服务。与鉴证服务相比,其具有以下三个基本特征。

(1)咨询服务以信息的使用为主要目标,而不涉及信息质量,也不对咨询业务所使用的信息加以保证。

(2)咨询服务一般是咨询服务的提供者与客户之间的两方契约。

(3)专业性是咨询服务的基础。

注册会计师提供的专业服务包括鉴证业务和相关服务,两者的区别主要体现在以下四个方面。

第一,业务涉及的关系人不同。相关服务通常只涉及两方关系人,即客户和提供相关服务的注册会计师;而鉴证业务通常涉及三方关系人,即责任方、预期使用者及提供鉴证业务的注册会计师。

第二,业务关注的焦点不同。相关服务关注的焦点主要是信息的生成、编制或对如何利用信息作出决策提供建议;而鉴证业务关注的焦点是适当保证和提高鉴证对象信息的质量,通常不涉及信息的利用。

第三,工作结果不同。相关服务的工作结果不对信息提供可信性保证;而鉴证业务的工作结果是注册会计师以书面形式提出结论,该结论能对鉴证对象信息提供某种程度的可信性保证。

第四,独立性要求不同。相关服务通常不对提供服务的注册会计师提出独立性要求;而鉴证业务要求注册会计师必须独立于鉴证业务中的其他两方。

注册会计师在确定某项业务是适合作为鉴证业务还是适合作为相关服务时,应当根据执业准则的要求,着重考虑客户寻求服务的目的。如果客户的要求只涉及信息的编制和利用或就某一事项寻求建议或意见,那么注册会计师将此业务作为相关服务是恰当的。但是,如果客户需要注册会计师对特定事项以书面报告的形式提供保证,则此业务应当作为鉴证业务。

第四节 审计技术的演进与趋势

【前沿资讯】审计中的大数据思维的应用

一、大数据时代下的信息系统审计与数据审计

随着大数据时代的到来,具体的审计流程将发生重大变革,大数据时代下的审计将运用现代信息技术手段,以被审计单位信息系统和底层电子数据为切入点,在对信息系统进行检查测评的基础上,通过对底层数据的采集、转换、清理、验证,形成审计中间表;运用查询分析、多维分析、数据挖掘等多种技术和方法构建模型进行数据分析,发现趋势、异常和错误;基于"把握总体、突出重点、精确延伸"的思想收集审计证据,最终实现审计目标。简而言之,首先,审计人员需要开展信息系统审计,验证信息系统的可靠性;其次,通过采集被审计单位底层电子数据构建数据审计平台,开展数据分析并撰写数据分析报告,即数据审计;最后,根据数据分析报告延伸取证,进而完成终结审计并出具审计报告。大数据时代的审计流程如图 1-6 所示。由此可见,在大数据时代,审计整体流程中的关键是信息系统审计与数据审计。

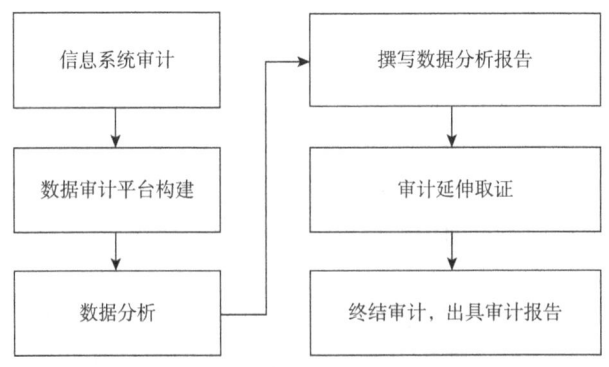

图 1-6 大数据时代的审计整体流程

（一）信息系统审计

随着企业和政府部门对信息系统的依赖程度越来越高，传统的人工控制为信息系统自动控制所替代。当企业和政府部门全面实现信息化后，内部控制审计将演变为对管理经济活动和进行财务核算的信息系统进行审计，即信息系统审计。信息系统审计是通过收集和评价证据，以确定信息系统与相关资源能否适当地保护资产、维护数据完整、提供相关和可靠的信息、有效地完成组织目标、高效率地利用资源并且存在有效的内部控制，以确保满足业务、运作和控制目标，并在发生非期望事件的情况下，能够及时地阻止、检测或更正的过程。信息系统审计主要包括信息系统内部控制审计、信息系统生命周期审计、信息系统安全审计和信息系统软硬件审计等内容。本节以信息系统的内部控制审计为例，说明信息系统的方法与流程。

1. 信息系统审计方法

美国内部审计师协会在1977年发表了著名的《系统可审计性及控制制度的研究》，提出利用计算机对计算机信息系统直接进行审核检查的开创性做法。归纳起来，信息系统审计方法可分为黑箱法、白箱法和灰箱法。

1) 黑箱法

黑箱法是指一个系统内部结构不清楚或根本无法弄清楚时，先从外部输入控制信息，使系统内部发生反应后输出信息，再根据其输出信息来研究其功能和特性的一种方法。审计人员把计算机信息系统视为一个黑箱，不探究被审计单位信息系统的应用程序和逻辑，只对该系统的输入和输出进行审查核对，从而间接评价被审计单位系统的应用程序和逻辑的正确性。审计人员在采用黑箱法进行审计时，不依赖于有关应用程序的内部逻辑的具体知识，而是通过审阅信息系统流程图和询问被审计单位专业人员来了解信息系统的功能和程序，并对信息系统程序的输入和输出结果进行核对，核实信息系统的输出是否满足功能要求。

2) 白箱法

诺伯特·维纳（Norbert Wiener）在1962年再版的《控制论》的序言中写道："我把某些具有已知结构的物体叫白箱，用它们表示所求展开式的各项。"白箱法也称结构测试或逻辑驱动测试，是指在输出和输入之间的研究方法，是如同一个透明的玻璃盖子一样明确处理涉及问题的思维方法。在信息系统审计中，白箱法是指审计人员通过对信息系统程序内部逻辑的深刻理解，利用已知的变量实施详细测试，并将获得的结果与计算机结果进行客观比较的技术方法。采用这种方法，审计人员不仅要对信息系统的内部逻辑有深刻理解，而且还要对信息系统内部控制功能加以直接测试，这就要求审计人员具备较高的计算机程序语言水平，并会使用计算机辅助测试工具。

3) 灰箱法

此外，审计人员还可采用灰箱法对被审计单位的信息系统进行审计。灰箱法介于白箱法和黑箱法之间。从认识上讲，黑箱是一无所知的系统，白箱则是完全了解的系统，灰箱是部分已知又部分未知的系统。如果是这种部分黑、部分白的系统，审计人员可以采用灰箱法对被审计单位信息系统内部控制进行测试。

2. 信息系统审计流程

1）信息系统审前调查阶段

审前调查是信息系统审计工作开展的基础，包括以下内容。

（1）明确信息系统审计任务，即明确信息系统审计的目的和范围，了解信息技术在信息系统审计中应发挥的作用。

（2）了解被审计系统基本情况，即了解被审计单位信息系统的硬件设备、系统软件、应用软件、文档资料以及数据的类型、大小等，为拟订信息系统审计方案夯实基础。

（3）制订信息系统审计方案，包括被审计单位系统的名称和概况、信息系统审计的范围和重点、审计实施步骤和时间安排、审计方式、人员分工、运用的信息系统审计方法及审计实施注意事项等。

2）信息系统分析测试阶段

信息系统分析测试阶段是审计人员到被审计单位开展具体工作的阶段，其主要工作环节如下。

（1）符合性测试。审计人员通常需要通过书面描述、内部控制问卷和流程图等方法调查被审计单位信息系统的内部控制情况，然后对信息系统进行测试与评价。

（2）实质性测试。审计人员可以通过审计软件或被审计单位信息系统的查询、分析等模块开展实质性测试。

3）信息系统综合评价阶段

总结审计工作，出具审计意见书。若发现程序控制和处理功能不符合相关法律法规的规定，应在审计报告中说明，并建议被审计单位进行改进。此外，需要特别说明的是，审计报告直接影响着后续数据审计工作的开展，若信息系统存在问题，也需要对信息系统产生的底层电子数据进行调整和处理；若信息系统不存在问题，则可直接开展后续的数据审计。

（二）数据审计

面对政府部门、事业单位及企业业财处理的全面信息化与数据化，纸制会计凭证、账簿和报表等将逐步退出经济活动领域，取而代之的则是大量以电子形式存在的业财数据，海量存储技术的出现将更快地推动这一进程。因此，审计对象将演变为存储于计算机及其智能终端的文本、视频、图片和声音等信息，数据将大到无法利用现行主流软件工具，即达到PB级以上。若将PB级以上的数据打印成纸制材料再进行审计需要耗费大量的审计成本，且不能提高审计效率。为提高审计工作的效率和效果，电子数据将取代纸制材料成为审计的主要对象，审计人员开展审计工作的首要步骤不再是直接查验纸质的会计凭证、账簿和报表，而是首先进行数据分析。数据式审计和大数据审计由此开始取代传统的财务审计。

数据分析是数据审计的重要组成部分。根据信息技术的应用程度，数据分析方法可以分为常规数据分析方法、数据挖掘方法和大数据审计方法。

1. 常规数据分析方法

最高审计机关国际组织（International Organization of Supreme Audit Institutions）和 ACL 公司专家戴维·科德尔（David G. Coderre）在其著作《使用数据分析技术检查舞弊》中对数据分析方法进行了概括性总结，提炼出了 17 种数据分析方法，其中 15 项是关于数据审计的常规分析方法，具体如表 1-2 所示。

表 1-2　常规数据分析方法

序号	方法名称	作用
1	筛选	按照条件对数据进行检索或者选择，筛选出审计人员需要的数据
2	排序	检索出金额较大或较小的经济业务；通过检索发现被审计单位数据存在的规律或异常特征
3	统计	用于检查数值型字段的平均值、方差、最小值、最大值和记录数
4	查询断号	检索出记录缺失的文档记录
5	查询重复	检索某个字段或者某个字段组织是否存在重复现象
6	时间间隔分析	对一笔经济业务不同阶段的日期相差天数进行分析
7	表达式与计算	利用被审计单位电子数据，使用工具软件提供的函数、运算计算生成新的字段
8	抽样	按照预先设定的条件检索出部分记录
9	分组计算	获取数据和业务运营的总体情况，以便进一步实施审计数据分析
10	分层	将单元划分为多个子总体，每个子总体由一组具有相同特征（通常为货币金额）的抽样单元组成
11	连接	将两个不同数据源或相同数据源的数据信息进行排序，并将对应的记录匹配组合在一起，可以检索出一些关键信息
12	趋势分析	通过检查数据中存在的异常发现有问题的部分
13	数字分析	检查被审计单位不合理或不恰当的数字
14	比率分析	发现数据比率的异常情况
15	班福定律	发现异常数字

【审计故事】会"说话"的指纹签到机

2. 数据挖掘方法

数据挖掘是从大量数据中提取隐含、事先未知但又潜在有用的信息、知识的过程。常用的数据挖掘方法有聚类、分类、回归、关联分析、时间序列预测等（表1-3），这些数据分析方法有助于从"验证型"审计分析向"发掘型"审计转变。不同数据挖掘方法能够解决不同类型的问题，不同算法对数据有不同的结构要求。审计人员在实践中需要根据要解决的具体问题选择合适的方法。

表1-3　常见的数据挖掘方法

数据挖掘方法	概念	常见方法
聚类	依据样本特征将事例分到多个簇中，使得同一簇中的事例"相似"，而与其他中的事例"不相似"	K均值、自组织图、层次聚类、簇谱聚类等
分类	把一些事例映射到给定类别中某一类别的过程，特点是根据事例的某些属性，估计一个特定属性的值	朴素贝叶斯、决策树、K最近邻、神经网络分类、支持向量机等
回归	研究一个随机变量（Y）对另一个变量（X）或一组变量的相依关系的统计分析方法，在数据挖掘实践中常用来进行预测	单线性回归、多项式回归、多元线性回归、多变量回归、Logistic回归、泊松回归、非线性回归等
关联分析	从大量事务数据中发现项与项之间的关联	Apriori、FP-Tree等
时间序列预测	由历史的和当前的事件推测未来的事件	移动平均法、趋势外推法、自回归滑动平均模型等
其他方法		神经网络和遗传算法

【审计故事】航空公司：明修栈道，暗度陈仓

3. 大数据审计方法

在大数据的推动下，社会网络分析、数据可视化分析、文本挖掘分析等面向非结构化数据的分析方法将在审计领域得到广泛运用，面向结构化数据的数据挖掘等分析方法也将在审计领域中得到进一步深化。

（1）社会网络分析方法。社会网络分析方法是对数据中巨大的节点与节点之间共同构成的网络进行分析的方法。在信息化环境下，物理、计算机、通信、社会关系等领域包括各种类型的网络，分析多种数据构成的复杂网络有助于审计人员了解审计对象的网络特征，为挖掘其特征提供基础。基于关系的网络分析方法包括社团发现、节点影响力分析、子图检索等（表1-4）。

表 1-4　社会网络分析方法分类

序号	方法名称	作用
1	社团发现	有助于揭示网络结构，一个社区就是网络中的一个密集子网，社区内部的顶点连接相对紧密，但是社区与社区之间联系相对稀疏
2	节点影响力分析	有助于发现网络中有影响力的重要节点，可以通过中心度、介数等指标进行刻画
3	子图检索	利用审计经验发现子图、循环路径，有助于发现审计线索
4	其他网络分析方法	

（2）数据可视化分析方法。数据可视化是利用数据进行绘图的分析方法。在传统的数据分析中，存在大量的图形以表示数据，但随着数据量的增加以及应用场景的变化，传统图形已经不能完成相关任务。目前流行的可视化分析是一种通过交互式的可视化界面辅助审计人员对大规模复杂数据集进行分析推理的科学与技术方法。根据分析目的，数据可视化分析方法可分为探索性可视化和解释性可视化（表 1-5）。

表 1-5　数据可视化分析方法分类

序号	方法名称	作用
1	探索性可视化	审计人员对审计原始数据进行必要的转换、清理与验证后再通过视觉编码和交互手段实现数据可视化，有助于审计人员更加轻松地把握数据结构及其分布规律，节省审计人员书写大量 SQL（structured query language server database，结构化查询语言数据库）语句的时间
2	解释性可视化	可视化图形具有简洁、美观、信息量大等优点，可以帮助审计人员将成果以最直观的形式展现在报告使用者面前，免去大段文字说明，增强报告内容的丰富性和多样性

（3）文本挖掘分析方法。文本挖掘属于典型的非数值分析方法。使用文本挖掘技术，能够对文本信息进行有效组合整理，实现对信息的准确检索与定位，最终为审计人员提供有用的审计线索。常用的文本挖掘分析方法包括中文分词、分类、聚类等（表 1-6）。

表 1-6　文本挖掘分析方法分类

序号	方法名称	作用
1	中文分词	通过字典匹配、语义分析、概率统计模型等方法进行分词
2	分类	适用于识别文本语义主题，并将之归集到预先定义好的主题分类中
3	聚类	将类似文本进行聚合，根据目标文本自动生成聚类项并进行归集
4	其他	

除上述大数据分析方法外，大数据和云计算技术的运用还将带来其他数据分析方法。在未来，合理选择大数据分析方法是完成审计目标的前提条件，也能避免进入数据分析的误区，实现提高审计效率和效果的目标。

（三）数据审计流程

数据审计的发展分为数据式审计和大数据审计两个阶段。数据式审计流程是在数据审计的初始阶段构建的审计流程，而大数据审计流程则是对数据式审计流程的深化，扩大了数据采集范围，扩展了数据分析方法。

1. 数据式审计流程

数据式审计流程一般可分为审计平台构建阶段、审计数据分析阶段、审计报告撰写阶段和审计延伸取证阶段（图1-7）。

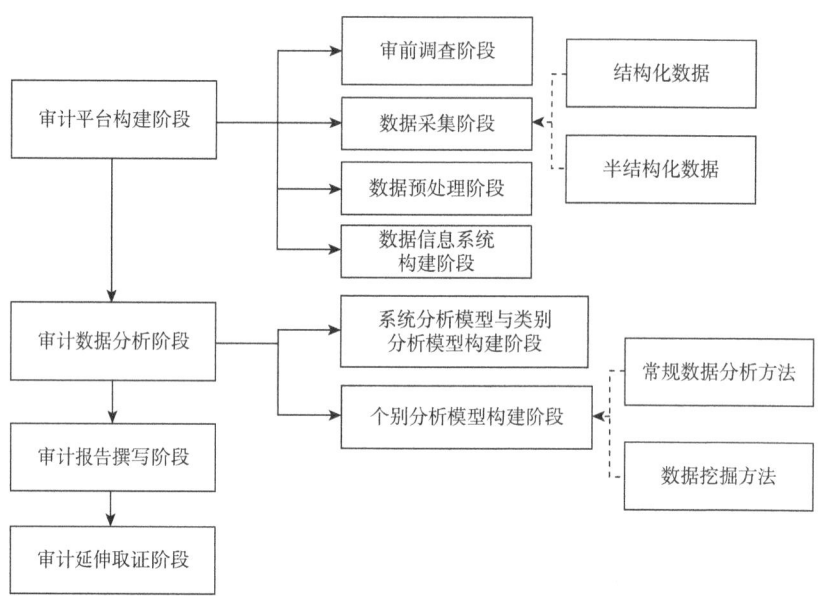

图1-7　数据式审计流程

（1）审计平台构建阶段。审计平台，又称审计资源平台，是开展数据审计的前提和基础。数据审计取证的切入点是被审计单位的信息系统和底层电子数据，但底层电子数据需要导入审计机构的软硬件平台，经过数据清理、转换后形成审计中间表，进而构建审计信息系统，由此才能服务于审计人员开展数据分析。审计人员构建审计平台通常被分为审前调查、数据采集、数据预处理和数据信息系统构建等几个阶段。

（2）审计数据分析阶段。审计数据分析阶段是指以审计平台为基础，结合审计目标，开展有针对性的数据分析的过程，主要包括系统分析模型构建、类别分析模型构建和个体分析模型构建三个阶段。其中，系统分析模型与类别分析模型构建可以帮助审计人员把握被审计单位总体情况，锁定审计重点，选择合适的审计突破口。个体分析模型构建通过数据分析方法，查找审计线索，形成数据分析报告，为延伸取证奠定坚实的基础。

（3）审计报告撰写阶段。该阶段的审计报告并不是最终的审计报告，而是审计中的数据分析报告，是记录分析审计中间表数据的过程和结果的文件。数据分析报告的撰写应分成三个阶段进行，即首先让负责数据分析工作的审计人员根据自身数据分析结果撰写本部分数据分析报告；其次由审计组负责人撰写审计数据分析报告；最后由审计组组长或主审复核审计数据分析报告，验证审计数据分析报告的科学性和合理性。

（4）审计延伸取证阶段。它是指在数据分析报告形成后，审计人员根据数据分析发现的审计线索进行延伸落实，获取被审计单位舞弊的证据，辅助财务审计、工程项目审计等工作的开展的过程。

2. 大数据审计流程

大数据正在改变审计规则和审计人员的工作方式，视频、音频及文本信息等将拓展审计功能，提高审计证据的充分性、适当性和审计工作效率。如前所述，大数据审计是数据式审计的深化，而不是对数据式审计的否定，同样包括审计数据数据平台构建、审计数据分析、审计数据分析报告撰写和审计延伸取证四个阶段，是在采集结构化数据、半结构化数据和非结构化数据的基础上，运用大数据审计方法开展的数据分析工作。大数据审计流程如图 1-8 所示。

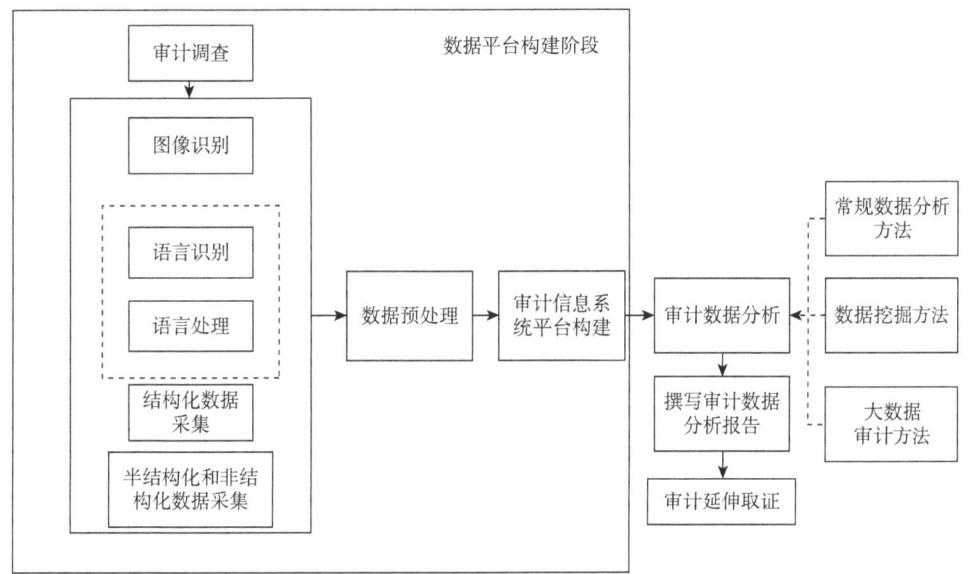

图 1-8　大数据审计流程

【扩展阅读】以数字化转型推动内部审计高质量发展

由图 1-8 可知，大数据审计流程同数据式审计流程的区别在于数据采集的范围更广泛，运用的数据分析方法更多样。具体来讲，大数据审计的主要特点表现在"大数据"的特点上：①大数据审计的数据体量大，一般在 10TB 规模左右。在实际应用中，审计人员将被审计单位多个数据集放在一起，形成 TB 级或 PB 级的数据量。②大数据审计的数据类别多。被审计单位的数据来自图像、语言、文本及数据库等多种数据源，数据种类和格式非常丰富，包括结构化数据、半结构化数据和非结构化数据。③数据真实性高。随着社交数据等新兴数据源的兴起，传统数据源的局限性被打破。被审计单位和

审计机构均愈发需要真实可靠的数据以确保信息的真实性和可靠性,以降低审计风险。④半结构化和非结构化数据将推动大数据审计方法的应用,社会网络分析、数据可视化分析、文本挖掘分析等面向非结构化数据的分析方法将在大数据审计中得以广泛应用。

二、区块链审计

区块链技术的研究始于2008年化名中本聪(Sa-toshi Nakamoto)的学者在密码学邮件组发表的比特币奠基性论文《比特币:一种点对点的电子现金系统》。目前,对于区块链技术尚没有统一的定义,中国工业和信息化部在2016年10月发布的《中国区块链技术和应用发展白皮书(2016)》中将区块链技术描述为分布式数据存储、点对点传输、共识机制、加密算法等计算机技术的新型应用模型。

(一)区块链的特点

"数字经济之父"唐·泰普斯科特(Don Tap-scott)在TED(technology、entertainment、design,技术、娱乐、设计)的一次演讲中提到,给未来几十年带来巨大影响的科技已经出现,它不是社交媒体,不是大数据,也不是机器人科学,甚至不是人工智能。你会惊讶地了解到,它是比特币等数字货币的技术基础,叫作区块链。它不是世界上最华丽的词语,但它将是下一代互联网,并且给每一次贸易、每一个社会、每一个人,带来光明前景。区块链技术通常被理解为"全民记账",一般具有分布式、去中心化、透明、不可篡改和数字化等特征。

1. 分布式

区块链采用分布式数据库技术记录网络上发生的所有交易,网络上的每个节点都可将发生的数据传递到区块链网络之上,而其他节点则能够存储全网发生的历史交易记录的完整、一致账本,这样就保证了整个网络数据的一致性和唯一性。区块链网络数据的唯一性有利于审计人员获取被审计单位真实可靠的信息。

2. 去中心化

区块链技术引入之后,全网的节点是通过点对点的方式连接起来的,没有单一的中心化服务器,因此,不存在单一的攻击入口。在典型的区块链网络中,每一个节点都能存储全网发生的历史交易记录的完整、一致账本,对个别节点的账本数据的篡改、攻击不会影响全网总账的安全性。去中心化使得审计人员可以从多个节点获取数据,降低了从数据库服务中心或中心节点采集数据而造成的风险。

3. 透明

除私密信息被加密外,区块链上的所有数据对全网公开,每个人或授权节点均可通过公开接口查询区块链上的所有数据,因此,区域链上的信息是高度透明的。审计人员可以从区块链上获取被审计单位的全部数据,消除信息不对称所引发的审计风险,从而提高被审计单位数据的可审计性，也为审计人员对被审计单位开展持续审计夯实了基础。

4. 不可篡改

一旦通过节点录入区块链网络上，数据就不能被修改或者删除了。当被审计单位数据通过共识算法写入区块后，新生成的区块会被及时更新至整个网络，具有不可逆转性。上述特性简化了数据处理流程，降低了交易过程中的欺诈风险，保持了数据的原始性和可追溯性。与此同时，区块链技术所采用的共识算法要求输入的数据不能是错误数据，若输入错误数据则不会被网络中的其他节点认可。因此，区块链技术使用的共识算法排除了错误数据的录入。

5. 数字化

区块链的技术来源包括 P2P（peer-to-peer，个人对个人）网络技术、非对称加密算法、数据库技术和数字货币等。数据库技术和数字货币的使用使得绝大部分交易或者资产以数字形式存在。通过区块链上设置的数据处理程序，参与交易的人员能实现智能合约和交易自动化，而交易结果以数字化形式存在于区块链网络体系之中，为审计人员通过数据分析降低审计成本提供了便利。

（二）区块链审计的工作原理

目前，区块链的应用已从单一的数字货币应用开始延伸到经济社会的各个领域，包括审计行业。2015 年 12 月，中共中央办公厅、国务院办公厅印发的《关于实行审计全覆盖的实施意见》中提出，希望"探索建立审计实时监督系统"，而区块链可以在一定程度上推动联网实时审计的实现。相互验证的广播机制易于实时监督，可以赢得整个系统的公信力；智能合约的可编程性方便限定约束条件，可以设置某笔资金的去向，达到专款专用的目的；时间的不可逆性降低了财务舞弊和重大错报的风险；公私密钥的签名提升了内部控制中相关查验工作的可靠性。

【前沿资讯】未来审计：什么是区块链？

（三）区块链审计的应用趋势

1. 促进审计成本与审计风险的降低

区块链技术的分布式存储、共识机制等技术在审计业务中的应用，将降低审计成本与审计风险，主要表现为：①虚假交易和账目欺诈是重大错报风险的重点领域，而使用区块链记录交易和账目信息，因无法被篡改，且有共识机制要求数据库的修改需要得到整个系统中多数节点的认同，故而财务数据造假和欺诈难度大幅提升。②可以提高审计工作效率。一方面，通过区块链网络获取审计需求信息更加便捷容易，如果企业能够在区块链开放 API（application programming interface，应用程序接口），使审计请求实现分钟级甚至秒级响应，能够节省大量信息收集和整理时间，从而提高审计效率；同时，基于区块链的加密算法也解除了企业对数据隐私的担忧。另一方面，区块链技术的共识机制使所有数据在第一时间得到共同确认，保障数据的及时性和准确性。区块链审计平台也能够大幅提升数据的真实性和完整度，省去大量询问和函证程序，从而提高审计效率，节约人力成本。③能显著降低审计数据被攻击的风险。传统的审计资料被存储在中心化的云服务器上，极易受到黑客攻击，导致文件丢失或者数据被篡改。通过区块链技术将数据分布式存储，多个节点备份数据，即便单个节点遭到黑客攻击，也不会影响数据在全网的共识状态。

2. 推动区块链技术应用的新审计业务发展

任何一项现代信息技术在审计业务领域的应用都是一把双刃剑，区块链技术在审计业务领域的应用也不例外。随着区块链技术在审计业务领域的广泛应用，社会公众对区块链技术的安全性、可靠性及合法合规性还存在疑虑，社会公众的疑虑将催生审计人员基于区块链技术应用的新审计业务的发展。在区块链设置方面，审计人员对其合理性进行审计；在数据录入方面，区块链不可篡改的特点保证了数据录入后的不可篡改，但共识机制并不能完全保障录入数据的准确性、及时性和可靠性，因此，审计人员需要对数据录入的准确性、及时性和可靠性进行审计；在区块链安全方面，审计人员将对区块链单个节点可能受到的攻击进行安全性审计，防止数据在录入节点存在安全隐患，以提升数据的安全性和可靠性。

3. 全民审计将得到大力发展

区块链技术透明和去中心化的特点，使得每个参与到区块链网络系统中的人都可以看到交易或信息。只要掌握了数据资源和相关审计业务知识，人们就可以参与到审计过程中，就可以对相关单位的经济业务活动和财务活动发表审计意见。全民审计时代的到来，意味着社会公众对传统审计报告的市场需求减少，绝大多数传统审计人员将逐步退出审计行业，或实现转型。这无疑是对现有审计人员的一个巨大挑战。

4. 推动"区块链+大数据"审计的发展

区块链是一种不可篡改的、全历史的数据库存储技术。随着区块链技术在社会经济各个领域的应用，数据规模会越来越大，不同业务场景的区块链数据的融合将进一步丰富数据内容和扩大数据规模。区块链提供的数据是完整的，但其统计分析能力相对较弱。大数据囊括海量数据存储技术和数据分析技术，区块链与大数据的融合将大大提升区块链数据的价值与使用空间。区块链分布式、去中心化、透明、不可篡改和数字化的特征，让更多存储于被审计单位的数据得到释放，推动数据呈几何级增长。

其可追溯性迫使数据获得很强的信任背书，在很大程度上保证了数据分析结果的正确性和数据挖掘的效果。数据在不同区块链节点之间的交易流通，有利于突破被审计单位的信息系统与信息系统之间的"信息孤岛"现状，建立数据流通机制，推动企业和政府部门内部数据与关联方数据的整合。区块链与大数据的融合将催生"区块链+大数据"审计业务的发展。通过区块链系统网络获取海量真实、可靠的被审计单位数据，运用云计算技术和数据分析技术对被审计单位的数据开展分析，精确锁定被审计单位的审计线索，为审计延伸取证夯实基础，而区块链与大数据的融合将进一步推动传统审计业务的消亡。

此外，云计算、物联网和人工智能与区块链的融合也将推动区块链技术在审计实务工作中应用的深化，审计实务工作将进一步面临前所未有的挑战。

【一问一答】信息技术对审计的影响有哪些？

三、人工智能审计

人工智能的直接起源是艾伦·麦席森·图灵（Alan Mathison Turing）的机器智能思想，而人工智能一词诞生于1956年在美国达特茅斯学院举行的"人工智能夏季研讨会"，此次会议标志着人工智能作为一个研究领域正式出现。人工智能是利用数字计算机或者数字计算机控制的机器模拟、延伸和扩展人的智能，感知环境、获取知识并使用知识获得最佳结果的理论、方法、技术及应用系统。典型的智能系统一般具备以下几个基本特征：①具有领域专家水平的专门知识；②能进行推理求解问题；③推理机与知识库相分离；④具有获取知识的能力；⑤具有解释能力；⑥具有海量数据表现和筛选能力；⑦具有智能化和个性化服务能力。

（一）人工智能审计的工作原理

人工智能是计算机科学的一个分支，通过开发人工构建的人类意识和思维模式，可以取代人类完成一些工作。人工智能审计是大数据时代产生的新兴审计作业模式（图1-9），并不是对联网审计、持续审计等作业模式的否定，而是将图像识别、语言识别、结构化数据采集、非结构化数据采集、信息系统审计规则和数据审计规则等封装进入智能机器人或软件系统，实现审计数据采集、数据平台构建、数据分析、报告撰写和延伸取证的自动化，以提高审计工作的效率和效果。

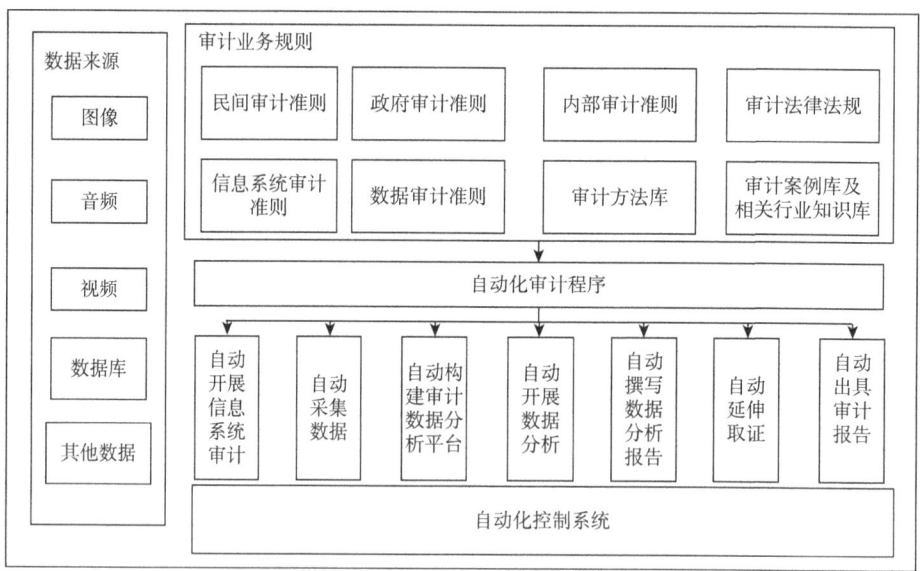

图 1-9 人工智能审计的工作原理

（二）人工智能审计的应用趋势

1. 构建审计数据中心

传统的数据审计平台构建主要强调采集被审计单位结构化的电子数据，而对非结构化电子数据的采集则是其劣势。将人工智能引入审计领域后，审计数据的采集范围不再局限于获得一般的结构化数据和非结构化数据，智能机器人或软件系统可以通过其独特的语言识别系统和图像识别系统处理采集的更加广泛的数据，采集的数据包括图像数据、音频数据、视频数据、结构化数据和其他非结构化数据。人工智能是一个系列规则的载体，智能机器人或软件系统在规则的驱动下开展审计工作。面对半结构化和非结构化数据，人工智能需要更多的审计处理规则和审计实务案例，这一因素将直接驱动国家审计机关、内部审计机构和民间审计机构大力构建审计数据中心。审计数据中心由审计模型服务器、审计方法体系和审计数据库三个部分组成。其中，审计方法体系包括审计方法要素、审计方法模型和审计方法目录体系；审计数据库由数据仓库、法律法规数据库和审计案例数据库等组成。在人工智能审计中，审计服务器既可以读取审计方法体系中的审计方法模型等，又可以读取审计数据库中的数据。

2. 推动大数据标准化工作的开展

人工智能首要解决的就是采集数据的标准化问题。如本章第一节所述，在大数据时代，非结构化数据占据主体地位。无统一的大数据标准，数据挖掘、数据可视化和文本分析等审计技术方法的运用只能是空中楼阁，将人工智能引入审计各个领域或各行业更是无从谈起。2015年8月，国务院在印发的《促进大数据发展行动纲要》中明确提出建立标准规范体系。推进大数据产业标准体系建设，加快建立政府部门、事业单位等公共机构的数据标准和统计标准体系，推进数据采集、政府数据开放、指标口径、分类目录、交换接口、访问接口、数据质量、数据交易、技术产品、安全保密等关键共性标准的制定和实施。加快建立大数据市场交易标准体系。开展标准验证和应用试点示范，建立标准符合性评估体系，充分发挥标准在培育服务市场、提升服务能力、支撑行业管理等方面的作用。积极参与相关国际标准制定工作。

2016 年 3 月，《中华人民共和国国民经济和社会发展第十三个五年规划纲要》指出，完善大数据产业公共服务支撑体系和生态体系，加强标准体系和质量技术基础建设。数据标准的缺失导致形成数据"信息孤岛"，影响数据的互用性和互通性，也会影响人工智能在审计领域的广泛应用。为此，审计署于 2008 年成立了全国审计信息化标准化技术委员会（SAC/TC341），致力于审计数据标准的研究工作，编制了《信息技术会计核算软件数据接口》国家标准（GB/T 19581-2004）以及《财经信息技术会计核算软件数据接口》（GB/T 24589-2010）等。随着大数据技术在审计工作中的深入应用，大数据标准化工作将更加重要。世界各大数据标准化组织和主要国家的大数据标准化的情况如下。

（1）世界各大数据标准化组织的大数据标准化情况。在大数据标准化方面，国际大数据标准化工作主要集中在 ISO/IECJTC1/WG9 大数据工作组（简称 WG9）。除此之外，ISO/IECJTCl/SC32 数据管理和交换分技术委员会（简称 SC32）和国际电信联盟电信标准分局（ITU-T）也在从事大数据标准化的相关工作，其大数据标准化工作的进展情况如表 1-7 所示。

表 1-7　世界各大数据标准化组织的大数据标准化情况

大数据标准化组织名称	在研或发布的大数据标准
WG9	信息技术大数据概述和术语 信息技术大数据参考架构第 1 部分：框架和应用 信息技术大数据参考架构第 2 部分：用例和需求 信息技术大数据参考架构第 3 部分：参考架构 信息技术大数据参考架构第 5 部分：标准路线图
SC32	结构化查询语言对多维数组的支持 SQL 对 JS 对象标记的支持 数据集注册元模型 数据源注册元模型
ITU-T	基于云计算的大数据需求和能力（2015 年 8 月发布） 针对大数据的物联网具体需求和能力要求 大数据交换需求和框架 大数据即业务的功能架构

资料来源：张群，吴东亚，赵菁华. 大数据标准体系. 大数据，2017，（4）：11-19

（2）美国 NBD-PWG 标准化情况。NBD-PWG 的工作范围是建立包括产业界、学术界和政府的公共环境，形成共识的定义、术语、参考架构、安全与隐私和技术路线图，提出数据分析技术应满足的互操作性、可移植性、可用性和扩展性需求，安全有效地支持大数据应用的技术基础设施，为大数据相关方选择最佳方案提供支持。目前 NBD-PWG 共发布 7 项大数据标准化的研究报告（表 1-8）。

表 1-8　美国 NBD-PWG 大数据标准化情况

大数据标准化组织名称	发布的大数据标准研究报告
NBD-PWG	大数据互操作框架第 1 卷：定义 大数据互操作框架第 2 卷：大数据分类 大数据互操作框架第 3 卷：用例和一般需求 大数据互操作框架第 4 卷：安全和隐私 大数据互操作框架第 5 卷：架构调研白皮书 大数据互操作框架第 6 卷：参考架构 大数据互操作框架第 7 卷：标准路线图

资料来源：张群，吴东亚，赵菁华. 大数据标准体系. 大数据，2017，（4）：11-19

（3）中国大数据标准工作组标准化情况。中国大数据标准化工作主要集中在全国信息技术标准化技术委员会大数据标准工作组，它负责制定和完善我国大数据领域标准体系，组织开展大数据相关技术和标准的研究，下设 7 个专题组：总体专题组、国际专题组、技术专题组、产品和平台专题组、安全专题组、工业大数据专题组、电子商务大数据专题组，负责大数据领域不同方向的标准化工作。目前，正在研制的国家标准有 12 项（表 1-9）。

表 1-9　中国在研的 12 项国家大数据标准

序号	计划号	标准名称
1	20141191-T-469	信息技术、大数据、术语
2	20141190-T-469	信息技术、大数据技术、参考模型
3	20141184-T-469	数据能力成熟度评价模型
4	20141172-T-469	多媒体数据语义描述要求
5	20141194-T-469	科学数据引用
6	20141200-T-469	信息技术、数据交易服务平台、交易数据描述
7	20141201-T-469	信息技术、数据交易服务平台、通用功能要求
8	20141202-T-469	信息技术、数据溯源描述模型
9	20141203-T-469	信息技术、数据质量评价指标
10	20141204-T-469	信息技术、通用数据导入接口规范
11	20160597-T-469	信息技术、大数据分析系统基本功能要求
12	20160598-T-469	信息技术、大数据存储与处理平台技术要求

资料来源：张群，吴东亚，赵菁华. 大数据标准体系. 大数据，2017，（4）：11-19

推动大数据、云计算技术和人工智能在审计领域中应用的首要任务是研究统一的大数据标准。WG9 编制的基础性国际标准对于各国大数据标准和行业标准都有重要参考和借鉴意义。随着中国大数据产业的高速发展以及中国大数据标准化工作的全面展开，向世界各大数据标准化组织学习大数据标准化制定经验，有助于快速吸收国际标准的成功经验，并在术语和参考架构等基础性标准上和国际标准、规范保持一致，也将为大数据、云计算技术和人工智能在审计领域中的应用奠定坚实的基础。

3. 促进审计工作的智能化

为推动人工智能在社会经济各个领域的应用，国家发展和改革委员会、科技部、工业和信息化部、中央网信办于2016年5月制定了《"互联网+"人工智能三年行动实施方案》，旨在指导人工智能技术的创新与产业发展；国务院于2017年7月印发了《新一代人工智能发展规划》，对我国人工智能发展做了中长期的系统性部署。国家在战略层面推动人工智能在社会经济发展中的应用，无疑会促进审计工作的智能化。将人工智能引入审计领域，机械化、有规律可循的原始凭证和记账凭证审计、合同文本检查、数据统计分析等基础性审计工作将由机器人或软件系统承担。随着无人机、智能机器人、量子通信、航天遥感、北斗卫星系统在审计工作中的应用，这种现象将更加明显。当然，在人工智能介入审计活动的前期，审计主观判断、审计报告出具等非机械化、无规律可循的审计工作仍然需要审计人员的介入，对该部分的替代需要一个漫长的过程。到人工智能介入审计活动的后期，随着人工智能水平的提高，无人机、智能机器人的审计判断水平将得到大幅提升，传统的审计业务很可能完全实现机械化和自动化，绝大部分审计人员的审计工作将被替代，审计人员将面临大规模失业风险。

【前沿资讯】财务智能机器人——"失业"VS"提升"

第二章

注册会计师管理

第一节 注册会计师

一、注册会计师考试和注册制度

注册会计师考试和注册制度是注册会计师制度的重要内容之一，它是一系列选拔注册会计师的措施、制度的总称。目前，世界上许多国家为了保证审计工作质量，保护投资者合法权益，维护注册会计师职业在公众心目中应有的权威性，都相继制定了较为完善的注册会计师考试和注册制度。

在美国，50个州和哥伦比亚特区都通过自身的注册会计师法，确认本州从事开业会计活动的会计师资格，并对具备注册会计师资格的开业会计师发放注册会计师证书。根据各州注册会计师法的规定，注册会计师申请者必须通过由美国注册会计师协会考试委员会组织和评卷的全国注册会计师统一考试，考试每年两次，考试科目包括：①财务会计与报告（企业）；②会计与报告（税务、管理、政府和非营利组织）；③审计；④商法和职业责任。美国注册会计师协会在其发行的小册子《注册会计师考试信息》中，登载每一考试科目的考试大纲，并说明评分和其他有关考试管理的问题。已通过一门或两门科目考试的考生和未参加全部考试的考生，可进行补考或参加部分科目考试。

在英国，为了取得特许会计师资格，申请人必须在会计师事务所工作并通过专业考试。申请人在完成大学水平的学业后，将与某会计师事务所签订一份为期3年的培训合同。对所受大学教育的专业不作限制，可以是除会计或商业以外的任一其他专业，但申请人必须通过14门课程的考试，考试分为3级：基础级，包括会计基础、法律基础、管理信息、公司组织 4 门课程；资格级，包括信息分析、审计、税法、财务管理 4 门课程；职业级，包括控制与决策信息、会计与审计实务、税务计划、管理与战略、财务报告的环境、财务战略6门课程。某些符合条件的申请人，可以申请某一门或某几门课程的免试。

在日本，要成为一名公认会计师，申请人也必须通过类似英美考试制度的国家考试。日本国家考试分为3次；第一次考试科目包括日语、英语、数学、论文，目的是判定考生是否具备参加第二次考试的资格；第二次考试科目为簿记、财务会计、成本会计、审计理论、经济学、经营学和商法，目的是判定申请人是否具备作为公认会计师应有的专业知识；第三次考试包括审计、财务分析及其他（包括税务论文），考试分笔试和口试。

我国于1991年开始组织全国注册会计师统一考试。通过考试，一大批优秀人才加入了注册会计师队伍。现就我国注册会计师考试制度的具体内容予以介绍。

（一）报考条件

根据《中华人民共和国注册会计师法》和《注册会计师全国统一考试办法》的规定，符合下列条件的中国公民，可以报名参加注册会计师全国统一考试：①具有完全民事行为能力；②具有高等专科以上学校毕业学历，或者具有会计或者相关专业中级以上技术职称。有下列情形之一的人员，不得报名参加注册会计师全国统一考试：①因被吊销注册会计师证书，自处罚决定之日起至申请报名之日止不满5年者；②以前年度参加注册会计师全国统一考试因违规而受到停考处理期限未满者。

对外国籍公民，按互惠原则。其所在国允许中国公民参加该国注册会计师（或其他相应称谓）考试，中华人民共和国政府亦允许其公民参加我国注册会计师考试。港澳台地区居民及按互惠原则确认的外国籍公民申请参加中国注册会计师考试必须具备下列条件之一：具有财政部注册会计师全国考试委员会认可的境内外高等专科及以上学校的学历；已取得境外法律认可的注册会计师资格（或其他相应资格，下同）；已取得中国注册会计师统一考试的单科合格证书。符合上述条件的报考人员，还必须提供如下有效证明：①报名人员合法身份的有效证件（护照、身份证等）；②报名人员境内外高等专科及以上学校毕业的有效学历证书或境外注册会计师资格证书，或有效的中国注册会计师考试单科成绩合格凭证。

（二）考试组织

财政部成立注册会计师考试委员会，组织领导注册会计师全国统一考试工作。财政部注册会计师考试委员会设立注册会计师考试委员会办公室，组织实施注册会计师全国统一考试工作，并负责确定考试组织工作原则，制定考试工作方针、政策，审定考试大纲，确定考试命题原则，处理考试组织工作的重大问题，指导地方注册会计师考试委员会工作。财政部注册会计师考试委员会办公室设在中国注册会计师协会。

各省、自治区、直辖市财政厅（局）成立地方注册会计师考试委员会，组织领导本地区注册会计师全国统一考试工作。地方注册会计师考试委员会设立地方注册会计师考试委员会办公室，组织实施本地区注册会计师全国统一考试工作，贯彻、实施财政部注册会计师考试委员会的决定，处理本地区考试组织工作的重大问题。地方注册会计师考试委员会办公室设在各省、自治区、直辖市注册会计师协会。

(三)考试范围

考试范围在考试大纲中确定。考试大纲由全国考试办公室提出，经全国考试委员会审定发布。考试划分为专业阶段考试和综合阶段考试。考生在通过专业阶段考试的全部科目后，才能参加综合阶段考试。专业阶段考试设会计、审计、财务成本管理、公司战略与风险管理、经济法、税法6个科目；综合阶段考试设职业能力综合测试1个科目。具有会计或者相关专业高级技术职称的人员，可以申请免予专业阶段考试1个专长科目的考试。按互惠原则与境外会计师组织达成相互豁免部分考试科目协议范围内的人员，可以免予部分科目考试。

考试均采取闭卷、笔试的方式。考试实行百分制，60分为成绩合格分数线。专业阶段考试的单科考试合格成绩5年内有效。对在连续5个年度考试中取得专业阶段考试全部科目考试合格成绩的考生，财政部注册会计师考试委员会颁发注册会计师全国统一考试专业阶段考试合格证书。综合阶段考试科目应在取得注册会计师全国统一考试专业阶段考试合格证书后5个年度考试中完成。对取得综合阶段考试科目考试合格成绩的考生，财政部注册会计师考试委员会颁发注册会计师全国统一考试全科考试合格证书。

(四)免考情况

根据《内地与香港注册会计师部分考试科目相互豁免实施协议（2012年修订）》有关规定，符合条件的香港豁免申请人员，只要通过合理的豁免申请程序及审核，即可豁免内地注册会计师考试部分科目。香港豁免申请人员，申请豁免内地注册会计师全国统一考试部分科目的基本程序如下。

（1）香港豁免申请人员。①已参加香港会计师公会专业资格课程考试并全科合格的人员；②2008年7月29日及之前非完全通过香港会计师公会专业资格课程但通过考核并经申请成为香港会计师公会会员的人员。香港豁免申请人员应当是当年报名参加或4年内参加过内地注册会计师全国统一考试的考生，方可提出书面申请。

（2）豁免科目。豁免内地注册会计师全国统一考试的会计、审计、财务成本管理和公司战略与风险管理四个科目。

（3）豁免申请程序。香港豁免申请人员应当向中国注册会计师协会或通过中国注册会计师协会会员服务有限公司（简称驻香港联络处）向中国注册会计师协会提出考试科目豁免申请，并且提供相关个人信息以及成绩证明材料。详情可查询中华人民共和国中央人民政府网站（http://www.gov.cn/fuwu/2015-11/19/content_5014420.htm）。

（4）豁免申请的审核。香港会计师公会在收到中国注册会计师协会或其驻香港联络处转交的豁免申请人员的资料（含电子文档和文字文档）后，应当于3周内（含非工作日，下同）完成信息认证。中国注册会计师协会或其驻香港联络处应当于此后的3周内向香港豁免申请人员发送正式函件。

(五)注册登记

根据《中华人民共和国注册会计师法》的规定,注册会计师考试全科成绩合格的,或者通过部分免考剩余科目全科合格,均可取得注册会计师资格,在政府、企业、一切经济单位工作的人员均可按规定在取得注册会计师资格后,申请加入注册会计师协会成为非执业会员,但不能执业。注册会计师依法执行业务,应当取得财政部统一制定的中华人民共和国注册会计师证书(简称注册会计师证书)。具备下列条件之一,并在中国境内从事审计业务工作2年以上者,可以向省级注册会计师协会申请注册:①参加注册会计师全国统一考试成绩合格;②经依法认定或者考核具有注册会计师资格。

申请注册者,如果有下列情形之一的,受理申请的注册会计师协会不予注册:①不具有完全民事行为能力的;②因受刑事处罚,自刑罚执行完毕之日起至申请注册之日止不满5年的;③因在财务、会计、审计、企业管理或者其他经济管理工作中犯有严重错误受行政处罚、撤职以上处分,自处罚、处分决定生效之日起至申请注册之日止不满2年的;④受吊销注册会计师证书的处罚,自处罚决定生效之日起至申请注册之日止不满5年的;⑤因以欺骗、贿赂等不正当手段取得注册会计师证书而被撤销注册,自撤销注册决定生效之日起至申请注册之日止不满3年的;⑥不在会计师事务所专职执业的;⑦年龄超过70周岁的。

已取得注册会计师证书的人员,如果注册后出现以下情形之一的,准予注册的注册会计师协会撤销注册,收回注册会计师证书:①完全丧失民事行为能力的;②受刑事处罚的;③自行停止执行注册会计师业务满1年的;④以欺骗、贿赂等不正当手段取得注册会计师证书的。

注册会计师有下列情形之一的,由所在地的省级注册会计师协会注销注册:①依法被撤销注册,或者吊销注册会计师证书的;②不在会计师事务所专职执业的。

中国注册会计师协会的外籍非执业会员符合条件者,可申请注册成为中国注册会计师。

二、注册会计师业务范围

《中华人民共和国注册会计师法》规定,注册会计师依法承办审计业务和会计咨询、会计服务业务。审计业务属于法定业务,非注册会计师不得承办。在审计业务中又包括以下4种:①审查企业会计报告;②验证企业资本;③办理企业合并、分立、清算事宜中的审计业务;④办理法律、行政法规规定的其他审计业务。通常会计咨询、会计服务业务包括代理记账、税务代理及管理咨询等业务。

从目前的发展趋势来看,会计师事务所的审计业务比重在日益下降,业务范围向着多样化方向发展,非审计鉴证业务和相关服务的种类越来越多,如预测性财务信息审核、内部控制鉴证、风险管理鉴证、养老鉴证、系统鉴证、网络认证等其他鉴证业务,以及代编信息、商定程序和税务咨询、管理咨询等相关服务。目前最显著的特征是,在全球范围内会计师事务所的管理咨询服务得到了蓬勃发展。例如,前"四大"会计公司的管理咨询收入比重已经超过了审计服务的收入比重。因为随着经营环境的逐步改变,市场对拥有丰富经验和专业知识的注册会计师提出了更多的要求，而且由于审计业务已经趋于成熟，成长的空间有限，会计师事务所的发展必然需要拓展更广泛的业务领域。在实务工作中，我国现阶段注册会计师的经营业务主要包括以下方面。

（1）审计等鉴证业务，包括但不限于：审查企业财务报表；审计企业内部控制；验证企业资本；企业合并、分立、清算事宜中的审计业务；对医疗卫生机构、大中专院校及基金会等非营利组织的财务报表进行审计；提供农村财务公开鉴证服务；提供企业社会责任履行、风险管理、信息系统、低碳减排、投资绩效、市场监督、体制改革、社会管理等方面的鉴证服务；基建预决算鉴证审核；司法会计鉴定；法律、行政法规规定的其他审计鉴证业务。

（2）会计咨询、会计服务业务，包括但不限于：设计会计制度；担任会计顾问；为企事业单位提供内部控制；战略管理；并购重组；资信调查；业绩评价；投资决策；政府购买服务等会计管理咨询服务；代理公司注册；代理报关；代理招投标；代理记账；代理企业进行市场调查、尽职调查、社会责任调查、职工社会保障调查；项目可行性研究和项目评价；培训财会人员；其他会计咨询与服务业务。

（3）受托管理与事务所业务相关的工程造价、管理咨询、税务咨询等专业服务公司。

（4）担任企业破产清算的管理人，提供破产管理相关事项的服务。

（5）法律法规规定和委托人委托的其他业务。

三、注册会计师职业后续教育

由于市场经济的快速发展，企业的经济业务和经营管理日趋复杂，社会对独立审计的期望也越来越高。为顺应这种需要，审计理论和方法也不断地向前发展，注册会计师应不断地更新知识结构，提高专业素质和执业水平。如今，世界上许多国家都非常注重加强注册会计师职业后续教育，并制定了相应的职业后续教育准则。我国也于1997年颁布了注册会计师职业后续教育准则。下面简要介绍该准则的内容。

（一）职业后续教育的内容和形式

注册会计师职业后续教育的内容主要包括以下方面。

（1）会计准则及国家其他有关财务会计法规。为了对被审计单位财务报表发表合理的审计意见，注册会计师必须熟悉企业会计准则及国家其他有关财务会计法规，包括企业会计准则及其具体准则、企业会计制度等。

（2）独立审计准则和其他职业规范。为保证和提高注册会计师执业质量，中国注册会计师协会拟定和发布了一系列职业规范，具体包括独立审计准则、注册会计师职业道德基本准则、审计质量控制基本准则和注册会计师职业后续教育基本准则。这些职业规范，是对注册会计师执业资格、执业行为的具体规定，注册会计师必须学习和掌握。

（3）与执业有关的其他有关法规。其主要是指与注册会计师执业有关的经济法律、法规和行政规章，如《中华人民共和国会计法》《中华人民共和国注册会计师法》《中华人民共和国公司法》《中华人民共和国证券法》等法律以及国务院及其主管部门发布的行政法规和部门规章。

（4）执业所需的其他知识与技能。为壮大会计师事务所规模，提高其业务收入，注册会计师在做好传统审计业务的同时，应当利用其专业优势不断扩展业务领域。因此，注册会计师需要了解和掌握多种知识及技能，如基建工程预决算、资产评估、投资咨询、管理咨询等。

注册会计师职业后续教育可以采取多种形式。例如，参加各级注册会计师协会举办或认可的专业培训、专业课程进修、专题研讨会；参加所在事务所的专业研讨会与培训；公开出版专业著作或发表专业论文；承担专业课题研究并取得研究成果；个人专业学习与实务研究等。

（二）职业后续教育的组织和实施

职业后续教育由中国注册会计师协会及其地方组织负责组织和实施。

中国注册会计师协会的主要职责包括：制定全国性的职业后续教育制度和办法；组织全国性的职业后续教育活动；制定全国性年度职业后续教育大纲；组织全国性职业后续教育教材的编写与选定以及组织全国性职业后续教育的检查和考核。

各地方注册会计师协会在其上级协会的指导下，根据职业后续教育准则及其他相关要求，组织和实施本地区的职业后续教育。其职责包括：制定本地区职业后续教育制度与办法；组织本地区职业后续教育活动；制定本地区年度职业后续教育大纲；组织本地区职业后续教育的考核与检查。

各会计师事务所也应根据职业后续教育准则和其他相关要求，合理地制订本所职业后续教育计划，并有效地组织本所注册会计师的后续教育工作。

（三）职业后续教育的检查和考核

为了有效开展和落实注册会计师职业后续教育工作，准则中规定由中国注册会计师协会及其地方组织负责检查和考核注册会计师的职业后续教育情况。目前，中国注册会计师协会确定的时间标准：执业会员每年接受职业后续教育的时间不得少于40学时，3年累计不得少于180学时；每年接受脱产培训的时间不得少于20学时，3年累计不得少于120学时。注册会计师如未能提供职业后续教育的有效记录或无故未达到职业后续教育要求，考核时将不予通过。

第二节　会计师事务所

一、会计师事务所的设立与审批

（一）国外会计师事务所的组织形式

会计师事务所是注册会计师依法承办业务的机构。从世界范围来看，会计师事务所的形式包括独资制、普通合伙制、有限责任合伙制、股份有限公司制四类形式。

（1）独资制。独资制会计师事务所是指注册会计师个人独立开办的事务所。其特点是，个人出资并承担无限责任，能适应中小企业代理记账、税务代理等一般性需要，但难以承接综合业务，因此制约了其长远发展。

（2）普通合伙制，即由两位或多位注册会计师合伙设立的会计师事务所。其特点是，多人共同出资，并以各自财产对合伙事务所债务承担无限责任；由于利益共享，能有效扩展业务，扩大规模；但任何合伙人的执业行为都会影响整个事务所的生存和发展，因而风险较大。

（3）有限责任合伙制，即多个合伙人通过设立有限责任公司的方式来组建事务所。其显著特点是，事务所以其资产对债务承担有限责任，但各合伙人对个人执业行为承担无限责任。该方式结合了合伙制与公司制会计师事务所的优点，既能壮大会计师事务所规模，又能促进注册会计师关注审计风险，因而得到国际注册会计师职业界的认可。

（4）股份有限公司制，即通过设立股份有限公司方式组建事务所。其特点有：执业的注册会计师认购事务所股份，并以其股份为限对本所债务承担有限责任；该方式能迅速扩大事务所规模，业务扩展较快；但由于风险均摊，不利于注册会计师关注职业风险。

（二）我国会计师事务所的组织形式

《中华人民共和国注册会计师法》规定，不准个人设立独资会计师事务所，只批准有限责任会计师事务所和合伙会计师事务所。

注册会计师可以发起设立有限责任会计师事务所。有限责任会计师事务所是指由注册会计师出资发起设立、承办注册会计师业务并负有限责任的社会中介机构。在以有限责任方式设立的情况下，会计师事务所以其全部资产对其债务承担责任，会计师事务所的出资人承担的责任以其出资额为限。它有别于由合伙人按照出资比例或者协议以各自的财产承担连带无限责任的合伙会计师事务所。

会计师事务所可以由注册会计师合伙设立。合伙设立的会计师事务所，债务由合伙人按出资比例或者协议的约定，以各自的财产承担责任，合伙人对会计师事务所的债务承担连带责任。申请设立小型会计师事务所，原则上应当采用普通合伙组织形式，合伙人依法对合伙企业债务承担无限连带责任。小型会计师事务所是指规模较小、主要提供相关专项服务的会计师事务所。

为了贯彻落实《国务院办公厅转发财政部关于加快发展我国注册会计师行业若干意见的通知》，推动大中型会计师事务所采用特殊普通合伙组织形式，促进我国会计师事务所做大做强，财政部于2010年7月21日发布《关于印发〈财政部工商总局关于推动大中型会计师事务所采用特殊普通合伙组织形式的暂行规定〉的通知》，文件要求大型会计师事务所应当于2010年12月31日前转制为特殊普通合伙组织形式；鼓励中型会计师事务所于2011年12月31日前转制为特殊普通合伙组织形式。采用特殊普通合伙组织形式的会计师事务所，一个合伙人或者数个合伙人在执业活动中因故意或者重大过失造成合伙企业债务的，应当承担无限责任或者无限连带责任，其他合伙人以其在合伙企业中的财产份额为限承担责任。合伙人在执业活动中非因故意或者重大过失造成的合伙企业债务以及合伙企业的其他债务，由全体合伙人承担无限连带责任。

二、会计师事务所的组织结构

会计师事务所的组织结构是其内部管理机构的组成形式，一个科学合理的组织结构，便于会计师事务所的日常管理，提高工作效率和工作质量。在我国，会计师事务所的组织结构大致有两种，即所长负责制和董事会领导下的主任会计师负责制。在实行所长负责制的事务所里，所长对本所工作负全面责任，副所长协助所长工作；事务所可根据需要设置若干业务部门，分别负责不同的工作；设立主任会计师负责业务承接、人员安排、督促检查和报告初审等日常工作。在实行董事会领导下的主任会计师负责制的会计师事务所里，董事会为事务所最高权力机构，主任会计师负责日常业务，在机构设置上，因事务所规模、业务特点不同而有所差别。

合伙会计师事务所在其机构设置上有如下特征：一是可以设立有限责任合伙人；二是可以设立合伙人管理委员会，由若干主要合伙人组成。管理委员会推举其中一名合伙人担任负责人。管理委员会负责人即会计师事务所负责人。不设立合伙人管理委员会的合伙会计师事务所，可由全体合伙人对会计师事务所的重大问题集体作出决定，并推举主任会计师一人担任会计师事务所负责人，主任会计师必须由合伙人担任。

无论哪种类型的会计师事务所，其内部工作人员的分工都大体一致。即实行主任会计师（或所长、总经理）、部门经理、项目经理（或业务经理）三级管理制度。其中，主任会计师全面负责事务所工作，处理和决定所有重大事项；部门经理负责处理和决定本部门审计或咨询业务的业务接洽、质量管理、人员安排、指导和复核及其他重要事项；项目经理负责委派本项目小组的具体工作、检查助理人员工作底稿及工时记录、拟订各种审计方案和计划、就审计或咨询工作中的问题与客户进行协调等。

在国外，会计师事务所的组织结构比较复杂，因会计师事务所类型不同而各具特点，但以合伙会计师事务所最为典型。合伙会计师事务所人员构成通常包括合伙人、部门经理、高级会计师、聘任会计师。其中，合伙人负责联络主要委托人，对审计工作结果作最终审核，批复审计收费，签发审计报告并对与审计报告相关的一切事项负最终责任；部门经理负责与委托人就审计报告或审计工作中发生的问题进行协商，直接监督和管理审计工作，详细审核审计工作底稿，向客户发出收费通知等；高级会计师直接负责拟订审计工作计划，指导聘任会计师的审计工作、对聘任会计师的工作进行复核；聘任会计师协助高级会计师拟订部分审计计划，直接负责被分派审计任务的外勤工作。

【一问一答】审计助理是做什么的？

三、会计师事务所的业务承接

在我国，注册会计师不能以个人名义承办业务，而必须由会计师事务所统一接受委托。接受委托时，应在业务约定书中明确承办业务的种类、范围，以及双方的责任，以避免客户对注册会计师所履行的职责误解，然后，再根据业务的性质选派适当的注册会计师担任该项工作，并制订审计计划。注册会计师在实施审计工作时，应依照具体情况，不断修订审计计划，达到业务约定书所要求的目的；完成审计工作时，应出具审计报告。审计报告除应由注册会计师本人签署外，还必须加盖会计师事务所的公章。注册会计师承办业务时，由会计师事务所按照收费标准统一收费。

会计师事务所在承办业务时，由于委托人不同，其被授予的权限也不同。在接受国家机关委托办理的业务时，根据业务的需要，注册会计师有权查阅有关财务会计资料和文件，察看业务现场和设施，向有关单位和个人进行调查与核实；接受其他委托人的委托时，需要查阅资料、文件和进行调查的，则应按照依法签订的业务约定书的约定办理。

第三节 注册会计师协会

中国注册会计师协会是注册会计师行业的全国组织，依法取得社会团体法人资格。其宗旨是服务、监督、管理、协调，即以诚信建设为主线，服务协会会员，监督会员执业质量、职业道德，依法实施注册会计师行业管理，协调行业内、外部关系，维护社会公众利益和会员合法权益，促进行业科学发展。中国注册会计师协会依法接受财政部、民政部的监督、指导，依据《中华人民共和国注册会计师法》和《中国注册会计师协会章程》行使职责。截至 2021 年 12 月 31 日，全国有注册会计师 97 563 人，非执业会员 212 278 人，会计师事务所 10 142 家。

一、中国注册会计师协会的职责

中国注册会计师协会的主要职责有：审批和管理协会会员，指导地方注册会计师协会办理注册会计师注册；拟定注册会计师执业准则、规则，监督、检查实施情况；组织对注册会计师的任职资格、注册会计师和会计师事务所的执业情况进行年度检查；制定行业自律管理规范，对会员违反相关法律法规和行业管理规范的行为予以惩戒；组织实施注册会计师全国统一考试；组织、推动会员培训和行业人才建设工作；组织业务交流，开展理论研究，提供技术支持；开展注册会计师行业宣传；协调行业内、外部关系，支持会员依法执业，维护会员合法权益；代表中国注册会计师行业开展国际交往活动；指导地方注册会计师协会工作；承担法律、行政法规规定和国家机关委托或授权的其他有关工作。

二、中国注册会计师协会会员

（一）会员种类

中国注册会计师协会的会员分为团体会员和个人会员。依法批准设立的会计师事务所，为中国注册会计师协会团体会员。凡参加注册会计师全国统一考试全科合格并经申请批准者和依照规定原考核取得会员资格者，为中国注册会计师协会个人会员。个人会员分为执业会员和非执业会员。其中，依法取得中国注册会计师执业证书的，为执业会员。对注册会计师行业作出重大贡献的境内外有关知名人士，经有关方面推荐，由理事会批准，可授予名誉会员称号。符合中国注册会计师协会规定条件的个人会员，经理事会批准，可授予资深会员称号。

（二）会员的权利和义务

中国注册会计师协会的会员拥有一定的权利和义务。

（1）中国注册会计师协会个人会员享有下列权利：①协会的选举权和被选举权；②对协会给予的惩戒提出申诉；③参加协会举办的学习和培训活动；④参加协会举办的有关专业研究和经验交流活动；⑤获得协会提供的有关资料；⑥通过协会向有关方面提出意见和要求；⑦监督协会工作，提出批评和建议；⑧监督协会的会费收支；⑨依照规定申请退出协会。

（2）中国注册会计师协会个人会员应当履行下列义务：①遵守协会章程；②执行协会决议；③遵守会员职业道德守则；④遵守协会纪律；⑤接受协会的监督、管理；⑥按规定交纳会费；⑦完成规定的继续教育；⑧自觉维护注册会计师职业声誉，维护会员间的团结；⑨承担协会委托的任务。

中国注册会计师协会执业会员除应当履行前款规定的义务外，还应当履行遵守执业准则、规则的义务。

会员拒不履行义务的，以及不再具备会员资格的，理事会可劝其退会或予以除名。

三、协会权力机构和常设执行机构等

（一）权力机构

协会最高权力机构为全国会员代表大会。全国会员代表大会每 5 年举行 1 次，必要时，由协会理事会决定延期或提前举行。延期召开全国会员代表大会的期限不得超过 1 年。全国会员代表大会代表采取选举、协商和特邀的办法产生其产生办法由上一届理事会决定。全国会员代表大会的职权包括：制定、修改协会章程；选举协会理事；讨论决定协会工作方针和任务；审议、批准协会理事会的工作报告；制定、修改会费管理办法；审议理事会提请全国会员代表大会审议的其他事项。

全国会员代表大会选举理事若干人组成协会理事会。每届理事会任期 5 年。理事可以连选连任。理事会会议每年举行 1 次，必要时，可以提前或推迟召开。理事会对全国会员代表大会负责，其职权包括：提议召开全国会员代表大会；选举协会常务理事会成员；选举协会领导成员；聘任协会常设执行机构领导成员；增补或更换协会理事；审议协会常设执行机构职能部门的设置；审议、批准协会常设执行机构的年度工作报告；审议、批准协会的年度会费收支报告；审议、批准下一届全国会员代表大会代表产生办法；审议、批准下一届理事会理事产生办法；批准授予协会名誉会员和资深会员称号；其他应由理事会办理的事项。

理事会全体会议选举名誉会长、名誉理事若干人，选举会长 1 人，副会长若干人，常务理事若干人。常务理事会于理事会闭会期间行使理事会职权。会长代表协会，召集、主持理事会和常务理事会会议，并监督、检查其决议的贯彻实施。副会长协助会长工作。

（二）常设执行机构

协会设秘书处，为常设执行机构。秘书处负责具体落实协会会员代表大会、理事会、常务理事会的各项决议、决定，承担协会的日常工作。协会设秘书长 1 人、副秘书长若干人。秘书长和副秘书长由财政部推荐，理事会表决通过。秘书长为协会的法定代表人，秘书长主持秘书处日常工作，副秘书长协助秘书长工作。秘书处各职能部门的设置由秘书长提出方案，经理事会审议后，报财政部批准。

目前，秘书处设 14 个职能部门，包括办公室、考试部（财政部注册会计师考试委员会办公室）、注册部、继续教育部、业务监管部、专业标准与技术指导部、研究发展部、国际及港澳台事务部、财务部、期刊编辑部、信息技术部、人事部、党委办公室、服务部。

（三）专门委员会与专业委员会

理事会设若干专门委员会。专门委员会是理事会履行职责的专门工作机构，对理事会负责。目前，理事会下设 12 个专门委员会，包括战略委员会、行业信息化委员会、审计准则委员会、职业道德准则委员会、财务委员会、惩戒委员会、申诉与维权委员会、教育培训委员会、注册管理委员会、执业责任鉴定委员会、会计师事务所内部治理指导委员会、《中国注册会计师》编辑委员会。

理事会设若干专业委员会。目前，理事会下设 1 个专业委员会即专业技术指导委员会，负责处理行业发展中的专业技术问题，对理事会负责。

各专门委员会、专业委员会的设置、调整、具体职责和运作规则，以及委员的聘任和解聘，由秘书长提出方案，理事会批准。

（四）地区注册会计师协会

各省、自治区、直辖市注册会计师协会是中国注册会计师协会的地方组织，其章程由当地会员代表大会依法制定，并报协会和当地政府主管行政机关备案。

省、自治区以下成立注册会计师协会，须经省级注册会计师协会批准，报中国注册会计师协会备案，其组织运行、职责权限，依照国家法律、行政法规及所在地省级协会的规定办理。

【扩展阅读】规范秩序，优化服务，促进注册会计师行业持续健康发展

四、外国会计师职业组织和国际会计职业组织简介

（一）美国注册会计师协会

美国注册会计师协会是美国的全国性会计职业组织，其前身成立于 1887 年，成立时的名称是美国公共会计师联盟。1916 年美国公共会计师联盟更名为公共会计师协会，当时拥有 1 150 名会员。1917 年公共会计师协会更名为美国会计师协会。1957 年更名为美国注册会计师协会。1936 年，美国注册会计师协会与 1921 年成立的美国注册会计师公会合并。目前，美国注册会计师协会拥有大约 370 000 名正式会员。

会员大会决定协会的工作与政策，由约 263 名来自各州和地区的代表组成。会员大会的权利包括确定协会的政策和程序，并执行决议。理事会作为会员大会的执行委员会，负责协会理事会会议闭会期间的工作，每年召开 5 次会议。美国注册会计师协会的其他委员会包括会计准则执行委员会、鉴证业务执行委员会、工商业执行委员会、咨询业务执行委员会、政府审计质量中心执行委员会、信息技术执行委员会、资格前教育执行委员会、职业道德执行委员会、执业实务执行委员会、税务执行委员会以及女性从业执行委员会等。

美国注册会计师协会的目标是为会员提供资源、信息及领导，使会员向公众及其客户提供最高标准的专业服务。为实现此目标，美国注册会计师协会的主要职能包括以下方面。

（1）在政府部门、监管机构和其他组织中作为注册会计师的全国性代表，保护并提高行业利益。

（2）通过最高标准统一的证书及执业标准，推广并保护注册会计师品牌。

（3）促进公众对注册会计师的诚信、客观、胜任能力及专业性等方面的认知及信心，关注注册会计师的需求及意见并协助沟通。

（4）鼓励高端人才加入注册会计师行业，支持开展优秀的学术项目。

（5）制定行业准则，协助会员持续改进职业规范、提高执业水平及增强专业知识，监督执业行为符合现行准则及要求。

（二）英国会计职业组织

由于历史的、地理的、民族的原因，英国的会计职业组织较为复杂，现有6家相互独立的会计职业团体，即特许公认会计师协会、英格兰和威尔士特许会计师协会、苏格兰特许会计师协会、爱尔兰特许会计师协会、成本和管理会计师协会、特许公共财务会计协会。上述6家会计职业团体中，只有前4家具有登记会员资格，即有权批准其会员从事独立审计业务并发给执业证书。这6家会计职业组织彼此互相独立，并相对独立于政府部门。为促进相互合作，它们共同发起成立了一个咨询委员会，代表英国会计职业组织向国际会计师联合会提出专业意见。英国会计职业组织的职责是组织注册会计师考试和注册，制定审计准则和职业道德规范，监督执业行为和执业质量等。

英国的6家会计职业组织中，中国审计界较为熟悉的是特许公认会计师协会，其前身伦敦会计师协会成立于1904年，至1984年正式更名为特许公认会计师协会。特许公认会计师协会总部设在伦敦，在全球设有80多家办事处。目前拥有147 000名会员和424 000名学员，分布在全球170多个国家和地区。特许公认会计师协会的最高权力机构为会员代表大会，每年举行一次会议。会员代表大会选举产生理事会，由来自世界各个地区的36名代表组成。理事会选举产生会长、常务副会长及副会长，并任命执行总裁。理事会下设若干委员会，包括提名委员会、管理委员会、教育政策委员会、监管委员会、专业委员会、薪酬委员会、审计委员会、英国事务委员会及特别工作小组等。

（三）加拿大会计职业组织

加拿大有两个会计职业组织，即加拿大特许会计师协会和加拿大注册会计师协会。

加拿大特许会计师协会是加拿大最大的会计师职业团体，前身是1902年成立的全国性的会计师协会联合体——加拿大特许会计师统管联盟。1951年，加拿大特许会计师统管联盟更名为加拿大特许会计师协会，目前拥有加拿大和百慕大70 000多名会员和8 500名学员。

加拿大注册会计师协会是一个全国性的会计职业组织，其成立于1908年，由于其广受认可，于1913年经联邦政府特许注册。目前，其全球会员和学员人数约75 000

人，分布在加拿大、百慕大、加勒比海地区及中国。其每年召开年度大会。自 2008 年 10 月起，实行双轨制治理，分设理事会和分会委员会。理事会由 12 名理事组成，其中包括主席、前主席、副主席、会长、公共代表及非选举产生的秘书。理事会为管理机构，可根据需要下设委员会和工作组。分会委员会由各分会代表组成，负责通过协会战略计划、制定会费和收费标准、制定教育及行业准则等，也可根据需要下设委员会和工作组。其宗旨是通过在国内和国际上代表加拿大会计行业、制定行业准则、提供服务等，维护会员及公众利益。

（四）日本公认会计师协会

日本公认会计师协会是日本会计行业的唯一组织，成立于 1949 年，1966 年根据《公认会计师法》重组，总部位于东京，在各地设有分会。该会会员由 3 部分组成：普通会员（公认会计师）、联系会员和审计公司。截至 2009 年，其拥有普通会员 19 935 人、联系会员 8 405 人、审计公司 195 家。该会会长、副会长、执行理事会理事、理事会理事、审计师均从会员中选举产生，任期 3 年。日常事务由秘书处处理，由执行总裁负责。其下设有选举监督委员会、提名委员会、惩戒委员会及申诉委员会。各委员会委员均为志愿担任，主席由会长任命，工作由协会员工支持。每个委员会都根据正在进行的讨论项目分为多个分委员会。

日本公认会计师协会的主要职责包括：就日本和海外的会计、审计和其他相关专业服务的实务和体制进行研究和调查；对审计、会计和其他相关专业服务提供指南，并对其他组织的各种征求意见稿作出反馈；提供资格前培训和后续教育；进行质量控制检查；实施调查与惩戒程序。

（五）亚太会计师联合会

亚太会计师联合会是亚太地区会计职业组织的代表，成立的最初构想始于 1957 年 11 月 28 日至 12 月 1 日在菲律宾马尼拉召开的第一次远东会计师大会，正式成立于 1976 年。其秘书处设于马来西亚吉隆坡。迄今为止，亚太会计师联合会是世界上规模最大的区域性会计组织，覆盖全球一半的区域。

亚太会计师联合会的宗旨是在亚太地区会计行业的发展、提高和协调方面发挥领导作用，使会计行业能够不断为社会公众提供高质量的服务。

亚太会计师联合会的会员资格分为正式会员、准会员和联系会员。目前，其下拥有来自 24 个国家和地区的 31 个会计职业组织成员。

亚太会计师联合会的决策机构是理事会，负责实现联合会目标的具体工作，理事会会议每年召开两次。理事会通过选举产生，由不超过 12 名成员组成，所有成员均应为不同国家或地区的正式会员组织所授权的代表。其中 10 人为年度大会选举产生，选举出的理事会可最多指定另外两名正式会员的代表，此两名正式会员所在国家或地区，应在已选出的 10 人所代表的国家或地区范围之外。拥有理事会席位的国家或地区可以更换自己在理事会中的代表。每一届理事会任期至下一次会员代表大会召开时届满（一般为 4 年），理事会成员可以连续当选。亚太会计师联合会主席和副主席由理事会选举产生。理事会下设战略委员会、治理与审计委员会。

亚太会计师联合会每10年至少召开3次大会,由全体大会及分组讨论会组成,就会计行业共同感兴趣的话题进行探讨,并邀请业内专家发表演讲。

(六)欧洲会计师联合会

欧洲会计师联合会成立于1987年1月1日,是欧洲会计行业的联合组织,总部设在比利时布鲁塞尔。其成员由来自欧洲33个国家的45个会计职业组织构成,代表了欧洲地区的50多万名会计师。其中45%的会员为公共执业会计师,55%服务于工商业界、政府机构和教育界。

欧洲会计师联合会的目标是在工作中保证公众利益的同时,最大限度地增加欧洲会计行业的利益。其工作涵盖了欧洲会计行业的广泛内容,包括会计、审计、职业道德、税收公司法、银行、保险、资本市场等。为了更好地开展上述工作,欧洲会计师联合会与欧盟的相关机构,特别是欧盟委员会进行了密切的合作。

欧洲会计师联合会的最高权力机构是会员大会,每两年举行一次会议,管理机构是理事会,其决策由秘书处具体执行。

(七)国际会计师联合会

国际会计师联合会成立于1977年,是会计行业的全球性组织,总部位于美国纽约。会员由来自125个国家和地区的164个成员组织及准成员组织组成,代表着250万服务于不同行业的会计专业人员。中国注册会计师协会于1997年5月8日正式加入国际会计师联合会,成为其会员。

国际会计师联合会的宗旨是通过制定和实施高质量的职业准则,推进准则的国际趋同,促进世界范围内会计行业发展,推动全球经济增长,服务公众利益。

国际会计师联合会的最高机构为会员代表大会,每年举行一次会议,主要负责审议与章程有关的问题及选举理事会理事。其理事会由1位主席、1位副主席及20位来自18个不同国家和地区行业组织的理事组成。理事会下设提名委员会、国际审计与鉴证准则理事会、国际会计教育准则理事会、国际会计师职业道德准则理事会、国际公共部门会计准则理事会、职业会计组织发展委员会、工商业界职业会计师委员会、中小事务所委员会、跨国审计师委员会、遵循咨询小组等。此外,根据各阶段工作需要,国际会计师联合会还成立多个特别工作组来完成相应工作。

(八)国际会计师公会

国际会计师公会成立于1928年,总部设在英国,是一家国际性会计专业考试机构和会员团体,其专业资格证书受到英国政府的官方认可,会员分布在全球85个国家和地区。

国际会计师公会的主要目标包括:成为职业会计师的国际化组织;通过教育培训,推广国际会计准则、国际审计准则、职业道德标准及国际商务管理和实践,支持会计行业的国际趋同;为国际会计师公会所在国家和地区的会计行业提供支持和协作。

【一问一答】国际上政府审计公认的准则体系是什么?

【审计实践】会计师事务所业务质量控制准则情况

第三章

注册会计师执业准则

第一节 注册会计师执业准则概述

2001年以来，针对国际资本市场一系列上市公司财务舞弊事件，国际审计准则制定机构改进了相关审计准则的机制、程序和实施细则，强调以社会公众利益为宗旨，全面引入风险导向审计的概念，全面提升了国际审计准则质量。在充分借鉴国际审计准则的基础上，中国注册会计师协会根据我国实际情况和国际趋同需要，将"中国注册会计师独立审计准则体系"改进为"中国注册会计师执业准则体系"，以适应注册会计师业务多元化的需要。

中国注册会计师执业准则体系包括注册会计师业务准则和会计师事务所质量管理准则，其中中国注册会计师业务准则又包括鉴证业务准则和相关服务准则。鉴证业务准则可以进一步细分为审计准则、审阅准则和其他鉴证业务准则，而相关服务准则包括商定程序、代编财务信息等方面的准则（图3-1）。

鉴证业务准则是指注册会计师在执行鉴证业务过程中需要遵守的职业规范。它包括审计准则、审阅准则和其他鉴证业务准则。其中审计准则是整个执业准则体系的核心。

审计准则是约束注册会计师执行历史财务信息审计业务工作的职业规范。在提供审计服务时，注册会计师对审计信息是否存在重大错报提供合理保证，并以积极方式提出。

审阅准则是约束注册会计师执行历史财务信息审阅业务工作的职业规范。在提供审阅服务时，注册会计师对审阅信息是否不存在重大错报提供有限保证，并以消极的方式提出结论。

其他鉴证业务准则是约束注册会计师执行历史财务信息审计或审阅以外的其他鉴证业务工作的职业规范。注册会计师根据鉴证业务的性质和业务约定的要求，提供有限保证或合理保证。

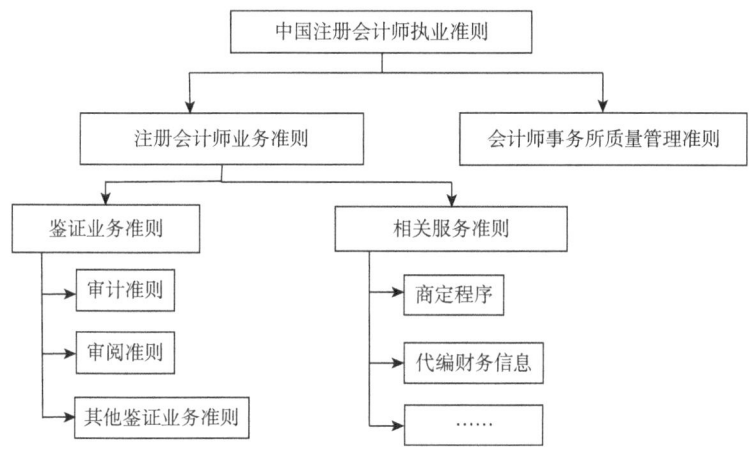

图 3-1 中国注册会计师执业准则体系

相关服务准则是约束注册会计师代编财务信息、执行商定程序及提供管理咨询等其他服务工作的职业规范。在提供相关服务时,注册会计师不提供任何保证。

注册会计师执行商定程序业务,应当遵守相关职业道德规范,恪守客观、公正的原则,保持专业胜任能力和应有的关注,并对执业过程中获知的信息保密。

注册会计师执行代编业务,应当遵守相关职业道德规范,恪守客观、公正的原则,保持专业胜任能力和应有的关注,并对执业过程中获知的信息保密。

质量管理准则是对会计师事务所及其人员提出的质量管理政策和程序的要求,适用于会计师事务所及其人员执行财务报表审计业务、财务报表审阅业务、其他鉴证业务和相关服务业务。会计师事务所质量管理准则是约束注册会计师事务所在执行各类业务时应当遵守的政策和程序,是对会计师事务所质量管理提出的制度要求。

目前,中国注册会计师执业准则体系共包括 53 项准则,其具体构成如下。

(1)中国注册会计师鉴证业务基本准则(1 项)。
(2)中国注册会计师审计准则第 1101 号~第 1633 号(45 项)。
(3)中国注册会计师审阅准则第 2101 号(1 项)。
(4)中国注册会计师其他鉴证业务准则第 3101 号~第 3111 号(2 项)。
(5)中国注册会计师相关服务准则第 4101 号~第 4111 号(2 项)。
(6)会计师事务所质量管理准则第 5101 号~第 5102 号(2 项)。

在注册会计师执业准则体系中,准则编号由 4 位数组成。其中,千位数代表不同类别的准则:"1"代表审计准则;"2"代表审阅准则;"3"代表其他鉴证业务准则;"4"代表相关服务准则;"5"代表质量管理准则。百位数代表某一类别准则中的大类。以审计准则为例,我们将审计准则分为 6 大类,分别用 1 至 6 表示。"1"代表一般原则与责任;"2"代表风险评估与应对;"3"代表审计证据;"4"代表利用其他主体的工作;"5"代表审计结论与报告;"6"代表特殊领域审计。十位数代表大类中的小类。个位数代表小类中的顺序号。例如,第 1311 号,千位数的"1"表示审计准则,百位数的"3"表示审计证据大类,十位数的"1"表示获取审计证据的某一小类,个位数的"1"表示某类审计程序的序号。

第二节 中国注册会计师业务准则

一、中国注册会计师审计准则

中国注册会计师审计准则是注册会计师执行历史财务信息审计业务工作中需要遵守的职业规范。其中包括6个方面：审计业务的一般原则与责任、风险评估与应对、审计证据、利用其他主体的工作、审计结论与报告和特殊领域审计。

（一）审计业务的一般原则与责任

规范审计业务的一般原则与责任准则具体包括9项内容，每项以第11××号编号。这9项准则对审计业务基本涉及的工作环节和内容作出规定。

《中国注册会计师审计准则第1101号——注册会计师的总体目标和审计工作的基本要求》（2022年12月22日修订）共6章38条，旨在规范注册会计师按照中国注册会计师审计准则（简称审计准则）执行财务报表审计工作，确立注册会计师的总体目标，明确注册会计师为实现总体目标而需要执行审计工作的性质和范围，以及在执行财务报表审计业务时承担的责任。该准则指出，注册会计师在执行财务报表审计工作时的总体目标：①对财务报表整体是否不存在舞弊或错误导致的重大错报获取合理保证，使得注册会计师能够对财务报表是否在所有重大方面按照适用的财务报告编制基础编制发表审计意见；②按照审计准则的规定，根据审计结果对财务报表出具审计报告，并与管理层和治理层沟通。

《中国注册会计师审计准则第1111号——就审计业务约定条款达成一致意见》（2022年1月5日修订）共4章21条，主要对定义、目标、要求审计的前提条件、就审计业务约定条款达成一致意见、连续审计、审计业务约定款的变更、业务承接时的其他考虑等方面进行了规范。该准则旨在规范注册会计师确定审计的前提条件是否存在，以及与管理层就审计业务约定条款达成一致意见。注册会计师只有通过实施上述工作就执行审计工作的基础达成一致意见后，才承接或保持审计业务。

《中国注册会计师审计准则第1121号——对财务报表审计实施的质量管理》（2020年11月19日修订）共4章53条，旨在规范注册会计师在项目层面对财务报表审计实施质量管理的具体责任，以及项目合伙人与之相关的责任。会计师事务所负责根据《会计师事务所质量管理准则第5101号——业务质量管理》的规定设计、实施和运行质量管理体系。该项新准则主要从定义、目标、要求（对审计质量承担的领导责任，相关职业道德要求，客户关系和审计业务的接受与保持，业务资源，业务执行，监控与整改，对管理和实现高质量承担总体责任，审计工作底稿）等方面对财务报表审计业务的质量管理进行了规范。

《中国注册会计师审计准则第 1131 号——审计工作底稿》（2022 年 12 月 22 日修订）共 4 章 20 条，旨在规范审计工作底稿的格式、内容和范围以及审计工作底稿的归档，明确注册会计师在财务报表审计中编制审计工作底稿的责任。该准则主要从审计底稿的定义、编制底稿目标以及编制底稿过程中的要求（及时编制审计工作底稿，记录实施的审计程序和获取的审计证据，审计工作底稿的归档）等方面对审计工作底稿进行了规范。

《中国注册会计师审计准则第 1141 号——财务报表审计中与舞弊相关的责任》（2022 年 12 月 22 日修订）共 5 章 52 条，旨在规范注册会计师在财务报表审计中与舞弊相关的责任。该准则主要对舞弊以及舞弊风险因素的定义、注册会计师的目标、相关要求（职业怀疑，项目组内部的讨论，风险评估程序和相关活动，识别和评估舞弊导致的重大错报风险，应对评估的舞弊导致的重大错报风险，评价审计证据，无法继续执行审计业务，书面声明，与管理层和治理层的沟通，向被审计单位之外的适当机构报告舞弊，审计工作底稿）等方面进行了规范。

《中国注册会计师审计准则第 1142 号——财务报表审计中对法律法规的考虑》（2022 年 12 月 22 日修订）共 5 章 31 条，旨在规范注册会计师在财务报表审计中对法律法规的考虑，主要对定义、目标、法律要求（注册会计师对被审计单位遵守法律法规的考虑，识别出或怀疑存在违反法律法规行为时实施的审计程序，对识别出的或怀疑存在的违反法律法规行为的沟通和报告，审计工作底稿）等方面进行了规范。注册会计师接受专项委托，对被审计单位遵守特定法律法规进行单独测试并出具报告的其他鉴证业务不适用这一准则。

《中国注册会计师审计准则第 1151 号——与治理层的沟通》（2022 年 12 月 22 日修订）共 4 章 24 条，旨在明确注册会计师在财务报表审计中与治理层沟通的责任。该准则主要规范了定义、目标和要求（沟通的对象，沟通的事项，沟通的过程，审计工作底稿）。

《中国注册会计师审计准则第 1152 号——向治理层和管理层通报内部控制缺陷》（2022 年 12 月 22 日修订）共 5 章 13 条，旨在规范注册会计师向治理层和管理层恰当通报在财务报表审计中识别出的内部控制缺陷。分别对定义、目标、内容和要求等方面进行了规范。

《中国注册会计师审计准则第 1153 号——前任注册会计师和后任注册会计师的沟通》（2010 年 11 月 1 日修订）共 5 章 19 条，旨在规范前任注册会计师和后任注册会计师在财务报表审计中的沟通责任。该准则分别对定义、目标和要求（接受委托前的沟通，接受委托后的沟通，发现前任注册会计师审计的财务报表可能存在重大错报时的处理，保密义务，审计工作底稿）等方面进行了规范。

（二）风险评估与应对

对风险评估与应对的审计准则共有 6 项，每项以第 12××号编号，重点论述如何在审计工作中了解被审计单位及其环境识别和评估重大错报风险以及针对评估的重大错报风险应该采取什么措施应对。

《中国注册会计师审计准则第 1201 号——计划审计工作》（2022 年 12 月 22 日修订）共 4 章 13 条，旨在规范注册会计师计划财务报表审计工作。具体分别从目标、审计工作计划的要求（项目组关键成员的参与，初步业务活动，计划活动，审计工作底稿，首次审计业务的补充考虑）等方面进行指引。

《中国注册会计师审计准则第 1211 号——重大错报风险的识别和评估》（2022 年 12 月 22 日修订）共 5 章 45 条。重大错报风险的识别和评估是风险导向审计的基础环节。该准则主要针对风险评估的程序、流程和方法作出规范。本次修订在坚持风险导向审计的基础上，完善了对了解被审计单位的有关要求，补充了与信息技术相关的规定和指引，明确了分别评估固有风险和控制风险的要求，提出了在风险评估流程的最终阶段进行总体评价的要求，针对在识别和评估重大错报风险的过程中如何保持职业怀疑作出了进一步规定并提供了指引等。

《中国注册会计师审计准则第 1221 号——计划和执行审计工作时的重要性》（2019 年 2 月 20 日修订）共 5 章 15 条，旨在规范注册会计师在计划和执行财务报表审计工作时运用重要性概念，分别从定义、目标、审计工作计划的要求（计划审计工作时确定重要性和实际执行的重要性，审计过程中修改重要性，审计工作底稿）等方面进行了阐述。

《中国注册会计师审计准则第 1231 号——针对评估的重大错报风险采取的应对措施》（2022 年 12 月 22 日修订）共 5 章 31 条，旨在规范注册会计师针对评估的重大错报风险设计和实施应对措施。该准则从定义、目标、要求（总体应对措施，进一步审计程序，控制测试，实质性程序，列报和披露的恰当性，评论审计证据的充分性和适当性，审计工作底稿）等方面进行了阐述。

《中国注册会计师审计准则第 1241 号——对被审计单位使用服务机构的考虑》（2022 年 12 月 22 日修订）共 5 章 31 条，旨在规范注册会计师在被审计单位使用服务机构的服务时获取充分、适当的审计证据的责任，主要包括定义、目标、要求（了解服务机构提供的服务，应对评估的重大错报风险，审计报告和附注）等方面内容。

《中国注册会计师审计准则第 1251 号——评价审计过程中识别出的错报》（2022 年 12 月 22 日修订）共 5 章 17 条，旨在规范注册会计师评价识别出的错报对审计的影响以及未更正错报对财务报表的影响，主要包括定义、目标、要求（累积识别出的错报，随着审计的推进考虑识别出的错报，沟通和更正错报，评价未更正错报的影响，书面声明，审计工作底稿）等方面内容。

（三）审计证据

审计证据是注册会计师发表审计意见的基础。与审计证据有关的审计准则共有 11 项，每项以第 13×× 号编号。这部分准则重点规范获取各种特定项目的审计证据的过程、分析已获取的审计证据的过程、函证过程以及作出合理的会计估计的过程。此外还对注册会计师在财务报表审计中对期后事项的责任和书面声明相关责任作出了规定。

《中国注册会计师审计准则第 1301 号——审计证据》（2022 年 12 月 22 日修订）共 4 章 15 条，旨在规范注册会计师在财务报表审计中确定审计证据的构成，明确注册会计师设计和实施审计程序以获取充分、适当的审计证据的责任。该准则阐述了定义、目标、要求（充分、适当的审计证据，用作审计证据的信息，选取测试项目以获取审计证据，审计证据之间存在不一致或对审计证据可靠性存有疑虑）的规定。

《中国注册会计师审计准则第 1311 号——对存货、诉讼和索赔、分部信息等特定项目获取审计证据的具体考虑》（2019 年 2 月 20 日修订）共 4 章 14 条，旨在规范注册会计师在财务报表审计中对存货、诉讼和索赔、分部信息等特定项目的某些方面获取充分、适当的审计证据的具体考虑，阐述了定义、目标、要求（存货，诉讼和索赔，分部信息）的规定。

《中国注册会计师审计准则第 1312 号——函证》（2010 年 11 月 1 日修订）共 5 章 24 条，旨在规范注册会计师按照《中国注册会计师审计准则第 1231 号——针对评估的重大错报风险采取的应对措施》和《中国注册会计师审计准则第 1301 号——审计证据》的规定使用函证程序，以获取相关、可靠的审计证据。该准则主要对定义、目标、要求（函证程序，管理层不允许寄发询证函，实施函证程序的结果，消极式函证，评价获取的审计证据）进行了规范。该准则不适用于注册会计师对被审计单位诉讼和索赔事项实施询问程序。

《中国注册会计师审计准则第 1313 号——分析程序》（2022 年 12 月 22 日修订）共 5 章 8 条，阐述了定义、目标、要求（实质性分析程序，有助于形成总体结论的分析程序，调查分析程序的结果）的规定。

《中国注册会计师审计准则第 1314 号——审计抽样》（2010 年 11 月 1 日修订）共 5 章 25 条，旨在规范注册会计师在实施审计程序时使用审计抽样。该准则阐述了定义、目标、要求（样本设计、样本规模和选取测试项目，实施审计程序，偏差和错报的性质与原因，推断错报，评价审计抽样结果）。

《中国注册会计师审计准则第 1321 号——会计估计和相关披露的审计》（2022 年 12 月 22 日修订）共 5 章 36 条，针对如何在审计中识别、评估、应对与会计估计相关的重大错报风险作出了规范。本次修订在《中国注册会计师审计准则第 1211 号——重大错报风险的识别和评估》的基础上，完善了与会计估计和相关披露有关的风险评估程序的要求，明确了与控制测试有关的要求，针对如何应对相关重大错报风险提出了更具体的要求并提供了更详细的指引，增加了实施审计程序之后的总体评价有关要求，强调了保持职业怀疑的要求，新增了与治理层、管理层或者其他相关机构或人员沟通的要求等。

《中国注册会计师审计准则第 1323 号——关联方》（2022 年 12 月 22 日修订）共 5 章 30 条，旨在规范注册会计师在财务报表审计中与关联方关系及其交易相关的责任。该准则分别对定义、目标、要求（风险评估程序和相关工作，识别和评估与关联方关系及其交易相关的重大错报风险，针对与关联方关系及其交易相关的重大错报风险的应对措施，评价识别出的关联方关系及其交易的会计处理和披露，书面声明，与治理层的沟通，审计工作底稿）等方面进行了详细阐述。

《中国注册会计师审计准则第 1324 号——持续经营》（2022 年 12 月 22 日修订）共 3 章 25 条，旨在规范注册会计师在财务报表审计中与持续经营相关的责任以及对审计报告的影响。该准则从目标、要求（风险评估程序和相关活动，评价管理层的评估，询问超出管理层评估期间的事项或情况，识别出事项或情况时实施追加的审计程序，审计结论与报告，与治理层沟通，严重拖延对财务报表的批准）等方面进行了规范。

《中国注册会计师审计准则第1331号——首次审计业务涉及的期初余额》（2022年12月22日修订）共5章16条，旨在规范注册会计师在执行首次审计业务时对期初余额的责任。该准则阐述了定义、目标、要求（审计程序，审计结论和审计报告）。

《中国注册会计师审计准则第1332号——期后事项》（2016年12月23日修订）共4章20条，旨在规范注册会计师在财务报表审计中对期后事项的责任。该准则主要针对定义、目标、要求（财务报表日至审计报告日之间发生的事项，注册会计师在审计报告日后至财务报表报出日前知悉的事实，注册会计师在财务报表报出后知悉的事实）等方面进行了说明。

《中国注册会计师审计准则第1341号——书面声明》（2022年12月22日修订）共4章19条，旨在规范注册会计师在财务报表审计中向管理层获取书面声明。该准则主要从定义、目标、要求（提供书面声明的管理层，针对管理层责任的书面声明，其他书面声明，书面声明涵盖的日期和期间，书面声明的形式，对书面声明可靠性的疑虑以及管理层不提供要求的书面声明）方面进行了规范。

（四）利用其他主体的工作

关于利用其他主体的工作的审计准则共有3项，每项以第14××号编号。重点对在审计过程中利用其他主体所提供的证据、意见等内容的行为作出了规定。

该部分准则所称主审注册会计师，是指当被审计单位财务报表包含由其他注册会计师审计的一个或多个组成部分的财务信息时，负责对该财务报表出具审计报告的注册会计师。其他注册会计师，是指除主审注册会计师以外的，负责对组成部分财务信息出具审计报告的其他会计师事务所的注册会计师。

当计划利用其他注册会计师的工作时，主审注册会计师应当根据其他注册会计师承担的具体业务考虑其专业胜任能力且应实施审计程序，获取充分、适当的审计证据，确定其他注册会计师的工作能否满足主审注册会计师审计的需要。

主审注册会计师应就下列事项向其他注册会计师获取书面声明。

（1）其他注册会计师遵守与被审计单位和组成部分保持独立性的要求。

（2）其他注册会计师遵守会计、审计等有关规定和编制报告的要求。

《中国注册会计师审计准则第1401号——对集团财务报表审计的特殊考虑》（2022年12月22日修订）共5章64条，旨在规范注册会计师执行集团审计时的特殊考虑，特别是涉及组成部分注册会计师的特殊考虑。该准则对定义、目标、要求（责任，集团审计业务的接受与保持，总体审计策略和具体审计计划，了解集团及其环境、集团组成部分及其环境，了解组成部分注册会计师，重要性，针对评估的风险采取的应对措施，合并过程，期后事项，与组成部分注册会计师的沟通，评价审计证据的充分性和适当性，与集团管理层和集团治理层的沟通，审计工作底稿）等方面进行了规范。

《中国注册会计师审计准则第1411号——利用内部审计人员的工作》（2022年12

月 22 日修订）共 5 章 38 条，旨在规范注册会计师在审计中利用内部审计人员的工作，明确注册会计师利用内部审计人员工作的责任。该准则对定义、目标、要求（确定是否利用、在哪些领域利用以及在多大程度上利用内部审计的工作，利用内部审计工作，确定是否利用、在哪些领域利用以及在多大程度上利用内部审计人员提供直接协助，利用内部审计人员提供直接协助，审计工作底稿）等方面进行了规范。

《中国注册会计师审计准则第 1421 号——利用专家的工作》（2022 年 1 月 5 日修订）共 4 章 16 条，旨在规范注册会计师在获取充分、适当的审计证据时利用专家的工作，明确注册会计师利用专家工作的责任。该准则对定义、目标、要求（确定是否利用专家的工作，审计程序的性质、时间安排和范围，专家的胜任能力、专业素养和客观性，了解专家的专长领域，与专家达成一致意见，评价专家的工作的恰当性，在审计报告中提及专家）进行了规范。

（五）审计结论与报告

关于审计结论与报告的审计准则共有 6 项，每项以第 15××号编号。这部分准则规范注册会计师对财务报表形成审计意见和出具审计报告的过程。

《中国注册会计师审计准则第 1501 号——对财务报表形成审计意见和出具审计报告》（2022 年 12 月 22 日修订）共 4 章 46 条，规范了注册会计师对财务报表形成审计意见，以及作为财务报表审计结果出具的审计报告的格式和内容。该准则说明了定义、目标、要求（对财务报表形成审计意见，审计意见的类型，审计报告，与财务报表一同列报的补充信息）。

《中国注册会计师审计准则第 1502 号——在审计报告中发表非无保留意见》（2019 年 2 月 20 日修订）共 4 章 31 条，对注册会计师出具非无保留意见的审计报告进行了规范。该准则对定义、目标、要求（应当发表非无保留意见的情形，确定非无保留意见的类型，非无保留意见审计报告的格式和内容，与治理层的沟通）进行了规范。

《中国注册会计师审计准则第 1503 号——在审计报告中增加强调事项段和其他事项段》（2022 年 1 月 5 日修订）共 4 章 13 条，旨在规范注册会计师在审计报告中增加强调事项段和其他事项段，以传递必要的补充信息。该准则规范了定义、目标、要求（审计报告中的强调事项段，审计报告中的其他事项段，与治理层的沟通）。

《中国注册会计师审计准则第 1504 号——在审计报告中沟通关键审计事项》（2022 年 12 月 22 日发布）共 4 章 18 条，对上市实体审计报告中增加关键审计事项部分、用于沟通关键审计事项进行了规范。关键审计事项是指注册会计师根据职业判断认为对当期财务报表审计最为重要的事项。该审计准则为新增加的准则，主要从定义、目标、要求（确定、沟通关键审计事项，与治理层的沟通以及记录关键审计事项等）方面进行了规范。

《中国注册会计师审计准则第 1511 号——比较信息：对应数据和比较财务报表》共 5 章 23 条，旨在规范注册会计师在财务报表审计中与比较信息相关的责任。该准则从定义、目标、要求（审计程序，审计报告，对应数据，审计报告，比较财务报表）方面进行了规范。

《中国注册会计师审计准则第 1521 号——注册会计师对其他信息的责任》（2016年 12 月 23 日修订）共 4 章 25 条，用于规范定义、目标、要求（获取其他信息，阅读并考虑其他信息，当似乎存在重大不一致或其他信息似乎存在重大错报时的应对，当注册会计师认为其他信息存在重大错报时的应对，当财务报表存在重大错报或注册会计师对被审计单位及其环境的了解需要更新时的应对，报告，审计工作底稿）。

（六）特殊领域审计

涉及特殊领域审计的审计准则共 10 项，每项以第 16×× 号编号。这部分内容对特殊领域审计过程作出了规定。特殊领域审计包括对小型被审计单位审计、商业银行财务报表审计、验资、对特殊目的审计业务出具审计、衍生金融工具审计和电子商务审计。

《中国注册会计师审计准则第 1601 号——审计特殊目的财务报表的特殊考虑》（2022 年 12 月 22 日修订）共 5 章 16 条，对定义、目标、要求（业务承接时的考虑，计划和执行审计工作时的考虑，形成审计意见和出具报告时的考虑）进行了规范。

《中国注册会计师审计准则第 1602 号——验资》（2006 年 2 月 15 日修订）共 5 章 36 条，旨在规范注册会计师执行验资业务、明确工作要求。该准则从签订业务约定书、制订验资计划、实施审验程序和记录验资工作底稿以及验资报告等方面进行了说明。该准则指出，注册会计师在执行验资业务时不应孤立地使用该准则，而应当将该准则与相关审计准则结合使用。

《中国注册会计师审计准则第 1603 号——对单一财务报表和财务报表特定要素审计的特殊考虑》（2021 年 12 月 9 日修订）共 5 章 20 条，旨在规范注册会计师在执行单一财务报表和财务报表特定要素审计中的特殊考虑。该准则对定义、目标、要求（业务承接时的考虑，计划和执行审计工作时的考虑，形成审计意见和出具报告时的考虑）进行了规范。

《中国注册会计师审计准则第 1604 号——对简要财务报表出具报告的业务》（2021 年 12 月 9 日修订）共 5 章 34 条，旨在规范注册会计师对简要财务报表出具报告的责任。该准则对定义、目标、要求（业务的承接，程序，意见的具体表述方式，工作的时间安排和期后事项，载有简要财务报表及其报告的文件中的信息，对简要财务报表出具的报告，限制报告的发送对象或使用或者提醒使用者关注编制基础，比较信息，与简要财务报表一同列报的未审计的补充信息，避免简要财务报表与注册会计师不当关联）进行了规范。

《中国注册会计师审计准则第 1611 号——商业银行财务报表审计》（2006 年 2 月 15 日修订）共 7 章 56 条，旨在规范注册会计师执行商业银行财务报表审计业务。该准则从接受业务委托、计划审计工作、了解和测试内部控制、实质性程序以及审计报告等多个环节对商业银行财务报表审计进行了说明。注册会计师在执行商业银行财务报表审计业务时，也应当将该准则与相关审计准则结合使用。

《中国注册会计师审计准则第 1612 号——银行间函证程序》（2006 年 2 月 15 日修订）共 5 章 14 条，旨在规范注册会计师在商业银行财务报表审计中实施银行间函证程序。该准则从询证函的编制与寄发、函证的内容、回函的评价等几个方面规范了注册会计师在商业银行财务报表审计中实施银行间函证程序。

《中国注册会计师审计准则第 1613 号——与银行监管机构的关系》（2006 年 2 月 15 日修订）共 6 章 37 条，旨在明确在商业银行财务报表审计中商业银行治理层、管理层和注册会计师的责任，促进注册会计师与银行监管机构之间的理解与合作，提高审计的有效性。该准则重点说明了以下几个方面：商业银行治理层和管理层的责任、注册会计师的责任、注册会计师与银行监管机构的关系、协助完成特定监管任务时的补充要求。该准则既适用于注册会计师执行商业银行财务报表审计业务，也适用于接受银行监管机构委托执行专项业务。

《中国注册会计师审计准则第 1631 号——财务报表审计中对环境事项的考虑》（2022 年 12 月 22 日修订）共 5 章 40 条，旨在规范注册会计师在财务报表审计中对被审计单位环境事项的考虑。该准则从实施风险评估程序时对环境事项的考虑、针对评估的重大错报风险实施审计程序时对环境事项的考虑，以及出具审计报告时对环境事项的考虑等方面，对注册会计师在财务报表审计中对被审计单位环境事项的考虑进行了规范。

《中国注册会计师审计准则第 1632 号——衍生金融工具的审计》共 12 章 66 条，旨在规范注册会计师针对与衍生金融工具相关的财务报表认定计划和实施审计程序。该准则对衍生金融工具及活动、管理层和治理层的责任、注册会计师的责任、了解可能影响衍生活动及其审计的因素、了解内部控制、控制测试、实质性程序、对套期活动的额外考虑、管理层声明以及与管理层和治理层的沟通等若干方面作出了规定。

《中国注册会计师审计准则第 1633 号——电子商务对财务报表审计的影响》（2022 年 12 月 22 日修订）共 7 章 34 条，从知识和技能的要求、对被审计单位电子商务的了解、识别风险、对内部控制的考虑以及电子记录对审计证据的影响等方面加以阐述，以规范注册会计师在财务报表审计中对被审计单位电子商务的考虑。

二、中国注册会计师审阅准则

审阅准则只有一项，即《中国注册会计师审阅准则第 2101 号——财务报表审阅》。该准则重点说明审阅范围和保证程度、业务约定书、审阅计划、审阅程序和审阅证据。

（一）审阅范围和保证程度

审阅范围是指为实现财务报表审阅目标，注册会计师根据本准则和职业判断实施的恰当的审阅程序的总和。由于实施审阅程序不能提供财务报表审计中要求的所有证据，审阅业务对所审阅的财务报表不存在重大错报提供有限保证，注册会计师应当以消极方式提出结论。

（二）业务约定书

业务约定书应当包括下列主要内容。

(1)审阅业务的目标。
(2)管理层对财务报表的责任。
(3)审阅范围,其中应提及按照本准则的规定执行审阅工作。
(4)注册会计师不受限制地接触审阅业务所要求的记录、文件和其他信息。
(5)预期提交的报告样本。
(6)说明不能依赖财务报表审阅揭示错误、舞弊和违反法规行为。
(7)说明没有实施审计,因此注册会计师不发表审计意见,不能满足法律法规或第三方对审计的要求。

(三)审阅计划

在计划审阅工作时,注册会计师应当了解被审阅单位及其环境,或更新以前了解的内容,包括考虑被审阅单位的组织结构、会计信息系统、经营管理情况以及资产、负债、收入和费用的性质等。

(四)审阅程序和审阅证据

在确定审阅程序的性质、时间和范围时,注册会计师应当运用职业判断,并考虑下列因素。
(1)以前期间执行财务报表审计或审阅所了解的情况。
(2)对被审阅单位及其环境的了解,包括适用的会计准则和相关会计制度、行业惯例。
(3)会计信息系统。
(4)管理层的判断对特定项目的影响程度。
(5)各类交易和账户余额的重要性。

三、中国注册会计师其他鉴证业务准则

其他鉴证业务准则共有2项,包括《中国注册会计师其他鉴证业务准则第3101号——历史财务信息审计或审阅以外的鉴证业务》和《中国注册会计师其他鉴证业务准则第3111号——预测性财务信息的审核》。这部分内容重点对其他鉴证义务的执行过程作出说明。

《中国注册会计师其他鉴证业务准则第3101号——历史财务信息审计或审阅以外的鉴证业务》共10章77条,旨在规范注册会计师执行历史财务信息审计或审阅以外的鉴证业务。该准则规范了业务的承接与保持、业务的计划和执行、鉴证对象的适当性评估、利用专家的工作、证据获取、考虑期后事项、工作记录形成、编制鉴证报告、其他报告责任等方面。

《中国注册会计师其他鉴证业务准则第3111号——预测性财务信息的审核》共9章30条,旨在规范注册会计师执行预测性财务信息审核业务。该准则对保证程度、业务委托、了解被审核单位情况涵盖期间、审核程序、列报、审核报告等方面进行了规范。

（一）历史财务信息审计或审阅以外的鉴证业务

1. 承接与保持业务

只有符合下列所有条件，会计师事务所才能承接或保持其他鉴证业务。
（1）鉴证对象由预期使用者和注册会计师以外的第三方负责。
（2）在初步了解业务环境的基础上，未发现不符合职业道德规范和《中国注册会计师鉴证业务基本准则》要求的情况。
（3）确信执行其他鉴证业务的人员在整体上具备必要的专业胜任能力。

2. 计划与执行业务

注册会计师应当计划其他鉴证业务工作，以有效执行其他鉴证业务。

计划工作包括制定总体策略和具体计划。总体策略包括确定其他鉴证业务的范围、重点、时间安排和实施；具体计划包括拟执行的证据收集程序的性质、时间和范围以及选择这些程序的理由。

计划工作的性质和范围因被鉴证单位的规模、复杂程度以及注册会计师的相关经验等情况的不同而存在差异。在计划其他鉴证业务工作时，注册会计师应当考虑下列主要因素：①业务约定条款；②鉴证对象特征和既定标准；③其他鉴证业务的实施过程和可能的证据来源；④对被鉴证单位及其环境的了解，包括对鉴证对象信息可能存在重大错报风险的了解；⑤确定预期使用者及其需要，考虑重要性以及鉴证业务风险要素；⑥对参与业务的人员及其技能的要求，包括专家参与的性质和范围。

3. 利用专家的工作

收集和评价证据时，对于某些其他鉴证业务的鉴证对象和相关标准，可能需要运用特殊知识和技能。在这种情况下，注册会计师应当考虑利用专家的工作。

当利用专家的工作收集和评价证据时，注册会计师与专家作为一个整体，应具备与鉴证对象和标准相关的足够的专业知识和技能。

4. 获取证据

其他鉴证业务通常不涉及鉴定文件记录的真伪，注册会计师也不是鉴定文件记录真伪的专家，但应当考虑用作证据的信息的可靠性，包括考虑与信息生成和维护相关的控制的有效性。

如果在执行业务过程中识别出的情况使其认为文件记录可能是伪造的或文件记录中的某些条款已发生变动，注册会计师应当作进一步调查，包括直接向第三方询证，或考虑利用专家的工作，以评价文件记录的真伪。

5. 编制鉴证报告

鉴证报告应当包含下列基本内容：①标题；②收件人；③对鉴证对象信息（适当时也包括鉴证对象）的界定与描述；④使用的标准；⑤适当时，对按照标准评价或计量鉴证对象存在的所有重大固有限制的说明；⑥必要时，对报告使用者和使用目的的限定；

⑦责任方的界定,以及对责任方和注册会计师各自责任的说明;⑧按照其他鉴证业务准则的规定执行业务的说明;⑨工作概述;⑩鉴证结论;⑪注册会计师的签名及盖章;⑫会计师事务所的名称、地址及盖章;⑬报告日期。

(二) 预测性财务信息的审核

预测性财务信息可以表现为预测、规划或两者的结合,可能包括财务报表或财务报表的一项或多项要素。这里的预测是指管理层在最佳估计假设的基础上编制的预测性财务信息。最佳估计假设是指截至编制预测性财务信息日,管理层对预期未来发生的事项和采取的行动作出的假设。

在执行预测性财务信息审核业务时,注册会计师应当就下列事项获取充分、适当的证据。

(1) 管理层编制预测性财务信息所依据的最佳估计假设并非不合理;在依据推测性假设的情况下,推测性假设与信息的编制目的是相适应的。

(2) 预测性财务信息是在假设的基础上恰当编制的。

(3) 预测性财务信息已恰当列报,所有重大假设已充分披露,包括说明采用的是推测性假设还是最佳估计假设。

(4) 预测性财务信息的编制基础与历史财务报表一致,并选用了恰当的会计政策。

1. 保证程度

注册会计师不应对预测性财务信息的结果能否实现发表意见。当对管理层采用的假设的合理性发表意见时,注册会计师仅提供有限保证。

2. 接受业务委托

在承接预测性财务信息审核业务前,注册会计师应当考虑下列因素:①信息的预定用途;②信息是广为分发还是有限分发;③假设的性质,即假设是最佳估计假设还是推测性假设;④信息中包含的要素;⑤信息涵盖的期间。

3. 了解被审核单位情况

注册会计师应当充分了解被审核单位情况,以评价管理层是否识别出编制预测性财务信息所要求的全部重要假设。

注册会计师还应当通过考虑下列事项,熟悉被审核单位编制预测性财务信息的过程。

(1) 与编制预测性财务信息相关的内部控制,以及负责编制预测性财务信息人员的专业技能和经验。

(2) 支持管理层作出假设的文件的性质。

(3) 运用统计、数学方法及计算机辅助技术的程度。

(4) 形成和运用假设时使用的方法。

(5) 以前期间编制预测性财务信息的准确性及其与实际情况出现重大差异的原因。

4. 涵盖期间

注册会计师应当考虑预测性财务信息涵盖的期间。

随着涵盖期间的延长，假设的主观性将会增加，管理层作出最佳估计假设的能力将会减弱。预测性财务信息涵盖的期间不应超过管理层可作出合理假设的期间。

5. 审核程序

在确定审核程序的性质、时间和范围时，注册会计师应当考虑下列因素：①重大错报的可能性；②以前期间执行业务所了解的情况；③管理层编制预测性财务信息的能力；④预测性财务信息受管理层判断影响的程度；⑤基础数据的恰当性和可靠性。

6. 审核报告

注册会计师对预测性财务信息出具的审核报告应当包括下列内容：①标题；②收件人；③指出所审核的预测性财务信息；④提及审核预测性财务信息时依据的准则；⑤说明管理层对预测性财务信息（包括编制该信息所依据的假设）负责；⑥适当时，提及预测性财务信息的使用目的和分发限制；⑦以消极方式说明假设是否为预测性财务信息提供合理基础；⑧对预测性财务信息是否依据假设恰当编制，并按照适用的会计准则和相关会计制度的规定进行列报发表意见；⑨对预测性财务信息的可实现程度作出适当警示；⑩注册会计师的签名及盖章；⑪会计师事务所的名称、地址及盖章；⑫报告日期，报告日期应为完成审核工作的日期。

四、中国注册会计师相关服务准则

相关服务准则共有2项，包括《中国注册会计师相关服务准则第4101号——对财务信息执行商定程序》和《中国注册会计师相关服务准则第4111号——代编财务信息》，分别对注册会计师执行商定程序和代编财务信息两项服务作出规定。

（一）对财务信息执行商定程序

1. 财务信息执行商定程序的目标

对财务信息执行商定程序的目标，是注册会计师对特定财务数据、单一财务报表或整套财务报表等财务信息执行与特定主体商定的具有审计性质的程序，并就执行的商定程序及其结果出具报告。本准则所称特定主体，是指委托人和业务约定书中指明的报告致送对象。

2. 财务信息执行商定程序的结论

注册会计师执行商定程序业务，仅报告执行的商定程序及其结果，并不提出鉴证结论。报告使用者自行对注册会计师执行的商定程序及其结果作出评价，并根据注册会计师的工作得出自己的结论。

3. 业务约定书

注册会计师应当与特定主体进行沟通，确保其已经清楚理解拟执行的商定程序和业务约定条款。注册会计师应当就下列事项与特定主体沟通，并达成一致意见：①业务性质，包括说明执行的商定程序并不构成审计或审阅，不提出鉴证结论；②委托目的；③拟执行商定程序的财务信息；④拟执行的具体程序的性质、时间和范围；⑤预期的报告样本；⑥报告分发和使用的限制。

4. 计划、程序与记录

执行商定程序业务运用的程序通常包括：①询问和分析；②重新计算、比较和其他核对方法；③观察；④检查；⑤函证。

5. 报告

商定程序业务报告应当详细说明业务的目的和商定的程序，以便使用者了解所执行工作的性质和范围。

（二）代编财务信息

代编业务既非审计业务也非审阅业务，不包含任何保证成分，因此不属于鉴证业务。注册会计师执行代编业务，应当遵守相关职业道德，恪守客观、公正的原则，保持专业胜任能力和应有的关注，并对执业过程中获知的信息保密。然而，不对代编业务提出独立性要求。在执行代编业务时，一旦注册会计师不具有独立性，如注册会计师与客户之间可能存在潜在的利益冲突，就应当在代编业务报告中予以说明。

第三节 会计师事务所质量管理准则

【专业拓展】会计师事务所质量管理准则常见问题

为规范会计师事务所建立健全质量管理体系，提高会计师事务所质量管理能力，提升审计质量，防范审计风险，中国注册会计师执业准则体系中包括三项质量管理准则，即《中国注册会计师审计准则第1121号——对财务报表审计实施的质量控制》、《会计师事务所质量管理准则第5101号——业务质量管理》和《会计师事务所质量管理准则第5102号——项目质量复核》。注册会计师业务准则规定了注册会计师在项目层面

对财务报表审计实施质量管理的具体责任,以及项目合伙人与之相关的责任;而会计师事务所质量管理准则是为了规范会计师事务所设计、实施和运行有关财务报表审计业务、财务报表审阅业务、其他鉴证业务以及相关服务业务的质量管理体系,项目质量复核人员的委派和资质要求,以及项目质量复核人员在实施和记录项目质量复核方面的责任,保证业务活动能遵循职业技术准则的要求。二者关系紧密,会计师事务所质量管理准则是中国注册会计师执业准则体系中所有其他准则的前提和基础。

一、质量管理体系的目标

会计师事务所的目标是针对所执行的财务报表审计业务、财务报表审阅业务、其他鉴证业务和相关服务业务,设计、实施和运行质量管理体系,为会计师事务所在下列方面提供合理保证。

(1)会计师事务所及其人员按照适用的法律法规和职业准则的规定履行职责,并根据这些规定执行业务。

(2)会计师事务所和项目合伙人出具适合具体情况的业务报告。

二、相关术语定义

在《会计师事务所质量管理准则第 5101 号——业务质量管理》准则中涉及以下相关术语。

(1)职业准则,是指中国注册会计师鉴证业务基本准则、中国注册会计师审计准则、中国注册会计师审阅准则、中国注册会计师其他鉴证业务准则、中国注册会计师相关服务准则、会计师事务所质量管理准则和相关职业道德要求。

(2)职业判断,是指在职业准则框架下,运用相关知识、技能和经验,就会计师事务所质量管理体系设计、实施和运行作出的适当、知情的行动决策。

(3)业务工作底稿,有时也称业务工作记录,是指执业人员对已执行的工作、获取的结果以及得出的结论作出的记录。

(4)网络,是指由多个实体组成,旨在通过合作实现下列一个或多个目的的联合体:①共享收益、分担成本;②共享所有权、控制权或管理权;③执行统一的质量管理政策和程序;④执行同一经营战略;⑤使用同一品牌;⑥共享重要的专业资源。

(5)网络事务所,对于某会计师事务所来说,是指该会计师事务所所在网络中的其他会计师事务所或实体。

(6)项目合伙人,是指会计师事务所中负责某项业务及其执行,并代表会计师事务所在出具的报告上签字的合伙人。如果项目合伙人以外的其他注册会计师在报告上签字,本准则对项目合伙人作出的规定也适用于该签字注册会计师。

(7)项目组,是指执行业务的所有合伙人和员工,以及会计师事务所或网络事务所所聘的为该项业务实施程序的所有人员,但不包括外部专家,也不包括为项目组提供直接协助的内部审计人员。

（8）项目质量复核，是指在报告日或报告日之前，项目质量复核人员对项目组作出的重大判断及据此得出的结论作出的客观评价。

（9）项目质量复核人员，是指会计师事务所中实施项目质量复核的合伙人或其他类似职位的人员，或者由会计师事务所委派实施项目质量复核的外部人员。

（10）报告日，是指注册会计师在出具的报告上签署的日期。

（11）监控，是指对会计师事务所质量控制制度进行持续考虑和评价的过程，包括定期选取已完成的业务进行检查，以使会计师事务所能够合理保证其质量控制制度正在有效运行。

（12）检查，是指实施程序以获取证据，确定项目组在已完成的业务中是否遵守会计师事务所控制政策和程序。

【一问一答】如何判断一个联合体是否形成网络？

三、会计师事务所质量管理体系的要素

会计师事务所应当建立并严格执行一体化管理机制，实现人事、财务、业务、技术标准和信息管理五方面的统一管理，对于合并的分所（或分部）也不应当例外。在设计、实施和运行质量管理体系时，会计师事务所应当运用职业判断，并考虑会计师事务所及其业务的性质和具体情况。

【专业拓展】质量管理领导层示例

会计师事务所质量管理体系应当包括下列八个组成要素：①会计师事务所的风险评估程序；②治理和领导层；③相关职业道德要求；④客户关系和具体业务的接受与保持；⑤业务执行；⑥资源；⑦信息与沟通；⑧监控和整改程序。

质量管理体系各组成要素应当有效衔接、互相支撑、协同运行，以保障会计师事务所能够积极有效地实施质量管理。

会计师事务所在设计、实施和运行质量管理体系时，应当采用风险导向的方法，包括采取以下步骤。

（1）设定质量目标。会计师事务所设定的质量目标是由质量管理体系各组成要素相关的目标构成的。

（2）识别和评估质量风险。会计师事务所应当识别和评估质量风险，为设计和采取应对措施奠定基础。

（3）设计和采取应对措施以应对质量风险。应对措施的性质、时间安排和范围取决于相关质量风险的评估结果及得出该评估结果的理由。

在采用风险导向的方法时，会计师事务所应当考虑下列因素：①会计师事务所的性质和具体情况。②会计师事务所执行的业务的性质和具体情况。

由于会计师事务所之间、业务之间存在差异，质量管理体系在设计上会存在差异，特别是其复杂程度和规范程度也会存在差异。例如，为多种不同类型的实体执行不同类型业务的会计师事务所，包括为上市实体执行财务报表审计业务的会计师事务所，相对于只执行财务报表审阅或代编财务信息业务的会计师事务所来说，很可能需要更加复杂和规范的质量管理体系和支持性工作记录。

质量管理体系应当不断完善和优化，而不是一成不变。实务中，会计师事务所应当根据本所及其业务在性质和具体情况方面的变化，对质量管理体系的设计、实施和运行进行动态调整。会计师事务所质量管理体系中的治理和领导层应当为质量管理体系的设计、实施和运行营造良好的环境，以为该体系提供支持。

会计师事务所主要负责人（如首席合伙人、主任会计师或者同等职位的人员）应当对质量管理体系承担最终责任。此外，受会计师事务所指定专门的合伙人（或类似职位的人员），应当具有适当的知识以及经验和资质、履行其责任必要的权威性和影响力，以及充分理解其应负的责任并接受对这些责任履行情况的问责。另外，会计师事务所应当确保对质量管理体系的运行承担责任的人员、对遵守独立性要求承担责任的人员、对监控和整改程序承担责任的人员，能够直接与对质量管理体系承担最终责任的人员（即主要负责人）沟通。

如果会计师事务所属于某一网络，并且在其质量管理体系中或执行业务时，遵守了网络要求或利用了网络服务，会计师事务所应当对其自身的质量管理体系负责。如果会计师事务所在其质量管理体系中或执行业务时利用了服务提供商提供的资源，会计师事务所仍然应当对其自身的质量管理体系负责。

四、会计师事务所的风险评估程序

会计师事务所应当设计和实施风险评估程序，以设定质量目标，识别和评估质量风险，并设计和采取应对措施以应对质量风险。

会计师事务所应当设定本准则明确规定的质量目标，以及会计师事务所认为对实现其质量管理体系的目标而言必要的其他质量目标。

会计师事务所应当识别和评估质量风险,为设计和采取应对措施奠定基础。在识别和评估质量风险时,会计师事务所应当考虑下列因素。

(1)了解可能对实现质量目标产生不利影响的事项或情况,包括相关人员的作为或不作为。这些事项或情况包括下列方面。

第一,会计师事务所的性质和具体情况,具体包括:①会计师事务所的复杂程度和经营特征;②会计师事务所在战略和运营方面的决策与行动、业务流程及业务模式;③领导层的特征和管理风格;④会计师事务所的资源,包括由服务提供商提供的资源;⑤法律法规、职业准则的规定以及会计师事务所运营所处的环境;⑥网络要求和网络服务的性质和范围(如适用)。

第二,会计师事务所业务的性质和具体情况,具体包括:①会计师事务所执行的业务的类型和出具报告的类型;②业务执行对象属于哪种类型的实体。

(2)考虑上述第(1)项中提及的事项或情况等,可能对实现质量目标产生哪些不利影响,以及不利影响的程度。

会计师事务所应当设计并采取应对措施,以应对质量风险。设计和采取应对措施的方式,应当根据并针对相关质量风险的评估结果及得出该评估结果的理由。会计师事务所采取的应对措施应当包括本准则明确规定的应对措施。

在某些情况下,由于会计师事务所或其业务的性质和具体情况发生变化,可能需要设定额外的质量目标、评估额外的质量风险,也可能需要调整之前评估的质量风险或采取的应对措施。会计师事务所应当制定政策和程序,以识别表明存在这些情况的信息。如果识别出这些信息,会计师事务所应当加以考虑,并在适当时采取下列措施:①设定额外的质量目标或调整之前设定的额外质量目标;②识别和评估额外的质量风险,调整已评估的质量风险或重新评估质量风险;③设计和采取额外的应对措施,或调整已采取的应对措施。

五、治理和领导层

治理和领导层应当为质量管理体系的设计、实施和运行营造良好的环境,以为该体系提供支持。针对治理和领导层,会计师事务所应当设定下列质量目标。

(1)会计师事务所在全所范围内形成一种质量至上的文化,树立质量意识。这种文化认同和强调下列方面。

第一,会计师事务所有责任通过持续高质量地执行业务服务于公众利益。

第二,职业价值观、职业道德和职业态度的重要性。

第三,会计师事务所所有人员都对其执行业务的质量承担责任,或对质量管理体系中执行活动的质量承担责任,并且这些人员的行为应当得当。

第四,会计师事务所的战略决策和行动,包括会计师事务所在财务和运营方面对优先事项的安排,都不能以牺牲质量为代价。

(2)会计师事务所领导层对质量负责。

(3)会计师事务所领导层通过实际行动展示其对质量的重视。

（4）会计师事务所领导层向会计师事务所人员传递质量至上的执业理念，培育以质量为导向的文化。

（5）会计师事务所的组织结构以及对相关人员角色、职责、权限的分配是恰当的，能够满足质量管理体系设计、实施和运行的需要。

（6）会计师事务所的资源（包括财务资源）需求有计划，并且资源的取得和分配能够保障会计师事务所履行其对质量的承诺。

会计师事务所应当建立健全质量管理领导框架。会计师事务所应当根据本所及业务的具体情况，设计适合本所的质量管理领导层框架，明确责任，并确保其切实有效地发挥作用。在设计时，会计师事务所可以参照示例设定相关角色和职能，也可以对示例中的角色和职能进行适当合并和调整，但应当涵盖对本所而言必要的所有角色和职能，并明确落实到具体的岗位或人员。会计师事务所领导层成员应当以身作则、率先垂范，带头遵守质量管理体系中的各项政策和程序，不得干扰项目组按照职业准则的要求执行业务、作出职业判断。

会计师事务所应当加强对合伙人晋升、培训、考核、分配、转入、退出的管理，体现以质量为导向的文化，确保合伙人能够按照质量管理体系的要求，切实履行其在质量管理方面的责任，防范业务风险。

会计师事务所应当加强对其员工（包括外部转入人员）晋升合伙人的管理，综合考虑拟晋升人员的执业理念、职业价值观、职业道德、专业胜任能力和执业诚信记录，建立以质量为导向的晋升机制，不得以承接和执行业务的收入或利润作为晋升合伙人的首要指标。会计师事务所应当针对合伙人晋升建立和实施质量一票否决制度。

另外，会计师事务所应当在全所范围内统一进行合伙人考核和收益分配。会计师事务所对合伙人的考核和收益分配，应当综合考虑合伙人的执业质量、管理能力、经营业绩、社会声誉等指标，不得以承接和执行业务的收入或利润作为首要指标，不得直接或变相以分所、部门、合伙人所在团队作为利润中心进行收益分配。

六、相关职业道德要求

针对相关人员按照相关职业道德要求（包括独立性要求）履行职责，会计师事务所应当设定下列质量目标。

（1）会计师事务所及其人员充分了解规范会计师事务所及其业务的职业道德要求，并严格按照这些职业道德要求履行职责。

（2）受职业道德要求约束的其他组织或人员，包括网络、网络事务所、网络或网络事务所中的人员、服务提供商，充分了解与其相关的职业道德要求，并严格按照这些职业道德要求履行职责。

针对相关职业道德要求，会计师事务所应当制定下列政策和程序。

（1）识别、评价和应对对遵守相关职业道德要求的不利影响。

（2）识别、沟通、评价和报告任何违反相关职业道德要求的情况，并针对这些情况的原因和后果及时作出适当应对。

（3）至少每年一次向所有需要按照相关职业道德要求保持独立性的人员获取其已遵守独立性要求的书面确认。

会计师事务所应当按照相关职业道德要求，建立并完善与公众利益实体审计业务有关的关键审计合伙人轮换机制，明确轮换要求，确保做到实质性轮换，防止流于形式。

会计师事务所应当完善利益分配机制，保证全所的人力资源和客户资源实现一体化统筹管理，避免某合伙人或项目组的利益与特定客户长期直接挂钩，影响独立性。会计师事务所应当定期评价利益分配机制的设计和执行情况。

针对公众利益实体审计业务，会计师事务所应当对关键审计合伙人的轮换情况进行实时监控，通过建立关键审计合伙人服务年限清单等方式，管理关键审计合伙人相关信息，每年对轮换情况实施复核，并在全所范围内统一进行轮换。

【一问一答】公众利益实体包括哪些？

七、客户关系和具体业务的接受与保持

针对客户关系和具体业务的接受与保持，会计师事务所应当设定下列质量目标。

（1）会计师事务所就是否接受或保持某项客户关系或具体业务所作出的判断是适当的，充分考虑了下列方面。

第一，会计师事务所是否针对业务的性质和具体情况以及客户（包括客户的管理层和治理层）的诚信和道德价值观获取了足以支持上述判断的充分信息。

第二，会计师事务所是否具备按照适用的法律法规和职业准则的规定执行业务的能力。

（2）会计师事务所在财务和运营方面对优先事项的安排，并不会导致对是否接受或保持客户关系或具体业务作出不恰当的判断。

会计师事务所应当制定与下列情形相关的政策和程序。

（1）会计师事务所在接受或保持某一客户关系或具体业务后知悉了某些信息，而这些信息如果在接受或保持该客户关系或具体业务之前知悉，将会导致其拒绝接受该客户关系或业务。

（2）根据法律法规的规定，会计师事务所有义务接受某项客户关系或具体业务。

会计师事务所应当在客户关系和具体业务的接受与保持方面树立风险意识，确保项目风险评估真实、到位。对于在客户关系和具体业务的接受与保持方面具有较高风险的客户，会计师事务所应当设计和实施专门的质量管理程序，如加强与前任注册会计师的沟通、与相关监管机构沟通、访谈拟承接客户以了解有关情况、加强内部质量复核等。

对于从其他会计师事务所转入人员带来的客户，会计师事务所应当严格执行与客户关系和具体业务的接受与保持相关的程序，审慎承接新客户。

会计师事务所应当制定政策和程序，针对客户关系和具体业务的接受与保持（如适用），在全所范围内统一决策。对于会计师事务所认定存在高风险的业务，应当经质量管理主管合伙人（或类似职位的人员）或其授权的人员审批。

在决策时，会计师事务所应当充分考虑相关职业道德要求、管理层和治理层（如适用）的诚信状况、业务风险以及是否具备执行业务必要的时间和资源，审慎作出承接与保持的决策。

八、业务执行

针对业务执行，会计师事务所应当设定下列质量目标。

（1）项目组了解并履行其与所执行业务相关的责任，包括项目合伙人对项目管理和项目质量承担总体责任，并充分、适当地参与项目全过程。

（2）基于项目的性质和具体情况、向项目组分配的资源以及项目组可获得的资源，对项目组进行的指导和监督以及对项目组已执行的工作进行的复核是恰当的，并且由经验较为丰富的项目组成员对经验较为缺乏的项目组成员的工作进行指导、监督和复核。

（3）项目组恰当运用职业判断并保持职业怀疑（如适用）。

（4）对困难或有争议的事项进行了咨询，并已按照达成的一致意见执行。

（5）项目组内部、项目组与项目质量复核人员之间（如适用），以及项目组与会计师事务所内负责执行质量管理体系相关活动的人员之间存在的意见分歧，能够得到会计师事务所的关注并予以解决。

（6）业务工作底稿能够在业务报告日之后及时得到整理，并得到妥善的保存和维护，以遵守法律法规、相关职业道德要求和其他职业准则的规定，并满足会计师事务所自身的需要。

会计师事务所应当就项目质量复核制定政策和程序，并对下列业务实施项目质量复核。

（1）上市实体财务报表审计业务。

（2）法律法规要求实施项目质量复核的审计业务或其他业务。

（3）会计师事务所认为，为应对一项或多项质量风险，有必要实施项目质量复核的审计业务或其他业务。

项目质量控制复核人员在评价项目组作出的重大判断以及编制审计报告得出的结论时，应当涉及下列内容。

（1）与项目合伙人讨论重大事项。

（2）复核财务报表和拟出具的审计报告。

（3）复核选取的与项目组作出的重大判断和得出的结论相关的审计工作底稿。

（4）评价在编制审计报告时得出的结论，并考虑拟出具审计报告的恰当性。

对于上市实体财务报表审计，《中国注册会计师审计准则第1121号——对财务报表审计实施的质量控制》还要求项目质量控制复核人员在实施项目质量控制复核时考虑下列内容。

（1）项目组就具体审计业务对会计师事务所独立性作出的评价。

（2）项目组是否已就涉及意见分歧的事项，或者其他疑难问题或争议事项进行适当咨询，以及咨询得出的结论。

（3）选取的用于复核的审计工作底稿，是否反映项目组针对重大判断执行的工作，以及是否支持得出的结论。

会计师事务所应当制定政策和程序，在全所范围内统一委派具有足够专业胜任能力、时间，并且无不良执业诚信记录的项目合伙人执行业务。其中，对专业胜任能力的评价应当包括下列方面。

（1）该人员是否充分了解相关法律法规和监管要求。

（2）该人员是否能够熟练掌握和运用相关职业准则的规定。

（3）该人员是否充分了解客户所在行业的业务特点、发展趋势、重大风险，以及该行业对信息技术的运用情况等。

会计师事务所应当按照质量管理体系的要求对上述委派进行复核。

如果被审计单位属于公众利益实体，相关关键审计合伙人任职时间不得超过五年，在任期结束后的两年内，不得为该被审计单位的审计业务实施质量控制复核。

会计师事务所应当制定与内部复核相关的政策和程序，对内部复核的层级、各层级的复核范围、执行复核的具体要求以及对复核的记录要求等作出规定。

会计师事务所应当制定与解决意见分歧相关的政策和程序，包括下列方面。

（1）明确要求项目合伙人和项目质量复核人员（如有）复核并评价项目组是否已就疑难问题或涉及意见分歧的事项进行适当咨询，以及咨询得出的结论是否得到执行。

（2）明确要求在业务工作底稿中适当记录意见分歧的解决过程和结论。如果项目质量复核人员（如有）、项目组成员以外的其他人员参与形成业务报告中的专业意见，也应当在业务工作底稿中作出适当记录。

（3）确保所执行的项目在意见分歧解决后才能出具业务报告。

会计师事务所应当制定与出具业务报告相关的政策和程序，要求业务报告在出具前，应当经项目合伙人、项目质量复核人员（如有）复核确认，确保其内容、格式符合职业准则的规定，并由项目合伙人及其他适当的人员（如适用）签署。

会计师事务所应当加强对业务报告签发过程的控制，委派专门人员负责对报告的签章进行严格管理。

会计师事务所应当制定政策和程序，以接收、调查、解决由于未能按照适用的法律法规、职业准则的要求执行业务，或由于未能遵守会计师事务所按照本准则要求制定的政策和程序而引发的投诉和指控。

【专业拓展】对改进项目质量控制复核的具体措施

九、资源

会计师事务所应当设定下列质量目标,以及时且适当地获取、开发、利用、维护和分配资源,支持质量管理体系的设计、实施和运行。

(1)会计师事务所招聘、培养和留住在下列方面具备胜任能力的人员。

第一,具备与会计师事务所执行的业务相关的知识和经验,能够持续高质量地执行业务。

第二,执行与质量管理体系运行相关的活动或承担与质量管理体系相关的责任。

(2)会计师事务所人员通过其行为展示出对质量的重视,不断培养和保持适当的胜任能力以履行其职责。会计师事务所通过及时的业绩评价、薪酬调整、晋升和其他奖惩措施对这些人员进行问责或认可。

(3)当会计师事务所在质量管理体系的运行方面缺乏充分、适当的人员时,能够从外部(如网络、网络事务所或服务提供商)获取必要的人力资源支持。

(4)会计师事务所为每项业务分派具有适当胜任能力的项目合伙人和其他项目组成员,并保证其有充足的时间持续高质量地执行业务。

(5)会计师事务所分派具有适当胜任能力的人员执行质量管理体系内的各项活动,并保证其有充足的时间执行这些活动。

(6)会计师事务所获取、开发、维护、利用适当的技术资源,以支持质量管理体系的运行和业务的执行。

(7)会计师事务所获取、开发、维护、利用适当的知识资源,以为质量管理体系的运行和高质量业务的持续执行提供支持,并且这些知识资源符合相关法律法规(如适用)和职业准则的规定。

(8)结合上述第(4)项至第(7)项所述的质量目标,从服务提供商获取的人力资源、技术资源或知识资源能够适用于质量管理体系的运行和业务的执行。

会计师事务所应当投入足够资源打造一支专业性强、经验丰富、运作规范的质量管理体系团队,以维持质量管理体系的日常运行。建立与专业技术支持相关的政策和程序,配备具备相应专业胜任能力、时间和权威性的技术支持人员,确保相关业务能够获得必要的专业技术支持。会计师事务所应当建立和运行完善的工时管理系统,确保相关人员投入足够的时间执行业务,并为业绩评价提供依据。

另外,会计师事务所应当建立和完善与业务操作规程、业务软件等有关的指引,把职业准则的要求从实质上执行到位,避免执业人员出现仅简单勾画程序表格、未实质性执行程序、程序与目标不一致、程序执行不到位、业务工作底稿记录不完整等问题,确保执业人员恰当记录判断过程、程序执行情况及得出的结论。

十、信息与沟通

针对获取、生成和利用与质量管理体系有关的信息,并及时在会计师事务所内部或与外部各方沟通信息,会计师事务所应当设定下列质量目标,以支持质量管理体系的设计、实施和运行。

(1)会计师事务所的信息系统能够识别、获取、处理和维护来自内部或外部的相关、可靠的信息,为质量管理体系提供支持。

(2)会计师事务所的文化认同会强化会计师事务所人员与会计师事务所之间,以及这些人员彼此之间交换信息的责任。

(3)会计师事务所内部以及各项目组之间能够交换相关、可靠的信息,包括:

第一,会计师事务所向相关人员和项目组传递信息,传递的性质、时间安排和范围足以使其理解和履行与执行业务或质量管理体系各项活动相关的责任。

第二,会计师事务所人员和项目组在执行业务或质量管理体系各项活动的过程中向会计师事务所传递信息。

(4)会计师事务所向外部各方传递相关、可靠的信息,包括:

第一,会计师事务所向网络、在网络中或向服务提供商(如有)传递信息,使该网络或服务提供商能够履行其与网络要求、网络服务或提供资源相关的责任。

第二,会计师事务所根据相关法律法规或职业准则的规定向外部传递信息,或为了帮助外部各方了解质量管理体系而向外部传递信息。

会计师事务所应当制定与下列方面相关的政策和程序。

(1)会计师事务所在执行上市实体财务报表审计业务时,应当与治理层沟通质量管理体系是如何为持续高质量地执行业务提供支撑的。

(2)会计师事务所在何种情况下向外部各方沟通与质量管理体系相关的信息是适当的。

(3)会计师事务所按照上述第(1)项和第(2)项的规定进行外部沟通时应当沟通哪些信息,以及沟通的性质、时间安排、范围和适当形式。

十一、监控和整改程序

会计师事务所应当建立在全所范围内统一的监控和整改程序,并开展实质性监控,以实现下列质量目标。

(1)就质量管理体系的设计、实施和运行情况提供相关、可靠、及时的信息。

(2)采取适当的行动以应对识别出的质量管理体系的缺陷,以使该缺陷能够及时得到整改。会计师事务所应当设计和实施监控活动，包括定期和持续的监控活动，以为识别质量管理体系的缺陷奠定基础。

在确定监控活动的性质、时间安排和范围时，会计师事务所应当考虑下列方面。

（1）相关质量风险的评估结果及得出该评估结果的理由。

（2）应对措施的设计。

（3）会计师事务所风险评估程序以及监控和整改程序的设计。

（4）质量管理体系发生的变化。

（5）以前实施监控活动的结果，包括以前实施的监控活动是否仍然与评价质量管理体系相关，以及为应对以前识别出的缺陷所采取的整改措施是否有效。

（6）其他相关信息，包括：由于未能按照适用的法律法规、职业准则执行业务，或者由于未能遵守会计师事务所的政策和程序而引发的投诉或指控；从外部检查和服务提供商获取的信息。

会计师事务所的监控活动应当包括对已完成项目的检查，并应当确定选择哪些项目和哪些项目合伙人进行检查。在确定时，会计师事务所应当考虑下列方面。

（1）会计师事务所实施的其他监控活动的性质、时间安排和范围，以及这些监控活动所针对的项目和项目合伙人。

（2）周期性地选取已完成的项目进行检查。在每个周期内，对每个项目合伙人，至少选择一项已完成的项目进行检查。对承接上市实体审计业务的每个项目合伙人，检查周期最长不得超过三年。

会计师事务所应当制定下列政策和程序。

（1）要求执行监控活动的人员具备有效执行监控活动所必需的胜任能力、时间和权威性。

（2）要求执行监控活动的人员具备客观性，这些政策和程序应当禁止项目组成员或项目质量复核人员参与对该项目的任何检查。

会计师事务所应当评价发现的情况，以确定是否存在缺陷，包括监控和整改程序中的缺陷。

会计师事务所应当通过下列方法评价识别出的缺陷的严重程度和广泛性。

（1）调查所识别出的缺陷的根本原因。在确定用于调查根本原因的程序的性质、时间安排和范围时，会计师事务所应当考虑这些识别出的缺陷的性质和可能的严重程度。

（2）评价这些识别出的缺陷单独或累积起来对质量管理体系的影响。

会计师事务所应当根据对根本原因的调查结果，设计和采取整改措施，以应对识别出的缺陷。

对监控和整改程序的运行承担责任的人员应当评价整改措施是否得到恰当的设计，以应对识别出的缺陷及其根本原因，并确定这些程序是否已得到实施。该人员还应当评价针对以前识别出的缺陷采取的整改措施是否有效。如果上述评价表明整改措施并未得到恰当的设计和执行，或未达到预期效果，则对监控和整改程序的运行承担责任的人员应当采取适当措施以确保对这些整改措施已作出必要调整以使其能够达到预期效果。

如果发现的情况表明某项业务在执行过程中遗漏了应当实施的程序，或者出具的报告可能不适当，会计师事务所应当予以应对。会计师事务所采取的应对措施应当包括下列方面。

（1）采取适当行动，以遵守适用的法律法规和职业准则的规定。

（2）当认为出具的报告不适当时，考虑其影响并采取适当的行动，包括考虑是否需要征询法律意见。

对监控和整改程序的运行承担责任的人员，应当及时与对质量管理体系承担最终责任的人员（即主要负责人），以及对质量管理体系的运行承担责任的人员沟通下列事项。

（1）对已执行的监控活动的描述。

（2）识别出的缺陷，包括这些缺陷的严重程度和广泛性。

（3）针对识别出的缺陷采取的整改措施。

会计师事务所应当就上述第（1）项至第（3）项规定的事项与项目组以及在质量管理体系中承担相关责任的其他人员沟通，以使项目组和这些人员能够根据其职责迅速采取恰当行动。

会计师事务所应当制定政策和程序，针对监控中发现的缺陷的性质和影响，对相关人员进行问责。这种问责应当与相关责任人员的考核、晋升和薪酬挂钩。对执业中存在重大缺陷的项目合伙人，会计师事务所应当对其是否具备从事相关业务的职业道德水平和专业胜任能力作出评价。

会计师事务所应当就监控的实施情况，发现的缺陷，评价、补救和改进措施、问责等形成监控报告。存在缺陷的，应当及时修订完善质量管理体系。

十二、网络要求或网络服务

如果会计师事务所属于某一网络，会计师事务所应当了解下列事项（如适用）。

（1）网络对会计师事务所质量管理体系的要求，包括要求会计师事务所实施或利用由该网络设计、提供或推行的资源或服务（即网络要求）。

（2）由网络提供的，供会计师事务所在设计、实施或运行其质量管理体系时选择实施或利用的服务或资源（即网络服务）。

（3）针对会计师事务所为执行网络要求或利用网络服务所采取的必要行动，会计师事务所应当承担的责任。

会计师事务所仍然应当对其质量管理体系负责，包括对设计、实施和运行该质量管理体系过程中作出的职业判断负责。会计师事务所不得因遵守网络要求或利用网络服务而违反本准则的规定。

基于对上述第（1）项至第（3）项的了解，会计师事务所应当采取下列措施。

（1）确定网络要求或网络服务如何与会计师事务所质量管理体系相关，以及如何在该体系中加以考虑，包括这些要求或服务将如何实施。

（2）评价会计师事务所是否需要对这些网络要求或网络服务加以调整或补充，以满足本所质量管理体系的需要。

（3）如果需要对这些网络要求或网络服务加以调整或补充，考虑如何调整或补充。

当由网络执行与会计师事务所质量管理体系有关的监控活动时，会计师事务所应当采取下列措施。

（1）确定由网络执行的监控活动对会计师事务所按照《会计师事务所质量管理准则第1501号——业务质量管理》规定执行的监控活动的性质、时间安排和范围的影响。

（2）确定会计师事务所与该监控活动相关的责任，包括会计师事务所需要采取的相关行动。

（3）及时从网络获取其实施监控活动的结果，以作为会计师事务所按照《会计师事务所质量管理准则第1501号——业务质量管理》的规定评价监控活动发现的情况并识别缺陷的一部分。

对于网络针对本网络中所有事务所实施的监控活动，会计师事务所应当采取下列措施。

（1）了解该类监控活动的总体范围，包括为确定网络要求已在网络事务所之间得到恰当执行而实施的监控活动，以及网络将如何向会计师事务所沟通实施监控活动的结果。

（2）至少每年一次从网络获取该类监控活动的总体结果的相关信息（如可行），并采取下列措施。

第一，将这些信息传递给各项目组以及在质量管理体系中承担各项责任的其他人员（如适用），以使项目组和这些人员能够根据其责任迅速采取恰当的行动。

第二，考虑这些信息对本所质量管理体系的影响。

如果会计师事务所识别出网络要求或网络服务中的缺陷，应当采取下列措施。

（1）就与已识别出的缺陷相关的信息与网络沟通。

（2）按照《会计师事务所质量管理准则第1501号——业务质量管理》第八十六条的规定，设计和采取整改措施，以应对网络要求或网络服务中识别出的缺陷的影响。

十三、评价质量管理体系

对质量管理体系承担最终责任的人员（即主要负责人）应当代表会计师事务所对质量管理体系进行评价。该评价应当以某一时点为基准，并且应当至少每年一次。

基于上述评价，对质量管理体系承担最终责任的人员（即主要负责人）应当代表会计师事务所得出下列结论中的一项。

（1）质量管理体系能够向会计师事务所合理保证该体系的目标得以实现。

（2）质量管理体系的设计、实施和运行存在严重但不具有广泛影响的缺陷，除与这些缺陷相关的事项外，质量管理体系能够向会计师事务所合理保证该体系的目标得以实现。

（3）质量管理体系不能向会计师事务所合理保证该体系的目标得以实现。

如果对质量管理体系承担最终责任的人员（即主要负责人）得出上述第（2）项或第（3）项结论，会计师事务所应当采取下列措施。

(1)迅速采取适当行动。

(2)与各项目组以及在质量管理体系中承担相关责任的其他人员就与其责任相关的事项进行沟通。

(3)按照会计师事务所根据本准则信息与沟通中制定的政策和程序,与外部各方沟通。

会计师事务所应当定期对下列人员进行业绩评价。

(1)对质量管理体系承担最终责任的人员(即主要负责人)。

(2)对质量管理体系承担运行责任的人员。

(3)对质量管理体系特定方面承担运行责任的人员。

在进行业绩评价时,会计师事务所应当考虑对质量管理体系的评价结果。

十四、对质量管理体系的记录

会计师事务所应当对其质量管理体系进行记录,以满足下列要求。

(1)为会计师事务所人员对质量管理体系的一致理解提供支持,包括理解其在质量管理体系和业务执行中的角色和责任。

(2)为质量管理体系的持续实施和运行提供支持。

(3)为应对措施的设计、实施和运行提供证据,以支持对质量管理体系承担最终责任的人员(即主要负责人)对质量管理体系进行评价。

会计师事务所应当就下列方面形成工作记录。

(1)对质量管理体系承担最终责任的人员(即主要负责人)和对质量管理体系承担运行责任的人员各自的身份。

(2)会计师事务所的质量目标和质量风险。

(3)对应对措施的描述以及这些措施是如何应对质量风险的。

(4)监控和整改程序,包括下列方面。

第一,已执行监控活动的证据。

第二,对发现的情况、识别出的缺陷、缺陷的根本原因作出的评价。

第三,为应对识别出的缺陷而采取的整改措施,以及对这些整改措施在设计和执行方面的评价。

第四,与监控和整改程序相关的沟通。

(5)根据《会计师事务所质量管理准则第 1501 号——业务质量管理》第一百条的规定得出结论的依据。

会计师事务所应当记录《会计师事务所质量管理准则第 1501 号——业务质量管理》所规定的方面中与网络要求、网络服务相关的事项,以及按照上述第(2)项和第(3)项的规定,与对网络要求或网络服务进行评价相关的事项。

会计师事务所应当规定质量管理体系工作记录的保存期限,该期限应当涵盖足够长的期间,以使会计师事务所能够监控质量管理体系的设计、实施和运行情况。如果法律法规要求更长的期限,应当遵守法律法规的要求。

第四章

注册会计师职业道德

子曰:"道之以政,齐之以刑,民免而无耻;道之以德,齐之以礼,有耻且格。"这句话意思是用政法去教育百姓,用刑法去约束他们,百姓只求得免于犯罪受到处罚,却没有廉耻之心;如果用道德教化百姓,用礼制去统一百姓的行动,那样百姓不仅有廉耻之心,而且也就守规矩,不作违法之事了。

【审计故事】董狐直笔

第一节 注册会计师职业道德守则概述

一、职业特征与职业道德

职业特征是指用来描述或标志一个职业或从事职业的人士在行为、目的或品质方面的特征。职业特征相对于商业性投机而言,具有四个方面的特征:①专业教育,即通过培训和教育,在一种特殊知识和技能方面具有优势;②职业自律,即从业人员遵守由其管理机构制定的共同价值和行为守则,包括制定科学的发展目标;③执业证书,即取得执业证书(通常指对独享某一称谓或获得某一资格的回报),接受政府监督;④社会责任,即作为一个整体承担的社会责任。

道德是指以道德责任和义务为基础,用来表明个体应该如何行事的行为系统或规范。注册会计师职业道德是对注册会计师职业品德、职业纪律、专业胜任能力及职业责任等的总称。维护公众利益是注册会计师行业的宗旨。公众不仅包括注册会计师服务的客户，还包括投资者、债权人、政府机构、社会公众等其他可能依赖注册会计师提供的信息以作出相关决策的组织或人员。注册会计师的职责就是为社会公众提供高质量、可信赖的专业服务，因此注册会计师应当大力加强职业道德教育，履行相应的社会责任，维护公众利益。为了维护公众利益，注册会计师应当持续提高职业素养；并且在履行社会责任的过程中，对于可能面临不同组织或人员相互之间的利益冲突时，应当正直诚实行事，并始终牢记维护公众利益的宗旨。

（一）国际会计师联合会职业道德规范

国际会计师联合会职业道德规范为各国职业会计师组织制定自己的职业道德准则提供了范例。它提出了客观性、正直和职业胜任能力的概念，强调所有注册会计师为满足公众期望而应完成高水准的工作，共分为三个部分：第一部分适用于所有职业会计师，除非有特殊说明；第二部分仅适用于执行公共业务的会计师；第三部分则适用于受雇于制造业、商业、政府或教育部门的职业会计师，适当时也可适用于执行公共业务的会计师。

（二）美国注册会计师协会职业道德规范

在美国，注册会计师行为的规范化程度较高，美国注册会计师协会专门设立了职业道德部，负责职业道德规范的制定和发布。美国注册会计师协会职业道德规范在结构上分为四个层次：职业道德原则、具体行为守则、行为守则解释、道德裁决。这一结构如图 4-1 所示。

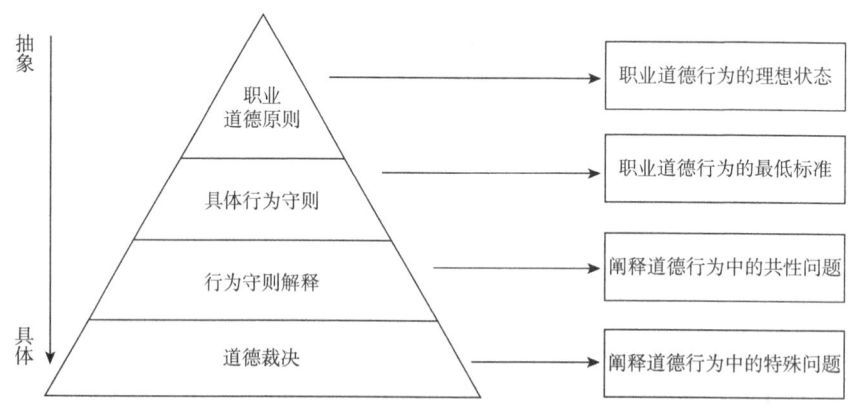

图 4-1　美国注册会计师职业道德规范框架

1. 职业道德原则

职业道德部提出的基本原则代表了道德行为的理想标准，是制定具体道德规范的基础，因此是非强制性的，是追求的理想目标。

2. 具体行为守则

具体行为守则是职业道德规范的核心内容，它确定了可以接受的职业道德行为的最低标准，因此每条准则都是强制性的，必须执行。

3. 行为守则解释

该部分规定了行为守则的范围和适用性，由职业道德部负责对具体行为守则作出解释。该部分虽然不是强制性的道德标准，但任何背离该"行为守则解释"的行为，注册会计师有责任说明背离的正当性和合理性。

4. 道德裁决

该部分是由从业人员和其他对职业道德有兴趣的人士就职业道德守则提出的问题和职业道德部对这些问题的解答汇编而成的，它说明了"具体行为守则"和"行为守则解释"在具体情况和案件中的应用。因此，该部分也不是强制性的道德标准，但对于任何背离该"道德裁决"的行为，均要求注册会计师说明其背离的正当性和合理性。

（三）我国注册会计师的职业道德规范

《中国注册会计师职业道德守则》包括五部分，其中《中国注册会计师职业道德守则第 1 号——职业道德基本原则》为该职业道德守则提供了一个清晰明了的框架，起到一个统领概括的作用，主要用于规范注册会计师应当遵循的职业道德基本原则，为注册会计师的行为确立道德标准。《中国注册会计师职业道德守则第 2 号——职业道德概念框架》主要用于规范职业道德概念框架，即解决职业道德问题的思路和方法，重点总结不利于职业道德规范执行的因素，并对其防范措施提出要求。《中国注册会计师职业道德守则第 3 号——提供专业服务的具体要求》主要用于规范注册会计师在提供专业服务的过程中可能遇到的除独立性以外的某些具体情形，并针对在这些情形下如何运用职业道德概念框架解决职业道德问题作出具体规定。《中国注册会计师职业道德守则第 4 号——审计和审阅业务对独立性的要求》与《中国注册会计师职业道德守则第 5 号——其他鉴证业务对独立性的要求》则是指明注册会计师在审计、审阅业务和其他鉴证业务中需要满足独立性的要求。由于守则难以涵盖所有的情形和防范措施，守则要求在应对不利影响时，注册会计师应当运用职业道德概念框架。为了便于注册会计师理解和执行守则，注册会计师协会同时发布配套的术语表。

在针对注册会计师发布职业道德守则的同时，中国注册会计师协会也针对非执业会员发布了《中国注册会计师协会非执业会员职业道德守则》，为非执业会员提供了维护职业道德基本原则的要求和指导。

二、道德困境举例

注册会计师在实际工作中经常面对道德困境。我们不妨先看一个案例，思考下述情况下注册会计师如何应对。

A会计师事务所负责对B公司IPO（initial public offerings，首次公开募股）上市所提供的财务报表进行审计。A会计师事务所已经连续多年为B公司提供审计服务，B公司现在是A会计师事务所最大的客户，A会计师事务所除了承接B公司的审计服务外，还有大量其他相关服务，如咨询、代编业务等，而此次如果能成功协助B公司IPO上市则能获得丰厚奖励。在执行该审计业务的过程中，主责的会计师王明与前任注册会计师讨论，了解到B公司近三年为解决期末应收账款余额过大问题，通过外部借款、自有资金方式，在年末、半年末等会计期末冲减应收款项，大部分在下一会计期初冲回。王明担心这会使财务报表信息质量出现问题。此外，在审计B公司往来账过程中，还发现实际控制人李四以员工名义从公司借款供其个人使用未做披露和说明。

当王明和李四会面并讨论上述两件事情时，李四极力向王明证明应收账款余额没有问题，大部分在下一会计期初冲回，员工借款属于销售人员备用金，该员工会尽快归还借款，内部管理制度也会加强。李四暗示不需要做任何异常的反映和披露，并且如果王明要求做这些调整或披露，B公司将会更换会计师事务所。

注册会计师在执业中经常面对道德困境。对于注册会计师来说，培养良好的道德品格是重要的，这样他们就能在诸如此类的情形下作出恰当的回应。在该案例中，王明在决定如何行动时，应当考虑什么样的道德和职业关注？

作为一个理性的经济人，王明必须考虑行为的后果对其收益和成本的影响。一方面，如果报告结论作出异常的反映和披露，出具保留意见或要求企业更正错误，可能的好处是会如项目组评估的那样，对事实加以完全的或准确的披露，另一个好处可能来自由来已久的保守主义的惯例，从而维护了注册会计师行业的声誉。但这些好处也是有代价的，A会计师事务所可能会失去B公司这个客户。另一方面，若不做调整或披露，好处是保持了B公司这个客户，但也可能面对一旦相关年度和半年度报告财务数据被发现存在虚假记载，A会计师事务所会面临股东提出的巨额赔偿，以及声誉受到损失。

在这个案例中，王明的职业特征在很大程度上遇到考验。他意识到很可能应该披露应收账款余额问题，以及年初和年末均存在金额较大的自然人欠款问题，同时也担心失去这个有价值的客户以及事务所未来的业绩持续性问题。当应该采取何种措施看似十分清晰时，问题就变成注册会计师（王明）能坚守道义正确行事吗？

在这个案例中，面对同一家公司造假的财务报告，不同的会计师事务所作出不一样的职业选择。这种不同背后是道德判断不一样的结果。

大量的研究表明道德判断随事件而发展，并且是年龄、教育和经历的复杂程度的函数。劳伦斯·科尔伯格提出道德发展有6个阶段，这6个阶段可以分成3个道德推理的时期。表4-1描述了科尔伯格道德发展六阶段模式。

表4-1 道德发展的6个阶段

时期1：道德成规前期 在道德成规前期，个体关心自己。法规由外部强加给个体	阶段1：个体行为以有形的结果来判断，如对违反法规行为的处罚（以惩罚和服从为价值取向）
	阶段2：个体知晓他人的需要，但是个体自己的需求得到满足是行动的基本动机（以个人功利主义目的与交换为价值取向）

	续表
时期2：道德成规期 在道德成规期，个体能够借助他人的观点判断情况	阶段3：个体试图遵守团体规范。个体考虑他人关于情况的观点，运用这些规范解决矛盾（以协调人际关系为价值取向）
	阶段4：个体关心社会和规则的秩序。遇到矛盾时，个体以法律和法规作为指导（以维护社会秩序和履行个人义务为价值取向）
时期3：道德成规后期 在道德成规后期，社会的法律和法规受到质疑，并以普遍的道德标准来重新定义	阶段5：个体看重社会契约和共同的义务。个体考虑每个人的利益公平解决矛盾（以社会契约为价值取向）
	阶段6：应用于个人和团体的普遍的道德和伦理标准（如正义、平等和尊严）是个体行为的基础（以普遍道德原则、良心式原则为价值取向，避免自我责备）

【审计故事】《论语》与审计工作

【一问一答】审计人员的基本职业道德有哪些？

第二节　中国注册会计师职业道德守则的基本原则

注册会计师为实现执业目标，必须遵守一系列前提或一般原则。这些原则包括：①诚信；②客观公正；③独立性；④专业胜任能力和勤勉尽责；⑤保密；⑥良好职业行为；⑦职业道德基本原则与职业怀疑。

一、诚信

诚信是指诚实守信，要求注册会计师保持正直、诚实守信。诚信是我国社会主义核心价值观的重要组成部分，是社会主义道德建设的重要内容，是构建社会主义和谐社会的重要纽带，同时也是社会主义市场经济运行的基础。在中国传统文化中，"诚信"二字具有极其重要的分量。孔子认为："人无信不立，业无信不兴，国无信则衰。"人没有诚信，就不能立足于社会，做业务没有诚信，就不会兴盛，国家没有诚信，就会衰败。管子在《管子·枢言》中写道:"诚信者,天下之结也。"讲诚信,是天下行为准则的关键。诚信是道德文化的核心,强调的是内在品质修养,追求的是人格的高尚、境界的崇高,更注重于精神方面的追求。对注册会计师行业来说,诚信是注册会计师行业存在和发展的基石,在职业道德基本原则中居于首要地位。如果没有诚信,注册会计师这个职业就没有存在的意义。

诚信原则要求注册会计师应当在所有职业关系和商业关系中保持正直和诚实、秉公办事、实事求是。

注册会计师如果认为业务报告、申报资料、沟通函件或其他方面的信息存在下列问题,不得与这些有问题的信息发生关联。

(1)含有虚假记载、误导性陈述。

(2)含有缺乏充分根据的陈述或信息。

(3)存在遗漏或含糊其词的信息,而这种遗漏或含糊其词可能会产生误导。

注册会计师如果注意到已与有问题的信息发生关联,应当采取措施消除关联。如果注册会计师按照职业准则的规定出具了恰当的业务报告(例如,在审计业务中,出具恰当的非无保留意见审计报告),则不被视为违反该规定。

【扩展阅读】财政部印发《注册会计师行业诚信建设纲要》

二、客观公正

客观公正原则要求注册会计师在执业中做到一切从实际出发,注重调查研究,主客观一致,做到审计结论有理有据。这里的客观性并不是指会计原则中的客观性,而是指一种思想状态,与主观性相对立。客观性原则要求注册会计师遵循客观公正原则,公正处事,实事求是,不得由于偏见、利益冲突或他人的不当影响而损害自己的职业判断。如果存在对职业判断产生过度不当影响的情形,注册会计师不得从事与之相关的职业活动。

注册会计师的服务涉及多方利益,因此不可避免地会受到来自客户或利益相关者的压力。公正性原则要求注册会计师具备正直诚实的品质,在各种压力面前不屈服,能够公平公正、不偏不倚地对待利益各方,不以牺牲一方利益为条件而使另一方受益。

三、独立性

什么是独立性?较早给出权威解释的是美国注册会计师协会。美国注册会计师协会在 1947 年发布的《审计暂行标准》中指出："独立性的含义相当于完全诚实、公正无私、无偏见、客观认识事实、不偏袒。"美国注册会计师协会在《职业行为准则》中要求："公共业务领域中的会员（执业注册会计师），在提供审计和其他鉴证业务时应当保持实质上与形式上的独立。"

独立性是注册会计师执行鉴证业务的灵魂，因为注册会计师要以其自身的信誉向社会公众表明，被审计单位的财务报表是真实公允的。在市场经济条件下，投资者主要依赖公开披露的财务报告判断投资风险，在众多投资标的中作出选择。如果注册会计师与客户之间不能保持独立，存在经济利益、关联关系或屈服于外界压力，就很难取信于社会公众。独立性原则要求注册会计师在执行审计和审阅业务、其他鉴证业务时与鉴证客户保持独立，不得因任何利害关系影响其客观公正。

注册会计师的独立性包括实质上的独立性和形式上的独立性：实质上的独立性是一种内心状态，使得注册会计师在提出结论时不受损害职业判断的因素影响，诚信行事，遵循客观公正原则，保持职业怀疑；形式上的独立性是一种外在表现，使得一个理性且掌握充分信息的第三方，在权衡所有相关事实和情况后，认为会计师事务所或审计项目团队成员没有损害诚信原则、客观公正原则或职业怀疑。

保持独立性能够增强注册会计师保持职业怀疑的能力。独立性是鉴证业务的灵魂，是专门针对注册会计师从事审计和审阅业务、其他鉴证业务而提出的职业道德基本原则。在执行审计和审阅业务、其他鉴证业务时，注册会计师应当遵循独立性原则，从实质上和形式上保持独立性，不得因任何利害关系影响其客观公正。

此外，会计师事务所在承接审计和审阅业务、其他鉴证业务时，应当从会计师事务所整体层面和具体业务层面采取措施，以保持会计师事务所和项目团队的独立性。如果无法采取适当的防范措施消除不利影响或将其降低至可接受水平，注册会计师应当消除产生不利影响的情形，或者拒绝接受审计业务委托或终止审计业务。

【专业拓展】穿透式审计

四、专业胜任能力和勤勉尽责

专业胜任能力是指为提供高质量的专业服务，注册会计师必须具备的职业道德、学识与经验、专业训练以及足够的分析、判断能力。因此，注册会计师应当通过教育、培训和执业实践获取和保持专业胜任能力，应当持续了解并掌握当前法律、技术和实务的发展变化，将专业知识和技能始终保持在应有的水平，确保为客户提供具有专业水准的服务。因为注册会计师如果不能保持和提高专业胜任能力，就难以完成客户委托的业务，也就无法从根本上满足社会公众对注册会计师的需求。事实上，如果注册会计师在缺乏足够的专业知识、技能或经验的情况下提供专业服务，就构成了一种欺诈。因此，一名合格的注册会计师不仅要充分认识自己的能力，对自己充满信心，更重要的是，必须清醒地认识到自己在专业胜任能力方面的不足，如行业专长、监管特例或法律规范等，不承接自己不能胜任的业务。

专业胜任能力是以注册会计师的专业素质为基础的，它是注册会计师必须具备的职业道德。因此注册会计师应当通过教育、培训和执业实践获取和保持专业胜任能力。同时注册会计师应当持续了解并掌握当前法律、技术和实务的发展变化，将专业知识和技能始终保持在应有的水平。在执行客户委托任务过程中，注册会计师需要做到勤勉尽责，遵守职业准则的要求并保持应有的职业怀疑，认真、全面、及时地完成工作任务。

勤勉尽责原则要求注册会计师应当保持应有的关注，遵守执业准则和职业道德规范的要求，勤勉尽责，认真、全面、及时地完成工作。在审计过程中，注册会计师应当保持职业怀疑态度，运用专业知识、技能和经验，获取和评价审计证据。注册会计师应当采取适当措施，确保在其领导下工作的人员得到应有的培训和督导。在适当情况下，注册会计师应当使客户以及业务报告的其他使用者了解专业服务的固有局限性。

专业胜任能力和勤勉尽责原则要求注册会计师获取并保持应有的专业知识和技能，确保为客户提供具有专业水准的服务，并勤勉尽责，遵守适用的职业准则。例如，注册会计师可以通过下列方式遵循专业胜任能力和勤勉尽责原则。

（1）运用与客户所在的特定行业和业务活动相关的知识，以恰当识别重大错报风险。

（2）设计并实施恰当的审计程序。

（3）在审慎评价审计证据是否充分并适合具体情况时运用相关知识和技能。

【一问一答】保持职业怀疑的作用有哪些？

五、保密

在注册会计师执行客户委托任务过程中会接触到许多客户公司内部资料，通常里面会涉及一些不能被外界所知的商业秘密，一旦商业秘密被泄露或利用，往往会给客户造成损失。因此，注册会计师需要关注工作过程中的保密工作。

注册会计师应当遵循保密原则，对职业活动中获知的涉密信息保密。根据该原则，注册会计师应当遵守下列要求。

（1）警觉无意中泄密的可能性，包括在社会交往中无意中泄密的可能性，特别要警觉无意中向关系密切的商业伙伴或近亲属泄密的可能性。

（2）对所在会计师事务所内部的涉密信息保密。

（3）对职业活动中获知的涉及国家安全的信息保密。

（4）对拟承接的客户向其披露的涉密信息保密。

（5）在未经客户授权的情况下，不得向会计师事务所以外的第三方披露其所获知的涉密信息，除非法律法规或职业准则规定注册会计师在这种情况下有权利或义务进行披露。

（6）不得利用因职业关系而获知的涉密信息为自己或第三方谋取利益。

（7）不得在职业关系结束后利用或披露因该职业关系获知的涉密信息。

（8）采取适当措施，确保下级员工以及为注册会计师提供建议和帮助的人员履行保密义务。

在终止与客户的关系后，注册会计师应当对以前职业活动中获知的涉密信息保密。如果变更工作单位或获得新客户，注册会计师可以利用以前的经验，但不得利用或披露以前职业活动中获知的涉密信息。

在某些情况下，保密原则是可以豁免的。在下列情况下，注册会计师可能会被要求披露涉密信息，或者披露涉密信息是适当的，不被视为违反保密原则。

（1）法律法规要求披露，如为法律诉讼准备文件或提供其他证据，或者向适当机构报告发现的违反法律法规行为。

（2）法律法规允许披露，并取得了客户的授权。

（3）注册会计师有职业义务或权利进行披露，且法律法规未予禁止，主要包括下列情形。

第一，接受注册会计师协会或监管机构的执业质量检查。

第二，答复注册会计师协会或监管机构的询问或调查。

第三，在法律诉讼、仲裁中维护自身的合法权益。

第四，遵守职业准则的要求，包括职业道德要求。

第五，法律法规和职业准则规定的其他情形。

【审计故事】《论语》与审计良好职业行为

六、良好职业行为

良好职业行为原则要求注册会计师遵循良好职业行为原则,爱岗敬业,遵守相关法律法规,避免发生任何可能损害职业声誉的行为。注册会计师不得在明知的情况下,从事任何可能损害诚信原则、客观公正原则或良好职业声誉,从而可能违反职业道德基本原则的业务、职务或活动。

注册会计师在向公众传递信息以及推介自己和工作时,应当客观、真实、得体,不得损害职业形象。注册会计师应当诚实、实事求是,不得夸大宣传提供的服务、拥有的资质或获得的经验,不得贬低或无根据地比较他人的工作。

七、职业道德基本原则与职业怀疑

职业怀疑态度是指注册会计师以质疑的思维方式评价所获取证据的有效性,并对相互矛盾的证据,以及引起对文件记录或责任方提供的信息的可靠性产生怀疑的证据保持警觉。保持职业怀疑态度也是贯穿审计工作始终的,这是一个动态的、连续性的动作。

职业怀疑是注册会计师执行审计业务的一种态度,包括采取质疑的思维方式,对可能表明由错误或舞弊导致错报的迹象保持警觉,以及对审计证据进行审慎评价。

审计准则要求注册会计师在审计过程中保持职业怀疑,然而某些情形可能导致注册会计师在获取、评价和解释信息时过分盲目相信客户或倾向于迎合客户的偏好,而不是考虑财务报表使用者的需求。审计实务中,可能阻碍注册会计师保持职业怀疑的情形包括以下几个方面。

(1)审计环境中的某些情况可能会引发动机和压力,使注册会计师产生偏见,从而阻碍注册会计师恰当保持职业怀疑。例如,建立或保持长期审计业务关系,避免与管理层产生重大冲突,在被审计单位发布财务报表期限之前出具审计报告,应被审计单位的要求出具无保留意见的审计报告,达到被审计单位的高满意度,降低审计成本,或搭售其他服务等。

(2)随着审计业务关系的延续,注册会计师可能对管理层产生不恰当的信任,导致其轻易认可被审计单位作出的不恰当会计处理。在某些情况下,注册会计师可能会迫于压力,避免与管理层产生分歧或对管理层造成不良后果,而未能保持恰当的职业怀疑。

(3)其他情况也可能阻碍注册会计师恰当保持职业怀疑。例如,审计的时间安排和工作量要求可能对项目合伙人和其他项目组成员造成压力,促使他们过快完成审计业务,导致他们仅获取容易取得的审计证据而非相关、可靠的审计证据,获取并不充分的审计证据,或过分倚重能够证实财务报表认定的证据而没有充分考虑反面证据。

因此,可以从以下方面理解职业怀疑。

（1）职业怀疑在本质上要求秉持一种质疑的理念。这种理念促使注册会计师在考虑相关信息和得出结论时采取质疑的思维方式。在这种理念下，注册会计师具有批判和质疑的精神，摒弃"存在即合理"的逻辑思维，寻求事物的真实情况。注册会计师不应不假思索、全盘接受被审计单位提供的证据和解释，也不应轻易相信过分理想的结果或太多巧合的情况。

（2）职业怀疑要求对引起疑虑的情形保持警觉。这些情形包括但不限于：相互矛盾的审计证据；引起对文件记录或对询问答复的可靠性产生怀疑的信息；明显不合商业情理的交易或安排；其他表明可能存在舞弊的情况；表明需要实施除审计准则规定外的其他审计程序的情形[参见《中国注册会计师审计准则第1101号——注册会计师的总体目标和审计工作的基本要求》第三十四条第（一）项]。

（3）职业怀疑要求审慎评价审计证据。审计证据包括支持和印证管理层认定的信息，也包括与管理层认定相互矛盾的信息。审慎评价审计证据包括质疑相互矛盾的审计证据、文件记录和对询问的答复以及从管理层和治理层获得的其他信息的可靠性，而非机械完成审计准则要求实施的审计程序。在怀疑信息的可靠性或发现舞弊迹象时（例如，在审计过程中识别出的情况使注册会计师认为文件可能是伪造的或文件中的某些信息已被篡改），注册会计师需要作出进一步调查，并确定需要修改哪些审计程序或实施哪些追加的审计程序。需要强调的是，虽然注册会计师需要在审计成本与信息的可靠性之间进行权衡，但是，审计中的困难、时间或成本等事项本身，不能作为省略不可替代的审计程序或满足于说服力不足的审计证据的理由。

（4）职业怀疑要求客观评价管理层和治理层。由于审计环境发生变化，或者管理层和治理层为实现预期利润或结果而承受内部或外部压力，即使以前正直、诚信的管理层和治理层也可能发生变化。因此，注册会计师不应依赖以往对管理层和治理层形成的关于诚信的判断。即使注册会计师认为管理层和治理层是正直、诚实的，也不能降低保持职业怀疑的要求，不允许在获取合理保证的过程中满足于说服力不足的审计证据。

职业怀疑与客观和公正、独立性两项职业道德基本原则密切相关。保持独立性可以增强注册会计师在审计中保持客观和公正、职业怀疑的能力。职业怀疑与职业道德基本原则是相互关联的。

【专业拓展】在财务报表审计中，遵循职业道德基本原则与保持职业怀疑是一致的

【一问一答】 怎样理解习近平总书记提出的"三立"要求?

第三节 注册会计师职业道德概念框架

一、职业道德概念框架内涵

职业道德概念框架是指解决职业道德问题的思路和方法,用以指导注册会计师:①识别对职业道德基本原则的不利影响;②评价不利影响的严重程度;③必要时采取防范措施消除不利影响或将其降低至可接受的水平。

注册会计师遇到的许多情形(如职业活动、利益和关系)都可能对职业道德基本原则产生不利影响,职业道德概念框架旨在帮助注册会计师应对这些不利影响。职业道德概念框架适用于各种可能对职业道德基本原则产生不利影响的情形。由于实务中的情形多种多样且层出不穷,注册会计师应当运用职业道德概念框架识别、评价和应对各种可能产生的不利影响,而不能想当然地认为守则未明确禁止的情形就是允许的。

注册会计师应当运用职业道德概念框架来识别、评价和应对对职业道德基本原则的不利影响。当应对职业道德问题时,注册会计师除了应当考虑产生该问题的背景,还应在运用职业道德概念框架时,运用职业判断,对新信息、事实和情况的变化保持警觉;必要时实施理性且掌握充分信息的第三方测试。

(一)运用职业判断

职业判断涉及对与具体事实和情况(包括特定职业活动的性质和范围,以及所涉及的利益和关系)相关的教育和培训、专业知识、技能、经验的运用。在从事具体职业活动的过程中,当注册会计师运用概念框架,以对可采取的行动作出知情的决策,并确定这些决策在具体情况下是否适当时,注册会计师应当运用职业判断。对已知事实和情况的了解是正确运用概念框架的前提。注册会计师在确定为获取这些了解有必要采取的行动,以及就职业道德基本原则是否得以遵循形成结论时,同样应当运用职业判断。

(二)对新信息、事实和情况的变化保持警觉

当运用职业判断了解已知的事实和情况时,注册会计师可能需要考虑下列事项。
(1)是否有理由担心注册会计师已知的事实和情况可能遗漏了某些相关信息。

（2）已知的事实和情况是否与注册会计师的预期不符。
（3）注册会计师的专长和经验是否足以得出结论。
（4）是否需要向具有相关专长或经验的人员咨询。
（5）所了解到的信息是否能够为得出结论提供合理的依据。
（6）注册会计师自身的先入之见或偏见是否可能影响其职业判断。
（7）从现有可获得的信息中是否还可能得出其他合理的结论。

（三）实施理性且掌握充分信息的第三方测试

理性且掌握充分信息的第三方测试，是检验注册会计师得出的结论是否客观公正的一种测试方法。具体来说，是指注册会计师考虑：假设存在一个理性且掌握充分信息的第三方，在权衡了注册会计师于得出结论的时点可以了解到的所有具体事实和情况后，是否很可能得出与注册会计师相同的结论。理性且掌握充分信息的第三方不一定是注册会计师，但需要具备相关的知识和经验，以使其能够公正地了解和评价注册会计师结论的适当性。

二、对职业道德基本原则的威胁

在实务过程中，注册会计师会遇到各种阻碍其遵守职业道德守则的因素的威胁。对职业道德基本原则的不利影响可能产生于多种事实和情况，并且，因业务的性质和工作任务不同，产生的不利影响的类型也可能不同。可能对职业道德基本原则产生不利影响的因素包括自身利益、自我评价、过度推介、密切关系和外在压力。

（1）自身利益产生的不利影响是指由于某项经济利益或其他利益可能不当影响注册会计师的判断或行为，而对职业道德基本原则产生的不利影响。

（2）自我评价产生的不利影响是指注册会计师在执行当前业务的过程中，其判断需要依赖其本人或所在会计师事务所以往执行业务时作出的判断或得出的结论，而该注册会计师可能不恰当地评价这些以往的判断或结论，从而对职业道德基本原则产生的不利影响。

（3）过度推介产生的不利影响是指注册会计师倾向客户的立场，导致该注册会计师的客观公正原则受到损害而产生的不利影响。

（4）密切关系产生的不利影响是指注册会计师由于与客户存在长期或密切的关系，故而过于偏向客户的利益或过于认可客户的工作，从而对职业道德基本原则产生的不利影响。

（5）外在压力产生的不利影响是指注册会计师迫于实际存在的或可感知到的压力，导致无法客观行事而对职业道德基本原则产生的不利影响。

在实践过程中，注册会计师应该遵循职业道德概念框架分析思路分析潜在风险。职业道德概念框架分析思路如图4-2所示。

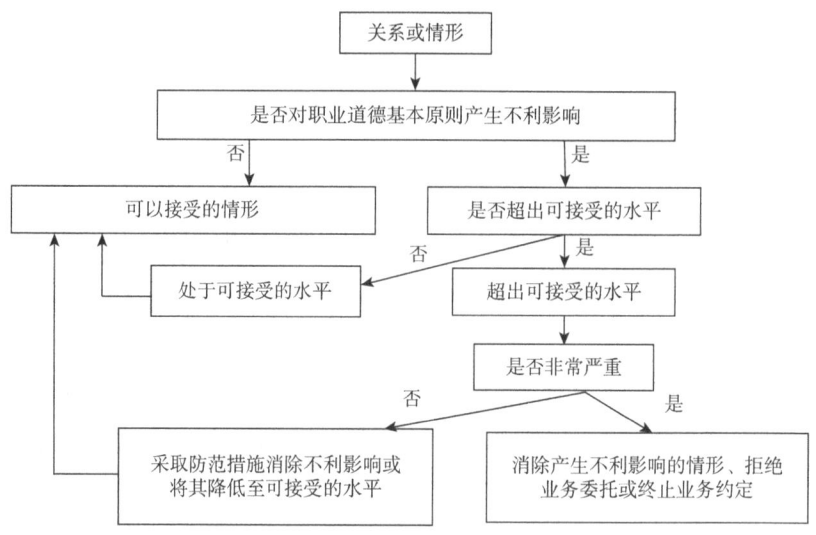

图 4-2　职业道德概念框架分析思路

三、可能对职业道德基本原则产生威胁的具体情形

（一）因自身利益产生的不利影响

（1）注册会计师在客户中拥有直接经济利益。
（2）会计师事务所的收入过分依赖某一客户。
（3）会计师事务所以较低的报价获得新业务，而该报价过低，可能导致注册会计师难以按照适用的职业准则要求执行业务。
（4）注册会计师与客户之间存在密切的商业关系。
（5）注册会计师能够接触到涉密信息，而该涉密信息可能被用于牟取个人私利。
（6）注册会计师在评价所在会计师事务所以往提供的专业服务时，发现了重大错误。

【专业拓展】因收入过分依赖客户而导致独立性受影响的防范措施

（二）因自我评价产生的不利影响

（1）注册会计师在对客户提供财务系统的设计或实施服务后，又对该系统的运行

有效性出具鉴证报告。

（2）注册会计师为客户编制用于生成有关记录的原始数据，而这些记录是鉴证业务的对象。

（三）因过度推介产生的不利影响

（1）注册会计师推介客户的产品、股份或其他利益。

（2）当客户与第三方发生诉讼或纠纷时，注册会计师为该客户辩护。

（3）注册会计师站在客户的立场上影响某项法律法规的制定。

（四）因密切关系产生的不利影响

（1）审计项目团队成员的主要近亲属或其他近亲属担任审计客户的董事或高级管理人员。

（2）鉴证客户的董事、高级管理人员，或所处职位能够对鉴证对象施加重大影响的员工，最近曾担任注册会计师所在会计师事务所的项目合伙人。

（3）审计项目团队成员与审计客户之间长期存在业务关系。

（五）因外在压力产生的不利影响

（1）注册会计师因对专业事项持有不同意见而受到客户解除业务关系或被会计师事务所解雇的威胁。

（2）由于客户对所沟通的事项更具有专长，注册会计师面临服从该客户判断的压力。

（3）注册会计师被告知，除非其同意审计客户某项不恰当的会计处理，否则计划中的晋升将受到影响。

（4）注册会计师接受了客户赠予的重要礼品，并被威胁将公开其收受礼品的事情。

四、评价不利影响的严重程度

如果识别出对职业道德基本原则的不利影响，注册会计师应当评价该不利影响的严重程度是否处于可接受的水平。

可接受的水平是指注册会计师针对识别出的不利影响实施理性且掌握充分信息的第三方测试之后，很可能得出其行为并未违反职业道德基本原则的结论时，该不利影响的严重程度所处的水平。

在评价不利影响的严重程度时，注册会计师应当从性质和数量两个方面予以考虑，还必须考虑到所提供的专业服务性质和范围；由法律法规、注册会计师协会或会计师事务所制定的，用于加强注册会计师职业道德的条件、政策和程序；新信息或者事实和情况的变化可能对不利影响严重程度评价的影响。

用于加强注册会计师职业道德的条件、政策和程序可以分为下列两种类型。

（一）与客户及其经营环境相关的条件、政策和程序

针对与客户及其经营环境相关的条件、政策和程序，注册会计师对不利影响严重程度的评价可能受下列因素的影响。

（1）客户是否属于审计客户，以及该客户是否属于公众利益实体。

（2）客户是否属于非审计的鉴证客户。

（3）客户是否属于非鉴证客户。

例如，向属于公众利益实体的审计客户提供非鉴证服务，相对于向非公众利益实体审计客户提供相同的非鉴证服务，可能会对客观公正原则产生更高程度的不利影响。

良好的公司治理结构，可能有助于对职业道德基本原则的遵循。因此，注册会计师对不利影响严重程度的评价还可能受到客户经营环境的影响。例如，客户是否存在要求由管理层以外的适当人员批准聘请会计师事务所执行某项业务；客户是否拥有具备足够经验和资历以及胜任能力的人员负责作出管理决策；客户是否执行相关政策和程序，以确保在招标非鉴证服务时作出客观选择；客户是否拥有完善的公司治理结构，能够对会计师事务所的服务进行适当的监督和沟通等。

（二）与会计师事务所及其经营环境相关的条件、政策和程序

针对与会计师事务所及其经营环境相关的条件、政策和程序，注册会计师对不利影响严重程度的评价可能受到下列因素的影响。

（1）会计师事务所领导层重视职业道德基本原则，并积极引导鉴证业务项目团队成员维护公众利益。

（2）会计师事务所建立政策和程序，以对所有人员遵循职业道德基本原则的情况实施监督。

（3）会计师事务所建立与薪酬、业绩评价、纪律处分相关的政策和程序，以促进对职业道德基本原则的遵循。

（4）会计师事务所对其过分依赖从某单一客户处取得收入的情况进行管理。

（5）在会计师事务所内，项目合伙人有权作出涉及遵循职业道德基本原则的决策，包括与向客户提供服务有关的决策。

（6）会计师事务所对教育、培训和经验的要求。

（7）会计师事务所用于解决内外部关注事项或投诉事项的流程。

如果注册会计师知悉新信息，或者事实和情况发生变化，而这种新信息或者事实和情况的变化可能影响对是否已消除不利影响或降低至可接受的水平的判断，注册会计师应当重新评价该不利影响的严重程度，并予以应对。

如果新信息导致识别出新的不利影响，注册会计师应当评价该不利影响并进行适当应对。

新信息或者事实和情况的变化可能对下列方面产生影响。

（1）不利影响的严重程度。

（2）注册会计师就已采取的防范措施是否仍然能够有效应对所识别的不利影响得

出的结论。

注册会计师在整个职业活动中保持警觉,有助于其确定新信息或者事实和情况的变化是否会产生上述影响。例如,专业服务的范围扩大;客户成功上市或收购另一业务单位;会计师事务所与另一会计师事务所合并;会计师事务所受两家客户共同委托,而两家客户之间发生纠纷;注册会计师的私人关系或其主要近亲属发生变动等。在这些情况下,已采取的防范措施可能无法继续有效地应对不利影响,因此,职业道德概念框架要求注册会计师重新评价并应对相应的不利影响。

综上所述,在评价不利影响的严重程度时,可以从公司治理,注册会计师职业所必需的教育、培训和经验要求,有效的投诉举报系统,注册会计师报告违反职业道德行为要求,行业或监管机构的监控和惩戒程序等方面来评估。

五、应对措施

(一)应对不利影响

如果注册会计师确定识别出的不利影响超出可接受的水平,应当通过消除该不利影响或将其降低至可接受的水平来予以应对。注册会计师应当通过采取下列措施应对不利影响。

(1)消除产生不利影响的情形,包括利益或关系。
(2)采取可行并有能力采取的防范措施将不利影响降低至可接受的水平。
(3)拒绝或终止特定的职业活动。

注册会计师在采取上述措施时,应当充分考虑:一个理性且掌握充分信息的第三方,在权衡注册会计师当时可获得的所有具体事实和情况后,是否很可能认为这些防范措施能够消除不利影响或将其降低至可接受的水平,以使职业道德基本原则不受损害。

(二)防范措施

应对不利影响的防范措施包括法律法规和职业规范规定的防范措施和在具体工作中采取的防范措施。具体工作中,应对不利影响的防范措施随事实和情况的不同而有所不同。主要包括会计师事务所层面的防范措施和具体业务层面的防范措施。举例来说,在特定情况下可能能够应对不利影响的防范措施如下。

1. 会计师事务所层面的防范措施

(1)会计师事务所制定有关政策和程序,强调遵循职业道德基本原则的重要性,领导层强调保持职业怀疑的"高层基调",而非过于强调收入和利润增长,培育以质量为导向的文化,鼓励员工就遵循职业道德基本原则方面的问题与领导层沟通,要求鉴证业务项目组成员维护公众利益,能够在道德上规范相关注册会计师的行为。

(2)会计师事务所制定有关政策和程序,实施项目质量控制,监督业务质量,同时指定高级管理人员负责监督质量控制系统是否有效运行,该措施能够监督注册会计师的鉴证业务，应对其因自身利益或自我评价产生的不利影响。

（3）向鉴证客户提供非鉴证服务时，指派鉴证业务项目组以外的其他合伙人和项目组，并确保鉴证业务项目组和非鉴证业务项目组分别向各自的业务主管报告工作，该措施能够应对因自我评价、过度推介或密切关系产生的不利影响。

（4）会计师事务所制定有关政策和程序，识别会计师事务所或项目组成员与客户之间的利益或关系，明确双方的利益或有关成员的关系，有助于应对自身利益以及亲密关系所带来的不利影响。

（5）会计师事务所制定有关政策和程序，监控对某一客户收费的依赖程度，如果会计师事务所大部分的收入来源于某个企业，那么就有可能触及事务所本身的收益，有可能对自身利益产生不利影响。

（6）制定有关政策和程序，防止项目组以外的人员对业务结果施加不当影响，被鉴证单位的高级管理人员有可能与审计成员有亲密关系或能施加压力，该措施能一定程度应对不利影响。

（7）向合伙人和专业人员提供鉴证客户及其关联实体的名单，并要求合伙人和专业人员与之保持独立，该措施能够应对亲密关系、自身利益以及自我评价的不利影响。

（8）及时向所有合伙人和专业人员传达会计师事务所的政策和程序及其变化情况，并就这些政策和程序进行适当的培训，同时建立惩戒机制，保障相关政策和程序得到遵守。

2. 具体业务层面的防范措施

（1）向已承接的项目分配更多时间和有胜任能力的人员，可能能够应对因自身利益产生的不利影响。

（2）对已执行的非鉴证业务或者鉴证业务，由未参与该业务的注册会计师进行复核，或在必要时提供建议，该措施能够进一步保证业务实施的质量，较好地应对自我评价、自身利益及亲密关系等导致的不利影响。

（3）由项目组以外的适当复核人员复核已执行的工作或在必要时提供建议，可能能够应对因自我评价产生的不利影响。

（4）向客户审计委员会、监管机构或注册会计师协会咨询，专业机构的建议能有助于注册会计师处理不同业务的情况以及对自身独立性威胁的情况，该措施有助于注册会计师保持自身的独立性。

（5）由其他会计师事务所执行或重新执行业务的某些部分，可能能够应对因自身利益、自我评价、过度推介、密切关系或外在压力产生的不利影响。

（6）向客户治理层说明提供服务的性质和收费的范围，明确自身提供业务的范围，同时双方商定好收费标准，有助于应对自身利益以及外在压力产生的不利影响。

（7）轮换鉴证业务项目组合伙人和高级员工，该措施有利于应对因自身利益及亲密关系对鉴证业务产生的不利影响。

（8）由不同项目组分别应对具有保密性质的事项，可能能够应对因自身利益产生的不利影响。

第四节 职业道德框架的具体应用

一、利益冲突

（一）一般规定

利益冲突通常对客观公正原则产生不利影响，也可能对其他职业道德基本原则产生不利影响。不利影响可能产生于下列情况。

（1）注册会计师为两个或多个在某一特定事项中存在利益冲突的客户提供与该特定事项相关的专业服务。

（2）注册会计师在某一特定事项中的利益，与注册会计师针对该事项提供专业服务的客户的利益，两者之间存在冲突。

举例来说，可能产生利益冲突的情形如下。

（1）向某一客户提供交易咨询服务，该客户拟收购注册会计师的某一审计客户，而注册会计师已在审计过程中获知了可能与该交易相关的涉密信息。

（2）同时为两家客户提供建议，而这两家客户是收购同一家公司的竞争对手，并且注册会计师的建议可能涉及双方相互竞争的立场。

（3）在同一项交易中同时向买卖双方提供服务。

（4）同时为两方提供某项资产的估值服务，而这两方针对该资产处于对立状态。

（5）针对同一事项同时代表两个客户，而这两个客户正处于法律纠纷中。

（6）针对某项许可证协议，就应收的特许权使用费为许可证授予方出具鉴证报告，并同时向被许可方就应付金额提供建议。

（7）建议客户投资一家企业，而注册会计师的主要近亲属在该企业拥有经济利益。

（8）建议客户买入一项产品或服务，但同时与该产品或服务的潜在卖方订立佣金协议。

（二）利益冲突的识别

在承接新的客户、业务或发生商业关系前，注册会计师应当采取合理措施识别可能产生的利益冲突，进而对职业道德基本原则产生不利影响的情形。这些措施应当包括识别下列事项。

（1）所涉及的各方之间利益和关系的性质。

（2）所涉及的服务及其对相关各方的影响。

建立有效的冲突识别流程，需要考虑下列因素。

（1）所提供专业服务的性质。

（2）会计师事务所的规模。

（3）客户群的规模和性质。
（4）会计师事务所的组织架构，如分支机构的数量和位置分布。

（三）利益冲突产生的不利影响

在评价因利益冲突产生的不利影响的严重程度时，注册会计师需要考虑是否存在相关保密措施。当为针对某一特定事项存在利益冲突的双方或多方提供专业服务时，这些保密措施能够防止未经授权而披露涉密信息。这些措施可能包括以下方面。

（1）在会计师事务所内部为特殊的职能部门或岗位设置单独的工作空间，作为防止泄露客户涉密信息的屏障。
（2）限制访问客户文档的政策和程序。
（3）会计师事务所合伙人和员工签署的保密协议。
（4）使用物理方式和电子方式对涉密信息采取隔离措施。
（5）专门且明确的培训和沟通。

有些防范措施会产生不利影响。下列防范措施可能能够应对因利益冲突产生的不利影响。

（1）由不同的项目组分别提供服务，并且这些项目组已被明确要求遵守涉及保密性的政策和程序。
（2）由未参与提供服务或不受利益冲突影响的适当人员复核已执行的工作，以评估关键判断和结论是否适当。

（四）披露和同意

1. 披露和同意的形式

在应对因利益冲突产生的不利影响时，注册会计师应根据利益冲突的性质和严重程度，运用职业判断确定是否有必要向客户具体披露利益冲突的情况，并获取客户明确同意其可以承接或继续提供专业服务。此时，注册会计师需要注意以下因素。

（1）产生利益冲突的情形。
（2）可能受到影响的各方。
（3）可能产生的问题的性质。
（4）特定事项以不可预期的方式发展的可能性。

披露和同意可能采取不同的形式，例如以下几类。

（1）一般性披露，即向客户披露以下情况：按照商业惯例，注册会计师不会仅向一家客户提供专业服务（例如，在某一特定的专业服务和市场领域）。这种披露能够使客户作出原则性同意。例如，注册会计师可以在业务约定书的标准条款中作出上述一般性披露。
（2）具体披露，即向受利益冲突影响的客户披露特定冲突的详细情况，使该客户能够就相关事项作出知情的决策，并作出明确同意。这种披露可能包括对相关情况的详细陈述，以及对拟采取的防范措施和所涉及风险的全面说明。

（3）如果注册会计师有充分证据表明客户从一开始就知悉利益冲突的相关情况，并且未对已存在的利益冲突提出异议，则在这种情况下，客户的行为可能暗示注册会计师已经获取了客户的同意。

2. 必须取得披露和同意的情形

当存在利益冲突时，下列披露和同意通常是必要的。

（1）向受利益冲突影响的客户披露利益冲突的性质以及所产生的不利影响是如何应对的。

（2）当采取防范措施应对不利影响时，由受影响的客户同意注册会计师继续提供该专业服务。

如果上述披露或同意未采用书面形式，本守则鼓励注册会计师记录下列事项。

（1）导致利益冲突的情形的性质。

（2）已采取的防范措施（如适用）。

（3）已获取的同意。

（五）保密

注册会计师应当对可能违反保密原则的情况保持警觉，包括在进行披露或在会计师事务所、网络内部分享相关信息以及寻求第三方指导时。

如果为获取客户的明确同意而进行的披露会违反保密原则，因而无法获取此类同意，会计师事务所仅应当在下列情况下承接或保持相关业务。

（1）会计师事务所并未倾向某一客户的立场，因而并未与另一客户处于对立的位置。

（2）已采取特定措施，防止分别向两家客户提供服务的项目组之间泄露涉密信息。

（3）会计师事务所相信，由于如果限制会计师事务所提供该项专业服务将会给客户或其他相关第三方造成较严重的不利后果，故而理性且掌握充分信息的第三方很可能认为会计师事务所承接或保持该业务是恰当的。

举例来说，当注册会计师寻求客户同意以提供下列服务时，可能违反保密原则。

（1）会计师事务所为某一客户恶意收购另一客户的交易提供相关服务。

（2）会计师事务所针对某一涉嫌舞弊的客户进行与遵守法律法规相关的调查，同时会计师事务所因向该舞弊可能涉及的另一家客户提供服务而获取了涉密信息。

（六）文件记录

注册会计师应当记录下列事项。

（1）情况的性质，包括注册会计师在该情况下担任的角色。

（2）为防止在为两个客户提供服务的项目组之间泄露信息而采取的特定措施。

（3）注册会计师认为继续承接或保持该业务是恰当的及其理由。

二、专业服务委托

（一）客户关系和业务的承接

如果注册会计师知悉客户存在某些问题（如涉嫌违反法律法规、缺乏诚信、存在可疑的财务报告问题、存在其他违反职业道德的行为，或者客户的所有者、管理层或其从事的活动存在一些可疑事项），可能对诚信、良好职业行为原则产生不利影响。

下列因素与评价此类不利影响的严重程度相关。

（1）注册会计师对客户的业务性质、经营复杂程度、业务具体要求，以及拟执行工作的目的、性质和范围的了解。

（2）注册会计师对相关行业或业务对象的了解。

（3）注册会计师拥有的与相关监管或报告要求有关的经验。

（4）会计师事务所制定了质量管理政策和程序，以合理保证仅承接能够胜任的业务。

举例来说，下列防范措施可能能够应对因自身利益产生的不利影响。

（1）分派足够的、具有必要胜任能力的项目组成员。

（2）就执行业务的合理时间安排与客户达成一致意见。

（3）在必要时利用专家的工作。

（二）专业服务委托的变更

1. 注册会计师拒绝业务的情形

当注册会计师遇到下列情况时，应当确定是否有理由拒绝承接该项业务。

（1）潜在客户要求其取代另一注册会计师。

（2）考虑以投标方式接替另一注册会计师执行的业务。

（3）考虑执行某些工作作为对另一注册会计师工作的补充。

2. 业务的交接产生的不利影响

如果客户要求注册会计师执行某些工作以作为对现任或前任注册会计师工作的补充，可能因自身利益对专业胜任能力和勤勉尽责原则产生不利影响。例如，这种不利影响可能产生于缺乏完整的信息。

在评价此类不利影响的严重程度时，相关的考虑因素之一是，投标书中是否已声明，注册会计师在承接业务前需要与现任或前任注册会计师取得联系。这种联系可以使注册会计师有机会了解到是否存在不得接受委托的理由。举例来说，下列防范措施可能能够应对上述因自身利益产生的不利影响。

（1）要求现任或前任注册会计师提供其已知的信息，这些信息是指现任或前任注册会计师认为，拟接任注册会计师在作出是否承接业务的决定前需要了解的信息。例如，拟接任注册会计师通过询问现任或前任注册会计师，可能发现某些以前未发现的相关事实，也可能了解到客户与现任或前任注册会计师的意见不一致，从而可能影响是否承接业务委托的决策。

（2）从其他渠道获取信息。例如，通过向第三方进行询问，或者对客户的高级管理层或治理层实施背景调查。

（三）客户关系和业务的保持

在连续业务中，注册会计师应当定期评价是否继续保持该业务。

在承接某项业务之后，注册会计师可能发现对职业道德基本原则的潜在不利影响，这种不利影响如果在承接之前知悉，将会导致注册会计师拒绝承接该项业务。例如，注册会计师可能发现客户实施不当的盈余管理，或者资产负债表中的估值不当，这些事项可能因自身利益对诚信原则产生不利影响。

（四）利用专家的工作

如果拟利用专家的工作，注册会计师应当确定对专家的利用是否可靠。

在确定是否利用专家的工作时，注册会计师需要考虑下列因素。

（1）专家的声望和专长。
（2）专家可获得的资源。
（3）适用的职业准则的规定。

与上述因素有关的信息可以通过注册会计师以往与专家的交往或向他人咨询获得。

三、应客户的要求提供第二意见

注册会计师可能被要求就某实体或以其名义运用相关准则处理特定交易或事项的情况提供第二意见，而这一实体并非注册会计师的现有客户。

向非现有客户提供第二意见可能因自身利益或其他原因对职业道德基本原则产生不利影响。例如，如果第二意见不是以前任或现任注册会计师所获得的相同事实为基础，或依据的证据不充分，可能因自身利益对专业胜任能力和勤勉尽责原则产生不利影响。评价因自身利益产生不利影响的严重程度时，应当考虑被要求提供第二意见的具体情形以及在运用职业判断时能够获得的所有事实和假设等相关因素。

举例来说，下列防范措施可能能够应对此类因自身利益产生的不利影响。

（1）征得客户同意与现任或前任注册会计师沟通。
（2）在与客户沟通中说明注册会计师发表专业意见的局限性。
（3）向现任或前任注册会计师提供第二意见的副本。

【一问一答】与前任注册会计师沟通，为何需要征得客户同意？

四、收费

（一）收费水平

收费报价水平可能影响注册会计师按照职业准则提供专业服务的能力。如果报价水平过低，以致注册会计师难以按照适用的职业准则执行业务，则可能因自身利益对专业胜任能力和勤勉尽责原则产生不利影响。

下列因素可能与评价不利影响的严重程度相关。

（1）客户是否了解业务约定条款，特别是确定收费的基础以及注册会计师在此报价范围内所能提供的服务。

（2）收费水平是否已由独立第三方（如相关监管部门）作出规定。

如果收费报价明显低于前任注册会计师或其他会计师事务所的相应报价，会计师事务所应当确保以下几方面工作。

（1）在提供专业服务时，遵守执业准则和职业道德规范的要求，使工作质量不受损害。

（2）让客户了解专业服务的范围和收费基础。

举例来说，下列防范措施可能能够应对这种因自身利益产生的不利影响。

（1）调整收费水平或业务范围。

（2）由适当的复核人员复核已执行的工作。

（二）或有收费

除非法律法规允许，注册会计师不得以或有收费方式提供鉴证服务，收费与否或收费多少不得以鉴证工作结果或实现特定目的为条件。

尽管某些非鉴证服务可以采用或有收费的形式，或有收费仍然可能对职业道德基本原则产生不利影响，特别是在某些情况下可能因自身利益对客观公正原则产生不利影响。

下列因素可能与评价此类不利影响的严重程度相关。

（1）业务的性质。

（2）可能的收费金额区间。

（3）确定收费的基础。

（4）向报告的预期使用者披露注册会计师所执行的工作以及收费的基础。

（5）会计师事务所的质量管理政策和程序。

（6）是否由独立第三方复核交易和提供服务的结果。

（7）收费水平是否已由独立第三方（如监管部门）作出规定。

举例来说，下列防范措施可能能够应对上述因自身利益产生的不利影响。

（1）由未参与提供非鉴证服务的适当复核人员复核注册会计师已执行的工作。

（2）预先就收费的基础与客户达成书面协议。

(三)介绍费或佣金

注册会计师收取与客户相关的介绍费或佣金,将因自身利益对客观公正、专业胜任能力和勤勉尽责原则产生非常严重的不利影响,导致没有防范措施能够消除不利影响或将其降低至可接受的水平。注册会计师不得收取与客户相关的介绍费或佣金。

注册会计师为获得客户而支付业务介绍费,将因自身利益对客观公正、专业胜任能力和勤勉尽责原则产生非常严重的不利影响,导致没有防范措施能够消除不利影响或将其降低至可接受的水平。注册会计师不得向客户或其他方支付业务介绍费。

五、利益诱惑

(一)一般规定

注册会计师提供或接受利益诱惑,可能因自身利益、密切关系或外在压力对职业道德基本原则产生不利影响,尤其可能对诚信、客观公正、良好职业行为原则产生不利影响。注册会计师应当运用职业道德概念框架识别、评价和应对此类不利影响。

利益诱惑是指影响其他人员行为的物质、事件或行为,但利益诱惑并不一定具有不当影响该人员行为的意图。利益诱惑范围广泛,小到注册会计师和客户之间正常礼节性的交往,大到可能违反法律法规的行为。利益诱惑可能采取多种形式,例如:①礼品;②款待;③娱乐活动;④捐助;⑤意图建立友好关系;⑥工作岗位或其他商业机会;⑦特殊待遇、权利或优先权。

(二)意图不当影响行为的利益诱惑

注册会计师不得提供或授意他人提供任何意图不当影响接受方或其他人员行为的利益诱惑,无论这种利益诱惑是存在不当影响行为的意图,还是注册会计师认为理性且掌握充分信息的第三方很可能会视为存在不当影响行为的意图。

如果某项利益诱惑导致某人以违反道德的方式行事,则被视为不当影响该人员的行为。此类不当影响的对象既可能是利益诱惑的接受方,也可能是与接受方存在某些关系的其他人员。在考虑哪些行为构成不当行为时,职业道德基本原则提供了一个适当的参考框架。

在确定是否存在或被认为存在不当影响行为的意图时,注册会计师需要运用职业判断。注册会计师需要考虑下列因素。

(1)利益诱惑的性质、频繁程度、价值和累积影响。

(2)提供利益诱惑的时间,这一因素需要结合该利益诱惑可能影响的行动或决策来考虑。

(3)利益诱惑是否符合具体情形下的惯例或习俗。

(4)利益诱惑是否从属于专业服务。例如,提供或接受与商务会议有关的午餐。

(5)所提供的利益诱惑是仅限于个别接受方还是可以提供给更为广泛的群体,更为广泛的群体可能来自会计师事务所内部或外部,如其他客户或供应商。

（6）提供或接受利益诱惑的人员在会计师事务所或客户中担任的角色和职位。
（7）注册会计师是否知悉或有理由相信接受该利益诱惑将违反客户的政策和程序。
（8）提供利益诱惑的透明程度。
（9）该利益诱惑是否由接受方要求或索取。
（10）利益诱惑提供方以往的行为或声誉。

如果注册会计师知悉被提供的利益诱惑存在或被认为存在不当影响行为的意图，即使拒绝接受利益诱惑，仍可能对职业道德基本原则产生不利影响。

下列防范措施可能能够应对上述不利影响。
（1）将该利益诱惑的情况告知会计师事务所的高级管理层或客户治理层。
（2）调整或终止与客户之间的业务关系。

（三）无不当影响行为意图的利益诱惑

如果注册会计师认为某项利益诱惑不存在不当影响接受方或其他人员行为的意图，应当运用职业道德概念框架识别、评价和应对可能因该利益诱惑产生的不利影响。以下是一些不利影响的示例。

（1）注册会计师在向客户提供公司财务服务的同时，受到客户潜在收购方的款待，可能因自身利益产生不利影响。
（2）注册会计师经常邀请现有客户或潜在客户参加娱乐活动或观看体育赛事等，可能因密切关系产生不利影响。
（3）注册会计师受到客户的款待，而该款待一旦被公开，其性质可能被认为是不适当的，这种情况可能因外在压力产生不利影响。

（四）主要近亲属或其他近亲属

注册会计师应当对下列可能对职业道德基本原则产生不利影响的情况保持警觉。
（1）注册会计师的主要近亲属或其他近亲属向现有客户或潜在客户提供利益诱惑。
（2）现有客户或潜在客户向注册会计师的主要近亲属或其他近亲属提供利益诱惑。

如果注册会计师知悉其主要近亲属或其他近亲属提供或接受某项利益诱惑，并认为该利益诱惑存在不当影响注册会计师或客户行为的意图，或者理性且掌握充分信息的第三方很可能会认为存在此类意图，则注册会计师应当建议该近亲属拒绝接受或不提供此类利益诱惑。

在确定是否存在不当影响行为的意图时，另一个相关因素是下列人员之间关系的性质和密切程度。
（1）注册会计师与其主要近亲属或其他近亲属。
（2）主要近亲属或其他近亲属与现有客户或潜在客户。
（3）注册会计师与现有客户或潜在客户。

例如，某客户向注册会计师的配偶提供正常招聘流程之外的就业机会，可能表明存在此类意图。

(五)其他方面的考虑

如果审计客户向会计师事务所、网络事务所或审计项目团队成员提供礼品或款待,注册会计师还需要遵守《中国注册会计师职业道德守则第 4 号——审计和审阅业务对独立性的要求》第五章的规定。

如果其他鉴证业务客户向会计师事务所或鉴证业务项目团队成员提供礼品或款待,注册会计师还需要遵守《中国注册会计师职业道德守则第 5 号——其他鉴证业务对独立性的要求》第四章的规定。

六、保管客户资产

保管客户资产可能因自身利益或其他原因而对客观公正、良好职业行为原则产生不利影响。因此,除非法律法规允许或要求,并且满足相关条件,注册会计师不得提供保管客户资金或其他资产的服务。

在承接某项业务时,对于可能涉及保管客户资产的服务,注册会计师应当实施下列程序。

(1)询问资产的来源。

(2)考虑应履行的相关法定义务。

询问客户资产的来源可能有助于发现诸如客户资产来源于非法活动(如洗钱)等情形。

注册会计师如果接受委托保管客户资金或其他资产,应当符合下列要求。

(1)遵守所有与保管资产和履行报告义务相关的法律法规。

(2)将客户资金或其他资产与其个人或会计师事务所的资产分开。

(3)仅按照预定用途使用客户资金或其他资产。

(4)随时准备向相关人员报告资产状况及产生的收入、红利或利得。

七、应对违反法律法规行为

注册会计师在向客户提供专业服务的过程中,可能遇到、知悉或怀疑客户存在违反法律法规或涉嫌违反法律法规的行为。当注册会计师知悉或怀疑存在这种违反或涉嫌违反法律法规的行为时,可能因自身利益或外在压力对诚信和良好职业行为原则产生不利影响。注册会计师应当运用职业道德概念框架识别、评价和应对此类不利影响。

在应对违反法律法规或涉嫌违反法律法规行为时,注册会计师的目标如下。

(1)遵循诚信和良好职业行为原则。

(2)提醒客户的管理层或治理层(如适用),使其能够纠正违反法律法规或涉嫌违反法律法规行为或减轻其可能造成的后果,或者阻止尚未发生的违反法律法规行为。

(3)采取有助于维护公众利益的进一步措施。

【审计实践】判断是否符合《中国注册会计师职业道德守则》

第五章

注册会计师法律责任

　　1946年，克里斯蒂·威特罗和里伯瑞·普格里兹合伙共同出资在纽约成立了一家小的建筑公司。随着公司规模的不断扩大，聘用卢索当会计，还任命他为执行副总裁。几年后，他们又雇了曾在毕马威会计师事务所工作过的两个人担任会计和财务主任。1955年威特罗和普格里兹将他们所有的生意合并，成立了巴克雷斯建筑公司。4年后，公司以每股3美元的价格，公开上市发行了56万股普通股，不久，巴克雷斯公司的股票就列入美国证券交易所上市的名单之中。

　　巴克雷斯公司的主要业务是承建保龄球道。自1952年美国有了自动装瓶机后，保龄球作为一种娱乐性的体育活动受到极力推崇，保龄球道的需求以惊人的速度增长。巴克雷斯公司在1960年时已是美国三大保龄球道建造商之一。据报道，1956年巴克雷斯公司的总销售额为80万美元；4年后，公司总收入900万美元，净收益约75万美元。在1961年初发行的《华尔街杂志》中，该公司财务主管预测当年的总销售额将达到1 500万美元，实现利润120万美元。

　　巴克雷斯公司大多是为一些小的辛迪加投资者修建保龄球道。在签约建筑合同时，这些辛迪加投资者必须向巴克雷斯公司预付一小部分订金和签发一张分期付款的汇票，随着保龄球道施工的进度，在几年内将余额付清。1960年巴克雷斯公司开始与某财务公司进行销售回租交易。在交易中，巴克雷斯公司将修建的球道卖给该财务公司，该财务公司再将球道回租给巴克雷斯公司的子公司，由其子公司来经营球道。巴克雷斯公司对上述两类交易没有考虑任何合理理财技巧，在没有收到任何一笔大额付款之前，就在工程建造上投入了大笔现金。结果，巴克雷斯公司不得不为建筑项目不断地寻找外部融资。1961年5月，为了解决迫切急需的营运资金，公司向证券交易委员会递交了S—1有价证券申请上市登记表，要求发行总金额为174万美元，期限为15年，利率为5.5%的长期债券。

　　20世纪60年代初，人们对新型保龄球道发生了兴趣，导致旧型球道市场一落千丈。这突如其来的市场变化和大量的外借资金，使巴克雷斯公司在1962年陷入了财务危机。许多签约者开始拖欠到期的应付款项,巴克雷斯公司不得不自行承担已建好的球道的运行费用,这就更加剧了巴克雷斯公司资金周转的困难。1962年末,由于还不起外部债券的利息,巴克雷斯公司只好按照《联邦破产法》的规定宣布破产。破产后,购买该公司1961年公开发行债券的人们集体上诉,巴克雷斯公司、证券经纪商以及毕马威会计师事务所均成为被告。这个案件之所以著名是因为以下原因:首先,该案件是自《1933年证券法》颁布以来第一个大案,它牵涉到首次如何处理与此有关的法律纠纷问题。其次,对审计职业界来说,它是《1933年证券法》颁布以来,第一个强调审计人员法律责任范围和性质的案件。

在巴克雷斯公司的上诉案中,主审法官集中讨论了三个问题。

(1)巴克雷斯公司在申请发行利率为5.5%、期限为15年的债券时,所递交的S—1表中是否包含错误的披露。

(2)如果表中有错误的披露,这些错误是否"重大"。

(3)在核实表中的内容有无重大错误时,审计人员是否履行了应尽的谨慎责任。

联邦法官司麦克林写下了对巴克雷斯公司一案的意见,并从会计和审计的角度阐述了对这三个问题的理解。为此,许多审计职业观察者认为,只有通过对照证券法,对注册会计师进行听证,才能对巴克雷斯公司问题作出公正的处理意见。巴克雷斯公司是美国第一例根据证券法来判定注册会计师的法律责任的案例,从此案可见注册会计师在审计过程中需要承担相应的法律责任。

第一节 注册会计师法律责任概述

一、注册会计师法律责任的成因

任何一种职业的社会地位与其社会责任都直接相关。对于注册会计师而言,具备承担社会责任的能力并对因其未能满足规定要求而引发的后果负责,是获得社会公众认可的必要条件之一。当前,各国注册会计师的法律责任呈现日益强化的趋势。

从目前来看,注册会计师法律责任加重的法律环境主要原因如下(表5-1)。

表5-1 注册会计师法律责任加重的原因

原因	备注
财务报表使用者对注册会计师责任的日趋了解	
政府监管部门保护投资者的意识日益加强,监管措施日益完善,处罚力度日益增大	
审计环境变得更加复杂,会计业务更加复杂,审计风险加大	企业经营规模扩大、业务复杂和计算机应用等原因
"深口袋"理论的盛行	社会日益赞同受害的一方向有能力提供赔偿的一方提起诉讼,而不论错在哪一方
注册会计师败诉的案例日益增多	无论是否有道理,律师都将事务所作为起诉对象
许多事务所宁愿在庭外和解法律问题	避免高昂的法律费用和公开的负面影响
法庭在理解专业性事项方面存在困难	

二、注册会计师法律责任的内涵

注册会计师的法律责任是指注册会计师在执业时没有保持应有的职业谨慎,出现违约、过失或欺诈,从而导致对审计委托人、客户或其他有利益关系的第三人造成损害,按照相关法律规定而应承担的法律后果。

注册会计师在执行审计业务时,应当按照审计准则的要求审慎执业,保证执业质量,控制审计风险。否则,一旦出现审计失败,就有可能承担相应的责任。

审计风险是指财务报表中存在重大错报,而注册会计师发表不恰当审计意见的可能性。

审计失败是指注册会计师由于没有遵守审计准则的要求而发表了错误的审计意见。例如,注册会计师可能指派了不合格的助理人员去执行审计任务,未能发现应当发现的财务报表中存在的重大错报。

要注意区分审计失败和经营失败的概念,经营失败是企业由于经济或经营条件的变化,如经济萧条、不当管理决策或出现意料之外的行业竞争等而无法满足投资者的预期。经营失败的极端情况是申请破产。

通常而言,审计失败是注册会计师没有执行好审计准则造成的,只要存在审计失败,就意味着注册会计师在执业过程中有过失,有过失就有责任,因此,在发生审计失败的情况下,很可能就发生了审计风险变为实际的损失,进而被追究法律责任。

三、注册会计师法律责任的认定

注册会计师因违约、过失或欺诈给被审计单位或其他利害关系人造成损失的,按照有关法律、法规规定,可能被判承担行政责任、民事责任或刑事责任。这三种责任可单处,也可并处。

注册会计师承担法律责任的必备条件(即法律责任的构成要件)因法律责任类型而异(表5-2)。

表 5-2 法律责任构成要件

法律责任类型		法律责任构成要件
民事责任	违约责任	1. 违约行为 2. 过错
	侵权责任	1. 违法行为 2. 过错 3. 损害后果 4. 因果关系
行政责任		1. 违法行为 2. 过错 3. 法定责任能力
刑事责任		1. 违法行为 2. 过错 3. 法定责任能力

1. 违法行为

违法行为是指注册会计师违反相关法律条款的行为。其具体表现在两个方面：①违反合同约定（违约）。客户（委托人）与注册会计师之间是一种委托与被委托的民事关系，他们在平等、自愿、协商一致的基础上拟定合同条款，分别就鉴证事项、双方的权利与义务、保密、收费方式、提交报告的时间、违约责任等内容作出明确规定。如果注册会计师在执行合同过程中没有履行合约中的相关条款，应当承担违约责任。例如，会计师事务所在商定的期间内未能提交纳税申报表，或违反了与被审计单位订立的保密协议等。违约行为的法律主体只能签约当事人，不包括使用审计报告的第三人。②违反法律法规。主要指注册会计师直接违反《中华人民共和国公司法》《中华人民共和国证券法》等法律中规定的义务。

2. 过错

过错是指行为人对其所实施的违法行为所持有的心态。过错包括故意和过失两种方式。故意是指行为人明知或可以预见自己的行为会发生违反法律或者危害社会的后果，并且希望或者放任这种结果发生的主观心理状态。过失是指行为人能够预见而未预见到自己行为可能造成的损害后果，或虽然已预见却轻信能够避免的心理状态。基于行为人产生过错的主观心理状态不同，行为人因违法行为所承担的法律责任也有所差别。

根据《中华人民共和国注册会计师法》《中华人民共和国公司法》《中华人民共和国证券法》等相关法律的规定，注册会计师的过错主要有过失和欺诈。

1）过失

过失是其背离了法律和职业道德、执业准则对其提出的恪尽职守的业务，换言之，过失是指注册会计师在执业时未能尽到应有的职业谨慎。应有的职业谨慎的标准应从两方面把握：一是对"人"的标准，要求注册会计师要符合"谨慎执业者"的标准；二是对"事"的标准，要求注册会计师在提供服务时要具体情况具体分析，运用职业判断收集到充分的审计证据。"谨慎执业者"的标准有三个：一是拥有该职业所需要的一般知识并能与职业保持同步发展；二是能作出相当于社会平均水平的判断；三是在人格方面代表但不超越社会一般水平。

审计应有职业关注是注册会计师在计划和实施审计业务时必须遵守公认审计准则的要求，至少应实施标准的审计实务。

保持审计职业关注的重点包括两方面，一是采用适当的标准——采用什么标准；二是谨慎执行审计标准——审计行为与标准的符合程度。

当注册会计师的过失行为给他人造成损害时，应承担相应的赔偿责任。注册会计师因其过失的轻重程度不同，分为普通过失和重大过失。

普通过失有时也称为一般过失，通常是指没有保持职业上应有的职业谨慎，对注册会计师而言是指没有完全遵循专业准则要求，在审计过程中对某些非重要审计事项没有保持应有的执业谨慎。这些被忽视的非重要事项累积起来之后可能引起重大错报，从而导致审计失败。

重大过失是指连基本的职业谨慎都没有保持。对注册会计师而言是指没有遵循专业准则或没有按照专业准则要求执行审计。

另外，还有一种过失叫"共同过失"，即对他人过失，受害方自己未能保持合理的谨慎，因而蒙受损失。例如，被审计单位未能向注册会计师提供编制纳税申报表所必要的信息，后来又控告注册会计师未能妥当地编制纳税申报表，这种情况可能使法院判定被审计单位有共同过失。再如，在审计中未能发现现金等资产短少时，被审计单位可以过失为由控告注册会计师，而注册会计师又可以说现金等问题是由缺乏适当的内部控制造成的，并以此为由来反击被审计单位的诉讼。

"重要性"和"内部控制"这两个概念有助于区分注册会计师的普通过失和重大过失。

首先，如果财务报表中存在重大错报事项，注册会计师运用常规审计程序通常应予以发现，但因工作疏忽而未能将重大错报事项查出来就很可能在法律诉讼中被解释为重大过失。如果财务报表有多处错报事项，每一处都不算重大，但综合起来对财务报表的影响却较大，也就是说，财务报表作为一个整体可能严重失实。在这种情况下，法院一般认为注册会计师具有普通过失，而非重大过失，因为常规审计程序发现每处较小错报事项的概率也较小。

其次，内部控制是被审计单位为了合理保证财务报告的可靠性、经营的效率和效果以及对法律法规的遵守，由治理层、管理层和其他人员设计与执行的政策和程序。内部控制的研究与评价关系到注册会计师设计和实施进一步审计程序的性质、时间与范围。注册会计师应当重点考虑被审计单位某项控制，是否能够以及如何防止或发现并纠正各类交易、账户余额、列报存在的重大错报。如果注册会计师在评估认定层次重大错报风险时，预期内部控制的运行是有效的，能够防止、发现并纠正认定层次的重大错报，但却未实施控制测试，则注册会计师具有重大过失。相反的情况是，内部控制本身非常健全，但由于领导层凌驾于控制之上，职工串通舞弊，导致财务报告出现重大错报，这并不必然表明注册会计师没有遵守审计准则。因而，应当根据注册会计师是否根据具体情况实施了审计程序，是否获取了充分、适当的审计证据，以及是否根据证据评价结果出具了恰当的审计报告等判断注册会计师是否具有过失、是否具有普通过失。

2）欺诈

欺诈又称舞弊，是指以欺骗或坑害他人为目的的一种故意行为。具有不良动机是欺诈的重要特征，也是欺诈与普通过失和重大过失主要区别之一。例如，明知委托单位的财务报表有重大错报却仍然作出虚假或失实陈述，并出具无保留意见的审计报告，以达到欺骗他人的一种故意行为。

与欺诈相关的另一个概念是"推定欺诈"，又称"涉嫌欺诈"，是指虽无故意欺诈或坑害他人的动机，却存在极端或异常的重大过失。"推定欺诈"和"重大过失"这两个概念的界限往往很难界定，在美国许多法院曾经将注册会计师的重大过失解释为推定欺诈，特别是近年来有些法院放宽了"欺诈"一词的范围，使得推定欺诈和欺诈在法律上成为等效的概念。这样，具有重大过失的注册会计师的法律责任就进一步加大了。

我国 2007 年 6 月 4 日由最高人民法院审判委员会第 1428 次会议通过的《最高人民法院关于审理涉及会计师事务所在审计业务活动中民事侵权赔偿案件的若干规定》第五条规定：注册会计师在审计业务活动中存在下列情形之一，出具不实报告并给利害关系人造成损失的，应当认定会计师事务所与被审计单位承担连带赔偿责任。

（1）与被审计单位恶意串通。

（2）明知被审计单位对重要事项的财务会计处理与国家有关规定相抵触，而不予指明。

（3）明知被审计单位的财务会计处理会直接损害利害关系人的利益，而予以隐瞒或者作不实报告。

（4）明知被审计单位的财务会计处理会导致利害关系人产生重大误解，而不予指明。

（5）明知被审计单位的会计报表的重要事项有不实的内容，而不予指明。

（6）被审计单位示意其作不实报告，而不予拒绝。

应当说明的是，注册会计师过失程度的大小没有特别严格的界限，在实务中也往往难以界定。前面提到了它们之间的主要区别，具体到每一个案例则由法院根据具体情况给予解释。通过参考图 5-1，或许会有助于理解在什么条件下注册会计师可能会被判定为没有过失、普通过失、重大过失或欺诈。

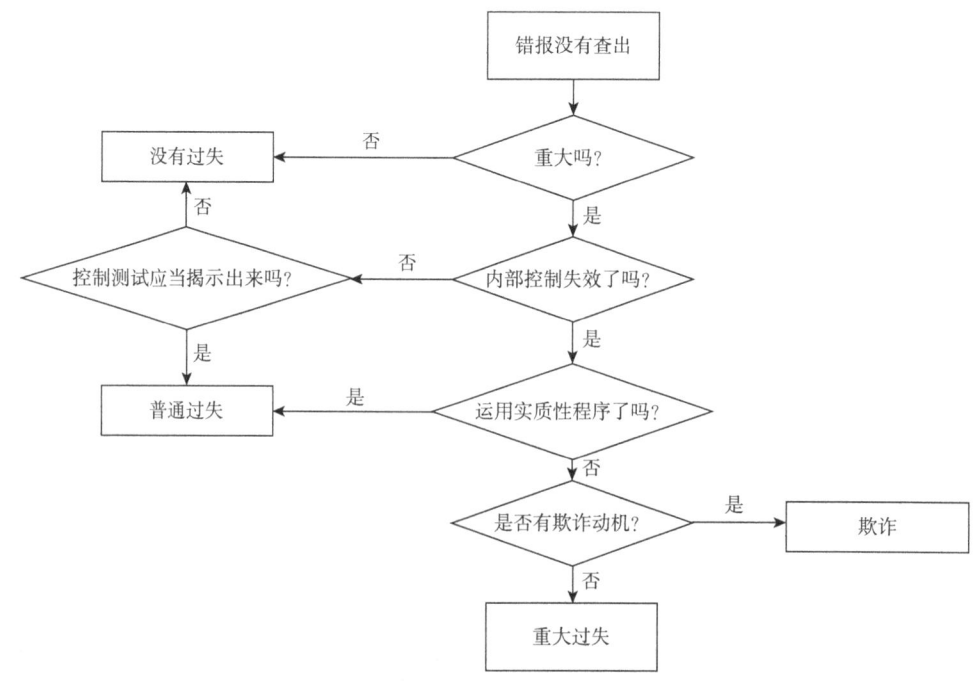

图 5-1 注册会计师过失或欺诈责任界定参考图

【审计案例】R 会计师收受贿赂，与公司合作造假？

3. 损害后果

注册会计师出具不恰当的审计意见会误导报表使用者，改变他们的决策并造成经济上的损失，从而产生损害后果。损害后果被用于评估注册会计师的侵权行为对利害关系人造成的损害程度。如果没有引起损害后果，则注册会计师不需为侵权行为承担赔偿责任。

4. 因果关系

因果关系是指行为人的行为与受害人遭受的损害之间的因果关系，因果关系是侵权责任确定的重要条件，因为责任自负规则要求任何人对自己的行为造成的损害后果应负责任，而他人对此后果不负责任，由此必然要求确定损害结果发生的真正原因。

法律责任因果关系认定的任务有两个：一是确定责任的有无；二是确定责任的范围。由于因果关系具有复杂性和多样性，如一因多果、多果多因、多因一果等，所以不能简单认定注册会计师的不当执业或过错行为是造成损害的唯一原因，如果造成的损失事实上是由混合过错或共同过错等多种原因所致，就应当按照各自过错承担相应的赔偿责任。

5. 利害关系人

关于利害关系人，我国的会计界和法律界存在认识上的分歧，分歧焦点不在于利害关系人是否包括委托人之外的第三者，而是集中于是否应不加区别地包括与委托企业发生经济纠纷的所有当事人。注册会计师法规定的利害关系人应认定为因合理信赖或者使用会计师事务所出具的不实报告，与被审计单位进行交易或者从事与被审计单位的股票、债券等有关的交易活动而遭受损失的自然人、法人或者其他组织。其中不实报告为出具的具有虚假记载、误导性陈述或者重大遗漏的审计业务报告。

6. 法定责任能力

法定责任能力是指达到法定的年龄、具有正常智力的行为主体。行为主体不具有法定责任能力时，即使其行为构成违法行为，也不会追究法律责任。

四、注册会计师法律责任的种类

为了提高注册会计师的服务质量，国家法律以外部监督的方式对注册会计师行为进行规范和管理,并对其违法行为进行惩罚。我国法律规定的注册会计师法律责任主要有三类。

(一)行政责任

行政责任是指个人或者单位违反行政管理方面的法律规定,但尚未构成犯罪,依法应当承担的法律责任。行政责任包括行政处分和行政处罚。

行政处分是对国家工作人员及由国家机关委派到企业事业单位任职的人员的行政违法行为,给予的一种制裁性处理。行政处分的种类包括警告、记过、降级、降职、撤职、开除等。

行政处罚是指国家行政机关及其他依法可以实施行政处罚权的组织,对违反行政法律、法规、规章,尚不构成犯罪的公民、法人及其他组织实施的一种制裁行为。根据《中华人民共和国行政处罚法》的规定,行政处罚主要有以下几种:警告、罚款、没收违法所得、没收非法财物、责令停产停业、暂扣或者吊销许可证、暂扣或者吊销执照、行政拘留以及法律、法规规定的其他行政处罚。实施行政处罚,必须依照法定程序进行。

(二)民事责任

民事责任是指民事主体违反民事法律规范所应当承担的法律责任。民事责任包括违约责任和侵权责任。违约责任是指合同当事人不履行合同义务或者履行合同义务不符合约定所应当承担的责任;侵权责任是指民事主体侵犯他人的人身权、财产权所应当承担的责任。民事责任的责任形式有财产责任和非财产责任,包括赔偿损失、支付违约金、支付精神损害赔偿金、停止侵害、排除妨碍、消除危险、返还财产、恢复原状以及恢复名誉、消除影响、赔礼道歉等。这些责任形式既可以单独适用,也可以合并适用。

(三)刑事责任

刑事责任是指违反刑事法律规定的个人或者单位所应当承担的法律责任。刑事处罚的种类包括管制、拘役、有期徒刑、无期徒刑和死刑这5种主刑,还包括剥夺政治权利、罚金和没收财产3种附加刑。附加刑可以单独适用,也可以与主刑合并适用。

法律责任具有法律上的强制性,因此需要在法律上作出明确具体的规定,以保证法律授权的机关依法对违法行为人追究法律责任,实施法律制裁,以达到维护正常的社会、经济秩序的目的,同时也保障个人和单位不违背法律规定的行为不受追究。

第二节 外国注册会计师的法律责任

注册会计师的法律责任主要包括行政责任、民事责任和刑事责任。这里主要以美、英、日为例,介绍外国注册会计师的法律责任。注册会计师的法律责任主要源自习惯法和成文法。所谓习惯法，是指不是通过立法而是通过法院判例引申而成的各项法律；所谓成文法，则是由联邦或州立法机构以文字所制定的法律。在运用习惯法的案件中，法院甚至可以不按以往的判例而另行创立新的法律先例；但在成文法案件中，法院只能按照有关法律的字面意思进行精确解释。

一、习惯法下注册会计师对委托人的责任

对委托人的责任是指注册会计师在合同规定之内对委托人所负的责任，包括违约的责任、疏忽的责任、违反保密要求的责任、失察舞弊的责任等。

注册会计师只要接受委托执行业务，就负有恪尽专业职守、保持认真与谨慎的义务。这一点不论是否已在与委托人签订的合同（即业务约定书）中写明，都是一定存在的。因此，在习惯法下，如果由于注册会计师的过失（即使是普通过失）给委托人造成了经济损失，注册会计师对委托人就负有法律责任。注册会计师对委托人的责任最常发生的案例，就是未能查出委托人职工盗用公款之类的舞弊事件。遭受损失的委托人往往指控注册会计师具有过失，从而向法院提出要求注册会计师赔偿的诉讼。

一旦委托人对注册会计师提起诉讼，在习惯法下，委托人（即原告）就负有举证责任，即必须向法院证明其已受到损失，以及这种损失是由于注册会计师的过失造成的。

作为被告的注册会计师，在受到指控时，可用以下几种理由或几种理由之一进行抗辩：①注册会计师本身并无过失，即他执业时严格遵循了专业标准的要求，保持了职业上应有的认真与谨慎；②注册会计师虽有过失，但这种过失并不是委托人受到损失的直接原因；③委托人涉及共同过失，共同过失的抗辩实际上也是表示注册会计师的过失并非委托人受损的直接原因的一种方式。

二、习惯法下注册会计师对第三人的责任

（一）注册会计师对受益第三人的责任

所谓"受益第三人"，是指合同（业务约定书）中所指明的人，但此人既非要约人，又非承诺人。例如，注册会计师知道被审计单位委托他对财务报表进行审计的目的是获得某家银行的贷款，那么这家银行就是受益第三人。

委托人之所以能够取得归因于注册会计师普通过失的损害赔偿的权利，源自习惯法下有关合同的判例。受益第三人同样地具有委托人和会计师事务所所订合同中的权利，因而也享有同等的追索权。也就是说，如果注册会计师的过失（包括普通过失）给依赖审定财务报表（经注册会计师审计过的财务报表）的受益第三人造成了损失，受益第三人也可以指控注册会计师具有过失而向法院提起诉讼，追回遭受的损失。

（二）注册会计师对其他第三人的责任

委托人和受益第三人对注册会计师的过失具有损害赔偿的追索权，因为它们具有和

会计师事务所所订合同中的各项权利。那么其他依赖审定财务报表却无合同中特定权利的许多第三人是否也有追索权呢？也就是说，注册会计师对其他第三人是否也有责任呢？这在习惯法和成文法下有所不同。首先看习惯法下注册会计师的责任。

1931年美国厄特马斯公司对杜罗斯会计师事务所一案，是关于注册会计师对第三人责任的一个划时代的案例，它确立了"厄特马斯主义"的传统做法。在这个案件中，被告杜罗斯会计师事务所对一家经营橡胶进口和销售的公司进行审计并出具了无保留意见的审计报告，但其后不久这家公司宣告破产。厄特马斯公司是这家公司的应收账款代理商（企业将应收账款直接卖给代理商以期迅速获得现金），根据注册会计师的审计意见曾给予它几次贷款。厄特马斯公司以未能查出应收账款中有70万美元系欺诈为由，指控会计师事务所具有过失。纽约上诉法庭（即纽约州最高法院）的判定意见是犯有普通过失的注册会计师不对未曾指明的第三人负责；但同时法庭也认为，如果注册会计师犯有重大过失或欺诈行为，则应当对未指明的第三人负责。

可见，注册会计师对未指明的第三人是否负有责任，"厄特马斯主义"的关键在于过失程度的大小。普通过失不负责任，而重大过失和欺诈则应当负责。但是自20世纪80年代以来，许多法院扩大了"厄特马斯主义"的含义，判定具有普通过失的注册会计师对可以合理预期的第三人负有责任。可以合理预期的第三人是指注册会计师在正常情况下能够预见将依赖财务报表的人。例如，资产负债表日有大额未归还的银行贷款，那么银行就是可以合理预期的第三人。在美国，目前关于习惯法下注册会计师对第三人的责任仍然处于不确定状态，一些司法权威机构仍然承认"厄特马斯主义"的优先地位，认为注册会计师仅因重大过失和欺诈对第三人有责任；但同时也有些州的法院坚持认为，具有普通过失的注册会计师对可以合理预期的第三人也有责任。

习惯法下注册会计师对第三人的责任案中，举证的责任也在原告，即当原告（第三人）提起诉讼时，他必须向法院证明：①他本身受到了损失；②他依赖了令人误解的已审财务报表；③这种依赖是他受到损失的直接原因；④注册会计师具有某种程度的过失。作为被告的注册会计师仍处于反驳原告所做指控的地位。

三、成文法下注册会计师对第三人的责任

在美国，涉及注册会计师责任的成文法主要有三个，即《1933年证券法》《1934年证券交易法》《2002年公众公司会计改革和投资者保护法案》。当受害第三人指控注册会计师时，首先应当选择这种指控是根据习惯法还是根据成文法（如果有适用的法律的话）提出的。由于《联邦证券法》和《证券交易法》允许集团诉讼（即某一类人，如全体股东成为原告），并要求注册会计师应按照严格的标准行事，故而大多数指控注册会计师的公开发行公司的股东或债券持有人都根据联邦成文法提出诉讼。

（一）《1933年证券法》

《1933年证券法》规定：凡是公开发行证券（包括股票和债券）的公司，必须向证券交易委员会呈送登记表，其中包括由注册会计师审计过的财务报表。如果登记表中

有重大的误述或遗漏事项，那么呈送登记表的公司和它的注册会计师对证券的原始购买人负有责任，注册会计师仅对登记表中经他审核和报告的误述或遗漏负责。

《1933 年证券法》对注册会计师的要求颇为严格，表现在：其一，只要注册会计师具有普通过失，就对第三人负有责任；其二，将不少举证责任由原告转往被告，原告（证券购买人）仅需证明他遭受了损失以及登记表是令人误解的，而不需证明他依赖了登记表或注册会计师具有过失，这方面的举证责任转往被告（注册会计师），但《1933 年证券法》将有追索权的第三人限定为一组有限的投资人——证券的原始购买人。

在《1933 年证券法》中，注册会计师如欲避免承担原告损失的责任，他必须向法院正面证明：他本身并无过失或他的过失并非原告受损的直接原因。因此，《1933 年证券法》建立了注册会计师责任的最高水准，他不但应当对他的普通过失行为造成的损害负责，而且必须证明他的无辜，而非单单反驳原告的非难或指控。

（二）《1934 年证券交易法》

《1934 年证券交易法》规定：每个在证券交易委员会管辖下的公开发行公司（具有 100 万美元以上的总资产和 500 位以上的股东），均须向证券交易委员会呈送经注册会计师审计过的年度财务报表。如果这些年度财务报表令人误解，呈送公司和它的注册会计师对买卖公司证券的任何人负有责任，除非被告确能证明他本身行为出于善意，且并不知道财务报表是虚伪不实或令人误解的。

与《1933 年证券法》相比，《1934 年证券交易法》涉及的财务报表和投资者数目要多。《1933 年证券法》将注册会计师的责任限定在登记表中的财务报表和那些原始购买公司证券的投资者，但在《1934 年证券交易法》中，注册会计师要对上市公司每年的年度财务报表和买卖公司证券的任何人负责。

不过，《1934 年证券交易法》对注册会计师的责任有所减轻。由于《1934 年证券交易法》规定"除非被告确能证明他本身的行为出于善意，且并不知道财务报表是虚伪不实或令人误解的"。这就将注册会计师的责任限定在重大过失或欺诈行为，而《1933 年证券法》则涉及注册会计师的普通过失。《1934 年证券交易法》将大部分的举证责任也转往被告。但与《1933 年证券法》不同的是，原告应当向法院证明他依赖了令人误解的财务报表，也就是说，要证明这是他受损的直接原因。另外，《1933 年证券法》要求注册会计师证明他并无过失，而《1934 年证券交易法》比较宽松，只要求注册会计师证明他的行为"出于善意"（即无重大过失和欺诈）就可以了。

（三）《2002 年公众公司会计改革和投资者保护法案》

针对安然等财务欺诈事件，美国国会出台了《2002 年公众公司会计改革和投资者保护法案》，该法案又被称为《2002 年萨班斯-奥克斯利法案》（简称《萨班斯法案》）。《萨班斯法案》对美国《1933 年证券法》《1934 年证券交易法》做了不少修订，在会计职业监管、公司治理、证券市场监管等方面作出了许多新的规定。

《萨班斯法案》规定，成立独立的公众公司会计监察委员会，监管执行公众公司审计职业。该委员会有权调查、处罚和制裁违反该法案、相关证券法规以及专业准则的会计师事务所和个人。该委员会的处罚程序要受美国证券交易委员会监督。该委员会对会计师事务所和个人进行处罚和制裁的形式包括：临时或永久吊销注册；临时或永久禁止个人在会计师事务所执业；临时或永久限制事务所或个人的执业活动、职能等；对于故意、明知故犯、不计后果的行为或者屡犯的过失行为，可对自然人处以 75 万美元以下的罚款，对单位处以 1 500 万美元以下的罚款；对于过失行为，自然人罚款不超过 10 万美元，单位不超过 200 万美元；谴责；强制要求参加附加的专业培训和教育；其他处罚形式。

在英国，被审计单位和相关方对注册会计师提起刑事诉讼的法律依据主要包括：①1989年《公司法》。该法第41~44条对非法行为作出限定，并规定相关的惩罚形式。②1968年的《盗窃法》。该法第15~19条专门处理公司高级职员伪造报表，提供有重大错误、误解或欺诈的信息，通过欺骗手段获取不当财产和好处，以及由公司高级职员公布或同意公布意在诈骗股东或债权人的含有重大错误、误解和欺诈信息的书面说明或报表等刑事犯罪行为。在英国，公司委托进行法定审计的注册会计师也被看作公司的高级职员，所以上述法律条款同样适用于注册会计师。③1958年的《防止欺诈法》，则是对任何参与编制误解的、错误的和欺骗性的说明、许诺或预测，以引诱购买证券或提供资金的人员提起刑事犯罪诉讼。

在日本，称注册会计师为公认会计师，称会计师事务所为审计法人，《公认会计师法》是规范公认会计师和审计法人、会计组织的主要法律。为了进一步规范公认会计师审计业务，加强公认会计师审计的独立性，2003年3月，日本内阁议会决定并由国会正式提出了《公认会计师法修改法律案及其纲要》，提出对《公认会计师法》进行修订。修订后的《公认会计师法》在一定程度上强化了注册会计师的责任，如规定：

（1）对没有公认会计师资格的人从事审计业务，处以200万日元以下罚款或2年以内的徒刑。

（2）对采取不正当、非法手段取得公认会计师资格的人，处以100万日元以下罚款或6个月的徒刑。

（3）对公认会计师盗用或泄露在审计过程中得知的秘密的，对其处以2年以下的徒刑或处以100万日元以下的罚款。

（4）内阁总理大臣要求公认会计师协会提供有关报告或资料，或要求公认会计师、见习公认会计师、审计法人提供有关报告或资料时，有关当事人不让提供或提供伪造的报告或资料的，处以100万日元以下的罚款。

（5）对拒不接受内阁总理大臣检查或妨碍检查者，处以100万日元以下的罚款。

根据日本《证券交易法》的规定，上市公司的重要文书必须真实；如有虚假行为，将对有关责任人员处以300万日元以下罚款或3年以下的徒刑，还要对审计法人处以3亿日元以下的罚款。如果因审计失误，造成对投资者的误导，那么该公认会计师要负民事赔偿责任，同时还会被取消公认会计师的资格。尤其要指出的是，审计法人在审计时负有连带的无限责任，所冒风险甚大。为降低风险，审计法人一般都参加了职业保险。

由以上的介绍不难看出，这些国家注册会计师审计之所以比较发达，是与对注册会计师的法律责任有具体而又明确的规定分不开的。注册会计师法律责任的具体化不仅有利于注册会计师职业的发展，而且有利于注册会计师及其事务所的发展和相关方利益的保护。

第三节 中国注册会计师的法律责任

我国有关注册会计师的法律法规中较为重要的是《中华人民共和国注册会计师法》、《中华人民共和国公司法》、《中华人民共和国证券法》及《中华人民共和国刑法》等。

一、《中华人民共和国注册会计师法》

《中华人民共和国注册会计师法》制定目标是发挥注册会计师在社会经济活动中的鉴证和服务作用，加强对注册会计师的管理，维护社会公共利益和投资者的合法权益，促进社会主义市场经济的健康发展。《中华人民共和国注册会计师法》第三十九条规定，会计师事务所违反本法第二十条、第二十一条规定的，由省级以上人民政府财政部门给予警告，没收违法所得，可以并处违法所得一倍以上五倍以下的罚款；情节严重的，并可以由省级以上人民政府财政部门暂停其经营业务或者予以撤销。注册会计师违反本法第二十条、第二十一条规定的，由省级以上人民政府财政部门给予警告；情节严重的，可以由省级以上人民政府财政部门暂停其执行业务或者吊销注册会计师证书。会计师事务所、注册会计师违反本法第二十条、第二十一条的规定，故意出具虚假的审计报告、验资报告，构成犯罪的，依法追究刑事责任。

二、《中华人民共和国公司法》

《中华人民共和国公司法》第二百零七条规定，承担资产评估、验资或者验证的机构提供虚假材料的，由公司登记机关没收违法所得，处以违法所得一倍以上五倍以下的罚款，并可以由有关主管部门依法责令该机构停业、吊销直接责任人员的资格证书，吊销营业执照。

承担资产评估、验资或者验证的机构因过失提供有重大遗漏的报告的，由公司登记机关责令改正，情节较重的，处以所得收入一倍以上五倍以下的罚款，并可以由有关主管部门依法责令该机构停业、吊销直接责任人员的资格证书，吊销营业执照。

承担资产评估、验资或者验证的机构因其出具的评估结果、验资或者验证证明不实，给公司债权人造成损失的，除能够证明自己没有过错的外，在其评估或者证明不实的金额范围内承担赔偿责任。

三、《中华人民共和国证券法》

《中华人民共和国证券法》第十九条规定，为证券发行出具有关文件的证券服务机构和人员，必须严格履行法定职责，保证所出具文件的真实性、准确性和完整性。

《中华人民共和国证券法》第四十一条规定，证券交易场所、证券公司、证券登记结算机构、证券服务机构及其工作人员应当依法为投资者的信息保密，不得非法买卖、提供或者公开投资者的信息。证券交易场所、证券公司、证券登记结算机构、证券服务机构及其工作人员不得泄露所知悉的商业秘密。

《中华人民共和国证券法》第四十二条规定，为证券发行出具审计报告或者法律意见书等文件的证券服务机构和人员，在该证券承销期内和期满后六个月内，不得买卖该证券。除前款规定外，为发行人及其控股股东、实际控制人，或者收购人、重大资产交易方出具审计报告或者法律意见书等文件的证券服务机构和人员，自接受委托之日起至上述文件公开后五日内，不得买卖该证券。实际开展上述有关工作之日早于接受委托之日的，自实际开展上述有关工作之日起至上述文件公开后五日内，不得买卖该证券。

《中华人民共和国证券法》第一百零三条规定，有《中华人民共和国公司法》第一百四十六条规定的情形或者下列情形之一的，不得担任证券交易所的负责人：因违法行为或者违纪行为被吊销执业证书或者被取消资格的律师、注册会计师或者其他证券服务机构的专业人员，自被吊销执业证书或者被取消资格之日起未逾五年。

四、《中华人民共和国刑法》

《中华人民共和国刑法》第二百二十九条规定：【提供虚假证明文件罪】承担资产评估、验资、验证、会计、审计、法律服务、保荐、安全评价、环境影响评价、环境监测等职责的中介组织的人员故意提供虚假证明文件，情节严重的，处五年以下有期徒刑或者拘役，并处罚金；有下列情形之一的，处五年以上十年以下有期徒刑，并处罚金：

（一）提供与证券发行相关的虚假的资产评估、会计、审计、法律服务、保荐等证明文件，情节特别严重的；

（二）提供与重大资产交易相关的虚假的资产评估、会计、审计等证明文件，情节特别严重的；

（三）在涉及公共安全的重大工程、项目中提供虚假的安全评价、环境影响评价等证明文件，致使公共财产、国家和人民利益遭受特别重大损失的。有前款行为，同时索取他人财物或者非法收受他人财物构成犯罪的，依照处罚较重的规定定罪处罚。

【出具证明文件重大失实罪】上述第一款规定的人员，严重不负责任，出具的证明文件有重大失实，造成严重后果的，处三年以下有期徒刑或者拘役，并处或者单处罚金。

五、审计业务活动中民事侵权赔偿案件的若干规定

《最高人民法院关于审理涉及会计师事务所在审计业务活动中民事侵权赔偿案件的若干规定》(简称《若干规定》)已于 2007 年 6 月 4 日由最高人民法院审判委员会第 1428 次会议通过,自 2007 年 6 月 15 日起施行。该规定的制定目标是正确审理涉及会计师事务所在审计业务活动中民事侵权赔偿案件,维护社会公共利益和相关当事人的合法权益。

(一)连带赔偿责任

《若干规定》第五条规定,注册会计师在审计业务活动中存在下列情形之一,出具不实报告并给利害关系人造成损失的,应当认定会计师事务所与被审计单位承担连带赔偿责任:

(一)与被审计单位恶意串通;

(二)明知被审计单位对重要事项的财务会计处理与国家有关规定相抵触,而不予指明;

(三)明知被审计单位的财务会计处理会直接损害利害关系人的利益,而予以隐瞒或者作不实报告;

(四)明知被审计单位的财务会计处理会导致利害关系人产生重大误解,而不予指明;

(五)明知被审计单位的会计报表的重要事项有不实的内容,而不予指明;

(六)被审计单位示意其作不实报告,而不予拒绝。

对被审计单位有前款第(二)至(五)项所列行为,注册会计师按照执业准则、规则应当知道的,人民法院应认定其明知。

(二)职业谨慎规定带来的责任

《若干规定》第六条规定,会计师事务所在审计业务活动中因过失出具不实报告,并给利害关系人造成损失的,人民法院应当根据其过失大小确定其赔偿责任。

注册会计师在审计过程中未保持必要的职业谨慎,存在下列情形之一,并导致报告不实的,人民法院应当认定会计师事务所存在过失:

(一)违反注册会计师法第二十条第(二)、(三)项的规定;

(二)负责审计的注册会计师以低于行业一般成员应具备的专业水准执业;

(三)制定的审计计划存在明显疏漏;

(四)未依据执业准则、规则执行必要的审计程序;

(五)在发现可能存在错误和舞弊的迹象时,未能追加必要的审计程序予以证实或者排除;

(六)未能合理地运用执业准则和规则所要求的重要性原则;

(七)未根据审计的要求采用必要的调查方法获取充分的审计证据;

(八)明知对总体结论有重大影响的特定审计对象缺少判断能力,未能寻求专家意见而直接形成审计结论;

（九）错误判断和评价审计证据；

（十）其他违反执业准则、规则确定的工作程序的行为。

（三）会计师事务所免除承担民事赔偿责任的情形

《若干规定》第七条规定，会计师事务所能够证明存在以下情形之一的，不承担民事赔偿责任：

（一）已经遵守执业准则、规则确定的工作程序并保持必要的职业谨慎，但仍未能发现被审计的会计资料错误；

（二）审计业务所必须依赖的金融机构等单位提供虚假或者不实的证明文件，会计师事务所在保持必要的职业谨慎下仍未能发现其虚假或者不实；

（三）已对被审计单位的舞弊迹象提出警告并在审计业务报告中予以指明；

（四）已经遵照验资程序进行审核并出具报告，但被验资单位在注册登记后抽逃资金；

（五）为登记时未出资或者未足额出资的出资人出具不实报告，但出资人在登记后已补足出资。

《若干规定》第八条规定，利害关系人明知会计师事务所出具的报告为不实报告而仍然使用的，人民法院应当酌情减轻会计师事务所的赔偿责任。

《若干规定》第九条规定，会计师事务所在报告中注明"本报告仅供年检使用""本报告仅供工商登记使用"等类似内容的，不能作为其免责的事由。

（四）会计师事务的赔偿责任

《若干规定》第十条规定，人民法院根据本规定第六条确定会计师事务所承担与其过失程度相应的赔偿责任时，应按照下列情形处理：

（一）应先由被审计单位赔偿利害关系人的损失。被审计单位的出资人虚假出资、不实出资或者抽逃出资，事后未补足，且依法强制执行被审计单位财产后仍不足以赔偿损失的，出资人应在虚假出资、不实出资或者抽逃出资数额范围内向利害关系人承担补充赔偿责任。

（二）对被审计单位、出资人的财产依法强制执行后仍不足以赔偿损失的，由会计师事务所在其不实审计金额范围内承担相应的赔偿责任。

（三）会计师事务所对一个或者多个利害关系人承担的赔偿责任应以不实审计金额为限。

《若干规定》第十一条规定，会计师事务所与其分支机构作为共同被告的，会计师事务所对其分支机构的责任部分承担连带赔偿责任。

《若干规定》第十二条规定，本规定所涉会计师事务所侵权赔偿纠纷未经审判，人民法院不得将会计师事务所追加为被执行人。

最高人民法院一直秉持过罚相当的基本原则并致力于构建更加完善的民事责任体系，2007年出台的《最高人民法院关于审理涉及会计师事务所在审计业务活动中民事侵权赔偿案件的若干规定》和2020年出台的《全国法院审理债券纠纷案件座谈会纪要》等司法解释和司法政策文件明确提出"根据过失大小确定赔偿责任""将责任承担与过错程度相结合",清晰地表达了侵权责任法中"过错与责任相适应"原则。2022年2月出台的《最高人民法院关于审理证券市场虚假陈述侵权民事赔偿案件的若干规定》在《中华人民共和国民法典》和《中华人民共和国证券法》等法律法规和相关规定的基础上,进一步结合相关主体的地位、作用、勤勉尽责的程度等因素,明确其因过错而应承担的责任以及相应免责抗辩事由,进一步厘清责任边界,杜绝"签字即担责",充分体现了侵权责任法"过错与责任相匹配"的基本原则,以发挥侵权责任法的行为指引和权利保障作用,鼓励和督促各方市场参与主体归位尽责。

第四节 注册会计师法律责任的预防

近年,我国注册会计师被控诉的案件时有发生,有关会计师事务所均因出具虚假报告造成严重后果被处罚或追究刑事责任。因此,如何避免法律诉讼越来越成为我国注册会计师所关注的问题。

一、注册会计师防止发生职业过错的措施

(一)坚持独立性

坚持独立性对注册会计师审计来说至关重要。在执行审计业务时应当遵守职业道德要求,保持形式上与实质上的独立,以防止过失和欺诈行为的发生。

(1)实质上的独立性。实质上的独立性是一种内心状态,使得注册会计师在提出结论时不受损害职业判断的因素影响,诚信行事,遵循客观公正原则,保持职业怀疑。

(2)形式上的独立性。形式上的独立性是一种外在表现,使得一个理性且掌握充分信息的第三方,在权衡所有相关事实和情况后,认为会计师事务所或审计项目团队成员没有损害诚信原则、客观公正原则或职业怀疑。

(二)保持应有的职业谨慎

在审计过程中,不保持应有职业谨慎,不遵守审计准则,不按正确的审计程序执行业务,都会导致错误的审计结论。强化执业质量强化项目内部质量控制,加强对项目组参与人员的监督指导,认真对待项目质量控制复核。

二、注册会计师避免法律诉讼的具体措施

(一)严格遵循职业道德守则和执业准则的要求

注册会计师严格遵循职业道德守则,强化职业道德意识是注册会计师遵守职业规范

的基本要求。倘若注册会计师忽视职业道德守则的要求，在执业过程中帮助被审计单位掩饰舞弊，当发生审计诉讼时，此类注册会计师必然会受到严厉处罚。应从基本意识开始做起，树立起强烈的风险意识、责任意识和道德意识，时刻强调职业道德，防范司法诉讼。建立会计师事务所质量控制制度审计质量控制是会计师事务所生存和发展的基本条件，是整个注册会计师职业赢得社会信任的重要措施。也就是说，质量控制的好坏不仅关系着会计师事务所的存亡，而且还直接关系到整个注册会计师职业的存亡。因此会计师事务所必须建立一套严密、科学的内部质量控制制度，并把该制度推广，保证事务所内每一个人、每一种业务、每一个项目都按照内部质量控制制度要求执业。

（二）与委托人签订业务约定书

会计师事务所必须与委托人签订委托合同（即业务约定书），通过业务约定书明确双方约定事项，明确注册会计师和委托人的权利和义务，从而避免法律诉讼。签订业务约定书是审计服务的一个重要环节。业务约定书中应明确规定双方的权利和义务关系，这样才能为以后发生法律诉讼时将一切口舌争辩减少到最低限度。前面提到审计职业界应从立法上考虑免责条款。此外，注册会计师还可以在业务约定书中规定免责条款，以减少法律诉讼。

（三）谨慎选择客户被审计单位

如果在经营活动中没有呈现出正直品格，则出现差错和舞弊行为的可能性较大，审计风险也随之上升。因此注册会计师在接受委托之前，就应采取与前任注册会计师联系等程序，评价管理层的品格，深入了解被审计单位的业务，要对被审计单位进行深入的风险评估。提取职业风险基金或购买责任保险严格按规定提取职业风险基金或办理责任保险，防止或减少诉讼失败时的财务损失。

（四）聘请熟悉注册会计师法律责任的律师

聘请熟悉相关法律法规的律师担任会计师事务所的法律顾问。对于执业中遇到的重大问题与律师详细讨论。如遇诉讼，聘请有经验的律师参与诉讼。按规定妥善保管审计工作底稿，在案件整理中及时将审计工作底稿提交法院，对审计诉讼案件有重大作用。注册会计师法律责任的预防如表 5-3 所示。

表 5-3　注册会计师法律责任的预防

注册会计师减少过失和防止欺诈的措施	注册会计师避免法律责任诉讼的对策
1. 增强执业独立性	1. 严格遵循职业道德和专业标准的要求
2. 保持职业谨慎	2. 建立、健全事务所质量控制制度
3. 强化执业监督	3. 与委托人签订业务约定书
	4. 审慎选择被审计单位并保持职业怀疑态度
	5. 深入了解被审计单位的业务
	6. 提取风险基金或购买责任保险
	7. 聘请熟悉注册会计师法律责任的律师
	8. 索取管理层声明书（实际工作中，更有威慑力）

【**审计案例**】康美药业一案的中国证券监督管理委员会行政处罚决定书(节选)

第六章

财务报表审计目标与审计过程

审计是一个系统化的过程,有自己的运行目标,审计运行机制就是围绕这个目标开展审计活动。在审计目标的指引下,通过制订、执行审计计划,有组织地采用审计程序收集和评价审计证据,以完成审计工作,最终实现审计目标。审计目标分为审计总体目标和具体审计目标。审计总体目标是指注册会计师为完成整体审计工作而达到的预期目的。具体审计目标是指注册会计师通过实施审计程序以确定管理层在财务报表中确认的各类交易、账户余额、披露层次认定是否恰当。注册会计师在了解每个项目的认定后,就可以确定每个项目的具体目标。

第一节 审计总体目标

一、现阶段我国注册会计师的总体目标

依据《中国注册会计师审计准则第1101号》,审计的总体目标:①对财务报表整体是否不存在舞弊或错误导致的重大错报获取合理保证,使得注册会计师能够对财务报表是否在所有重大方面按照适用的财务报告编制基础编制发表审计意见;②按照审计准则的规定,根据审计结果对财务报表出具审计报告,并与管理层和治理层沟通。在任何情况下,如果不能获取合理保证,并且在审计报告中发表保留意见也不足以实现向财务报表预期使用者报告的目的,注册会计师应当按照审计准则的规定出具无法表示意见的审计报告,或者在法律法规允许的情况下终止审计业务或解除业务约定。

审计的目的是提高财务报表预期使用者对财务报表的信赖程度。这一目的可以通过注册会计师对财务报表是否在所有重大方面按照适用的财务报告编制基础编制发表审计意见得以实现。

【专业拓展】会计监管风险提示第 2 号——通过未披露关联方实施的舞弊风险摘录

由于审计存在固有限制，注册会计师据以得出结论和形成审计意见的大多数审计证据是说服性而非结论性的，因此，审计只能提供合理保证，不能提供绝对保证。审计的固有限制源于以下几个方面。

（1）财务报告的性质。管理层在编制财务报表时，需根据适用的财务报告编制基础对被审计单位的事实和情况作出判断。除此之外，许多财务报表项目涉及主观决策或评估，或一定程度的不确定性，而且存在一系列可接受的解释或判断。因此，某些财务报表项目本身就不存在确切的金额，且不能通过追加审计程序来消除。然而，审计准则要求注册会计师对管理层根据适用的会计准则和相关会计制度作出的会计估计是否合理、相关的披露是否充分，以及被审计单位会计实务（会计处理）的质量（包括管理层判断可能存在偏见的迹象）给予特定的考虑。

（2）审计程序的性质。注册会计师获取审计证据的能力受到操作上（实际）和法律方面的限制。例如：①管理层或其他人员有可能有意或无意地不提供与财务报表编制相关的或注册会计师要求的完整信息。因此，即使已实施了旨在确保获取所有相关信息的审计程序，注册会计师也不能确定信息的完整性。②舞弊可能涉及为掩盖真相而精心策划的方案。因此，用以收集审计证据的审计程序可能对于发现故意的错报是无效的。③审计不是对涉嫌违法行为的官方调查。因此，注册会计师没有被授予对于这类调查的特定法律权力，如搜查权。

（3）成本效益原则。在合理的时间内以合理的成本完成审计的需要。难度、时间或成本等问题，不能作为注册会计师在无法实施替代性程序的情况下省略审计程序（省略不可替代的审计程序），或满意于缺乏足够说服力的审计证据的正当理由。制订适当的审计计划有助于为执行审计工作提供充分的时间和资源。尽管如此，信息的相关性及其由此而具有（产生）的价值会随着时间的推移而降低，所以须在信息的可靠性和成本之间进行权衡。因此，财务报表使用者的期望是注册会计师会在合理的时间内、以合理的成本形成财务报表的审计意见。注册会计师难以处理所有可能存在的信息，或在假定信息存在错误或舞弊的基础上（除非能证明并非如此）来竭尽可能地追查每一个事项。

（4）内部控制的固有局限性。内部控制无论如何有效，都只能为被审计单位实现财务报告目标提供合理保证。内部控制实现目标的可能性受其固有限制的影响。这些限制包括：①在决策时人为判断可能出现错误和因人为失误而导致内部控制失效；②控制可能由于两个或更多的人员串通或管理层不当地凌驾于内部控制之上而被规避；③内部行使控制职能的人员素质不适应岗位要求也会影响内部控制功能的正常发挥;④被审计单位实施内部控制的成本效益问题也会影响其效能;⑤内部控制一般都是针对经常而重复发生的业务设置的,如果出现不经常发生或未预计到的业务,原有控制就可能不适用。

(5)影响审计固有限制的其他事项。对某些认定或对象(事项)而言,固有限制对注册会计师发现重大错报能力的潜在影响尤为重要。这些认定或对象(事项)包括:舞弊,特别是涉及高级管理人员的舞弊或串通舞弊;关联方关系和交易的存在性和完整性;存在违反法律法规的行为;可能导致被审计单位无法持续经营的未来事项或情况。

审计准则作为一个整体,为注册会计师执行审计工作以实现总体目标提供了标准。审计准则规范了注册会计师的一般责任以及在具体方面履行这些责任时的进一步考虑,在执行审计工作时,除遵守审计准则外,注册会计师还需要遵守法律法规的规定。每项审计准则均包含一个或多个目标,这些目标将审计准则的要求与注册会计师的总体目标联系起来。这些目标足够具体,可以帮助注册会计师:①理解所需要完成的工作,以及在必要时为完成这些工作使用的恰当手段;②确定在审计业务的具体情况下是否需要完成更多的工作以实现目标。注册会计师需要将每项审计准则规定的目标与总体目标联系起来进行理解。

注册会计师需要考虑依据"目标"决定是否需要实施追加的审计程序。注册会计师恰当执行审计准则的要求,预期能为其实现目标提供充分的基础。然而,由于各项审计业务的具体情况存在很大差异,并且审计准则不可能预想到所有的情况,注册会计师有责任确定必要的审计程序,以满足准则的要求和实现目标。针对某项业务的具体情况,可能存在一些特定事项,需要注册会计师实施审计准则要求之外的审计程序,以实现审计准则规定的目标。

如果依据评价的结果认为没有获取充分、适当的审计证据,那么注册会计师可以采取下列一项或多项措施:①评价通过遵守其他审计准则是否已经获取或将获取进一步的相关审计证据;②在执行一项或多项审计准则的要求时,扩大审计工作的范围;③实施注册会计师根据具体情况认为必要的其他程序。如果上述措施在具体情况下均不可行或无法实施,注册会计师将无法获取充分、适当的审计证据。在这种情况下,审计准则要求注册会计师确定其对审计报告或完成该项业务的能力的影响。

此外,需要注意的是财务报表是由被审计单位管理层在治理层的监督下编制的,财务报表审计并不减轻管理层或治理层的责任。

【一问一答】审计的固有限制表现在哪几个方面?

二、注册会计师目标的逻辑过程

注册会计师的总体目标是审计工作的起点。为了计划审计工作,收集充分适当的审计证据,注册会计师有必要将总体目标具体化。总体目标的具体化是一个系统的过程,从逻辑上讲,它至少要包括以下步骤,如图 6-1 所示。

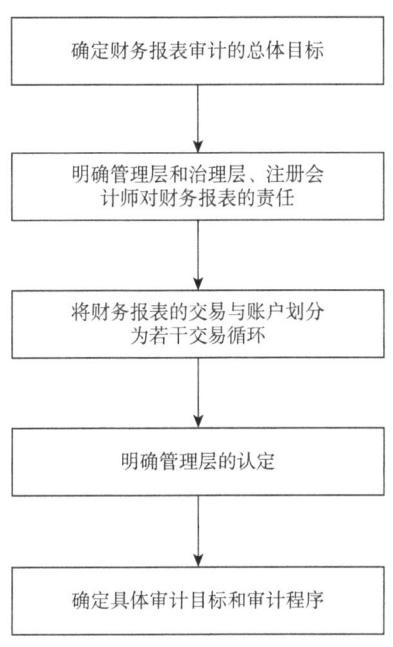

图 6-1 财务报表审计目标的逻辑过程

(1) 明确注册会计师在财务报表审计中的总体目标。
(2) 明确被审计单位管理层及治理层和注册会计师对财务报表的责任。
(3) 将财务报表所涉及的交易与账户划分为若干交易循环。
(4) 明确管理层关于交易类别、账户余额和列报认定。
(5) 确定交易类别、账户余额及列报的具体审计目标。
(6) 确定交易类别、账户余额及列报的审计程序。

第二节 管理层、治理层和注册会计师对财务报表的责任

一、管理层和治理层的责任

管理层是指对被审计单位经营活动的执行负有经营管理责任的人员。在某些被审计单位,管理层包括部分或全部的治理层成员,如治理层中负有经营管理责任的人员,或参与日常经营管理的业主。治理层是指对被审计单位战略方向以及管理层履行经营管

理责任负有监督责任的人员或组织。治理层的责任包括监督财务报告过程。在某些被审计单位，治理层可能包括管理层，如治理层中负有经营管理责任的人员或业主兼经理。

与管理层和治理层责任相关的执行审计工作的前提（简称执行审计工作的前提），是指管理层和治理层认可并理解其应当承担下列责任，这些责任构成注册会计师按照审计准则的规定执行审计工作的基础。

（1）按照适用的财务报告编制基础编制财务报表，并使其实现公允反映（如适用）。

（2）设计、执行和维护必要的内部控制，以使财务报表不存在舞弊或错误导致的重大错报。

（3）向注册会计师提供必要的工作条件，包括允许注册会计师接触与编制财务报表相关的所有信息（如记录、文件和其他事项），向注册会计师提供审计所需的其他信息，允许注册会计师在获取审计证据时不受限制地接触其认为必要的内部人员和其他相关人员。

对任何类型的鉴证业务，如果下列情形对注册会计师的工作范围构成重大限制，阻碍注册会计师获取所需要的证据，注册会计师提出无保留结论是不恰当的。

（1）客观环境阻碍注册会计师获取所需要的证据，无法将鉴证业务风险降至适当水平。

（2）责任方或委托人施加限制，阻碍注册会计师获取所需要的证据，无法将鉴证业务风险降至适当水平。

二、注册会计师的责任

就大多数通用目的财务报告框架而言，注册会计师的责任是，针对财务报表是否在所有重大方面按照财务报告框架编制并实现公允反映发表审计意见。

作为一种鉴证业务，审计工作旨在提高被审计单位财务报表的可信性。在审计关系中，注册会计师作为独立的第三方，由其对财务报表发表审计意见，有利于提高财务报表的可信赖程度。为履行这一职责，注册会计师应当遵守职业道德规范，按照审计准则的规定计划和实施审计工作，收集充分、适当的审计证据，并根据收集的审计证据得出合理的审计结论，发表恰当的审计意见。

当注册会计师对财务报表是否在所有重大方面按照适用的财务报告编制基础编制并实现公允反映发表审计意见时，错报还包括根据注册会计师的判断，为使财务报表在所有重大方面实现公允反映，需要对金额、分类或列报作出的必要调整。

为准确把握注册会计师责任的含义，有必要进一步明确注册会计师在揭露错误与舞弊以及违反法规行为方面的责任。在财务报表审计中，这两类责任都有可能会涉及。

（一）对发现错误和舞弊的责任

尽管注册会计师可能怀疑被审计单位存在舞弊，甚至在极少数情况下识别出发生的舞弊，但注册会计师并不对舞弊是否已实际发生作出法律意义上的判定。

被审计单位治理层和管理层对防止或发现舞弊负有主要责任。在按照审计准则的规定执行审计工作时，注册会计师有责任对财务报表整体是否不存在舞弊或错误导致的重大错报获取合理保证。

在舞弊导致错报的情况下，固有限制的潜在影响尤其重大。舞弊导致的重大错报未被发现的风险，大于错误导致的重大错报未被发现的风险。其原因是舞弊可能涉及精心策划和蓄意实施以进行隐瞒，如伪造证明或故意漏记交易，或者故意向注册会计师提供虚假陈述。如果涉及串通舞弊，注册会计师可能更加难以发现蓄意隐瞒的企图。串通舞弊可能导致原本虚假的审计证据被注册会计师误认为具有说服力。注册会计师发现舞弊的能力取决于舞弊者实施舞弊的技巧、舞弊者操纵会计记录的频率和范围、串通舞弊的程度、舞弊者操纵的每笔金额的大小、舞弊者在被审计单位的职位级别等因素。即使可以识别出实施舞弊的潜在机会，但对于诸如会计估计等判断领域的错报，注册会计师也难以确定这类错报是由舞弊还是错误导致的。

管理层舞弊导致的重大错报未被发现的风险，大于员工舞弊导致的重大错报未被发现的风险。其原因是管理层往往可以利用职位之便，直接或间接操纵会计记录，提供虚假的财务信息，或凌驾于为防止其他员工实施类似舞弊而建立的控制之上。在获取合理保证时，注册会计师有责任在整个审计过程中保持职业怀疑，考虑管理层凌驾于控制之上的可能性，并认识到对发现错误有效的审计程序未必对发现舞弊有效。

由于审计的固有限制，即使注册会计师按照审计准则的规定恰当计划和执行了审计工作，也不可避免地存在财务报表中的某些重大错报未被发现的风险。因此，注册会计师不能对财务报表整体不存在重大错报获取绝对保证，只能取得合理保证。承担合理保证的责任也意味着审计工作并不能保证发现所有的重大错报（包括不能保证发现所有的错误和舞弊导致的重大错报）。

按照《中国注册会计师审计准则第1101号——注册会计师的总体目标和审计工作的基本要求》的规定，注册会计师应当在整个审计过程中保持职业怀疑，认识到存在舞弊导致的重大错报的可能性，而不应受到以前对管理层、治理层正直和诚信情况形成的判断的影响。如果在完成审计工作后发现舞弊导致的财务报表重大错报，特别是串通舞弊或伪造文件记录导致的重大错报，并不必然表明注册会计师没有遵循审计准则。要判断注册会计师是否按照审计准则的规定实施了审计工作，应当取决于其是否根据具体情况实施了审计程序，是否获取了充分、适当的审计证据，以及是否根据证据评价结果出具了恰当的审计报告。

（二）对发现违反法律法规行为的责任

违反法律法规是指被审计单位有意或无意违背除适用的财务报告框架以外的现行法律法规的行为。例如，被审计单位进行的或以被审计单位名义进行的违反法律法规的交易，或者治理层、管理层或员工代表被审计单位进行的违反法律法规的交易。违反法律法规不包括由治理层、管理层或员工实施的、与被审计单位经营活动无关的不当个人行为。

审计准则旨在帮助注册会计师识别违反法律法规导致的财务报表重大错报。然而，注册会计师没有责任防止被审计单位违反法律法规，不能期望其发现所有的违反法律法规行为。

注册会计师有责任对财务报表整体不存在舞弊或错误导致的重大错报获取合理保证。在执行财务报表审计时，注册会计师需要考虑适用于被审计单位的法律法规框架。由于审计的固有限制，即使注册会计师按照审计准则的规定恰当地计划和执行审计工作，也不可避免地存在财务报表中的某些重大错报未被发现的风险。

就法律法规而言，由于下列原因，审计的固有限制对注册会计师发现重大错报的能力的潜在影响会加大：①许多法律法规主要与被审计单位经营活动相关，通常不影响财务报表，且不能被与财务报告相关的信息系统所获取；②违反法律法规可能涉及故意隐瞒的行为，如共谋、伪造、故意漏记交易、管理层凌驾于控制之上或故意向注册会计师提供虚假陈述；③某行为是否构成违反法律法规，最终只能由法院认定。在通常情况下，违反法律法规与财务报表反映的交易和事项越不相关，就越难以被注册会计师关注或识别。

根据法律法规对财务报表的影响，被审计单位需要遵守的法律法规可以分为两类：第一类是通常对决定财务报表中的重大金额和披露有直接影响的法律法规（如税收和企业年金方面的法律法规）的规定；第二类是对决定财务报表中的金额和披露没有直接影响的其他法律法规，但遵守这些法律法规（如遵守经营许可条件、监管机构对偿债能力的规定或环境保护要求）对被审计单位的经营活动、持续经营能力或避免大额罚款至关重要；违反这些法律法规，可能对财务报表产生重大影响。对两种不同类型的违反法律法规的行为，注册会计师所负的检查和报告责任是不相同的。对于第一类违反法律法规的行为，注册会计师的责任是，就被审计单位遵守这些法律法规的规定获取充分、适当的审计证据。对于第二类违反法律法规的行为，注册会计师的责任仅限于实施特定的审计程序，以有助于识别可能对财务报表产生重大影响的违反这些法律法规的行为。

为了充分关注被审计单位违反法律法规行为可能对财务报表产生的重大影响，在计划和实施审计工作时，注册会计师应当保持职业怀疑态度，充分关注审计可能揭露的导致其对被审计单位遵守法律法规产生怀疑的情况或事项。

三、管理层、治理层责任和注册会计师责任的关系

被审计单位管理层、治理层的责任与注册会计师的审计责任不能相互替代、减轻或免除。管理层和治理层作为内部人员，对企业的情况更为了解，更能作出适合企业特点的会计处理决策和判断，因此管理层和治理层理应对编制财务报表承担完全责任。尽管在审计过程中，注册会计师可能向管理层和治理层提出调整建议，甚至在不违反独立性的前提下为管理层编制财务报表提供一些协助，但管理层仍然对编制财务报表承担责任，并通过签署财务报表确认这一责任。

如果财务报表存在重大错报，而注册会计师通过审计没有发现，也不能因为财务报表已经由注册会计师审计这一事实而减轻管理层和治理层对财务报表的责任。

第三节 认定与具体审计目标

一、认定

审计总目标的实现有赖于财务报表各项目具体审计目标的实现，认定与具体审计目标密切相关，注册会计师的基本职责就是确定被审计单位管理层对财务报表的认定是否恰当。通常情况下，注册会计师应以财务报表审计的总体目标为指导，以管理层认定为基础，明确适合于各类交易、账户余额和列报的一般审计目标，然后再根据被审计单位的具体情况确定各类交易、账户余额和列报具体审计目标。注册会计师总体目标、具体审计目标与管理层认定的关系如图6-2所示。

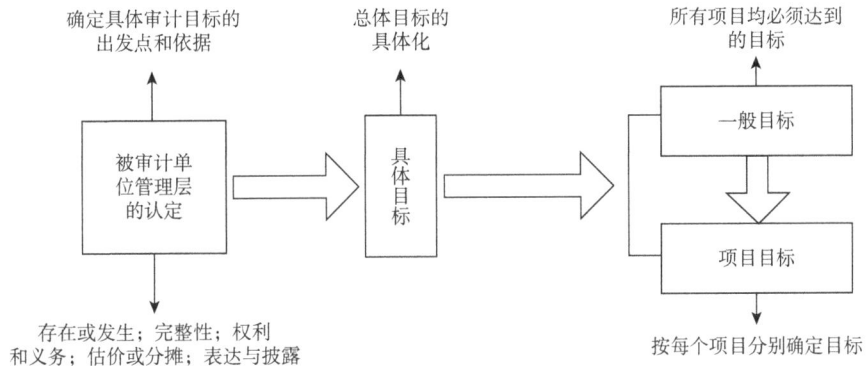

图6-2 注册会计师总体目标、具体审计目标与管理层认定的关系

（一）认定的含义

认定是指管理层在财务报表中作出的明确或隐含的表达，注册会计师将其用于考虑可能发生的不同类型的潜在错报。通过考虑可能发生的不同类型的潜在错报，注册会计师运用认定评估风险，并据此设计审计程序以应对评估的风险。当管理层声明财务报表已经按照适用的财务报告编制基础编制，在所有重大方面作出公允反映时，就意味着管理层对各类交易和事项、账户余额以及披露的确认、计量和列报作出了认定。例如，管理层在资产负债表中列报存货10万元，意味着管理当局作出了以下认定。

（1）记录的存货是存在的。
（2）存货以恰当的金额包括在财务报表中，与之相关的计价或分摊调整已恰当记录。
（3）所有应记录的存货均已记录（隐含）。
（4）记录的存货均归被审计单位所有（隐含）。

（二）认定的分类

根据会计循环和财务报表构成可将管理层认定分为两大类：关于所审期间各类交

易、事项及相关披露的认定和关于期末账户余额及相关披露的认定。

管理层认定与具体审计目标如表6-1所示。

表6-1 管理层认定与具体审计目标

项目	管理层认定	具体审计目标
交易和事项	发生：记录或披露的交易事项已发生，且这些交易和事项与被审计单位有关	确定已记录的交易是真实的
	完整性：所有应当记录的交易和事项均已记录	确定已发生的交易确实已经记录
	准确性：与交易或事项有关的金额及其他数据已恰当记录	确定已记录的交易是按正确金额反映的
	截止：交易和事项已记录于正确的会计期间	确定接近资产负债表日的交易被记录于恰当的期间
	分类：交易和事项已记录于恰当的账户	确定被审计单位记录的交易经过适当的分类
期末账户余额	存在：记录的资产、负债和所有者权益是存在的	确定记录的金额确实存在
	权利和义务：记录的资产由被审计单位拥有或控制，记录的负债是被审计单位应当履行的偿还义务	确定资产归属于被审计单位，负债属于被审计单位的义务
	完整性：所有应当记录的资产、负债和所有者权益均已记录	确定已存在的金额均以记录
	计价和分摊：资产、负债和所有者权益以恰当的金额包括在财务报表中，与之相关的计价或分摊调整已恰当记录	确定资产、负债和所有者权益以恰当的金额列示在财务报表中，与之相关的计价或分摊调整已恰当记录

1. 关于所审期间各类交易、事项及相关披露的认定

关于所审期间各类交易、事项及相关披露的认定反映的是利润表中的相关认定，通常分为下列类别：发生、完整性、准确性、截止、分类、列报。各项认定的内容及对应的具体审计目标如下。

（1）发生：记录或披露的交易事项已发生，且这些交易和事项与被审计单位有关。

（2）完整性：所有应当记录的交易和事项均已记录，所有应当包括在财务报表中的相关披露均已包括。

（3）准确性：与交易或事项有关的金额及其他数据已恰当记录，相关披露已得到恰当计量和描述。

（4）截止：交易和事项已记录于正确的会计期间。

（5）分类：交易和事项已记录于恰当的账户。

（6）列报：交易和事项已被恰当地汇总或分解且表述清楚，相关披露在适用的财务报告编制基础上是相关的、可理解的。

2. 关于期末账户余额及相关披露的认定

关于期末账户余额及相关披露的认定反映的是资产负债表中的相关认定，通常分为下列类别：存在，权利和义务，完整性，准确性、计价和分摊，分类，列报。各项认定的内容及对应的具体审计目标如下。

（1）存在：记录的资产、负债和所有者权益是存在的。

（2）权利和义务：记录的资产由被审计单位拥有或控制，记录的负债是被审计单位应当履行的偿还义务。

（3）完整性：所有应当记录的资产、负债和所有者权益均已记录，所有应当包括

在财务报表中的相关披露均已包括。

（4）准确性、计价和分摊：资产、负债和所有者权益以恰当的金额包括在财务报表中，与之相关的计价或分摊调整已恰当记录，相关披露已得到恰当计量和描述。

（5）分类：资产、负债和所有者权益已记录于恰当的账户。

（6）列报：资产、负债和所有者权益已被恰当地汇总或分解且表述清楚，相关披露在适用的财务报告编制基础上是相关的、可理解的。

注册会计师可以按照上述分类运用认定，也可按其他方式表述认定，但应涵盖上述所有方面。例如，当发生和完整性认定包含了对交易是否记录于正确会计期间的恰当考虑时，就可能不存在与交易和事项截止相关的单独认定。

二、具体审计目标

注册会计师了解认定后，就很容易确定每个项目的具体审计目标，并以此作为评估重大错报风险以及设计和实施进一步审计程序的基础。

（一）各类交易、事项及相关披露相关的审计目标

（1）发生：由发生认定推导的审计目标是确认已记录的交易是真实的。利润表组成要素的高估（即多记）与发生目标相关。例如，如果没有发生销售交易，但在销售日记账中记录了一笔销售，则违反了该目标。

（2）完整性：由完整性认定推导的审计目标是确认已发生的交易确实已经记录，所有应包括在财务报表中的相关披露均已包括。与发生目标相反，利润表组成要素的低估（即漏记）与完整性目标相关。例如，如果发生了销售交易，但没有在销售明细账和总账中记录，则违反了该目标。

发生和完整性两者强调的是相反的关注点。发生目标针对多记、虚构交易（高估），而完整性目标则针对漏记交易（低估）。

（3）准确性：由准确性认定推导的审计目标是确认已记录的交易是按正确金额反映的，相关披露已得到恰当计量和描述。例如，如果在销售交易中，发出商品的数量与账单上的数量不符，或是开账单时使用了错误的销售价格，或是账单中的乘积或加总有误，或是在销售明细账中记录了错误的金额，则违反了该目标。

（4）截止：由截止认定推导出的审计目标是确认接近于资产负债表日的交易记录于恰当的期间。例如，如果本期交易推到下期，或下期交易提到本期，均违反了截止目标。

（5）分类：由分类认定推导出的审计目标是确认被审计单位记录的交易经过适当的分类。例如，如果将出售经营性固定资产所得的收入记录为营业收入，则违反了分类的目标。

（6）列报：由列报认定推导出的审计目标是确认被审计单位的交易和事项已被恰当地汇总或分解且表述清楚，相关披露在使用的财务报告编制基础上是相关的、可理解的。

各类交易、事项及相关披露相关的管理层认定、审计目标和审计程序之间的关系如

表 6-2 所示。

表 6-2　各类交易、事项及相关披露相关的管理层认定、审计目标和审计程序之间的关系

管理层的认定	审计目标	审计程序
发生	测试登记入账的销售业务是否确实发生	①从主营业务明细账中抽取业务，追查有无装运凭证及其他佐证凭证，必要时追查永续盘存记录（逆查） ②检查装运凭证、销售发票编号的连续性（是否重号）
完整性	测试发生的销售业务是否均已登记入账	①追查发货凭证至销售发票副本、主营业务收入明细账（顺查） ②检查装运凭证、销售发票编号的连续性（是否缺号）
准确性	测试登记入账的销售业务的金额是否准确	核对、复算会计记录中的数据
截止	测试接近资产负债表日的销售业务是否记录于恰当的会计期间	检查发货日期、发票日期、入账日期是否在同一恰当的会计期间
分类	测试销售业务是否记入正确的账户并正确汇总	加总主营业务收入明细账，并追查至总账和应收账款、银行存款等对应账户

（二）与期末账户余额及相关披露相关的审计目标

（1）存在：由存在认定推导的审计目标是确认已记录的金额确实存在。该目标主要与虚增资产、高估负债有关。例如，如果不存在某项固定资产，在固定资产明细账中却列入了该固定资产，则违反了存在目标。

（2）权利和义务：由权利和义务认定推导的审计目标是确认资产归属于被审计单位的权利，负债属于被审计单位的义务。例如，将他人寄售商品列入被审计单位的存货中，违反了权利目标；将不属于被审计单位的债务计入账内，违反了义务目标。

（3）完整性：由准确性认定推导的审计目标是确认已存在的金额均已记录，所有应包括在财务报表中的相关披露均已包括。该目标主要与低估资产、少计负债有关。例如，如果存在某客户的应收账款，而应收账款明细账中却没有列入，则违反了该目标。

（4）准确性、计价和分摊：资产、负债和所有者权益以恰当的金额包含在财务报表中，与之相关的计价或分摊调整已恰当记录，相关披露已得到恰当计量和描述。也就是说，报表上所有项目的计价，必须符合企业会计准则的具体要求，资产减值、折旧与摊销等与该目标相关。

（5）分类：资产、负债和所有者权益已记录于恰当的账户。

（6）列报：资产、负债和所有者权益已被恰当地汇总或分解且表述清楚，相关披露在适用的财务报告编制基础上是相关的、可理解的。

与期末账户余额及相关披露相关的管理层认定、审计目标和审计程序之间的关系如表 6-3 所示。

表 6-3　与期末账户余额及相关披露相关的管理层认定、审计目标和审计程序之间的关系

管理层的认定	审计目标	审计程序
存在	资产负债表日，已记录的存货均存在	实施存货监盘程序
完整性	销售收入包括了所有已发货的交易	检查发货单和销售发票的编号 检查销售收入明细账
准确性	应付账款反映的采购业务的价格、数量及其计算是否正确	比较价格清单与发票的价格 比较请购单与收货单的数量 重新计算发票金额

续表

管理层的认定	审计目标	审计程序
计价或分摊	存货以恰当的金额包括在财务报表中，与之相关的计价或分摊调整已恰当记录	确认计价方法 重新计算存货数量、金额，并与账面记录核对 关注存货可变现净值的确定 关注存货跌价准备的计提情况
权利和义务	公司对所有存货均拥有所有权，且存货未用作抵押	了解存货的内容、性质、存放场所，查阅以前年度监盘工作底稿 实施存货监盘程序

第四节 审计目标的实现过程

注册会计师在审计过程中要识别重大错报风险，最终发表审计意见。在审计总目标的指引下，审计过程大致可以分为审计准备、实施及完成三个阶段。

一、审计准备阶段

审计准备阶段，有两项主要工作：接受业务委托和编制审计计划。会计师事务所应当按照执业准则的规定，谨慎决策是否接受或保持某客户关系和具体审计业务，这关系到未来审计风险的大小。在实施审计程序之前制订审计计划能使审计过程更加科学、合理地执行。

（1）接受业务委托。在接受新客户的业务前，或决定是否保持现有业务或考虑接受现有客户的新业务时，注册会计师要通过实施下列工作就执行审计工作的基础达成一致意见后，才承接或保持审计业务：①确定审计的前提条件存在；②确认注册会计师和管理层已就审计业务约定条款达成一致意见。审计的前提条件是管理层在编制财务报表时采用可接受的财务报告编制基础，以及管理层对注册会计师执行审计工作的前提的认同。

注册会计师确定审计的前提条件是否存在，旨在识别和评估会计师事务所面临的风险。例如，如果注册会计师发现潜在客户正面临财务困难，或者发现客户曾作出虚假陈述，那么可以认为接受或保持该客户业务的风险较高，甚至是不可接受的。此外，会计师事务所还要评估自身的独立性与胜任能力。例如，工作时是否招有具备相关学识和经验的审计人员，审计资源是否充分，审计协助是否及时等。一旦决定接受业务委托，注册会计师应当与客户就审计约定条款达成一致意见。对于连续审计，注册会计师应当根据具体情况评估是否需要对审计业务约定条款作出修改，以及是否需要提醒被审计单位注意现有的条款。

（2）编制审计计划。计划审计工作十分重要，审计准则对审计计划提出了明确的要求：审计人员执行审计业务应制订恰当的计划，对审计工作作出合理安排。审计计划应该包括对审计范围以及预期执行的审计程序的整体规划，审计计划的详略度应根据客户的规模以及经营业务的复杂度变化。计划审计工作是一项持续的过程，注册会计师通常在前一期审计工作结束后即开始开展本期的审计计划工作,直到本期审计工作结束为止。计划审计工作包括针对审计业务制定总体审计策略和具体审计计划。总体审计计划是对整个审计过程基本工作内容的综合性规划,具体审计计划是对总体审计计划实施所需要的具体程序、时间和范围等作出的详细计划。

二、审计实施阶段

在审计实施阶段,审计人员运用初步审计策略,进行风险评估,执行控制测试、实质性测试等审计测试流程。

(1)风险评估程序。审计准则规定,注册会计师应当实施风险评估程序,为识别和评估财务报表层次和认定层次的重大错报风险提供基础。风险评估程序是通过了解被审计单位及其环境,识别和评估财务报表层次和认定层次的重大错报风险(无论该错报由舞弊或错误导致)而实施的程序。了解被审计单位及其环境是一个连续和动态地收集、更新与分析信息的过程,贯穿于整个审计过程的始终。风险评估程序应当包括:①询问管理层和被审计单位内部其他人员;②分析程序;③观察和检查。

(2)进一步审计程序。风险评估程序本身并不能为形成审计意见提供充分、适当的审计证据,需要设计和实施进一步审计程序,包括控制测试(必要时或决定测试时)和实质性程序。因此,注册会计师应当针对评估的财务报表层次重大错报风险,设计和实施总体应对措施。对评估的认定层次重大错报风险实施进一步审计程序,包括审计程序的性质、时间安排和范围,以降低审计风险。

三、审计完成阶段

注册会计师按业务循环完成各财务报表项目的审计测试和一些特殊项目的审计工作后,进入审计最后一个阶段。在审计完成阶段汇总审计测试结果,关注期后事项对财务报表的影响,复核审计工作底稿等。在此基础上,获取管理层声明书,评价审计证据与结果。审计人员依据整个审计过程所收集到的审计证据、对重要性与审计风险的最终评价,考虑应出具的审计报告的意见类型和措辞,进而编制并致送审计报告,终结审计工作。

各个审计过程及具体审计工作详见表6-4。

表6-4 审计过程与审计工作的实现

审计过程		相关审计工作
审计准备阶段	接受业务委托	了解和评价审计对象,确定可审性;决定是否接受委托;商定业务约定条款;签订审计业务约定书等
	编制审计计划	初步业务活动;制定总体审计策略;制订具体审计计划
审计实施阶段	风险评估程序	识别和评估重大错报风险,了解被审计单位及其环境
	进一步程序	控制测试;实质性程序
审计完成阶段	完成审计工作	审计期初余额、比较数据等;获取管理层声明;汇总审计差异;复核审计工作底稿和财务报表;评价审计证据和结果,形成审计意见;编制审计报告,实施项目质量控制复核

审计流程示意图如图 6-3 所示。

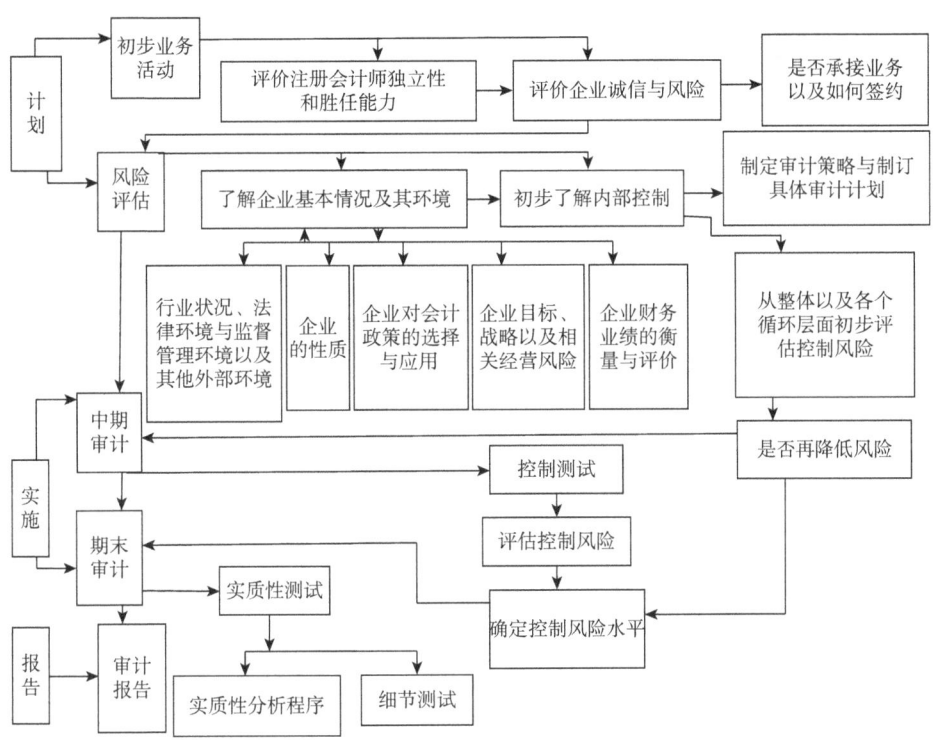

图 6-3　审计流程示意图

第七章

审计证据与审计工作底稿

注册会计师的目标是，通过恰当的方式设计和实施审计程序，获取充分、适当的审计证据，以得出合理的结论，作为形成审计意见的基础。审计工作底稿则作为审计证据的载体，是注册会计师在审计过程中形成的审计工作记录和获取的资料。它形成于审计过程，也反映整个审计过程。

第一节 审计证据

一、审计证据的含义

审计证据是指注册会计师为了得出审计结论和形成审计意见而使用的信息，包括构成财务报表基础的会计记录所含有的信息和从其他来源获取的信息。注册会计师需要在每项审计工作中获取充分、适当的审计证据，并评价证据。在审计取证过程，针对哪个审计目标收集证据、收集什么性质的证据、证据数量的多少以及如何判定已收集到充分适当的证据，均由审计人员作出职业判断。

（一）会计记录含有的信息

会计记录是指对初始会计分录形成的记录和支持性记录，是编制财务报表的基础。例如，支票、电子资金转账记录、发票和合同；总分类账、明细分类账、会计分录以及对财务报表予以调整但未在账簿中反映的其他分录；支持成本分配、计算、调节和披露的手工计算表和电子数据表。会计记录作为审计证据时，其来源和被审计单位内部控制的相关强度（内部生成的证据）都会影响注册会计师对这些原始凭证的信赖程度。

依据会计记录编制财务报表是被审计单位管理层的责任，注册会计师应当测试会计记录以获取审计证据。但会计记录中含有的信息本身并不足以提供充分的审计证据作为对财务报表发表审计意见的基础，注册会计师还应当获取用作审计证据的其他信息。

（二）其他信息

可用作审计证据的其他信息的内容比较广泛，包括注册会计师从被审计单位内部或外部获取的会计记录以外的信息，如被审计单位会议记录、内部控制手册、询证函的回函、分析师的报告、与竞争者的比较数据等；通过询问、观察和检查等审计程序获取的信息，如通过检查存货获取存货存在的证据等；自身编制或获取的可以通过合理推断得出结论的信息，如注册会计师编制的各种计算表、分析表等。

构成财务报表基础的会计记录所含有的信息和其他信息共同构成了审计证据，两者缺一不可。如果没有前者，审计工作将无法进行；如果没有后者，可能无法识别重大错报风险。只有将两者结合在一起，才能将审计风险降至可接受的低水平，为注册会计师发表审计意见提供合理的基础。

注册会计师要获取不同来源和不同性质的审计证据，将其综合起来考虑，这样能反映出结果的一致性，从而佐证会计记录中的信息。如果审计证据不一致，而且这种不一致可能是重大的，注册会计师应当扩大审计程序的范围，直到不一致得到解决，并针对账户余额或各类交易获得必要保证。

用作审计证据的其他信息，与注册会计师执行财务报表审计时应当阅读被审计单位年度报告中除财务报表和审计报告外的其他信息是两个不同的概念。

二、审计证据的种类

审计实务中，审计证据的种类繁多，其外在形式、取得方式、获取途径以及证明力的强弱等均有所不同。根据审计证据的外在具体形态，可以将其分为实物证据、书面证据、口头证据、环境证据。根据获取的证据对审计结论的支持程度，可以将审计证据划分为直接证据和间接证据。根据证据的来源进行分类，可以划分为来自审计客户内部的证据、来自审计客户外部的证据。注册会计师决定是否需要对现有的证据进行完善，或者在综合和评价审计证据时，需要考虑证据的证明力的大小。按照证据的证明力可以划分为充分证明力、部分证明力和无证明力三种类型。

上述各种证据可用来实现各种不同的具体审计目标。针对每一个具体账户及其相关认定而言，注册会计师应当选择适当的审计证据以实现审计目标，力求做到证据收集既有效又经济。各类审计证据和审计目标之间的关系如表7-1所示。

表7-1 审计证据与审计目标的关系

证据种类	审计目标								
	总体合理性	真实性	完整性	所有权	估价	分类	截止	披露	机械准确性
实物证据		√	√		√		√		
书面证据	√	√	√	√	√	√	√	√	√

续表

证据种类	审计目标								
	总体合理性	真实性	完整性	所有权	估价	分类	截止	披露	机械准确性
口头证据	√	√	√	√	√	√	√	√	
环境证据	√								

三、审计证据的特征

充分性和适当性是审计证据的两个基本特征，注册会计师应当保持职业怀疑态度，运用职业判断，评价审计证据的充分性和适当性。

（一）审计证据的充分性

审计证据的充分性是对审计证据数量的衡量。注册会计师需要获取的审计证据的数量受其对重大错报风险评估的影响，并受审计证据质量的影响。

评估的重大错报风险越高，需要的审计证据可能越多。重要账户余额或者交易含有一定数量的错报时，比那些错报和舞弊处于低风险以及未发现错报账户需要收集更多的审计证据。检查风险的水平则与审计证据数量呈反向关系。要求达到的检查风险水平越低，所需的证据数量也越多；反之亦然。审计证据质量越高，需要的审计证据可能越少。一般而言，如果大多数审计证据都是从独立于被审计单位的第三方获取的，而且这些证据本身不易伪造，则审计证据的质量就较高，注册会计师所需获取的审计证据的数量就可减少；反之，审计证据的数量就应增加。

应当指出的是，尽管审计证据的充分性和适当性相关，但如果审计证据的质量存在缺陷，注册会计师仅靠获取更多的审计证据可能无法弥补其质量上的缺陷。恰当的审计意见必须建立在足够数量的审计证据的基础之上，但是这并不是说审计证据的数量越多越好。为了使注册会计师进行有效率、有效益的审计，注册会计师通常把需要足够数量审计证据的范围降低到最低限度。因此，每一项审计项目对审计证据的需要量，以及取得这些证据的途径和方法，应当根据该项目的具体情况来定。

除此之外，具体审计项目的重要性水平也会影响审计证据的数量。越是重要的审计项目，注册会计师就越需要获取充分的审计证据以支持其审计结论或意见；否则一旦出现判断失误，就会影响注册会计师对审计整体的判断，从而导致注册会计师的整体判断失误。审计证据的充分性还应考虑注册会计师及其业务助理人员的审计经验。丰富的审计经验，可使注册会计师及其助理人员从较少的审计证据中判断出被审事项是否存在错误或舞弊行为。相对来说，此时就可以减少对审计证据数量的依赖程度。

（二）审计证据的适当性

审计证据的适当性，是对审计证据质量的衡量，即审计证据在支持审计意见所依据的结论方面具有的相关性和可靠性。相关性是指审计证据与审计目标相关联；可靠性是指审计证据能如实地反映客观事实，只有相关且可靠的审计证据才是高质量的。

1. 审计证据相关性

审计证据相关性是指用作审计证据的信息与审计程序的目的和所考虑的相关认定之间的逻辑关系，即审计证据是否相关必须结合具体审计目标来考虑。例如，存货监盘结果只能证明存货是否存在，是否有损毁及短缺，而不能证明存货的计价和所有权的情况。

在确定审计证据的相关性时，注册会计师应当考虑以下原则。

（1）特定的审计程序可能只为某些认定提供相关的审计证据，而与其他认定无关。例如，检查期后应收账款收回的记录文件可以提供有关存在和计价的审计证据，但是不一定与期末截止是否适当相关。

（2）不同来源或不同性质的审计证据可能与同一认定相关。例如，注册会计师可以分析应收账款的账龄和应收账款的期后收款情况，以获取与坏账准备计价有关的审计证据。

（3）只与特定认定相关的审计证据并不能替代与其他认定相关的审计证据。例如，存货存在认定的相关审计证据不能替代存货计价认定相关的审计证据。

2. 审计证据的可靠性

审计证据的可靠性是指审计证据的可信程度，受其来源和性质的影响，并取决于获取审计证据的具体环境。注册会计师在判断审计证据的可靠性时，通常需要考虑以下原则。

（1）从被审计单位外部独立来源获取的审计证据比从其他来源获取的审计证据更可靠。从外部独立来源获取的审计证据由完全独立于被审计单位以外的机构或人士编制并提供，未经被审计单位有关职员之手，从而减少了伪造、更改凭证或业务记录的可能性，因而其证明力最强。此类证据如银行询证函回函、保险公司等机构出具的证明等。相反，从其他来源获取的审计证据，由于证据提供者与被审计单位存在经济或行政关系等原因，其可靠性应受到质疑。此类证据如被审计单位内部的会计记录、会议记录等。

（2）相关控制有效时内部生成的审计证据比控制薄弱时内部生成的审计证据更可靠。如果被审计单位有着健全的内部控制且在日常管理中得到一贯的执行，会计记录的可信赖程度将会增加。如果被审计单位的内部控制薄弱，甚至不存在内部控制被审计单位内部凭证记录的可靠性就大大降低。

（3）直接获取的审计证据比间接获取或推论得出的审计证据更可靠。例如，注册会计师观察某项内部控制的运行得到的证据比询问被审计单位某项内部控制的运行得到的证据更可靠。间接获取的证据有被涂改及伪造的可能性，降低了可信赖度。推论得出的审计证据，其主观性较强，人为因素较多，可信赖程度也受到影响。

（4）以文件记录形式（包括纸质、电子或其他介质）存在的审计证据比口头形式的审计证据更可靠。例如，会议的同步书面记录比对讨论事项事后的口头表述更可靠。口头证据本身并不足以证明事实的真相，仅仅提供了一些重要线索，为进一步调查确认所用。例如，注册会计师在对应收账款进行账龄分析后，可以向应收账款负责人询问逾期应收账款收回的可能性。如果该负责人的意见与注册会计师自行估计的坏账损失基本一致，则这一口头证据就可以成为证实注册会计师对有关坏账损失判断的重要证据。但在一般情况下，口头证据往往需要得到其他相应证据的支持。

（5）从原文件获取的审计证据比从复印、传真或通过拍摄、数字化或其他方式转化成电子形式的文件获取的审计证据更可靠。注册会计师可审查原件是否有被涂改或伪造的迹象，排除伪证，提高证据的可信赖程度。传真件或复印件容易是篡改或伪造的结果，可靠性较低。

（6）通常情况下，注册会计师以函证方式直接从被询证者获取的审计证据，比被审计单位内部生成的审计证据更可靠。通过函证等方式从独立来源获取的相互印证的信息，可以提高注册会计师从会计记录或管理层书面声明中获取的审计证据的保证水平。

注册会计师在按照上述原则评价审计证据的可靠性时，还应当注意可能出现的重要例外情况。如果从不同来源获取的审计证据或获取的不同性质的证据不一致，可能表明某项审计证据不可靠，注册会计师应当追加必要的审计程序。反之，如果针对某项认定从不同来源获取的审计证据或不同性质的证据能相互佐证，与该项认定相关的审计证据则更具有说服力。如果审计证据是从独立的外部来源获得的，但该证据是由不知情者或不具备资格者提供，审计证据也可能是不可靠的。同样，如果注册会计师不具备评价证据的专业能力，那么即使是直接获取的证据，也可能不可靠。

（三）充分性与适当性之间的关系

审计证据的充分性与适当性密切相关，只有充分且适当的审计证据才是有证明力的。审计证据的适当性会影响其充分性。一般而言，审计证据的相关性与可靠性越高，注册会计师需要获取的审计证据的数量就可减少；反之，审计证据的数量就要增加。例如，被审计单位内部控制健全时生成的审计证据比内部控制薄弱时所生成的审计证据更可靠，注册会计师只需要获取适量的审计证据，就可以为发表审计意见提供合理的基础。

但是，如果审计证据的质量存在缺陷，注册会计师仅靠获取更多的审计证据可能无法弥补其质量上的缺陷。例如，注册会计师应当获取与销售收入完整性相关的证据，实际获取到的却是与销售收入真实性有关的证据，审计证据与完整性目标不相关，即使获取的证据再多，也无法证明收入的完整性。

第二节 获取审计证据的审计程序

审计程序是指注册会计师在审计过程中的某个时间，对将要获取的某类审计证据如何进行收集的详细指令。注册会计师应当根据具体情况设计和实施恰当的审计程序，以获取充分、适当的审计证据。受到成本的约束，注册会计师不可能检查和评价所有可能获取的证据，因此对审计证据充分性、适当性的判断是非常重要的。注册会计师利用审计程序获取审计证据涉及以下四个方面的决策：①选用何种审计程序；②对选定的审计程序应选取多大的样本规模；③应当从整体中选取哪些项目；④何时执行这些程序。

注册会计师可以采用检查、观察、询问、函证、重新计算、重新执行和分析程序等具体审计程序来获取审计证据。

一、检查

检查是指注册会计师对被审计单位内部或外部生成的、以纸质、电子或其他介质形式存在的记录和文件进行检查，或对资产进行实物审查。检查记录或文件的目的是对财务报表所包含或应包含的信息进行验证。例如，被审计单位通常对每一笔销售交易都保留一份顾客订单、一张发货单和销售发票副本。这些凭证对于注册会计师验证被审计单位记录的销售交易的正确性是重要的证据。检查文件或记录可以提供可靠程度不同的审计证据，审计证据的可靠性取决于记录或文件的性质和来源，外部记录或文件通常被认为比内部记录或文件可靠。在检查内部记录或文件时，其可靠性则取决于生成该记录或文件的内部控制的有效性。

某些文件是表明一项资产存在的直接审计证据，如构成金融工具的股票或债券，但检查此类文件并不一定能提供有关所有权或计价的审计证据。检查有形资产是验证资产确实存在的直接手段，被认为是最可靠、最有用的审计证据，是认定资产数量和规格的一种客观手段。但不一定能够为权利和义务或计价认定提供可靠的审计证据，还需要其他的审计程序以获得充分适当的证据。

对资产进行实物审查，大多数情况下适用于对现金和存货的审计，也适用于对有价证券、应收票据和有形固定资产的验证。其主要方式是监盘。监盘是指审计人员在现场监督被审计单位相关人员对各种实物资产及现金、有价证券等的盘点，并进行适当的抽查。

以存货审计为例，对于制造业、贸易业等行业的被审计单位而言，存货采购、生产和销售通常对其财务状况、经营成果和现金流量都具有重大影响，资本市场上很多的舞弊案例也都涉及存货的虚假记录。如果存货对财务报表是重要的，注册会计师应当实施下列审计程序，对存货的存在和状况获取充分、适当的审计证据：①在存货盘点现场实施监盘（除非不可行，如存货存放在对注册会计师的安全有威胁的地点）；②对期末存货记录实施审计程序，以确定其是否准确反映实际的存货盘点结果。

在存货盘点现场实施监盘时，注册会计师应当实施下列审计程序：①评价管理层用以记录和控制存货盘点结果的指令和程序；②观察管理层制定的盘点程序的执行情况；③检查存货；④执行抽盘。

如果在存货盘点现场实施存货监盘不可行，注册会计师应当实施替代审计程序（如检查盘点日后出售盘点日之前取得或购买的特定存货的文件记录），以获取有关存货的存在和状况的充分、适当的审计证据。如果不能实施替代审计程序，注册会计师应当按照《中国注册会计师审计准则第1502号——在审计报告中发表非无保留意见》的规定，在审计报告中发表非无保留意见。

在实务中,注册会计师需要恰当区分被审计单位对存货盘点的责任和注册会计师对存货监盘的责任,在执行存货监盘过程中不应协助被审计单位的存货盘点工作。此外,审计中的困难、时间或成本等事项本身,不能作为注册会计师省略不可替代的审计程序或满足于说服力不足的审计证据的正当理由。

【一问一答】存货监盘审计程序要点是什么?

【一问一答】存货监盘不可行的情况有哪些?替代审计程序如何操作?

【审计实践】被审计单位存货存放在多个地点,注册会计师在计划监盘程序时需要考虑哪些因素?

二、观察

观察是指注册会计师察看相关人员正在从事的活动或执行的程序。例如,对客户执行的存货盘点或控制活动进行观察。

观察提供的审计证据仅限于观察发生的时点,并且可能影响对相关人员从事活动或执行程序的真实情况的了解。观察时点的情况并不能证明一贯的情况,另外,被观察人员的行为可能因被观察而受到影响,这也会对观察所得证据的客观性产生影响。因此注册会计师在使用观察程序获取证据的时候,要注意其本身固有的局限性,有必要获取其他类型的佐证证据。

【一问一答】存货监盘应注意哪些问题？

【审计案例】监盘时的风险应对

三、询问

询问是指注册会计师以书面或口头方式，向被审计单位内部或外部的知情人员获取财务信息和非财务信息，并对答复进行评价的过程。作为其他审计程序的补充，询问广泛应用于整个审计过程中。

知情人员对询问的答复可能为注册会计师提供尚未熟悉的信息或佐证证据，但也可能提供与注册会计师已获取的其他信息存在重大差异的信息。询问通常不足以发现认定层次存在的重大错报，也不足以测试内部控制运行的有效性，注册会计师应当根据询问结果考虑修改审计程序或实施追加的审计程序。针对某些事项，注册会计师可能认为有必要向管理层和治理层（如适用）获取书面证明，以证实对口头询问的答复。

四、函证

（一）函证的含义与形式

函证是指注册会计师直接从第三方（被询证者）获取书面答复以作为审计证据的过程，书面答复可以采用纸质、电子或其他介质等形式。询证函有积极式询证函和消极式询证函两种。积极式询证函，是要求被询证者直接向注册会计师回复，表明是否同意询证函所列示的信息，或填列所要求的信息的一种询证函。消极式询证函，是要求被询证者只有在不同意询证函所列示的信息时才直接向注册会计师回复的一种询证函。

（二）函证内容

通常情况下，注册会计师以函证方式直接从被询证者获取的审计证据，比被审计单位内部生成的审计证据更可靠。因此，针对评估的认定层次重大错报风险，注册会计师应当确定是否有必要实施函证程序以获取认定层次的相关、可靠的审计证据。

1. 银行存款、借款及与金融机构往来的其他重要信息

注册会计师应当对银行存款、借款（包括零余额账户和在本期内注销的账户）及与金融机构往来的其他重要信息实施函证程序，除非有充分证据表明这些项目对财务报表不重要且与之相关的重大错报风险很低。如果不对这些项目函证，注册会计师应当在工作底稿中说明理由。

根据财政部、中国银行保险监督管理委员会《关于加快推进银行函证规范化、集约化、数字化建设的通知》，自2023年1月1日起，备案从事证券业务的会计师事务所开展上市公司年报审计业务时，应当实现上市公司银行函证业务集约化。即由会计师事务所指定处理函证的内部专门机构（或岗位）统一、集中处理函证业务，不得由项目组或注册会计师个人自行收发函证。其他会计师事务所和其他审计业务应当于2023年12月31日前实现银行函证集约化。

会计师事务所应当在注册会计师行业统一监管平台公示接受函证回函的事务所地址和联系方式；实现函证业务集中处理的银行应当通过官网、客户端、小程序或者微信公众号等渠道公布银行函证工作流程、回函方式（纸质或数字化）、受理部门、联系方式等信息。中国注册会计师协会、中国银行业协会分别通过注册会计师行业统一监管平台、中国银行业协会网站等渠道同步汇总公布相关信息，以便会计师事务所、银行查询对接。各银保监局指导辖内行业自律组织配合中国银行业协会做好辖内法人银行的公示信息收集、更新和报送工作。

鼓励具备条件的会计师事务所和银行通过银行函证平台（包括第三方函证平台和银行自建函证平台，下同）开展数字化函证，有效提升函证效率和效果。银行以数字化方式回函的，应当自收到符合规定的询证函之日起10个工作日内完成回函。数字化回函与纸质回函具有同等法律效力和证明力。银行数字化回函内容不能覆盖财办会〔2020〕21号文件规范的前13项询证项目的，应当以纸质方式进行辅助回函。

2. 应收账款

注册会计师应当对应收账款实施函证程序，除非有充分证据表明应收账款对财务报表不重要，或函证很可能无效；如果认为函证很可能无效，注册会计师应当实施替代审计程序，获取相关、可靠的审计证据；如果不对应收账款函证，注册会计师应当在审计工作底稿中说明理由。

实务中，表明应收账款函证很可能无效的情况包括：①以往审计业务经验表明回函率很低；②某些特定行业的客户通常不对应收账款询证函回函，如电信行业的个人客户；③被询证者系出于制度的规定不能回函的单位。

3. 函证的其他内容

注册会计师可以根据具体情况和实际需要对下列内容（包括但不限于）实施函证：①交易性金融资产；②应收票据；③其他应收款；④预付账款；⑤由其他单位代为保管、加工或销售的存货；⑥长期股权投资；⑦应付账款；⑧预收账款；⑨保证、抵押或质押；⑩或有事项；⑪重大或异常的交易。

（三）函证的控制和函证时间

当实施函证程序时，注册会计师根据对舞弊风险的判断，以及被询证者的地址和性质、以往回函情况、回函截止日期等因素，询证函的发出和收回可以采用邮寄、跟函、电子形式函证（包括传真、电子邮件、直接访问网站等）等方式。

注册会计师应当对询证函保持控制。包括：①确定需要确认或填列的信息；②选择适当的被询证者；③设计询证函，包括正确填列被询证者的姓名和地址，以及被询证者直接向注册会计师回函的地址；④发出询证函并予以跟进，必要时再次向被询证者寄发询证函。

通过邮寄方式发出询证函时，注册会计师可以在核实由被审计单位提供的被询证者的联系方式后，不使用被审计单位本身的邮寄设施，而是独立寄发询证函（例如，直接在邮局投递）。收到回函后，应验证回函的可靠性，包括：①检查被询证者确认的询证函是否是原件，是否与注册会计师发出的询证函是同一份；②回函是否由被询证者直接寄给注册会计师；③寄给注册会计师的回邮信封或快递信封中记录的发件方名称、地址是否与询证函中记载的被询证者名称、地址一致；④回邮信封上寄出方的邮戳显示发出城市或地区是否与被询证者的地址一致；⑤被询证者加盖在询证函上的印章以及签名中显示的被询证者名称是否与询证函中记载的被询证者名称一致等。

如果被询证者将回函寄至被审计单位，被审计单位将其转交注册会计师，该回函不能视为可靠的审计证据。在这种情况下，注册会计师可以要求被询证者直接书面回复。

注册会计师通常以资产负债表日为截止日，在资产负债表日后适当时间内实施函证。如果重大错报风险评估为低水平，注册会计师可选择资产负债表日前适当日期为截止日实施函证，并对所函证项目自该截止日起至资产负债表日止发生的变动实施实质性程序。

根据评估的重大错报风险，注册会计师很可能会决定函证非期末的某一日的账户余额。例如，当审计工作将在资产负债表日之后很短的时间内完成时，可能会这么做。对于各类在年末之前完成的工作，注册会计师应当考虑是否有必要针对剩余期间获取进一步的审计证据。

（四）管理层不允许寄发询证函时的处理

当被审计单位管理层要求对拟函证的某些账户余额或其他信息不实施函证时，注册会计师应当：①询问管理层不允许寄发询证函的原因，并就其原因的正当性及合理性收集审计证据；②评价管理层不允许寄发询证函对评估的相关重大错报风险（包括舞弊风险），以及其他审计程序的性质、时间安排和范围的影响；③实施替代程序，以获取相关、可靠的审计证据。

如果认为管理层不允许寄发询证函的原因不合理，或实施替代程序无法获取相关、可靠的审计证据，注册会计师应当按照《中国注册会计师审计准则第1151号——与治理层的沟通》的规定，与治理层进行沟通。注册会计师还应当按照《中国注册会计师审计准则第1502号——在审计报告中发表非无保留意见》的规定，确定其对审计工作和审计意见的影响。

（五）消极式函证

如果采用消极的函证方式，注册会计师只要求被询证者仅在不同意询证函列示信息的情况下才予以回函。对消极式函证而言，未收到回函并不能明确表示预期的被询证者已经收到询证函或已经核实了询证函中包含的信息的准确性。因此，未收到消极式询证函的回函提供的审计证据，远不如积极式询证函的回函提供的审计证据有说服力。

当同时存在以下情况时，注册会计师可考虑采用消极的函证方式：①注册会计师将重大错报风险评估为低水平，并已就与认定相关的控制的运行有效性获取充分、适当的审计证据；②需要实施消极式函证程序的总体由大量的小额、同质的账户余额、交易或事项构成；③预期不符事项的发生率很低；④没有迹象表明接受询证函的人员或机构不认真对待函证。

（六）实施函证程序的结果

如果存在对询证函回函的可靠性产生疑虑的因素，注册会计师应当进一步获取审计证据以消除这些疑虑。

如果回函存在不符事项，注册会计师应当调查不符事项，以确定是否表明存在错报。询证函中指出的不符事项可能显示财务报表存在错报或潜在错报。当识别出错报时，注册会计师需要根据《中国注册会计师审计准则第1141号——财务报表审计中与舞弊相关的责任》的规定评价该错报是否表明存在舞弊。不符事项可以为注册会计师判断来自类似的被询证者回函的质量以及类似账户回函质量提供依据。不符事项还可能显示被审计单位与财务报告相关的内部控制存在缺陷。某些不符事项不表明存在错报。例如，注册会计师可能认为询证函回函的差异是由函证程序的时间安排、计量或书写错误造成的。

如果在合理的时间内没有收到询证函回函，注册会计师应当考虑必要时再次向被询证者寄发询证函。

如果未能得到被询证者的回应，注册会计师应当实施替代程序以获取相关、可靠的审计证据。如果注册会计师认为取得积极式询证函是获取充分、适当的审计证据的必要程序，则替代程序不能提供注册会计师所需要的审计证据。在这种情况下，如果未获取回函，注册会计师应当确定其对审计工作和审计意见的影响。

五、重新计算

重新计算是指注册会计师通过手工方式或计算机技术对记录或文件中的数据计算的准确性进行核对。重新计算通常包括计算销售发票和存货的总金额、加总日记账和明细账、检查折旧费和预付费用的计算、检查应纳税额的计算等。

一般而言，计算不仅包括对被审计单位的凭证、账簿和报表中有关数字的验算，而且还包括对会计资料中有关项目的加总或其他运算。

六、重新执行

重新执行是指注册会计师独立执行原本作为被审计单位内部控制组成部分的程序或控制。例如，注册会计师利用被审计单位的银行存款日记账和银行对账单，重新编制银行存款余额调节表，并与被审计单位编制的银行存款余额调节表进行比对。

【一问一答】函证应注意哪些事项？

七、分析程序

（一）分析程序的含义

分析程序是指注册会计师通过分析不同财务数据之间以及财务数据与非财务数据之间的内在关系，对财务信息作出评价。分析程序还包括在必要时对识别出的、与其他相关信息不一致或与预期值差异重大的波动或关系进行调查。

分析程序的风险评估流程如图 7-1 所示。

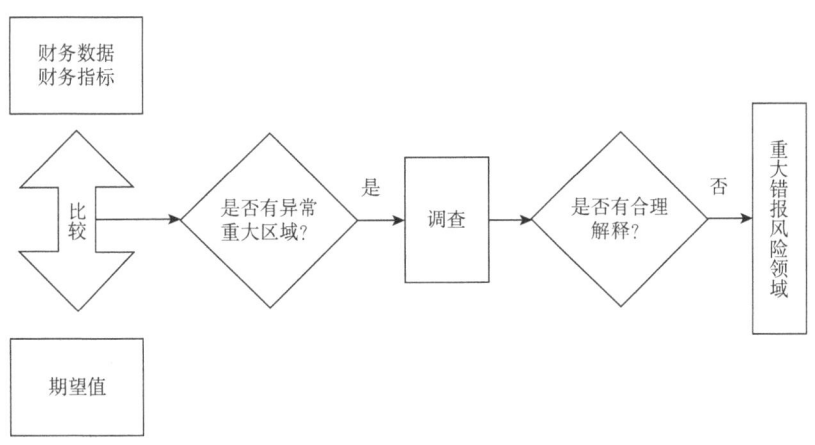

图 7-1　分析程序的风险评估流程

(二)分析程序的运用

注册会计师实施分析程序的目的包括：①用作风险评估程序，以了解被审计单位及其环境；②当使用分析程序比细节测试能更有效地将认定层次的检查风险降至可接受的水平时，分析程序可以用作实质性程序；③在审计结束或临近结束时对财务报表进行总体复核。注册会计师在风险评估阶段和审计结束时的总体复核阶段必须运用分析程序，在实施实质性程序阶段可选用分析程序。

运用分析性程序的不同用途及其对应的要求和目的如表7-2所示。

表7-2 运用分析性程序的不同用途及其对应的要求和目的

用途	要求	目的
风险评估程序	强制	识别重大错报风险领域，以设计进一步审计程序的性质、时间和范围
实质性程序（实质性分析程序）	也可	比细节测试更有效地将认定层次的检查风险降至可接受的水平
评价审计结果	强制	对会计报表的整体合理性进行复核（印证其他审计程序所得出的结论）

(三)分析程序的方法

分析程序运用的不同目的，决定了分析程序运用的具体方法和特点。在实务中，可使用的方法主要有以下几种：趋势分析法、比率分析法、合理性测试法、回归分析法等。

注册会计师可以针对合并财务报表、组成部分的财务报表以及财务信息的要素，实施分析程序。一般而言，分析程序所能发现的潜在问题见表7-3。

表7-3 分析程序所能发现的潜在问题

分析程序	潜在问题
1. 比较当年与以前年度的存货水平	存货错报或陈旧过时
2. 比较当年与以前年度应收账款周转率	销售收入错报或者坏账准备不足
3. 比较公司毛利率与同业平均水平	销售收入与应收账款错报或者销售成本与存货错报
4. 比较生产数量与销售数量	销售收入与存货错报
5. 比较利息费用与债务金额费用	债务与利息费用错报
6. 比较费用与盈利水平	费用与利润错报

(四)异常关系的调查

注册会计师实施分析程序，如果识别出与其他相关信息不一致的波动或关系，或与预期值差异重大的波动或关系，应当采取下列措施调查这些差异：①询问管理层，并针对管理层的答复获取适当的审计证据；②根据具体情况在必要时实施其他审计程序。

【审计案例】询问和分析程序在识别和评价舞弊中的作用

【一问一答】审计证据取证方法的应用场景有哪些?

【审计案例】浑水对瑞幸咖啡的做空

第三节 审计工作底稿

一、审计工作底稿的含义与编制目的

(一)审计工作底稿的含义

审计工作底稿是指注册会计师对制订的审计计划、实施的审计程序、获取的相关审计证据,以及得出的审计结论作出的记录。审计工作底稿就是审计证据的载体,是注册会计师在审计过程中形成的审计工作记录和获取的资料。它形成于审计过程,也反映整个审计过程。

(二)审计工作底稿的编制目的

审计工作底稿在计划和执行审计工作中发挥着关键的作用。它提供了审计工作实际执行情况的记录,并形成审计报告的基础。注册会计师应当及时编制审计工作底稿以实现下列主要目的。

（1）提供充分、适当的记录，作为出具审计报告的基础。

（2）提供证据，证明注册会计师已按照审计准则和相关法律法规的规定计划和执行了审计工作。

除上述目的外，编制审计工作底稿还可以实现下列目的：①有助于项目组计划和执行审计工作；②有助于负责督导的项目组成员按照《中国注册会计师审计准则第1121号——对财务报表审计实施的质量管理》的规定，履行指导、监督与复核审计工作的责任；③便于项目组说明其执行审计工作的情况；④保留对未来审计工作持续产生重大影响的事项的记录；⑤便于会计师事务所实施项目质量复核与审查；⑥便于监管机构和注册会计师协会根据相关法律法规或其他要求，对会计师事务所实施执业质量检查。

二、审计工作底稿的编制要求

注册会计师应当将鉴证过程中考虑的所有重大事项记录于工作底稿，以提供证据支持鉴证报告，并证明其已按照鉴证业务准则的规定执行业务。对需要运用职业判断的所有重大事项，注册会计师应当记录推理过程和相关结论。如果对某些事项难以进行判断，注册会计师还应当记录得出结论时已知悉的有关事实。

注册会计师编制的审计工作底稿，应当使未曾接触该项审计工作的有经验的专业人士清楚地了解：①按照审计准则和相关法律法规的规定实施的审计程序的性质、时间安排和范围；②实施审计程序的结果和获取的审计证据；③审计中遇到的重大事项和得出的结论，以及在得出结论时作出的重大职业判断。

有经验的专业人士是指会计师事务所内部或外部的具有审计实务经验，并且对下列方面有合理了解的人士：①审计过程；②审计准则和相关法律法规的规定；③被审计单位所处的经营环境；④与被审计单位所处行业相关的会计和审计问题。

在记录已实施审计程序的性质、时间安排和范围时，注册会计师应当记录：①测试的具体项目或事项识别特征；②审计工作的执行人员及完成日期；③审计工作的复核人员及日期和范围。此外，注册会计师应当记录与管理层、治理层和其他人员对重大事项的讨论，包括所讨论的重大事项的性质以及时间、地点和参加人员。如果识别出的信息与针对某重大事项得出的最终结论不一致，注册会计师应当记录如何处理该不一致的情况。

在某些例外情况下，如果审计报告日后实施了新的或追加的审计程序，或者得出新的结论，注册会计师应当记录：①遇到的例外情况；②实施的新的或追加的审计程序，获取的审计证据，得出的结论，以及对审计报告的影响；③对审计工作底稿作出相应变动的时间和人员，以及复核的时间和人员。

审计准则要求注册会计师记录遇到的重大事项、作出的重大判断、得出的结论等，记录与管理层、治理层和其他人员对重大事项的讨论，包括讨论的重大事项的性质以及讨论的时间和参加人员。这些工作底稿有助于注册会计师证明其如何作出重大判断、如何处理关键问题，以及如何评价是否获取充分、适当的审计证据，同时也可以证明注册会计师如何保持了职业怀疑。

例如，在审计工作底稿中记录下列涉及重大职业判断的事项，能够证明注册会计师保持了职业怀疑。

（1）项目组内部就舞弊导致财务报表发生重大错报的可能性进行讨论得出的重要结论，以及与管理层、治理层、监管机构或其他相关各方就舞弊事项进行沟通的情况。

（2）识别出的或怀疑存在的违反法律法规行为，以及与管理层、治理层和被审计单位以外的相关机构或人员（如适用）进行讨论的结果。

（3）对导致特别风险的会计估计的合理性及其披露的充分性，注册会计师得出结论的基础，以及可能存在管理层偏向的迹象。

（4）识别出的与注册会计师对某重大事项得出的最终结论不一致的信息，包括如何处理该不一致的情况。

（5）注册会计师对管理层主观判断的合理性得出结论的基础。

（6）注册会计师针对审计过程中识别出的导致其对某些文件记录的真实性产生怀疑的情况实施了进一步调查（如适当利用专家的工作或实施函证程序），记录对这些文件记录真实性得出结论的基础。

编制审计工作底稿的文字应当使用中文。少数民族自治地区可以同时使用少数民族文字。中国境内外的合作会计师事务所、国际会计公司成员可以同时使用某种外国文字。会计师事务所执行涉外业务时可以同时使用某种外国文字。

三、审计工作底稿的性质

（一）审计工作底稿的存在形式

审计工作底稿可以以纸质、电子或其他介质形式存在。随着信息技术的广泛应用，审计工作底稿的形式从传统的纸质形式扩展到电子或其他介质形式。但无论审计工作底稿以哪种形式存在，会计师事务所都应当针对审计工作底稿设计和实施适当的控制，以实现下列目的。

（1）使审计工作底稿清晰地显示其生成、修改及复核的时间和人员。

（2）在审计业务的所有阶段，尤其是在项目组成员共享信息或通过互联网将信息传递给其他人员时，保护信息的完整性和安全性。

（3）防止未经授权改动审计工作底稿。

（4）允许项目组和其他经授权的人员为适当履行职责而接触审计工作底稿。

为便于复核，以电子或其他介质形式存在的审计工作底稿，应与其他纸质形式的审计工作底稿一并归档，并应能通过打印等方式，转换为纸质形式的审计工作底稿。

（二）审计工作底稿通常包括的内容

审计工作底稿通常包括总体审计策略、具体审计计划、分析表、问题备忘录、重大事项概要、询证函回函和声明、核对表、有关重大事项的往来函件（包括电子邮件），注册会计师还可以将被审计单位文件记录的摘要或复印件（如重大的或特定的合同和协议）作为审计工作底稿的一部分。

此外，审计工作底稿通常还包括业务约定书、管理建议书、项目组内部或项目组与被审计单位举行的会议记录，与其他人士（如其他注册会计师、律师、专家等）的沟通文件及错报汇总表等。但是，审计工作底稿并不能代替被审计单位的会计记录。

一般情况下，分析表主要是指对被审计单位财务信息执行分析程序的记录。例如，记录对被审计单位本年各月收入与上一年度的同期数据进行比较的情况，记录对差异的分析等。

问题备忘录一般是指对某一事项或问题的概要的汇总记录。在问题备忘录中，注册会计师通常记录该事项或问题的基本情况、执行的审计程序或具体审计步骤，以及得出的审计结论。例如，有关存货监盘审计程序或审计过程中发现问题的备忘录。

核对表一般是指会计师事务所内部使用的、为便于核对某些特定审计工作或程序的完成情况的表格。例如，特定项目审计程序核对表、审计工作完成情况核对表等。它通常以列举的方式列出审计过程中注册会计师应当进行的审计工作或程序以及特别需要注意的问题，并在适当情况下索引至其他审计工作底稿，便于注册会计师核对是否已按照审计准则的规定进行审计。

在实务中，会计师事务所通常采取以下方法从整体上提高工作（包括复核工作）效率及工作质量，并进行统一质量管理。

（1）会计师事务所基于审计准则及在实务中的经验等，统一制定某些格式、索引及涵盖内容等方面相对固定的审计工作底稿模板和范例，如核对表、审计计划及业务约定书范例等，某些重要的或不可删减的工作会在这些模板或范例中予以特别标识。

（2）在此基础上，注册会计师再根据各具体业务的特点加以必要的修改，制定适用于具体项目的审计工作底稿。

审计工作底稿通常不包括已被取代的审计工作底稿的草稿或财务报表的草稿、反映不全面或初步思考的记录、存在印刷错误或其他错误作废的文本，以及重复的文件记录等。这些草稿、错误的文本或重复的文件记录不直接构成审计结论和审计意见的支持性证据，因此，注册会计师通常无须保留这些记录。

【一问一答】审计工作底稿具有法律效力吗？

四、审计工作底稿的格式、要素和范围

(一) 确定审计工作底稿的格式、要素和范围时考虑的因素

在确定审计工作底稿的格式、要素和范围时,注册会计师应当考虑以下因素。

(1) 被审计单位的规模和复杂程度。通常来说,对大型被审计单位进行审计形成的审计工作底稿,通常比对小型被审计单位进行审计形成的审计工作底稿要多;对业务复杂的被审计单位进行审计形成的审计工作底稿,通常比对业务简单的被审计单位进行审计形成的审计工作底稿要多。

(2) 实施审计程序的性质。通常,不同的审计程序会使得注册会计师获取不同性质的审计证据,由此注册会计师可能会编制不同的审计工作底稿。例如,注册会计师编制的有关函证程序的审计工作底稿(包括询证函及回函、有关不符事项的分析等)和存货监盘程序的审计工作底稿(包括盘点表、注册会计师对存货的测试记录等)在内容、格式及范围方面是不同的。

(3) 已识别的重大错报风险。识别和评估的重大错报风险水平的不同可能导致注册会计师实施的审计程序和获取的审计证据不尽相同。例如,如果注册会计师识别出应收账款存在较高的重大错报风险,而其他应收款的重大错报风险较低,则注册会计师可能对应收账款实施较多的审计程序并获取较多的审计证据,因而对测试应收账款的记录会比针对测试其他应收款记录的内容多且范围广。

(4) 在执行审计工作和评价审计结果时需要作出判断的范围。审计程序的选择和执行及审计结果的评价通常需要不同程度的职业判断。例如,运用非统计抽样的方法选取样本进行应收账款函证程序时,注册会计师可能基于应收账款账龄、以前的审计经验及是否为关联方欠款等因素,考虑哪些应收账款存在较高的重大错报风险,运用职业判断在总体中选取样本,并对作出职业判断时的考虑事项进行适当的记录。因此,在作出职业判断时所考虑的因素及范围可能使注册会计师作出不同的内容和范围的记录。

(5) 已获取的审计证据的重要程度。注册会计师通过执行多项审计程序可能会获取不同的审计证据,有些审计证据的相关性和可靠性较高,有些质量则较差,注册会计师可能区分不同的审计证据进行有选择性的记录,因此,审计证据的重要程度也会影响审计工作底稿的格式、内容和范围。

(6) 当从已执行审计工作或获取审计证据的记录中不易确定结论或结论的基础时,记录结论或结论基础的必要性。在某些情况下,特别是在涉及复杂的事项时,注册会计师仅将已执行的审计工作或获取的审计证据记录下来,并不容易使其他有经验的注册会计师通过合理的分析,得出审计结论或结论的基础。此时注册会计师应当考虑是否需要进一步说明并记录得出结论的基础(即得出结论的过程)及该事项的结论。

(7) 使用的审计方法和工具可能影响审计工作底稿的格式、内容和范围。例如,在使用计算机辅助审计技术对应收账款的账龄进行重新计算时,通常可以针对总体进行测试,而采用人工方式重新计算时,则可能会针对样本进行测试,由此形成的审计工作底稿会在格式、内容和范围方面有所不同。

考虑以上因素有助于注册会计师确定审计工作底稿的格式、内容和范围是否恰当。注册会计师在考虑以上因素时需注意，根据不同情况确定审计工作底稿的格式、内容和范围均是为达到审计准则中所述的编制审计工作底稿的目的，特别是提供证据的目的。例如，细节测试和实质性分析程序的审计工作底稿所记录的审计程序有所不同，但两类审计工作底稿都应当充分、适当地反映注册会计师执行的审计程序。

（二）审计工作底稿的要素

通常，审计工作底稿包括下列全部或部分要素：①审计工作底稿的标题；②审计过程记录；③审计结论；④审计标识及其说明；⑤索引号及编号；⑥编制者姓名及编制日期；⑦复核者姓名及复核日期；⑧其他应说明事项。

下面对上述要素中的前六项进行说明。

（1）审计工作底稿的标题。每张底稿应当包括被审计单位的名称、审计项目的名称以及资产负债表日或底稿覆盖的会计期间（如果与交易相关）。

（2）审计过程记录。在记录审计过程时，应当特别注意以下几个重点方面。

第一，具体项目或事项的识别特征。

在记录实施审计程序的性质、时间安排和范围时，注册会计师应当记录测试的具体项目或事项的识别特征。识别特征是指被测试的项目或事项表现出的征象或标志。识别特征因审计程序的性质和测试的项目或事项不同而不同。对某一个具体项目或事项而言，其识别特征通常具有唯一性，这种特性可以使其他人员根据识别特征在总体中识别该项目或事项并重新执行该测试。以下列举部分审计程序中所测试的样本的识别特征。

a. 在对被审计单位生成的订购单进行细节测试时，注册会计师可以将订购单的日期和其唯一编号作为测试订购单的识别特征。

b. 对于需要选取或复核既定总体内一定金额以上的所有项目的审计程序，注册会计师可以记录实施程序的范围并指明该总体。例如，银行存款日记账中一定金额以上的所有会计分录。

c. 对于一项需要系统化抽样的审计程序，注册会计师可能会通过记录样本的来源、抽样的起点及抽样间隔来识别已选取的样本。例如，若被审计单位对发运单顺序编号，测试的发运单的识别特征可以是对4月1日至9月30日的发运记录，从第12345号发运单开始，每隔125号系统抽取发运单。

d. 对于一项需要询问被审计单位中特定人员的审计程序，注册会计师可能会以记录询问的时间、被询问人的姓名及职位作为识别特征。

e. 对于观察程序，注册会计师可以以观察的对象或观察过程、相关被观察人员及其各自的责任、观察的地点和时间作为识别特征。

第二，记录重大事项及相关重大职业判断。

重大事项对整个审计工作、审计结论都会产生影响，在编制审计工作底稿过程中要严格地按照有关的规范执行。重大事项通常包括：①引起特别风险的事项，如被审计单位所在行业出现罕见的大萧条，被审计单位实行与市场业绩挂钩的激励机制，则可以认为行业的不景气是引起特别风险的事项；②实施审计程序的结果，该结果表明财务信息可能存在重大错报，或需要修正以前对重大错报风险的评估和针对这些风险拟采取的应对措施；③导致注册会计师难以实施必要审计程序的情形；④导致出具非无保留意见或者带强调事项段"与持续经营相关的重大不确定性"等段落的审计报告的事项。

注册会计师应当记录与管理层、治理层和其他人员对重大事项的讨论，包括所讨论的重大事项的性质以及讨论的时间、地点和参加人员。

有关重大事项的记录可能分散在审计工作底稿的不同部分。将这些分散在审计工作底稿中的有关重大事项的记录汇总在重大事项概要中，不仅可以帮助注册会计师集中考虑重大事项对审计工作的影响，还便于审计工作的复核人员全面、快速地了解重大事项，从而提高复核工作的效率。重大事项概要包括审计过程中识别的重大事项及其如何得到解决，或对其他支持性审计工作底稿的交叉索引。

如果识别出的信息与针对某重大事项得出的最终结论不一致，注册会计师应当记录如何处理不一致的情况。有助于注册会计师关注这些不一致，并对此执行必要的审计程序以恰当地解决这些不一致。

（3）审计结论。审计工作的每一部分都应包含与已实施审计程序的结果及其是否实现既定审计目标相关的结论，还应包括审计程序识别出的例外情况和重大事项如何得到解决的结论。注册会计师需要根据所实施的审计程序及获取的审计证据得出结论，并以此作为对财务报表发表审计意见的基础。在记录审计结论时需注意，在审计工作底稿中记录的审计程序和审计证据是否足以支持所得出的审计结论。

（4）审计标识及其说明。审计工作底稿中可使用各种审计标识，但应说明其含义，并保持前后一致。每张底稿都应包含对已实施程序的性质和范围所作出的解释，以支持每个标识的含义。以下是注册会计师在审计工作底稿中列明标识并说明其含义的例子，供参考。

∧：纵加核对
<：横加核对
B：与上年结转数核对一致
T：与原始凭证核对一致
G：与总分类账核对一致
S：与明细账核对一致
T/B：与试算平衡表核对一致
C：已发询证函
C\：已收回询证函

（5）索引号及编号。通常，审计工作底稿需要注明索引号及顺序编号，相关审计工作底稿之间需要保持清晰的勾稽关系。索引号是指注册会计师为了便于审计工作底稿的分类、归类和引用，对某一审计事项的审计工作底稿以固定的标记和编码加以表示所产生的一种特定符号，其主要作用是方便审计工作底稿的分类检索和引用，并使分散的、活页式的审计工作底稿构成有机联系的审计档案。编号是在同一索引号下不同的审计工作底稿的顺序编号。在实务中，注册会计师可以按照所记录的审计工作的内容层次进行编号。例如，固定资产汇总表的编号为C1，按类别列示的固定资产明细表的编号为

C1-1，以及列示单个固定资产原值及累计折旧的明细表编号，包括房屋建筑物（编号为C1-1-1）、机器设备（编号为 C1-1-2）、运输工具（编号为 C1-1-3）及其他设备（编号为C1-1-4）。相互引用时，需要在审计工作底稿中交叉注明索引号。

以下是不同审计工作底稿之间相互索引的例子。

例如，固定资产的原值、累计折旧及净值的总额应分别与固定资产明细表的数字互相勾稽。以下是从固定资产汇总表工作底稿（表7-4）及固定资产明细表工作底稿（表7-5）中节选的部分，以做相互索引的示范。

表7-4 固定资产汇总表（工作底稿索引号：C1）（节选）

工作底稿索引号	固定资产	20×2年12月31日	20×2年12月31日
C1-1	原值	×××G	×××
C1-1	累计折旧	×××G	×××
	净值	×××T/B∧	×××B∧

表7-5 固定资产明细表（工作底稿索引号：C1-1）（节选）

工作底稿索引号	固定资产	期初余额	本期增加	本期减少	期末余额
	原值				
C1-1-1	1. 房屋建筑物	×××		×××	×××S
C1-1-2	2. 机器设备	×××	×××		×××S
C1-1-3	3. 运输工具	×××			×××S
C1-1-4	4. 其他设备	×××			×××S
	小计	×××B∧	×××∧	×××∧	×××<C1∧
	累计折旧				
C1-1-1	1. 房屋建筑物	×××			×××S
C1-1-2	2. 机器设备	×××	×××		×××S
C1-1-3	3. 运输工具	×××			×××S
C1-1-4	4. 其他设备	×××			×××S
	小计	×××B∧	×××∧	×××∧	×××<C1∧
	净值	×××B∧			×××C1∧

注："∧"为纵加核对相符；"<"为横加核对相符

（6）编制者姓名及编制日期。为了明确责任，在各自完成与特定工作底稿相关的任务之后，编制者和复核者都应在工作底稿上签名并注明编制日期和复核日期。在记录已实施审计程序的性质、时间安排和范围时，注册会计师应当记录：①测试的具体项目或事项的识别特征；②审计工作的执行人员及完成审计工作的日期；③审计工作的复核人员及复核的日期和范围。

在需要项目质量复核的情况下，还需要注明项目质量复核人员及复核的日期。

通常，需要在每一张审计工作底稿上注明执行审计工作的人员和复核人员、完成该项审计工作的日期以及完成复核的日期。

在实务中，如果若干页的审计工作底稿记录同一性质的具体审计程序或事项，并且编制在同一个索引号中，此时可以仅在审计工作底稿的第一页上记录审计工作的执行人员和复核人员并注明日期。例如，应收账款函证核对表的索引号为 L3-1-1/21，相对应的询证函回函共 20 份，每一份应收账款询证函回函索引号以 I3-1-2/21、L3-1-3/21……L3-1-21/21 表示，对于这种情况，就可以仅在应收账款函证核对表上记录审计工作的执行人员和复核人员并注明日期。

五、审计工作底稿的归档

（一）审计工作底稿归档工作的性质

在出具审计报告前，注册会计师应完成所有必要的审计程序，取得充分、适当的审计证据并得出适当的审计结论。由此，在审计报告日后将审计工作底稿归整为最终审计档案是一项事务性的工作，不涉及实施新的审计程序或得出新的结论。

如果在归档期间对审计工作底稿作出的变动属于事务性的，注册会计师可以作出变动，主要包括：①删除或废弃被取代的审计工作底稿；②对审计工作底稿进行分类、整理和交叉索引；③对审计档案归整工作的完成核对表签字认可；④记录在审计报告日前获取的、与项目组相关成员进行讨论并达成一致意见的审计证据。

（二）审计工作底稿的归档期限

注册会计师应当按照会计师事务所质量控制政策和程序的规定，及时将审计工作底稿归整为最终审计档案。审计工作底稿的归档期限为审计报告日后 60 天内。如果注册会计师未能完成审计业务，审计工作底稿的归档期限为审计业务中止后的 60 天内。

如果针对客户的同一财务信息执行不同的委托业务，出具两个或多个不同的报告，会计师事务所应当将其视为不同的业务，根据制定的政策和程序，在规定的归档期限内分别将审计工作底稿归整为最终审计档案。

（三）审计工作底稿归档后的变动

一般情况下，在审计报告归档之后不需要对审计工作底稿进行修改或增加。注册会计师发现有必要修改现有审计工作底稿或增加新的审计工作底稿的情形主要有以下两种。

（1）注册会计师已实施了必要的审计程序，取得了充分、适当的审计证据并得出了恰当的审计结论，但审计工作底稿的记录不够充分。

（2）审计报告日后，发现例外情况要求注册会计师实施新的或追加审计程序，或导致注册会计师得出新的结论。例外情况主要是指审计报告日后发现与已审财务信息相关，且在审计报告日已经存在的事实，该事实如果被注册会计师在审计报告日前获知,可能影响审计报告。

在完成最终审计档案归整工作后,如果注册会计师发现有必要修改现有审计工作底稿或增加新的审计工作底稿,无论修改或增加的性质如何,注册会计师均应当记录:①修改或增加审计工作底稿的理由;②修改或增加审计工作底稿的时间和人员,以及复核的时间和人员。

六、审计工作底稿的保存期限

会计师事务所应当自审计报告日起,对审计工作底稿至少保存10年。如果注册会计师未能完成审计业务,会计师事务所应当自审计业务中止日起,对审计工作底稿至少保存10年。

在完成最终审计档案的归整工作后,注册会计师不应在规定的保存期届满前删除或废弃任何性质的审计工作底稿。

【一问一答】审计工作底稿编制需要注意哪些事项?

第八章

审计重要性与审计风险

第一节 审计重要性

重要性概念的运用贯穿于整个审计过程。如果能够合理预期,某类交易、账户余额和披露中信息的遗漏、错误陈述或含糊表达,可能影响财务报表使用者依据财务报表整体作出的经济决策,则通常认为该类交易、账户余额和披露是重大的。如果重大的交易类别、账户余额和披露未被确定为相关交易类别、账户余额和披露,即注册会计师认为,这些重大的交易类别、账户余额和披露不存在相关认定,则应当评价这样做是否适当。

根据《中国注册会计师审计准则第 1221 号——计划和执行审计工作时的重要性》的要求,在计划审计工作时,注册会计师需要对重要性作出判断,以便为确定风险评估程序的性质、时间安排和范围,识别和评估重大错报风险以及确定进一步审计程序的性质、时间安排和范围提供基础。在评价识别出的错报对审计的影响,以及未更正错报对财务报表的影响时,注册会计师需要根据《中国注册会计师审计准则第 1251 号——评价审计过程中识别出的错报》的要求运用重要性概念。

一、重要性的含义

重要性概念基于成本效益原则的要求而产生。现代企业经济活动的日趋复杂,使海量信息不断产生,目前注册会计师审计只能在对内部控制和风险评估的基础上采用抽查的方法来确认财务报表的合法性和公允性。因此,在审计过程中,注册会计师在确定审计程序的性质、时间和范围,以及评价错报的影响时,应当考虑重要性。

财务报告编制基础通常从编制和列报财务报表的角度阐释重要性概念。财务报告编制基础可能以不同的术语解释重要性,但通常而言,重要性概念可从下列方面进行理解。

（1）如果合理预期错报（包括漏报）单独或汇总起来可能影响财务报表使用者依据财务报表作出的经济决策，则通常认为错报是重大的。错报是指某一财务报表项目的金额、分类、列报或披露，与按照适用的财务报告编制基础应当列示的金额、分类、列报或披露之间存在的差异；或根据注册会计师的判断，为使财务报表在所有重大方面得到公允反映，需要对金额、分类、列报或披露作出的必要调整，错报可能是由错误或舞弊导致的。重要性水平可视为财务报表中的错报、漏报能否影响财务报表使用者经济决策的"临界点"，超过该"临界点"就会影响使用者的判断和决策，这种错报和漏报就应被看作"重要的"。

（2）对重要性的判断是根据具体环境作出的，并受错报的金额或性质的影响，或受两者共同作用的影响。不同的审计对象面临不同的环境。在不同的环境下，被审计单位的规模、性质、报表使用者对信息的需求都不尽相同，因此，注册会计师确定的重要性也不相同。从被审计单位的规模来看，某一金额的错报对一个规模较小的被审计单位的财务报表来说可能重要，而对另一个规模较大的被审计单位的财务报表来说可能就是不重要的。

数额的大小无疑是判断重要性的一个重要因素。同样类型的错报或漏报，金额大的错报比金额小的错报更重要。但是，重要性的评估不能忽视小额错报，一项小额错报单独看可能无足轻重，但如果多次出现，累积起来的影响可能会是重大的，因此，对于多次出现的小额错报，注册会计师也应予以关注。另外，注册会计师可能将低于某一金额的错报界定为明显微小的错报，对这类错报不需要累积，因为注册会计师认为这些错报的汇总数明显不会对财务报表产生重大影响。这些明显微小的错报，无论单独或者汇总起来，无论从规模、性质或其发生的环境来看都是明显微不足道的。但是有些微小错报从金额上看不重要，但从性质上看是重要的，也可能会对财务报表产生重大影响。例如，涉及舞弊或违法行为的错报、可能涉及法律责任后果的错报和影响收益趋势的错报，金额虽小但性质重大，因此，注册会计师在评估重要性时需要综合考虑错报的金额和性质。

（3）判断某事项对财务报表使用者是否重大，是在考虑财务报表使用者整体共同的财务信息需求的基础上作出的。判断一项错报重要与否，主要看其对财务报表使用者依据财务报表作出经济决策的影响程度，在作出判断时，考虑的是财务报表使用者整体共同的财务信息需求，由于不同财务报表使用者对财务信息的需求可能差异很大，故不考虑错报对个别财务报表使用者可能产生的影响。

注册会计师对重要性的确定属于职业判断，受注册会计师对财务报表使用者对财务信息需求的认识的影响。因此就审计而言，注册会计师针对财务报表使用者作出下列假定是合理的：①拥有经营、经济活动和会计方面的适当知识，并有意愿认真研究财务报表中的信息；②理解财务报表是在运用重要性水平基础上编制、列报和审计的；③认可建立在对估计和判断的应用以及对未来事项的考虑的基础上的会计计量具有固有的不确定性；④依据财务报表中的信息作出合理的经济决策。

【一问一答】如何理解重要性水平？

二、重要性的确定

（一）确定计划的重要性水平应考虑的因素

设计审计程序以发现所有仅因其性质而可能被评价为重大的错报并不可行。然而，考虑披露中潜在错报的性质与设计应对重大错报风险的审计程序相关。此外，注册会计师在评价未更正错报对财务报表的影响时，不仅要考虑未更正错报金额的大小，还要考虑未更正错报的性质以及该错报发生的特定环境。

注册会计师应当运用职业判断确定重要性。在计划审计工作时，注册会计师应当确定一个可接受的重要性水平，以发现在金额上重大的错报。此外，注册会计师还应当考虑较小金额错报的累计结果可能对财务报表产生重大影响。

注册会计师在确定计划的重要性水平时，主要考虑以下因素。

1. 被审计单位及其环境的基本情况

被审计单位的行业状况、法律环境与监管环境等其他外部因素，以及被审计单位经营规模的大小和业务性质、对会计政策的选择和应用、被审计单位的目标和战略及相关的经营风险、被审计单位内部控制的可信赖程度等因素，都将影响注册会计师对重要性水平的判断。

2. 审计的目标（包括特定报告要求）

信息使用者的要求等因素影响注册会计师对重要性水平的确定。例如，对特定报表项目进行审计的业务，其重要性水平可能需要以该项目金额，而不是以财务报表的一些汇总性财务数据为基础加以确定。

3. 财务报表各项目的性质及相互关系

财务报表项目的重要程度是存在差别的，因为财务报表使用者对不同的报表项目的关心程度不同。一般而言，财务报表使用者十分关心流动性较高的项目，注册会计师应当对此从严制定重要性水平。由于财务报表各项目之间是相互联系的，注册会计师在确定重要性水平时，需要考虑这种相互联系。

4. 财务报表项目的金额及其波动幅度

财务报表项目的金额及其波动幅度可能促使财务报表使用者作出不同的反应。因此，注册会计师在确定重要性水平时，应当深入研究这些项目的金额及波动幅度。

因为重要性是从报表使用者决策的角度来考虑的，所以，只要是影响预期财务报表使用者决策的因素，都可能对重要性水平产生影响。注册会计师应当在计划阶段充分考虑这些因素，并采用合理的方法，确定重要性水平。

（二）财务报表整体的重要性

在制定总体审计策略时，注册会计师应当确定财务报表整体的重要性。根据被审计单位的特定情况，如果存在一个或多个特定类别的交易、账户余额或披露，其发生的错报金额虽然低于财务报表整体的重要性，但合理预期可能影响财务报表使用者依据财务报表作出的经济决策，注册会计师还应当确定适用于这些交易、账户余额或披露的一个或多个重要性水平。

重要性=适当的基准×百分比

选择适当的基准和百分比是注册会计师运用职业判断的结果。

在确定适当的基准时，注册会计师需要站在财务报表使用者的角度，充分考虑以下因素。

（1）财务报表要素。例如，资产、负债、所有者权益、收入和费用等。

（2）是否存在特定会计主体的财务报表使用者特别关注的项目。例如，为了评价财务业绩，使用者可能更关注利润、收入或净资产。

（3）被审计单位的性质、所处的生命周期阶段以及所处行业和经济环境。

（4）被审计单位的所有权结构和融资方式。例如，如果被审计单位仅通过债务而非权益进行融资，财务报表使用者可能更关注资产及资产的索偿权，而非被审计单位的收益。

（5）基准的相对波动性。注册会计师为被审计单位选择的基准在各年度中通常会保持稳定，但是并非必须保持一贯不变。注册会计师可以根据经济形势、行业状况和被审计单位具体情况的变化，在各年度中作出调整。

以下举例说明一些实务中较为常用的基准，如表8-1所示。

表8-1 实务中常用的重要性水平基准

被审计单位的情况	可能选择的基准
1. 企业的盈利水平保持稳定	经常性业务的税前利润
2. 企业近年来经营状况大幅度波动，盈利和亏损交替发生，或者由正常盈利变为微利或微亏，或者本年度税前利润因情况变化而出现意外增加或减少	过去三到五年经常性业务的平均税前利润或亏损（取绝对值），或其他基准，如营业收入
3. 企业为新设企业，处于开办期，尚未开始经营，目前正在建造厂房及购买机器设备	总资产
4. 企业处于新兴行业，目前侧重于抢占市场份额、扩大企业知名度和影响力	营业收入

续表

被审计单位的情况	可能选择的基准
5. 为某开放式基金，致力于优化投资组合、提高基金净值、为基金持有人创造投资价值	净资产
6. 为某国际企业集团设立的研发中心，主要为集团下属各企业提供研发服务，并以成本加成的方式向相关企业收取费用	成本与营业费用总额
7. 为公益性质的基金会	捐赠收入或捐赠支出总额

在通常情况下，对于以营利为目的的企业，利润可能是大多数财务报表使用者最为关注的财务指标，因此，注册会计师可能会考虑选取经常性业务的税前利润作为基准。但是在某些情况下，如企业处于微利或微亏状态时，采用经常性业务的税前利润为基准确定重要性可能影响审计的效率和效果。注册会计师可以考虑采用以下方法确定基准。

（1）如果微利或微亏状态是由宏观经济环境的波动或企业自身经营的周期性所导致，可以考虑采用过去三到五年经常性业务的平均税前利润作为基准。

（2）采用财务报表使用者关注的其他财务指标作为基准，如营业收入、总资产等。

确定特定类别重要性时应考虑的影响因素如表 8-2 所示。

表 8-2　确定特定类别重要性时应考虑的影响因素

影响因素	举例
法律法规或适用的财务报告编制基础是否影响财务报表使用者对特定项目计量或披露的预期	1. 关联方交易 2. 管理层和治理层的薪酬
与被审计单位所处行业相关的关键性披露	制药企业的研究与开发成本
财务报表使用者是否特别关注财务报表中单独披露的业务的特定方面	新收购的业务

注册会计师为被审计单位选择的基准在各年度中通常会保持稳定，但是并非必须保持一成不变。注册会计师可以根据经济形势、行业状况和被审计单位具体情况的变化对采用的基准作出调整。例如，对于处在新设立阶段的被审计单位可能采用总资产作为基准，对于处在成长期的被审计单位可能采用营业收入作为基准，对于进入经营成熟期的被审计单位可能采用经常性业务的税前利润作为基准。

百分比和选定的基准之间存在一定的联系，如经常性业务的税前利润对应的百分比通常比营业收入对应的百分比要高。例如，对以营利为目的的制造业企业，注册会计师可能认为经常性业务税前利润的 5% 是适当的；对非营利组织，注册会计师可能认为收入总额或费用总额的 1% 是适当的。百分比无论是高一些还是低一些，只要符合具体情况，都是适当的。

在确定百分比时，除了考虑被审计单位是否为上市公司或公众利益实体外，其他因素也会影响注册会计师对百分比的选择，这些因素包括但不限于：

（1）财务报表是否分发给广大范围的使用者。

（2）被审计单位是否由集团内部关联方提供融资或是否有大额对外融资（如债券或银行贷款）。

（3）财务报表使用者是否对基准数据特别敏感（如特殊目的财务报表的使用者）。

注册会计师应当在审计工作底稿中充分记录在选定基准和百分比时所考虑的因素，作为支持其作出的职业判断的依据。

（三）实际执行的重要性

实际执行的重要性是指注册会计师确定的低于财务报表整体的重要性的一个或多个金额，旨在将未更正和未发现错报的汇总数超过财务报表整体的重要性的可能性降至适当的低水平。

在计划审计工作时，注册会计师可能根据实际执行的重要性确定需要对哪些类型的交易、账户余额和披露实施进一步审计程序，即通常选取金额超过实际执行的重要性的财务报表项目。

在确定进一步审计程序的性质、时间安排和范围时也可考虑运用实际执行的重要性。例如，在实施实质性分析程序时，注册会计师确定的已记录金额与预期值之间的可接受差异额通常不超过实际执行的重要性；在运用审计抽样实施细节测试时，注册会计师可以将可容忍错报的金额设定为等于或低于实际执行的重要性。

确定实际执行的重要性并非简单机械的计算，需要注册会计师运用职业判断，并考虑下列因素的影响：①对被审计单位的了解；②前期审计工作中识别出的错报的性质和范围；③根据前期识别出的错报对本期错报作出的预期。

实际执行的重要性由财务报表整体的重要性乘以一个百分比确定，这个百分比设定为 50%~75%，当评估的重大错报风险较高时，采用较低即接近于 50% 的百分比；反之，采用较高即接近于 75% 的百分比。

如果存在下列情况，注册会计师可能考虑选择较低的百分比（如 50%）来确定实际执行的重要性。

（1）首次接受委托的审计项目。

（2）连续审计项目，以前年度审计调整较多。

（3）项目总体风险较高，如处于高风险行业、管理层能力欠缺、面临较大市场竞争压力或业绩压力等。

（4）存在或预期存在值得关注的内部控制缺陷。

如果存在下列情况，注册会计师可能考虑选择较高的百分比（如 75%）来确定实际执行的重要性。

（1）连续审计项目，以前年度审计调整较少。

（2）项目总体风险为低到中等，如处于非高风险行业、管理层有足够能力、面临较低的业绩压力等。

（3）以前期间的审计经验表明内部控制运行有效。

审计准则要求注册会计师无须通过将财务报表整体的重要性平均分配或按比例分配

至各个报表项目的方法来确定实际执行的重要性,而是根据对报表项目的风险评估结果,确定一个或多个实际执行的重要性。例如,对以前年度审计调整较少的连续审计项目,注册会计师认为可以采用较高即接近于75%的百分比,为大多数报表项目确定实际执行的重要性;当与收入确认相关的内部控制环境薄弱或存在缺陷时,表明收入存在重大错报风险的可能性较高,则应采用较低即接近于50%的百分比,从而针对高风险领域执行更多的审计工作。

注册会计师应当在审计工作底稿中充分记录在确定实际执行的重要性时所作出的职业判断的依据。

【一问一答】财务报表整体层次的重要性水平等于各账户或认定的重要性水平之和吗?

三、重要性与审计风险的关系及对审计程序的影响

(一)重要性与审计风险的关系

重要性与审计风险之间存在反向关系。重要性水平越高,审计风险越低;重要性水平越低,审计风险越高。注册会计师在确定审计程序的性质、时间安排和范围时应当考虑这种反向关系。重要性水平与审计证据的数量之间也存在反向的关系。一般而言,重要性水平越低,所需收集的审计证据越多;重要性水平越高,所需收集的审计证据越少。

(二)重要性对审计程序的影响

1. 在计划审计工作阶段

在计划审计工作时,注册会计师需要对认为重大的错报金额作出判断。同时注册会计师根据作出的判断,确定风险评估程序的性质、时间安排和范围,识别和评估重大错报风险,以及确定进一步审计程序的性质、时间安排和范围。

2. 在审计执行阶段

在审计执行阶段,注册会计师应当确定实际执行的重要性水平,以评估重大错报风险并确定进一步审计程序的性质、时间安排和范围。

3. 在评价审计结果阶段

评价审计结果时所运用的重要性水平,可能与编制审计计划时所确定的计划的重要性水平不同。如果在审计过程中获知了某项信息，而该信息可能导致注册会计师确定与原来不同的金额，注册会计师应当修改财务报表层次的重要性水平，如前者大大低于后者，注册会计师应当修改实际执行的重要性水平，重新评估重大错报风险并重新确定进一步审计程序的性质时间安排和范围。

【一问一答】为什么注册会计师在审计过程中要考虑重要性概念？

四、评价错报的影响

注册会计师评价审计过程中累积的错报的影响以及与管理层和治理层沟通错报事项，将错报区分为事实错报、判断错报和推断错报。事实错报是毋庸置疑的错报；判断错报是由于注册会计师认为管理层对会计估计作出不合理的判断或不恰当地选择和运用会计政策而导致的差异；推断错报是注册会计师对总体存在的错报作出的最佳估计数，涉及根据在审计样本中识别出的错报来推断总体的错报。

《中国注册会计师审计准则第1251号——评价审计过程中识别出的错报》规范了注册会计师评价识别出的错报对审计的影响以及未更正错报对财务报表的影响。

（一）评价识别出的错报对审计的影响

注册会计师应当累积审计过程中识别出的错报，除非错报明显微小。注册会计师需要在制订审计计划时预先设定明显微小错报的临界值，明显微小错报的临界值可以确定为财务报表整体重要性的3%~5%，也可能低一些或高一些，但通常不超过财务报表整体重要性的10%，除非注册会计师认为有必要单独为重分类错报确定一个更高的临界值。如果注册会计师不确定一个或多个错报是否明显微小，就不能认为这些错报是明显微小的。

确定该临界值需要注册会计师运用职业判断。在确定明显微小错报的临界值时，注册会计师可能考虑以下因素。

（1）以前年度审计中识别出的错报（包括已更正和未更正错报）的数量和金额。
（2）重大错报风险的评估结果。
（3）被审计单位治理层和管理层对注册会计师与其沟通错报的期望。
（4）被审计单位的财务指标是否勉强达到监管机构的要求或投资者的期望。

注册会计师对上述因素的考虑，实际上是在确定审计过程中对错报的过滤程度。注册会计师的目标是要确保不累积的错报（即低于临界值的错报）连同累积的未更正错报不会汇总成为重大错报。

错报可能不会孤立发生，一项错报的发生还可能表明存在其他错报。例如，注册会计师识别出由于内部控制失效而导致的错报，或被审计单位广泛运用不恰当的假设或评估方法而导致的错报，均可能表明还存在其他错报。

注册会计师还应随着审计工作的推进考虑已识别出的错报对审计的影响。如果出现下列情况，注册会计师应当确定是否需要修改总体审计策略和具体审计计划：①识别出的错报的性质以及错报发生的环境表明可能存在其他错报，并且可能存在的其他错报与审计过程中累积的错报合计起来可能是重大的；②审计过程中累积的错报合计数接近按照审计准则的规定确定的重要性水平。

除非法律法规禁止，注册会计师应当及时将审计过程中累积的所有错报与适当层级的管理层进行沟通，还应当要求管理层更正这些错报。管理层更正所有错报（包括注册会计师通报的错报），能够保持会计账簿和记录的准确性，降低由于与本期相关的、非重大的且尚未更正的错报的累积影响而导致未来期间财务报表出现重大错报的风险。

如果管理层应注册会计师的要求，检查了某类交易、账户余额或披露并更正了已发现的错报，注册会计师应当实施追加的审计程序，以确定错报是否仍然存在。

如果管理层拒绝更正沟通的部分或全部错报，注册会计师应当了解管理层不更正错报的理由，并在评价财务报表整体是否不存在重大错报时考虑该理由。

（二）评价未更正错报对财务报表的影响

未更正错报是指注册会计师在审计过程中累积的且未被审计单位更正的错报。注册会计师应当确定未更正错报单独或汇总起来是否重大。在确定时，注册会计师应当考虑的因素包括：①相对特定类别的交易、账户余额或列报以及财务报表整体而言，错报的金额和性质以及错报发生的特定环境；②与以前期间相关的未更正错报对相关类别的交易、账户余额或列报以及财务报表整体的影响。

注册会计师在评价未更正错报是否重大时，除考虑未更正错报单独或连同其他未更正错报是否超过财务报表整体的重要性（即定量因素）外，还要考虑错报性质以及错报发生的特定环境（即定性因素），并综合评价没有对未更正错报作出调整的财务报表整体是否仍然能够实现公允反映。

确定一项分类错报是否重大，需要进行定性评估。例如，注册会计师识别出某项应付账款误计入其他应付款的错报，金额超过财务报表整体的重要性。由于该错报不影响经营业绩和关键财务指标，注册会计师认为该项错报不重大。再如，被审计单位没有及时将资产负债表日已达到可使用状态的在建工程转入固定资产，金额超过财务报表整体的重要性，相关折旧金额较小。注册会计师在考虑相关定性因素之后，认为该错报对固定资产账户余额及财务报表整体均不产生重大影响，认为该项错报不是重大错报。

在某些情况下，即使某些错报低于财务报表整体的重要性，但因与这些错报相关的某些情况，在将其单独或连同在审计过程中累积的其他错报一并考虑时，注册会计师也可能将这些错报评价为重大错报。例如,某项错报的金额虽然低于财务报表整体的重要性,但对被审计单位的盈亏状况有决定性的影响,注册会计师应认为该项错报是重大错报。

此外,即使某些错报低于财务报表整体的重要性,但将其单独或连同在审计过程中累积的其他错报一并考虑时,也可能将这些错报评价为重大错报。可能影响评价的情况包括:

(1) 错报对遵守监管要求的影响程度。

(2) 错报对遵守债务合同或其他合同条款的影响程度。

(3) 错报与会计政策的不正确选择或运用相关,这些会计政策的不正确选择或运用对当期财务报表不产生重大影响,但可能对未来期间财务报表产生重大影响。

(4) 错报掩盖收益的变化或其他趋势的程度(尤其是在结合宏观经济背景和行业状况进行考虑时)。

(5) 错报对用于评价被审计单位财务状况、经营成果或现金流量的有关比率的影响程度。

(6) 错报对财务报表中列报的分部信息的影响程度。例如,错报事项对某一分部或对被审计单位的经营或盈利能力有重大影响的其他组成部分的重要程度。

(7) 错报对增加管理层薪酬的影响程度。例如,管理层通过达到有关奖金或其他激励政策规定的要求以增加薪酬。

(8) 相对于注册会计师所了解的以前向财务报表使用者传达的信息(如盈利预测),错报是重大的。

(9) 错报对涉及特定机构或人员的项目的相关程度。例如,与被审计单位发生交易的外部机构或人员是否与管理层成员有关联。

(10) 错报涉及对某些信息的遗漏,尽管适用的财务报告编制基础未对这些信息作出明确规定,但是注册会计师根据职业判断认为这些信息对财务报表使用者了解被审计单位的财务状况、经营成果或现金流量是重要的。

(11) 错报对将在被审计单位年度报告中包含的其他信息的影响程度,这些其他信息被合理预期可能影响财务报表使用者作出的经济决策等。

除非法律法规禁止,注册会计师应当与治理层沟通未更正错报,以及这些错报单独或汇总起来可能对审计意见产生的影响。

【一问一答】扩大审计程序范围与追加审计程序的适用前提是什么?

【审计案例】审计的重要性

第二节　审计风险

一、审计风险的含义及特征

（一）审计风险的含义

审计风险是指当财务报表存在重大错报时，注册会计师发表不恰当审计意见的风险。合理保证意味着审计风险始终存在，注册会计师应当通过计划和实施审计工作，获取充分、适当的审计证据，将审计风险降至可接受的低水平。但审计风险并不包括财务报表不存在重大错报，而注册会计师错误地发表了财务报表含有重大错报的审计意见的风险。

【一问一答】审计风险与经营风险的区别是什么？

（二）审计风险的特征

1. 审计风险的客观性

由于审计的固有限制，即使注册会计师按照审计准则的规定恰当计划和实施了审计工作，也不可避免地存在财务报表中存在重大错报风险而未被发现的风险。审计风险是客观存在的，无法完全消除，这是由财务报表的性质、审计程序的性质及要求以合理时间合理成本完成审计工作的要求造成的，在审计过程中只能采取一些手段将审计风险降低至可接受的低水平，如增加审计程序的不可预见性、扩大审计抽样的样本规模等。

2. 审计风险的普遍性

虽然审计风险往往通过最后的审计结论与预期的偏差表现出来，但这种偏差是由多方面因素引起的,审计工作的每一个环节都可能导致审计风险。因此,审计风险具有普遍性,它存在于审计工作的每一个环节,任何环节一个微小的失误都可能导致审计风险,都会增加审计风险,所以对于审计风险的控制应贯穿审计全程。

3. 审计风险的可控性

审计风险无法完全消除,但在审计工作中可以采取一些手段应对,以将审计风险降低至可接受的低水平。例如,对以前审计期间未测试过的控制在本期进行测试、对以前未纳入盘点范围的仓库实施监盘程序、扩大审计抽样中的样本规模等。

二、审计风险模型

审计风险取决于重大错报风险和检查风险。注册会计师应当实施审计程序,评估重大错报风险,并根据评估结果设计和实施进一步审计程序,以控制检查风险。

(一)重大错报风险

重大错报风险是指财务报表在审计前存在重大错报的可能性。在设计审计程序以确定财务报表整体是否存在重大错报时,注册会计师应当从财务报表层次和认定层次两方面考虑重大错报风险。

1. 财务报表层次的重大错报风险

财务报表层次重大错报风险与财务报表整体存在广泛联系,它可能影响多项认定。此类风险通常与控制环境有关,如管理层缺乏诚信、治理层形同虚设而不能对管理层进行有效监督等,但也可能与其他因素有关,如经济萧条、企业所在行业处于衰退期。此类风险难以被界定于某类交易、账户余额、列报的具体认定;相反,此类风险增大了一个或多个不同认定发生重大错报的可能性,与舞弊导致的特别风险相关。

注册会计师应当关注财务报表的重大错报,但没有责任发现对财务报表整体不产生重大影响的错报。另外,注册会计师还应考虑已识别但未更正的单个或累计的错报是否对财务报表整体产生重大影响。

在设计审计程序以确定财务报表整体是否存在重大错报时,注册会计师应当从财务报表层次和各类交易、账户余额、列报(包括披露,下同)认定层次考虑重大错报风险,并根据评估结果确定总体应对措施,包括向项目组派更有经验或具有特殊技能的审计人员、利用专家的工作或提供更多的督导等。财务报表层次重大错报风险通常与控制环境有关,并与财务报表整体存在广泛联系,可能影响多项认定,但难以界定于某类交易、账户余额、列报的具体认定。

2. 认定层次的重大错报风险

注册会计师应当评估认定层次的重大错报风险,并根据既定的审计风险水平和评估的认定层次重大错报风险确定可接受的检查风险水平。认定层次的重大错报风险由固有风险和控制风险两部分组成。

固有风险是指在考虑相关的内部控制之前，某类交易、账户余额或列报的某一认定易于发生错报（该错报单独或连同其他错报可能是重大的）的可能性。固有风险是客观存在的，存在于报表层和各交易、账户余额、列报认定层。固有风险因素可以是定性的，也可以是定量的。固有风险因素包括事项或情况的复杂性、主观性、变化、不确定性，以及管理层偏向和其他舞弊风险因素。

控制风险是指某类交易、账户余额或列报的某一认定发生错报，该错报单独或连同其他错报可能是重大的，但没有被内部控制及时防止或发现并纠正的风险。控制风险是客观存在的，控制风险的高低取决于被审计单位内控制度设计的合理性和执行的有效性。建立、健全内部控制制度是被审计单位的会计责任。

认定层次的重大错报风险通常与一项或几项认定相关。例如，技术进步或竞争对手推出新产品可能导致某项产品陈旧，进而出现存货跌价准备的计提不充分的风险（计价与分摊认定）；财务人员对新金融工具准则实务运用得不熟悉，可能导致相关金融资产或金融负债的分类错报（分类及列报认定）。注册会计师应当考虑各类交易、账户余额、列报认定层次的重大错报风险，以便于针对认定层次计划和实施进一步审计程序。

（二）检查风险

检查风险是指如果存在某一错报，该错报单独或连同其他错报可能是重大的，注册会计师为将审计风险降至可接受的低水平而实施程序后没有发现这种错报的风险。

检查风险不可能降低为零，检查风险取决于审计程序设计的合理性和执行的有效性。注册会计师应当合理设计审计程序的性质、时间和范围，并有效执行审计程序，以控制检查风险。

（三）审计风险各要素之间的关系

审计风险、重大错报风险和检查风险之间的关系用模型表示为：

审计风险=重大错报风险×检查风险

审计风险各要素之间的关系示意图如图 8-1 所示。

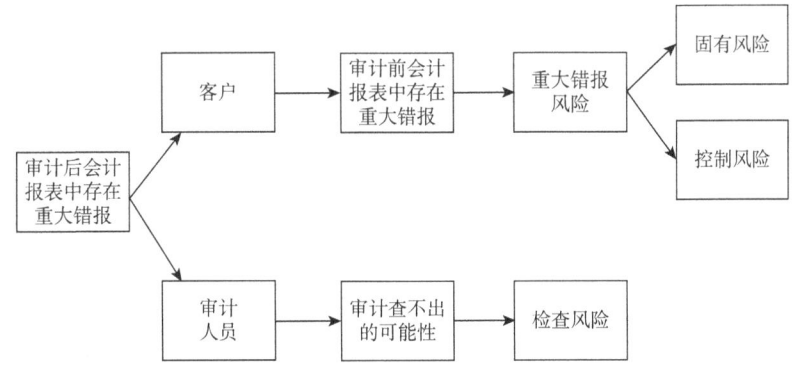

图 8-1　审计风险各要素之间的关系示意图

此模型中，注册会计师审计的重点之一就是了解被审计单位环境，评估重大错报风险，据此实施进一步审计程序，更能体现风险导向审计的理念。

在既定的审计风险水平下，可接受的检查风险水平与认定层次重大错报风险的评估结果呈反向关系。一般而言，评估的重大错报风险越高，可接受的检查风险越低；评估的重大错报风险越低，可接受的检查风险越高。

同样，在既定的重大错报风险水平下，可接受的审计风险与可接受的检查风险水平呈正向关系。一般而言，注册会计师可以接受的审计风险越高，可以接受的检查风险水平就越高；反之，注册会计师可以接受的审计风险越低，可以接受的检查风险水平就越低。

【扩展阅读】 从理论模型看高质量审计实现路径

三、审计风险与重要性和审计证据之间的关系

（一）审计风险与重要性之间的关系

重要性与审计风险相关，注册会计师应当合理确定重要性水平。一般来说，审计风险与重要性之间存在反向关系。重要性水平越高，审计风险越低；重要性水平越低，审计风险越高。注册会计师在确定审计程序的性质、时间安排和范围时应当考虑这种反向关系。例如，在确定审计程序后，如果注册会计师决定接受更低的重要性水平，审计风险将增加。注册会计师应当选用下列方法将审计风险降至可接受的低水平。

（1）如有可能，通过扩大控制测试范围或实施追加的控制测试，降低评估的重大错报风险，并支持降低后的重大错报风险水平。

（2）通过修改拟实施的实质性程序的性质、时间安排和范围，降低检查风险。

由于重要性与审计风险的这种关系只有在客观、准确确定重要性的前提下才会成立，故而注册会计师不能通过不合理地人为调高重要性水平来降低审计风险。因为重要性是依据重要性概念中所述的判断标准客观确定的，而不是由主观期望的审计风险水平决定的。由于重要性和审计风险存在上述反向关系，而且这种关系对注册会计师将要执行的审计程序的性质、时间安排和范围有直接的影响，因此，注册会计师应当综合考虑各种因素，合理确定重要性水平。

注册会计师应当关注财务报表的重大错报，但没有责任发现对财务报表整体不产生重大影响的错报。注册会计师应当考虑已识别但未更正的单个或累积的错报是否对财务报表整体产生重大影响。

【一问一答】扩大审计程序范围与追加审计程序的区别是什么？

（二）审计风险与审计证据之间的关系

评估的重大错报风险与所需收集的审计证据的数量存在正向关系。一般而言，评估的重大错报风险越高，需要收集的审计证据就越多；评估的重大错报风险越低，所需收集的审计证据越少。

此外，评估的重大错报风险与注册会计师可以接受的检查风险水平不同。可以接受的检查风险水平与审计证据之间存在的是反向关系。一般而言，对于同一个审计客户，可以接受的检查风险水平越高，所需收集的审计证据越少；可以接受的检查风险水平越低，所需收集的审计证据越多。

因此，为了获取合理保证，注册会计师应当获取充分、适当的审计证据，以将检查风险降至可接受的低水平，从而能够得出合理的结论，作为形成审计意见的基础。

在确定证据收集程序的性质、时间和范围，评估鉴证对象信息是否不存在错报时，注册会计师应当考虑重要性。此时，注册会计师应当了解并评估哪些因素可能会影响预期使用者的决策，并且综合数量和性质因素考虑重要性。在具体业务中评估重要性以及数量和性质因素的相对重要程度，需要注册会计师运用职业判断。审计风险与重要性和审计证据之间的关系如图8-2所示。

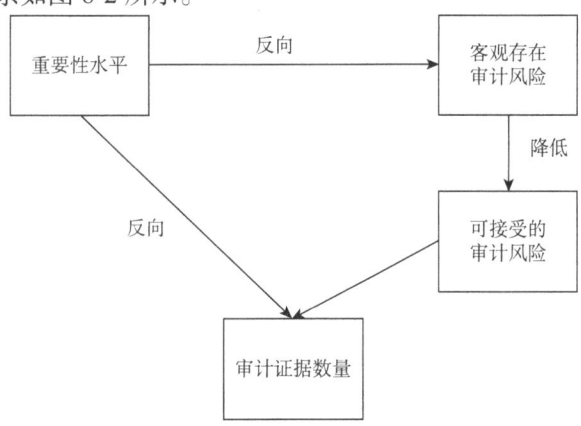

图 8-2 审计风险与重要性和审计证据之间的关系

思考题

1. 如何理解审计重要性的概念？在审计工作中如何确定重要性水平？
2. 如何理解审计风险？审计风险模型是什么？

第九章

接受业务委托与计划审计工作

【扩展阅读】

多家审计机构拒接康得新

康得新复合材料集团股份有限公司（简称康得新），在2020年3月10日召开的第四届董事会第十四次会议上，拟将公司2019年度审计机构变更为公证天业会计师事务所（特殊普通合伙）（简称公证天业），为公司2019年度审计及内部控制审计机构，并提请股东大会授权公司管理层根据行业标准和公司审计的实际工作情况确定审计费用。至此，康得新终于找到了审计机构！

消息一出，引起了市场的广泛关注。在找到公证天业前，康得新曾因一度找不到审计机构而向监管部门求助。根据深圳证券交易所的规定，如果上市公司不能按时提交年审报告，就可能遭到暂停上市、强制退市的处罚，公司高层还将面临大额罚款。康得新为寻觅2019年度审计及内部控制审计机构一波三折。康得新在2019年10月22日召开的第四届董事会第十一次会议上，拟将公司2019年度审计机构变更为容诚会计师事务所（特殊普通合伙），为公司2019年度审计及内部控制审计机构，但后来又被解约。之后康得新动用了一切资源多方寻找新的会计师事务所，联系了包括上海、安徽、无锡、南京、深圳等地在内的多家审计机构，但鉴于康得新的特殊情况，多家审计机构都拒绝承接康得新的审计业务。

资料来源：康得新复合材料集团股份有限公司关于拟变更会计师事务所的公告. http://static.cninfo.com.cn/finalpage/2020-03-11/1207360226.PDF

上述案例中，为什么没有一家审计机构愿意承接康得新的业务呢？会计师事务所和注册会计师在接受一项审计业务委托时，会考虑哪些因素呢？在接受业务委托后，又该如何制订审计计划以将审计风险降至可接受的低水平呢？

计划审计工作是注册会计师审计工作的第一步，也是整个审计工作的基础和依据。在这个阶段，注册会计师需要完成两方面的工作：一是开展初步业务活动，二是制定总体审计策略和具体审计计划。

第一节 初步业务活动

开展计划审计工作时，为确保注册会计师已具备执行业务所需要的独立性和专业胜任能力、不存在因管理层诚信问题而影响注册会计师保持该项业务意愿的情况、与被审计单位不存在对业务约定条款的误解，注册会计师应当在本期审计业务开始时开展下列初步业务活动。

（1）按照《中国注册会计师审计准则第1121号——对财务报表审计实施的质量管理》的规定，针对客户关系和审计业务的接受与保持，实施相应的程序。

（2）按照《中国注册会计师审计准则第1121号——对财务报表审计实施的质量管理》的规定，评价遵守相关职业道德要求（包括独立性要求）的情况。

（3）按照《中国注册会计师审计准则第1111号——就审计业务约定条款达成一致意见》的规定，就审计业务约定条款与被审计单位达成一致意见。

由于在审计工作中情况会发生变化，注册会计师对上述第（1）项和第（2）项的考虑应当贯穿审计业务的全过程。

在计划审计工作阶段，注册会计师首先需要作出是否接受新客户或保持老客户的决策。这一决策对于未来审计风险的大小和会计师事务所及审计人员可能需承担的法律责任来说至关重要，因此，注册会计师在决定是否接受客户的业务委托时，需要进行初步业务活动、制订审计计划，以充分考虑是否承接一项审计业务。

一、客户关系和审计业务的接受与保持

（一）业务承接的定义及目标

初步业务活动是指注册会计师在本期审计业务开始时开展的有利于计划和执行审计工作，为了实现审计目标的活动的总称。业务承接阶段指的是会计师事务所从与客户接触、洽谈到最终签订审计合约这一过程。

在接受委托前，注册会计师应当初步了解业务环境。业务环境包括业务约定事项、鉴证对象特征、使用的标准、预期使用者的需求、责任方及其环境的相关特征，以及可能对鉴证业务产生重大影响的事项、交易、条件和惯例等其他事项。

在初步了解业务环境后，只有认为符合独立性和专业胜任能力等相关职业德规范的要求，并且拟承接的业务具备下列所有特征，注册会计师才能将其作为鉴证业务予以承接。

（1）鉴证对象适当。

（2）使用的标准适当且预期使用者能够获取该标准。

（3）注册会计师能够获取充分、适当的证据以支持其结论。

（4）注册会计师的结论以书面报告形式表述，且表述形式与所提供的保证程度相适应。

（5）该业务具有合理的目的。如果鉴证业务的工作范围受到重大限制，或委托人试图将注册会计师的名字和鉴证对象不适当地联系在一起，则该业务可能不具有合理的目的。

当拟承接的业务不具备上述鉴证业务的所有特征，不能将其作为鉴证业务予以承接时，注册会计师可以提请委托人将其作为非鉴证业务（如商定程序、代编财务信息、管理咨询、税务服务等相关服务业务），以满足预期使用者的需要。

业务承接主要有以下两大目标。

1. 审查目标客户，明确是否承接业务

会计师事务所在确定接受客户的委托、签订业务约定书前，应先对客户的基本情况进行调查和相关评估，确定是否可以接受该项委托。会计师事务所应当制定有关客户关系和具体业务接受与保持的政策和程序，只有在已考虑了客户的诚信且没有信息表明客户缺乏诚信，并且事务所能够胜任该项业务并具有执行业务必要的素质、时间和资源以及能够遵守相关职业道德要求的条件下才能接受或保持客户关系和具体业务。

2. 说服客户聘用会计师事务所

在业务承接阶段对审计客户的评估，一方面有利于注册会计师增强对审计客户公司性质、业务范围、经营状况、经营风险、所处行业环境等方面的了解，增加行业知识；另一方面有助于会计师事务所评估自身所具备的专业胜任能力以及执行审计业务所需的时间、资源等，增加会计师事务所在招投标过程中的竞争力，说服客户聘用会计师事务所及注册会计师。

【一问一答】不应该承接哪些客户的审计委托？

（二）审计师执业风险

在业务承接阶段进行初步业务活动的另一个重要目的是审慎评估审计师执业过程中可能存在的执业风险，以明确会计师事务所及注册会计师在接受业务委托后是否能有效应对执业风险。审计师执业风险包含审计风险和履约风险。

审计师执业风险、审计风险与履约风险三者之间的关系可以大致表述为如下形式：

注册会计师执业风险=审计风险+履约风险

履约风险主要体现为会计师事务所在执行审计业务过程中或完成审计业务后，客户存在的不诚信行为、舞弊或财务造假、违法违规行为等，致使会计师事务所无法收到审计费用甚至是名誉受损。注册会计师在考虑是否接受业务委托时还应当考虑一些特别的因素。例如，被审计单位是否存在或可能发生违法违规的行为、是否面临某些无法解决的特殊风险、是否正陷入某些重大经济纠纷或正在接受主管机构或政府部门的调查等。上述需要特别考虑的因素可能会带来履约风险，因此在接受业务委托时也必须慎重考虑。

审计风险是指当财务报表存在重大错报时，注册会计师发表不恰当审计意见的可能性，第八章详细介绍了审计风险的相关概念。

（三）相关政策及程序

注册会计师开展初步业务活动，有助于注册会计师提前识别客户可能存在的会对接下来的审计工作产生不利影响的事项或情况，有助于注册会计师审慎考虑接受此项审计业务是否可能带来无法接受的审计风险。

会计师事务所制定的相关政策和程序如下。

（1）在接受新客户前，或者决定是否保持现有业务和考虑接受现有客户的新业务时，会计师事务所需根据具体情况获取必要的信息。

会计师事务所在扩大业务广泛吸收客户的同时，要审慎评估潜在客户的基本情况，了解被审计单位及其所在行业和经济环境的情况，如业务性质、经营规模和组织结构；经营情况和经营风险；以前年度接受审计的情况；客户的诚信情况；财务会计机构及工作组织；厂房、设备及办公场所；其他与签订业务约定书相关的情况等。审计准则规定，注册会计师应当了解被审计单位及其环境，包括：①行业状况、法律环境与监管环境以及其他外部因素；②被审计单位的性质；③被审计单位对会计政策的选择和运用；④被审计单位的目标、战略以及相关经营风险；⑤被审计单位财务业绩的衡量和评价；⑥被审计单位的内部控制。在了解被审计单位及其环境后，有利于注册会计师进一步确定是否接受业务委托，也有利于计划下一步的审计工作。

（2）在接受新客户或现有客户的新业务时，如果识别出潜在的利益冲突，会计师事务所需确定接受该业务是否恰当。

（3）当识别出问题而又决定接受或保持客户关系时，会计师事务所应记录问题是如何解决的。

如果审计项目组在接受或保持某项客户关系或审计业务后获知了某些信息，并且，如果这些信息在接受或保持之前获知，可能会导致会计师事务所拒绝接受或保持该客户关系或审计业务，则注册会计师应当遵循会计师事务所制定的针对保持客户关系和具体业务实施质量控制程序，考虑适用于这种情况的职业责任及法律责任，是否有必要向委托方或监管机构报告，是否存在解除业务约定或同时解除业务约定和客户关系的可能。

二、评价遵守相关职业道德规范的情况

我国审计职业道德准则要求注册会计师及会计师事务所不得承接不能胜任或不能按时完成的业务,并要求注册会计师评价自身遵守职业道德规范的情况(包括独立性要求)。因此,注册会计师及会计师事务所在考虑接受或保持客户关系及具体审计业务时,也要评价自身的基本情况,包括考虑能否遵守相关职业道德要求和考虑是否具备执行业务的必要素质、专业胜任能力、时间和资源等。

(一)能否遵守相关职业道德要求(包括独立性要求)

相关职业道德规范要求审计人员恪守诚信、独立性、客观和公正的原则,保持专业胜任能力和应有的关注,并对审计过程中获知的信息保密。其中,独立性是注册会计师执业的灵魂和基石。注册会计师独立性包括实质上的独立和形式上的独立。

《质量控制准则第 5101 号——会计师事务所对执行财务报表审计和审阅其他鉴证和相关服务业务实施的质量控制》要求会计师事务所应当制定政策和程序,以合理保证会计师事务所及其人员遵守相关职业道德要求,以及合理保证会计师事务所及其人员和其他受独立性要求约束的人员(包括网络事务所的人员),保持相关职业道德规范规定的独立性。例如,会计师事务所应当每年至少一次向所有需要按照相关职业道规范保持独立性的人员获取其遵守独立性政策和程序的书面确认函。这些政策和程序目的在于确保:①会计师事务所能够向会计师事务所人员以及其他受独立性要求的人员传达独立性要求;②会计师事务所能够识别和评价对独立性产生不利影响的情形,并采取适当的行动消除这些不利影响或通过采取防范措施将其降至可接受的水平,或如果认为适当,在法律法规允许的情况下解除业务约定。

(二)是否具备执行业务的必要素质、专业胜任能力、时间和资源

审计项目组只有在确保具备执行业务的必要素质、专业胜任能力、足够的时间和资源时,才能接受业务委托。专业胜任能力要求审计项目组成员具有相关专业知识、职业技能、职业价值观、道德与态度,能够胜任所承接的业务。如果注册会计师不能胜任或没有足够的时间和资源按时完成客户委托的业务,则应拒绝承接此项业务,否则实质上会构成欺诈。此外,注册会计师在审计过程中,有时可以考虑能否获得计算机专业技术、法律、工程等方面专家的协助,以便解决在审计过程中遇到的除会计和审计以外的、专业性强、复杂性高的特殊问题。但是注册会计师在考虑利用专家的工作时,也应当评价专家的专业胜任能力和独立性。

三、就审计业务约定条款达成一致

在承接或保持审计业务前,注册会计师应当实施下列工作:①确定审计的前提条件存在;②确认与管理层和治理层(如适用)就审计业务约定条款达成一致意见。

《中国注册会计师审计准则第1111号——就审计业务约定条款达成一致意见》规定，审计的前提条件是指管理层在编制财务报表时采用可接受的财务报告编制基础，以及管理层对注册会计师执行审计工作的前提的认同。为了确定审计的前提条件是否存在，注册会计师应当确定管理层在编制财务报表时采用的财务报告编制基础是否是可接受的，以及管理层认可并理解其责任与管理层达成一致意见。确定审计的前提条件要求注册会计师评价是否同时满足以下两个前提条件，如果不能同时满足，则注册会计师不能承接此业务。

（一）存在可接受的财务报告编制基础

财务报表包括资产负债表、利润表、现金流量表、所有者权益变动表和附注。财务报告编制基础要求：以持续经营为基础；报表项目各个会计期间保持一致，不得随意变更；根据重要性原则编制；收入和费用项目不能相互抵消；至少提供两年的报表可比数据；在报表显著位置披露有关内容；企业至少应当按年编制财务报告。注册会计师在确定财务报告编制基础的可接受性时应考虑的因素包括：

（1）被审计单位的性质。
（2）财务报表的目的（包括通用目的编制基础和特殊目的编制基础）。
（3）财务报表的性质。
（4）法律法规是否规定了适用的财务报告编制基础。

其中，通用目的编制基础对应通用目的财务报表，旨在满足广大财务报表使用者共同的财务信息需求，主要依据企业会计准则和相关会计制度进行编制；特殊目的编制基础对应特殊目的财务报表，旨在满足财务报表特定使用者对财务信息的需求，一般依据计税核算基础、监管机构的报告要求、合同的约定等进行编制。所以，在对特殊目的财务报表审计时，注册会计师还应当了解财务报表的特殊编制目的、预期特定使用者以及管理层为确定财务报告编制基础在具体情况下的可接受性所采取的措施。

（二）管理层认可并理解其承担的三项责任

管理层认可并理解其承担的三项责任（已在第六章第二节做了详细说明）是执行审计工作的前提。

在执行审计工作前，注册会计师应当要求管理层提供书面声明，确认其根据审计业务约定条款，履行了按照适用的财务报告编制基础编制财务报表并使其实现公允反映（如适用）的责任。如果管理层不认可其责任或不同意提供书面声明，则认为不满足审计的前提条件，注册会计师承接此类业务是不恰当的。如果法律法规要求承接此类业务，则注册会计师应当向管理层解释出具书面声明的重要性以及对审计报告的影响。

四、审计业务约定书

（一）审计业务约定书的作用

审计业务约定书是指会计师事务所与被审计单位在开始审计以前签订的，用以记录和确认审计业务的委托与受托关系、审计目标和范围、双方的责任以及报告的格式等事项的书面协议。会计师事务所承接任何审计业务，都应与被审计单位签订审计业务约定书，目的是明确约定双方的责任和义务，促使双方遵守约定事项并加强合作，以保护会计师事务所与被审计单位的利益。在审计实践中，审计业务约定书具有以下几个方面的作用。

（1）审计业务约定书可以增进会计师事务所与委托人之间的了解，避免在审计目的、范围和双方责任等方面产生误解，尤其是可以使被审计单位了解他们的会计责任和注册会计师的审计责任，明确被审计单位应该提供的合作，并以此作为划分责任的依据。

（2）审计业务约定书可以作为被审计单位鉴定审计业务完成情况及会计师事务所检查被审计单位约定义务履行情况的依据，如果被审计单位对注册会计师的服务质疑，注册会计师可以根据约定书的有关内容作出辩解。

（3）如果出现法律诉讼，审计业务约定书是据以确定会计师事务所和委托人双方应负法律责任的重要依据，当然，对于已载明的审计责任，注册会计师不能推诿。因而可以说，审计业务约定书是保护审计机构和注册会计师的有效措施之一。

审计业务约定书在审计规划过程中是十分重要的，它的某些内容直接影响到审计工作的时间预算和过程安排。

（二）审计业务约定书的内容

1. 财务报表审计的目标与范围

财务报表审计的目标是注册会计师通过执行审计工作，对财务报表的下列方面发表审计意见：①财务报表是否按照适用的会计准则和相关会计制度的规定编制；②财务报表是否在所有重大方面公允反映被审计单位的财务状况、经营成果和现金流量。在确定审计业务约定书中的审计范围时，应首先明确审计工作是属于财务报表审计还是专项审计，如为财务报表审计，财务报表审计范围包括资产负债表、利润表、现金流量表、所有者权益变动表及财务报表附注，财务报告涵盖期间我国规定为每年公历1月1日至12月31日。

2. 管理层的责任

在审计业务约定书中应当明确界定管理层和注册会计师在这项审计业务中各自的责任。一般来说，管理层的责任包括三项：按照适用的财务报告编制基础编制财务报表；设计、执行和维护必要的内部控制；向注册会计师提供必要的工作条件。

3. 注册会计师的责任

注册会计师的责任是指按照中国注册会计师审计准则的规定计划审计工作，实施审计程序，获取充分、适当的审计证据，得出并评价审计结论，最后发表恰当的审计意见。

4. 管理层编制财务报表所适用的财务报告编制基础

财务报告的编制基础分为通用目的编制基础和特殊目的编制基础,在前面"确定审计的前提条件"部分已述及。

5. 注册会计师拟出具的审计报告的预期形式和内容

在审计业务约定书中应当说明注册会计师拟出具的审计报告的预期形式和内容,以及特定情况下对出具的审计报告可能不同于预期形式和内容的说明。

6. 审计工作范围

包括提及适用的法律法规、审计准则,以及注册会计师协会发布的职业道德守则和其他公告。财务报表的审计范围是指为实现财务报表审计目标,注册会计师根据审计准则和职业判断实施的恰当的审计程序的总和。注册会计师在执行财务报表审计业务时遵守与财务报表审计相关的各项审计准则,这在中国注册会计师协会网站有公示。

7. 其他主要内容

审计业务约定书还应当列示以下内容:计划和执行审计工作的安排,包括审计项目组的构成、出具审计报告的时间要求等;管理层确认将提供书面声明;收费的计算基础和收费安排;管理层确认收到审计业务约定书并同意其中的条款;说明由于审计和内部控制的固有限制,即使审计工作按照审计准则的规定得到恰当计划和执行,仍不可避免地存在某些重大错报未被发现的风险;等等。

另外,如果实际情况需要,注册会计师还应当考虑在审计业务约定书中列明以下内容。在某些方面对利用的其他注册会计师和专家工作的安排。例如,对于专业性较强、复杂性较高的业务审计业务,可能需要特定方面的专家提供协助;对审计涉及的内部审计人员和被审计单位员工的其他安排;在首次接受业务委托时,与前任注册会计师沟通的安排;说明对注册会计师责任可能存在的限制;注册会计师与被审计单位之间需要进一步达成协议的事项;向其他机构或人员提供审计工作底稿的义务等。

(三)审计业务约定书的示例

【示例】假定 B 会计师事务所审计 A 股份有限公司 20×2 年度财务报表,针对审计业务约定书的主要内容,示例如下。

审计业务约定书

甲方:A 股份有限公司
乙方:B 会计师事务所
兹由甲方委托乙方对 20×2 年度财务报表进行审计,经双方协商,达成以下约定。
一、审计的目标和范围
(1)乙方接受甲方委托,对甲方按照企业会计准则编制的 20×2 年 12 月 31 日的资产负债表、20×2年度的利润表、股东权益变动表和现金流量表及财务报表附注（以下统称财务报表）进行审计。

（2）乙方审计工作的目标是对财务报表整体是否不存在舞弊或错误导致的重大错报获取合理保证，并出具包含审计意见的审计报告。合理保证是高水平的保证，但并不能保证按照审计准则执行的审计在某一重大错报存在时总能发现。错报可能由舞弊或错误导致，如果合理预期错报单独或汇总起来可能影响财务报表使用者依据财务报表作出的经济决策，则通常认为错报是重大的。

（3）乙方通过执行审计工作，对财务报表的下列方面发表审计意见：①财务报表是否在所有重大方面按照企业会计准则的规定编制；②财务报表是否在所有重大方面公允反映了甲方20×2年12月31日的财务状况以及20×2年度的经营成果和现金流量。

二、甲方的责任（部分内容）

（1）根据《中华人民共和国会计法》及《企业财务会计报告条例》，甲方及甲方负责人有责任保证会计资料的真实性和完整性。因此，甲方管理层有责任妥善保存和提供会计记录（包括但不限于会计凭证、会计账簿及其他会计资料），这些记录必须真实、完整地反映甲方的财务状况、经营成果和现金流量。

（2）按照企业会计准则的规定编制和公允列报财务报表是甲方管理层的责任，这种责任包括：①按照企业会计准则的规定编制财务报表，并使其实现公允反映；②设计、执行和维护必要的内部控制，以使财务报表不存在舞弊或错误导致的重大错报。

（3）及时为乙方的审计工作提供与审计有关的所有记录、文件和所需的其他的信息（在20×3年×月×日之前提供审计所需的全部资料，如果在审计过程中需要补充资料，亦应及时提供），并保证所提供资料的真实性和完整性。

（4）确保乙方不受限制地接触其认为必要的甲方内部人员和其他相关人员。

三、乙方的责任（部分内容）

（1）乙方的责任是在执行审计工作的基础上对甲方财务报表发表审计意见。乙方根据中国注册会计师审计准则（简称审计准则）的规定执行审计工作。审计准则要求注册会计师遵守中国注册会计师职业道德守则，计划和执行审计工作以对财务报表是否不存在重大错报获取合理保证。

（2）审计工作涉及实施审计程序，以获取有关财务报表金额和披露的审计证据。选择的审计程序取决于乙方的判断，包括对舞弊或错误导致的财务报表重大错报风险的评估。在进行风险评估时，乙方考虑与财务报表编制和公允列报相关的内部控制，以设计恰当的审计程序，但目的并非对内部控制的有效性发表意见。审计工作还包括评价管理用会计政策的恰当性和作出会计估计的合理性，以及评价财务报表的总体列报。

四、审计收费（部分内容）

（1）本次审计服务的收费是以乙方各级别工作人员在本次工作中所耗费的时间为基础。乙方预计本次审计服务的费用总额人民币××万元。

（2）甲方应于本约定书签署之日起××日内支付×%的审计费用，其余款项于[审计报告草稿完成日]结清。

　　五、审计报告和审计报告的使用（部分内容）

　　（1）乙方按照中国注册会计师审计准则规定的格式和类型出具审计报告。

　　（2）乙方向甲方致送审计报告一式×份。

　　六、本约定书的有效期间（略）

　　七、约定事项的变更（略）

　　八、终止条款（略）

　　九、违约责任（略）

　　十、适用法律和争议解决（略）

　　十一、双方对其他有关事项的约定（略）

　　本约定书一式两份，甲、乙双方各执一份，具有同等法律效力。

A 股份有限公司	B 会计师事务所
（盖章）	（盖章）
授权代表：	授权代表：
（签名并盖章）	（签名并盖章）
二○×三年×月×日	二○×三年×月×日

双方签订了审计业务约定书，说明会计师事务所接受了业务委托。

五、审计业务约定条款的变更

在完成审计业务前，如果被要求将审计业务变更为保证程度较低的审阅业务或无须保证的相关服务业务，注册会计师应当确定是否存在合理理由。在缺乏合理理由的情况下，注册会计师不应同意变更审计业务约定条款。

可能导致变更审计业务约定条款的情形包括：环境变化对审计服务的需求产生影响；对原来要求的审计业务的性质存在误解；管理层施加的或其他情况引起的审计范围受到限制。其中，前两种情形可以被认为是被审计单位要求变更审计业务约定条款的合理理由，而审计范围受到限制不能作为变更审计业务约定条款的合理理由。例如，如果注册会计师不能就应收款项获取充分、适当的审计证据，而被审计单位要求将审计业务变更为审阅业务，以避免注册会计师发表保留意见或无法表示意见，则该变更是不合理的，注册会计师应拒绝变更。如果发生变更，注册会计师不应忽视变更前获取的证据。

如果注册会计师不同意变更审计业务约定条款，而管理层又不允许继续执行原审计业务，注册会计师应当：

（1）在适用的法律法规允许的情况下，解除审计业务约定。

（2）确定是否有约定义务或其他义务向治理层、所有者或监管机构等报告该事项。

审计业务变更流程与初步业务活动流程如图 9-1、图 9-2 所示。

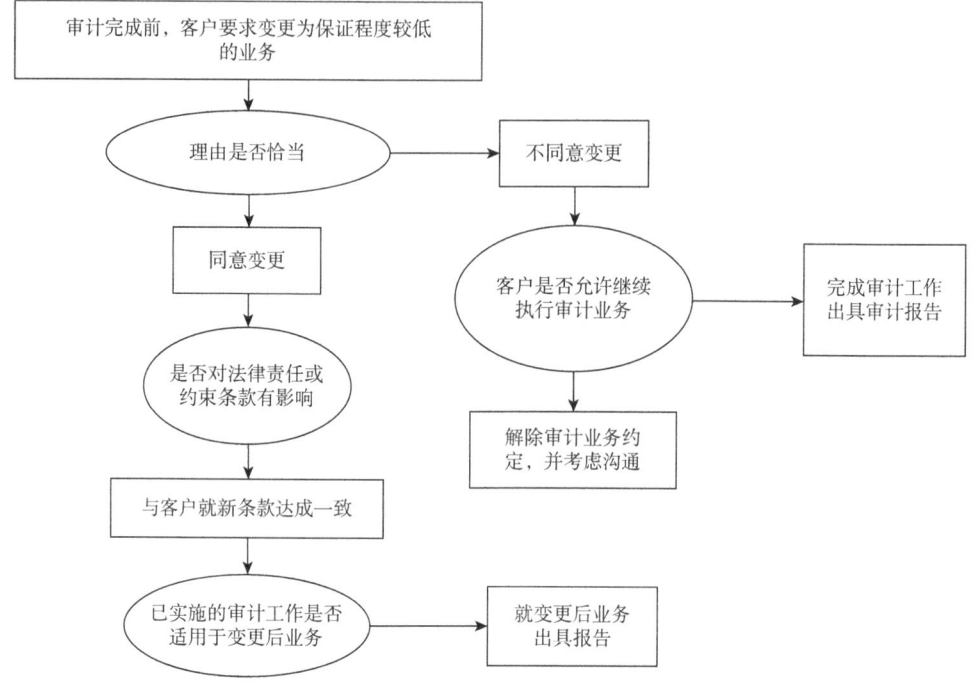

图 9-1　审计业务变更流程图

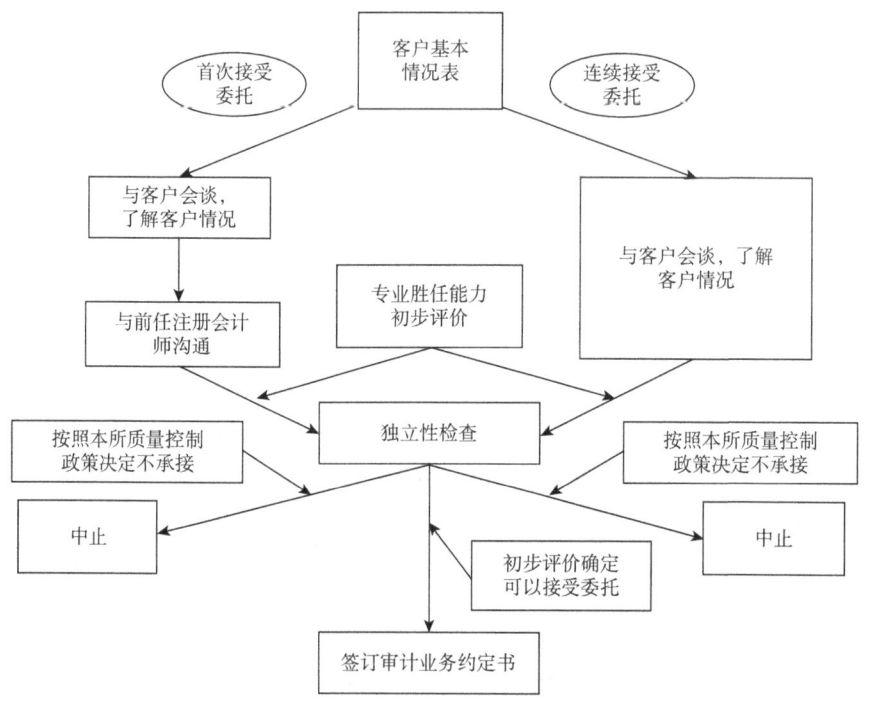

图 9-2　初步业务活动流程图

【审计案例】*初步业务活动*

第二节 总体审计策略和具体审计计划

《中国注册会计师审计准则第 1201 号——计划审计工作》规定，注册会计师应当计划审计工作，使审计业务以有效的方式得到执行。计划审计工作包括针对审计业务制定的总体审计策略和具体审计计划，如图 9-3 所示。

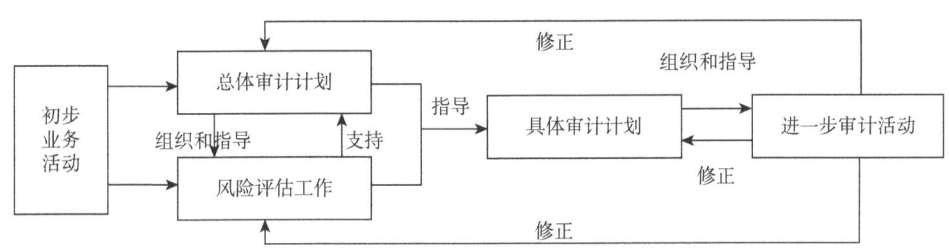

图 9-3 计划审计工作实务流程

计划审计工作对于注册会计师顺利完成审计工作和控制审计风险具有至关重要的作用。合理的审计计划有助于注册会计师适当关注重要的审计领域，使注册会计师及时发现和解决潜在的问题，恰当地组织和管理审计业务，以有效的方式执行审计业务；有助于选择具备必要的专业素质和胜任能力的项目组成员应对预期的风险，并有助于向项目组成员分派适当的工作；有助于指导和监督项目组成员并复核其工作，在适用的情况下，有助于协调组成部分注册会计师和专家的工作。

一、总体审计策略

总体审计策略是对审计的预期范围和实施方式所做的规划，是注册会计师从接受委托到出具审计报告整个过程基本工作内容的综合计划。在计划审计工作中，注册会计师应当制定总体审计策略以确定审计工作范围、时间安排和方向，以及指导具体审计计划的制订。在制定总体审计策略时，注册会计师应当考虑按照《中国注册会计师审计准则第 1121 号——对财务报表审计实施的质量管理》的要求获取的信息，并采取下列措施。

（一）确定审计业务的特征，以界定审计范围

在界定审计范围时，注册会计师应当确定审计业务的特征，一般需要考虑以下几类因素。

一般考虑因素：

（1）财务信息所依据的财务报告编制基础。

（2）特定行业的报告要求，如某些行业监管机构要求提交的报告。

（3）对利用在以前审计工作中获取的审计证据（如获取的与风险评估程序和控制测试相关的审计证据）的预期。

集团审计考虑因素：

（4）预期审计工作涵盖的范围，包括应涵盖的组成部分的数量及所在地点。

（5）母公司和集团组成部分之间存在的控制关系的性质，以确定如何编制合并财务报表。

（6）由组成部分注册会计师审计组成部分的范围。

（7）拟审计的经营分部的性质，包括是否需要具备专门知识。

（8）除为合并目的执行的审计工作之外，对个别财务报表进行法定审计的需求。

工作环境因素：

（9）外币折算，包括外币交易的会计处理、外币财务报表的折算和相关信息的披露。

（10）内部审计工作的可获得性及注册会计师拟信赖内部审计工作的程度。

（11）被审计单位使用服务机构的情况，以及注册会计师如何取得有关服务机构内部控制设计和运行有效性的证据。

（12）信息技术对审计程序的影响，包括数据的可获得性和对使用计算机辅助审计技术的预期。

（13）协调审计工作与中期财务信息审阅的预期涵盖范围和时间安排，以及中期审阅所获取的信息对审计工作的影响。

（14）与被审计单位人员的时间协调和相关数据的可获得性。

（二）明确审计业务的报告目标、审计计划的时间安排和所需沟通的性质

需要考虑的因素有如下 7 项。

（1）被审计单位对外报告的时间表，包括中间阶段和最终阶段。

（2）与管理层和治理层举行会谈，讨论审计工作的性质、时间安排和范围。

（3）与管理层和治理层讨论注册会计师拟出具的报告的类型和时间安排以及沟通的其他事项（口头或书面沟通），包括审计报告、管理建议书和向治理层通报的其他事项。

（4）与管理层讨论预期就整个审计业务中审计工作的进展进行的沟通。

（5）与组成部分注册会计师沟通拟出具的报告的类型和时间安排，以及与组成部

分审计相关的其他事项。

（6）项目组成员之间沟通的预期性质和时间安排，包括项目组会议的性质和时间安排，以及复核已执行工作的时间安排。

（7）预期是否需要和第三方进行其他沟通，包括与审计相关的法定或约定的报告责任。

（三）根据职业判断，考虑用以指导项目组工作方向的重要因素

注册会计师应当根据职业判断，考虑用于指导项目组工作方向的重要因素，包括确定适当的重要性水平，初步识别可能存在较高的重大错报风险的领域，初步识别重要的组成部分和账户余额，评价是否需要针对内部控制的有效性获取审计证据，识别被审计单位、所处行业、财务报告要求及其他相关方面最近发生的重大变化等。

在确定审计方向时，注册会计师一般需要考虑以下几类因素。

初步风险识别：

（1）重要性方面，主要包括：在制订审计计划时确定的重要性水平；为组成部分确定重要性且与组成部分的注册会计师沟通；在审计过程中重新考虑重要性水平；识别重要的组成部分和账户余额。

（2）重大错报风险较高的审计领域。

（3）评估的财务报表层次的重大错报风险对指导、监督及复核的影响。

（4）项目组人员的选择和工作分工，包括向重大错报风险较高的审计领域分派具备适当经验的人员。

（5）项目预算，包括考虑为重大错报风险可能较高的审计领域分配适当的工作时间。

（6）如何向项目组成员强调在收集和评价审计证据过程中保持职业怀疑的必要性。

考虑内部控制：

（7）以往审计中对内部控制运行有效性进行评价的结果，包括所识别的控制缺陷的性质及应对措施。

（8）管理层重视设计和实施健全的内部控制的相关证据，包括这些内部控制得以适当记录的证据。

（9）基于交易规模、审计效率确定是否依赖内部控制。

（10）对内部控制重要性的重视程度。

（11）管理层用于识别和编制适用的财务报告编制基础所要求的披露的流程。

考虑重大变化：

（12）影响被审计单位经营的重大发展变化，包括信息技术、业务流程的变化、关键管理人员变化，以及收购、兼并和分立。

（13）重大的行业发展情况，如行业法规变化和新的报告规定。

（14）会计准则及会计制度的变化。

（15）其他重大变化，如影响被审计单位的法律环境的变化。

此外，在制定总体审计策略时，还可以考虑初步业务活动的结果，并考虑项目组组长对被审计单位执行其他业务时（如中期财务报表审阅业务）获得的经验是否与审计业务相关（如适用），进而确定执行业务所需资源的性质、时间安排和范围。

（四）确定执行业务所需资源的性质、时间安排和范围

注册会计师在确定执行业务所需资源的性质、时间安排和范围时，一般需要考虑以下四项因素。

（1）向具体审计领域调配的资源，包括向高风险领域分派有适当经验的项目组成员，就复杂的问题利用专家工作等。

（2）向具体审计领域分配资源的多少，包括分派到重要地点进行存货监盘的项目组成员的人数，在集团审计中复核组成部分注册会计师工作的范围，向高风险领域分配的审计时间预算等。

（3）何时调配这些资源，包括是在期中审计阶段还是在关键的截止日期调配资源等。

（4）如何管理、指导、监督这些资源，包括预期何时召开项目组预备会和总结会，预期项目合伙人和经理如何进行复核，是否需要实施项目质量控制复核等。

注册会计师应当根据实施风险评估程序的结果对上述内容予以调整。而且，总体审计策略的详略程度应当随被审计单位的规模及该项审计业务的复杂程度的不同而变化。在小型被审计单位审计中，全部审计工作可能由一个很小的审计项目组执行，项目组成员间容易沟通和协调，总体审计策略可以相对简单。

总体审计策略一经制定，注册会计师应当针对总体审计策略中所识别的不同事项，制订具体审计计划，并考虑通过有效利用审计资源来实现审计目标。

（五）总体审计策略示例

总体审计策略示例如下。

1. 审计范围和审计报告用途

1）审计范围

报告要求	简要表述
适用的财务报告编制基础（包括是否需要将财务信息按照其他报告编制基础进行转换）和内部控制标准（如适用）	
适用的审计准则	
与财务报告相关的行业特别规定	例如：监管机构发布的有关信息披露的法规、特定行业主管部门发布的与财务报告有关的法规等
需审计的集团内组成部分（包括由组成部分注册会计师审计的组成部分范围）	详见具体审计计划集团审计范围决策
需要阅读的含有已审计财务报表的文件中的其他信息	
制定审计策略需考虑的其他事项	

2）审计报告用途

提示：如审计报告用于特定用途，应详细说明

用于报送国资委、工商年检、银行授信等通用目的。

2. 审计时间安排

1）报告时间要求

审计工作	时间
提交审计报告、内部控制审计报告（如适用）草稿	
签署正式审计报告、内部控制审计（如适用）	
公布已审计报表和审计报告、内部控制审计（如适用）	
……	

2）执行审计工作的时间安排

审计工作	时间
期中审计	
制定总体审计策略	
制订具体审计计划	
中期审阅	
……	
期末审计	
后期汇总（含复核）	
出具审计报告	
……	

3）需要的沟通

所需沟通	时间
与管理层的沟通	
与独立董事及审计委员会的沟通（如适用）	
与治理层的沟通	
与组成部分注册会计师的沟通（如适用）	
项目组会议（包括预备会和总结会）	
与专家或有关人士的沟通（如适用）	
与前任注册会计师的沟通（如适用）	
与其他第三方的沟通（如适用）	
……	

3. 影响审计业务的重要因素

1）重要性

2）可能存在较高重大错报风险的领域

可能存在较高重大错报风险的领域	索引号
财务报表层次：	
认定层次：	

3）识别重要组成部分（如适用）

4）识别重要的交易、账户余额和披露及相关认定

4. 人员安排

1）项目组主要成员

提示：在分配职责时可以根据被审计单位的不同情况按会计科目划分，或按交易类别划分

姓名	职级	主要职责

2）质量控制复核人员（如适用）

姓名	职级	主要职责

项目质量控制复核人员复核的范围：

提示：具体内容包括是否与项目负责人进行了讨论；复核财务报表或其他业务对象信息及报告，尤其考虑报告是否适当；选取并复核与项目组作出重大判断及形成结论有关的工作底稿。最终的复核范围还取决于业务的复杂程度和出具不恰当报告的风险

5. 对专家或其他第三方工作的利用（如适用）

提示：如项目组计划利用专家或有关人士的工作，需记录其工作的范围和涉及的主要会计科目等。另外，项目组还应按照相关审计准则的要求对专家或有关人士的能力、客观性及其工作等进行考虑及评估

1）对专家工作的利用

利用领域	专家名称	主要职责及工作范围	索引号

2）对内部审计工作的利用

利用领域	拟利用的内部审计工作	索引号
存货	内部审计部门对各仓库的存货每半年至少盘点一次。在中期审计时，项目组已经对内部审计部门盘点步骤进行观察，结果满意，因此项目组将审阅年底的盘点结果，并缩小存货监盘范围	
……		

3）对组成部分注册会计师工作的利用

组成部分注册会计师名称	利用其工作范围及程度	索引号

4）对被审计单位使用服务机构的考虑

使用领域	服务机构名称	服务机构提供的相关服务及其注册会计师出具的报告及日期	索引号

6. 其他事项

（略）。

二、具体审计计划

具体审计计划是依据总体审计策略制订的，是指注册会计师为获取充分、适当的审计证据以将审计风险降低至可接受的低水平，所需要实施的审计程序的性质、时间安排和范围。具体审计计划包括：计划对项目组成员实施指导、监督并复核其工作的性质、时间安排和范围；计划实施的风险评估程序的性质、时间安排和范围；在认定层次计划实施的进一步审计程序的性质、时间安排和范围及计划应当实施的其他审计程序。

（一）风险评估程序

风险评估程序是指注册会计师为了解被审计单位及其环境，以识别和评估财务报表层次和认定层次的重大错报风险（无论该错报是舞弊或错误导致）而实施的审计程序。现在的财务报表审计是风险导向型审计，风险评估程序有助于注册会计师识别和评估重大错报风险、定位重点审计领域，为设计和实施针对评估的重大错报风险采取的应对措施提供基础。注册会计师实施风险评估程序所获取的信息构成审计证据的一个组成部分，但是其本身并不足以为形成审计意见提供充分、适当的审计证据，还应当辅以其他审计程序。

风险评估程序的内容应当包括询问、分析程序、观察和检查。其中，询问是指询问管理层以及被审计单位内部其他人员，内部其他人员是注册会计师根据职业判断认为可能知悉某些信息的相关人员，即注册会计师除了询问管理层和对财务报告负有责任的人员外，还应当考虑询问内部审计人员、采购人员、生产人员、销售人员等其他人员，并考虑询问不同级别的员工，以获取对识别重大错报风险有用的信息。

需要注意的是，风险评估程序是一项必要的审计程序，而且贯穿于整个审计过程，它是一个连续和动态地收集、更新与分析信息的过程，贯穿于整个审计过程的始终。

（二）进一步审计程序

进一步审计程序是指注册会计师针对评估的认定层次重大错报风险实施的审计程序，包括总体审计方案和具体审计计划。总体审计方案又分为实质性方案和综合性方案，具体审计计划则是对总体审计方案的进一步细化和延伸，包括控制测试和实质性程序。实质性方案是指注册会计师实施的进一步审计程序以实质性程序为主；综合性方案是指注册会计师在实施进一步审计程序时，将控制测试与实质性程序结合使用。当评估的财务报表层次重大错报风险属于高风险水平时，拟实施进一步审计程序的总体方案往往更倾向于实质性方案。

（三）其他审计程序

其他审计程序是指审计人员认为按照当时具体情况有必要使用的程序。在实际审计工作过程中，可能存在一些特殊的情况，通过实施通常的审计程序不能取得充分、适当的审计证据，此时会涉及使用其他审计程序，如当涉及舞弊、对法律法规的遵守、持续经营、会计估计、关联方等情形时，审计人员应根据被审计单位的具体情况确定要执行的其他审计程序。

（四）具体审计计划示例

具体审计计划示例如下。

××会计师事务所有限公司

审计计划
——具体审计计划

被审计单位名称：

委托审计期间：

项目负责人：　　　　　　　　　　　　日期：

部门经理：　　　　　　　　　　　　　日期：

主任会计师：　　　　　　　　　　　　日期：

目 录

1. 风险评估程序
1.1 一般风险评估程序
1.2 针对特定项目的程序
1.3 了解被审计单位及其环境（不包括内部控制）
（1）相关行业状况、法律环境与监管环境以及其他外部因素
（2）被审计单位的性质
（3）会计政策的选择和运用
（4）目标、战略及相关经营风险
（5）财务业绩的衡量和评价
1.4 了解内部控制
（1）控制环境
（2）被审计单位的风险评估过程
（3）信息系统与沟通
（4）控制活动
（5）对控制的监督
1.5 对风险评估及审计计划的讨论
1.6 评估的重大错报风险
1.7 评估的财务报表层次的重大错报风险
1.8 评估的认定层次的重大错报风险
2. 计划的进一步审计程序
2.1 控制测试
2.2 实质性程序
3. 其他程序
3.1 审计中对舞弊的考虑
3.2 财务报表审计中对法律法规的考虑
3.3 持续经营
3.4 关联方
3.5 其他

三、总体审计策略和具体审计计划的关系

制定总体审计策略和具体审计计划的过程紧密联系，并且两者的内容也紧密相关。虽然编制总体审计策略的过程通常在具体审计计划之前，但是两项计划活动并不是孤立、不连续的过程，而是内在紧密联系的，对其中一项的决定可能会影响甚至改变对另外一项的决定，注册会计师应当根据实施风险评估程序的结果，对总体审计策略的内容

予以调整。

例如，A 注册会计师接受 B 公司的委托，对其 20×2 年年度财务报表进行审计，A 注册会计师实施了初步业务活动，制定了总体审计策略。在了解 B 公司的业务和环境的过程中，发现 B 公司实现了高度自动化和信息化，主要业务的处理都是由复杂的自动化信息系统来完成的，自动化信息系统的可靠性及有效性对经营、管理、决策以及编制财务报告具有重大影响。因此，A 注册会计师决定在具体审计计划汇总针对这种情况制定相应的审计程序，并相应调整总体审计策略的内容，利用信息风险管理专家的工作。

总体审计策略与具体审计计划的相互作用如图 9-4 所示。

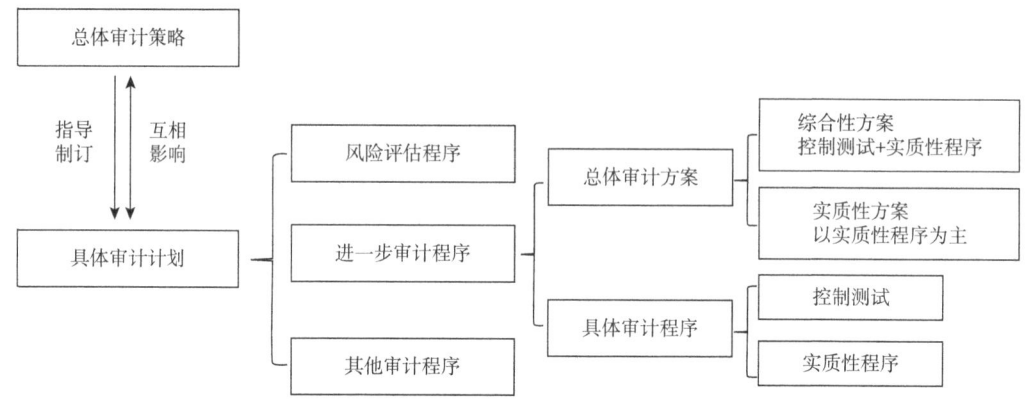

图 9-4　总体审计策略与具体审计计划的相互作用

在实务中，注册会计师将制定总体审计策略和具体审计计划结合进行，可能会使计划审计工作更有效率及效果，并且注册会计师也可以采用将总体审计策略和具体审计计划合并为一份审计计划文件的方式，提高编制及复核工作的效率，以增强其效果。

四、计划审计工作的其他相关要求

（一）对审计计划的更改、指导、监督和复核

计划并非一成不变，计划审计工作也是如此。计划审计工作并非审计业务的一个独立阶段，而是一个持续的、不断修正的过程，贯穿于整个审计业务的始终。在实务工作中，随着审计工作的推进，注册会计师要根据审计工作的实际情况对已制订的审计计划作出相应的修改或调整。一般来说，以下事项会导致对审计计划的修改：对重要性水平的修改；对认定层次的重大错报风险评估的更新和修改；对进一步审计程序的更新和修改等。审计计划的修改会影响审计工作的实施，审计计划一旦发生变动，相应的审计工作也应进行调整。

（二）指导、监督与复核

在制订审计计划过程中，还应当确定对项目组成员的指导、监督和复核工作的性

质、时间安排和范围，这取决于：①被审计单位的规模和复杂程度；②重点审计领域；③评估的重大错报风险；④执行审计工作的项目组成员的专业素质和胜任能力。

注册会计师应在评估重大错报风险的基础上，计划对项目组成员的指导、监督与复核的性质、时间安排和范围。当评估的重大错报风险增加时，注册会计师通常会扩大指导与监督的范围，强调指导与监督的及时性，执行更详细的复核工作。在计划复核的性质、时间安排和范围时，注册会计师还应考虑单个项目组成员的素质和专业胜任能力。

（三）对计划审计工作的记录

注册会计师应当根据总体审计策略、具体审计计划以及在审计工作过程中对总体审计策或具体审计计划作出的重大修改及其理由形成审计工作底稿。

1. 记录的内容

1）对总体审计策略的记录

注册会计师对总体审计策略的记录，应当包括为恰当计划审计工作和向项目组传达重大事项而作出的关键决策。

2）对具体审计计划的记录

注册会计师对具体审计计划的记录，应当能够反映计划实施的风险评估程序的性质、时间安排和范围，以及针对评估的重大错报风险计划实施的进一步审计程序的性质、时间安排和范围。

3）对审计计划重大修改的记录

注册会计师应当记录在审计过程中对总体审计策略或具体审计计划作出的任何重大修改及其理由，包括对项目组成员实施指导、监督和复核的计划作出的重大修改及其理由。当对审计计划进行了重大修改时，注册会计师应保留原有的总体审计策略、具体审计计划以及已经执行的审计程序的记录，并将对审计计划的重大修改情况记录在审计工作底稿中。

2. 记录的形式

会计师事务所需采用标准的审计程序表或审计工作完成核对表，对总体审计策略、具体审计计划以及作出的重大修改进行记录，形成审计工作底稿。

（四）首次接受审计委托的补充考虑

首次接受业务委托包括接受新客户和承接现有客户的新业务两种情况，在这两种情况下，特别是接受新客户，注册会计师通常缺乏对新客户的评估及前期审计经验，首次接受审计委托存在的风险较高，因此可能需要拓展初步业务活动，包括以下两方面。

1. 针对接受客户关系和审计业务，实施相应的程序

审计项目组组长应当确定，有关客户关系和审计业务的接受与保持的质量控制程序已得到遵守，并确定得出的有关结论是恰当的。项目组长在确定客户关系和审计业务的

接受与保持是否合适时，应当考虑：

（1）被审计单位的主要股东、关键管理人员和治理层是否诚信。

（2）项目组是否具有执行审计业务的专业胜任能力以及必要的时间和资源。

（3）会计师事务所和项目组能否遵守职业道德。

2. 与前任注册会计师沟通

《中国注册会计师审计准则第 1153 号——前任注册会计师和后任注册会计师的沟通》规定，在接受业务委托前，后任注册会计师应当与前任注册会计师进行必要的沟通，这是后任注册会计师在接受业务委托前应当执行的不可省略的必要审计程序，而后应当对沟通结果进行评价，以确定是否接受委托。

在与前任注册会计师沟通前，需要获得被审计单位的同意，后任注册会计师应当提请被审计单位同意前任注册会计师对其询问作出充分答复。如果被审计单位不同意前任注册会计师作出答复或限制答复的范围，后任注册会计师应当询问其原因，并考虑是否接受委托。沟通过程中通常值得关注和询问的事项至少包括：

（1）是否发现被审计单位管理层存在诚信方面的问题。

（2）前任注册会计师与管理层在重大会计、审计等问题上存在的意见分歧。

（3）前任注册会计师向被审计单位治理层通报的关于管理层舞弊、违反法律法规行为以及值得关注的内部控制缺陷。

（4）前任注册会计师认为导致被审计单位变更会计师事务所的原因。

思考题

1. 注册会计师在计划审计阶段，如何开展初步业务活动？具体包括哪些内容？
2. 签订审计业务约定书前要明确哪些问题？业务约定书的作用和内容有哪些？
3. 计划审计工作的程序有哪些？
4. 总体审计策略和具体审计计划的内容包括什么？两者有什么关系？
5. 除了总体审计策略和具体审计计划之外，审计计划还应该作出哪些考虑？

推荐阅读

徐兴红. 审计业务执行过程中的风险把控和项目组管理. 中国注册会计师，2020，（10）：83-84.

第十章

风险评估

【扩展阅读】

注册会计师应如何做好风险导向审计?

风险导向审计是以对审计风险的评价作为一切审计工作的起点并贯穿于审计全过程的现代审计模式。审计风险是指财务报表存在重大错报风险时注册会计师发表不恰当审计意见的可能性。风险导向审计的根本目标是将审计风险降低至可接受水平。

在国际上,安达信会计师事务所(简称安达信)是最早提出并运用风险导向审计概念的会计师事务所,并在业内积累了较高的声誉,但2001年安然公司的会计丑闻表明,安达信因没有正确评价安然公司的风险,并且对审计师认为不是风险领域的账户缺乏实施必要的审计程序最终导致审计失败,由此诱发了安达信这个拥有百年历史的大型会计师事务所的毁灭。在国内,中天勤会计师事务所(简称中天勤)在当时是国内数一数二的大型会计师事务所,但2001年银广夏的会计丑闻表明,中天勤因为缺乏风险观念,机械地执行审计程序而导致审计失败,中天勤也不复存在。再看现在,瑞华会计师事务所(特殊普通合伙)(简称瑞华)曾经也是国内排行老大的内资所,但频频曝出的审计失败事件使得瑞华跌下神坛,如比较著名的振隆特产、亚太实业、康得新、华泽钴镍等事件,导致审计失败的一个重要原因都是风险评估程序不足。

国内外这几个典型的案例告诉我们:注册会计师在执业中缺乏风险导向审计不行,但错误地运用风险导向审计的理念和方法也不行,那么注册会计师应如何做好风险导向审计呢?

近年来,频频曝出的审计失败案例都在警示注册会计师在执业过程中要审慎评估被审计单位的重大错报风险。那么注册会计师在进行风险评估程序时应采取哪些程序?根据掌握的信息应如何评估重大错报风险?

第一节 风险评估的含义

根据《中国注册会计师审计准则第1211号——重大错报风险的识别和评估》，注册会计师的目标是，识别、评估财务报表层次和认定层次重大错报风险，从而为设计和实施应对措施提供依据。需要注册会计师了解被审计单位及其环境，适用的财务报告编制基础、会计政策以及变更会计政策的原因，以及被审计单位在按照适用的财务报告编制基础编制财务报表时，固有风险因素怎样影响各项认定易于发生错报的可能性以及影响的程度。需要注册会计师了解被审计单位内部控制体系各要素，以充分识别和评估财务报表重大错报风险，设计和实施进一步审计程序。

《中国注册会计师审计准则第1141号——财务报表审计中与舞弊相关的责任》针对舞弊导致的重大错报风险的识别、评估和应对做了进一步规定，注册会计师应当向管理层、治理层、内部审计人员询问对舞弊风险的识别、评估和应对过程，信息与沟通，内部监督和控制活动；注册会计师应当评价在实施分析程序时识别出的异常或偏离预期的关系（包括与收入账户有关的关系），是否表明存在舞弊导致的重大错报风险，应当考虑获取的其他信息是否表明存在舞弊导致的重大错报风险；注册会计师应当评价通过其他风险评估程序和相关活动获取的信息，是否表明存在舞弊风险因素。

注册会计师应当设计和实施风险评估程序，以获取审计证据，为识别、评估财务报表层次和认定层次重大错报风险（无论该错报是舞弊导致的，还是错误导致的），并设计进一步审计程序提供依据。注册会计师在设计和实施风险评估程序时，不应当偏向于获取佐证性的审计证据，也不应当排斥相矛盾的审计证据。

注册会计师应当考虑从客户关系和审计业务的接受与保持、项目合伙人为被审计单位执行的其他业务等方面信息获取审计证据，如果利用以前服务被审计单位的经验，或者利用以前审计时实施审计程序获取的信息，应当评价将这些经验和信息作为审计证据是否仍然相关和可靠。作为项目合伙人和项目组其他关键成员应当讨论被审计单位财务报表易于发生重大错报的可能性，并讨论如何根据被审计单位的具体情况运用适用的财务报告编制基础的规定。

了解被审计单位及其环境是一个连续和动态地收集、更新与分析信息的过程，注册会计师应运用职业判断确定需要了解被审计单位及其环境的程度。

风险评估程序是指注册会计师为识别、评估财务报表层次和认定层次的重大错报风险，而设计和实施的审计程序。风险评估程序应当包括下列程序：①询问管理层和被审计单位内部其他合适人员，包括内部审计人员；②分析程序；③观察和检查；④其他审计程序和信息来源。同时，在实际工作中可以通过项目组成员之间的讨论，共享识别出的可能会对风险评估产生重要影响的信息。

一、风险评估程序和信息来源

（一）询问被审计单位管理层和内部其他相关人员

询问被审计单位管理层和内部其他相关人员是审计人员了解被审计单位及其环境的一个重要信息来源，这是最直接也是最简单的一项程序，是了解被审计单位整体情况的起点。注册会计师除了询问管理层和对财务报告负有责任的人员外，还应当考虑询问内部审计人员、采购人员、生产人员、销售人员等其他人员，并考虑询问不同级别的员工，以获取对识别重大错报风险有用的信息。

询问的内容一般可以从以下几个方面入手。

1. 管理层和财务负责人

管理层和财务负责人作为公司的高层管理者，掌握着公司的重要事项和重大变化相关的信息，审计人员可以通过与他们讨论获得一些重要的信息。例如：

（1）管理层所关注的主要问题，如新的竞争对手、主要客户和供应商的流失、新的税收法规的实施以及经营目标或战略的变化等。

（2）被审计单位最近的财务状况、经营成果和现金流量。

（3）可能影响财务报告的交易和事项，或者目前发生的重大会计处理问题，如重大的并购事宜等。

（4）被审计单位发生的其他重要变化，如所有权结构、组织结构的变化，以及内部控制的变化等。

2. 内部审计人员

内部审计人员主要负责监督和评价公司的经营活动、内部控制等，因此，外部审计人员可以向内部审计人员了解本年度针对被审计单位内部控制设计和运行有效性而实施的内部审计程序，以及管理层是否根据实施这些程序的结果采取了适当的应对措施。例如，审计人员可以询问内部审计人员某特定部门的内部控制强弱、公司组织结构的重要变化、新购置的信息化系统等信息。在某些情况下，外部审计人员还可以利用内部审计人员的工作结果，以提高审计效率。

3. 询问其他人员

虽然审计人员通过询问管理层和财务负责人以及内部审计人员可以获取大部分信息，但为了更好地识别和评估风险，还可以询问其他相关人员，并考虑询问不同层次的员工，以便从不同的视角获取对评估重大错报风险有用的信息。例如，询问治理层以了解编制财务报表的环境；询问参与生成、处理或记录复杂或异常交易的员工以评价被审计单位选择和运用某项会计政策的恰当性；询问内部法律顾问有关信息，如诉讼、遵守法律法规的情况、影响被审计单位的舞弊或舞弊嫌疑、产品保证、售后责任、与业务合作伙伴的安排（如合营企业）和合同条款的含义等；询问营销或销售人员关于被审计单位营销策略的变化、销售趋势或与客户的合同安排等；询问采购人员和生产人员，有助于注册会计师了解被审计单位的原材料采购和产品生产等情况;询问仓库管理人员,有助于注册会计师了解原材料、产成品等存货的进出、保管和盘点等情况。

(二) 分析程序

分析程序是指注册会计师通过研究不同财务数据之间以及财务数据与非财务数据之间的内在关系,对财务信息作出评价,还包括调查和分析识别出的与其他相关信息不一致或与预期数据有严重偏离、较大波动和异常数据的关系。分析程序既可用作风险评估程序和实质性程序,也可用来对财务报表进行总体复核。注册会计师实施分析程序有助于识别异常的交易或事项以及对财务报表和审计产生影响的金额、比率和趋势,确定重点审计领域和事项,提高审计效率,以较低的成本实现审计目标。

在实施分析程序时注册会计师应当预期可能存在的合理关系,并与被审计单位记录的金额、依据记录金额计算的比率或趋势相比较,如果发现异常或未预期到的关系,注册会计师应当在识别重大错报风险时考虑这些发现。例如,当市场低迷或存货销路不畅时,如果被审计单位的收入出现逆势增长,说明收入的列报可能存在重大错报风险,应该实施进一步审计程序加以核实。

如果使用了高度汇总的数据,实施分析程序的结果仅可能初步显示财务报表存在重大错报风险,注册会计师应当将分析结果连同识别重大错报风险时获取的其他信息一并考虑。也就是说,为了确定重大错报风险的真正来源,注册会计师还应该针对汇总的数据进行进一步的拆解,实施更为详细的分析程序。

【一问一答】用作风险评估程序的分析程序有哪些要求?

(三) 观察和检查

观察和检查程序可以印证对管理层及其他相关人员的询问结果,还可以提供有关被审计单位及其环境的信息。具体实施如下程序。

1. 观察被审计单位的生产经营活动

例如,观察被审计单位人员正在从事的生产活动和内部控制活动,增加注册会计师对被审计单位人员进行生产经营活动及实施内部控制的了解。

2. 检查文件、记录和内部控制手册

例如,检查被审计单位的章程与其他单位签订的合同、协议、各项业务流程操作指引和内部控制手册等,了解被审计单位组织结构和内部控制制度的建立、健全情况。

3. 阅读管理层和治理层编制的报告

例如，阅读被审计单位年度和中期财务报告、股东大会、董事会及高级管理层会议的会议记录或纪要，管理层的讨论和分析资料、经营计划和战略，对重要经营环节和外部因素的评价等，了解自上期审计结束至本期审计期间被审计单位发生的重大事项。

4. 实地察看被审计单位的生产经营场所和设备

通过现场访问和实地察看被审计单位的生产经营场所和设备，可以帮助注册会计师了解被审计单位的性质及经营活动。在实地察看被审计单位的厂房和办公场所的过程中，注册会计师有机会与被审计单位管理层和担任不同职责的员工进行交流，可以增强注册会计师对被审计单位的经营活动及重大影响因素的了解。

5. 执行穿行测试

通过追踪某笔或几笔交易在业务流程中如何生成记录、处理和报告以及相关控制如何执行，注册会计师可以确定被审计单位的交易流程和相关控制是否与之前通过其他程序所获得的了解一致，并确定相关控制是否得到执行。

（四）其他审计程序和信息来源

1. 其他审计程序

除了采用询问、分析程序、观察和检查程序从被审计单位内部获得信息以外，如果根据职业判断认为从被审计单位外部获取的信息有助于识别重大错报风险，注册会计师应当实施其他审计程序以获取这些信息。例如，询问被审计单位聘请的外部法律顾问、专业评估师、投资顾问和财务顾问等；阅读外部的信息，如证券分析师银行、评级机构出具的有关被审计单位及其所处行业的经济或市场环境等状况的报告，贸易与经济方面的杂志，法规或金融出版物，以及政府部门或民间组织发布的行业报告和统计数据等。

2. 其他信息来源

在承接新审计业务或保持既有审计业务的时候，注册会计师都会对被审计单位及其环境有一个初步的了解，以确定是否承接或续接该业务，所以，注册会计师在实施风险评估程序时应当考虑在这个过程中获取的信息，以及向被审计单位提供其他服务所获得的经验是否有助于识别重大错报风险。当然，对于连续审计业务，如果拟利用在以前期间获取的信息，注册会计师应当确定被审计单位及其环境是否已发生变化，以及该变化是否可能影响以前期间获取的信息在本期审计中的相关性。例如，注册会计师前期已经了解了内部控制的设计和执行情况，但被审计单位及其环境可能在本期发生变化，导致内部控制也发生相应变化。在这种情况下，注册会计师需要实施询问和其他适当的审计程序（如穿行测试），以确定该变化是否可能影响此类信息在本期审计中的相关性。

注册会计师还可以考虑通过向被审计单位提供其他服务。例如，考虑执行中期财务报表审阅业务时所获得的相关信息是否有助于识别重大错报风险。

二、项目组内部的讨论

在了解本身及单位及其环境的过程中,注册会计师应当组织项目组成员对财务报表存在重大错报的可能性进行讨论,并运用职业判断确定讨论的目标、内容、人员、时间和方式。项目组通过讨论可以使成员更好地了解在各自负责的领域中,舞弊或错误导致财务报表重大错报的可能性,并了解各自实施审计程序的结果如何影响审计的其他方面,包括对确定进一步审计程序的性质、时间和范围的影响。

在讨论内容方面,项目组应当讨论被审计单位面临的经营风险、财务报表容易发生错报的领域以及发生错报的方式,特别是舞弊导致重大错报的可能性。在讨论人员方面,项目组的关键成员(并非所有人员)应当参与讨论,如果项目组需要拥有信息技术或其他特殊技能的专家,这些专家也应参与讨论,项目合伙人还应当确定向未参与讨论的项目组成员通报哪些事项。项目组应当根据审计的具体情况,在整个审计过程中持续交换有关财务报表发生重大错报可能性的信息。同时,项目组在讨论时应当强调在整个审计过程中保持职业怀疑态度,警惕可能发生重大错报的迹象,并对这些迹象进行严格追踪。

【审计案例】上市公司财务造假套路

第二节　了解被审计单位及其环境

了解被审计单位及其环境、适用的财务报告编制基础是"风险评估"的基础和前提,是注册会计师执行财务报表审计的必要程序。

一、了解被审计单位及其环境的内容

了解被审计单位及其环境对于后续审计工作的开展至关重要,通过此程序,审计人员可以了解被审计单位所处行业背景、经营特点、特殊会计事务等,有助于审计人员识别重点审计领域、评价重大错报风险,为计划审计工作奠定基础。

被审计单位及其环境,包括组织结构、所有权和治理结构、业务模式(包括该业务模式利用信息技术的程度);行业形势、法律环境与监管环境以及其他外部因素;财务业绩的衡量标准,包括内部和外部使用的衡量标准。

(一)组织结构、所有权和治理结构、业务模式

了解被审计单位的性质有助于注册会计师了解预期在财务报表中反映的各类交易、账户余额和列报。

1. 组织结构

组织结构,是企业的员工为实现企业目标,在管理工作中进行分工协作,在职务范围、责任、权力方面所形成的结构体系。组织结构一般分为职能结构、层次结构、部门结构、职权结构四个方面。注册会计师应当了解被审计单位的组织结构,考虑复杂组织结构可能导致的重大错报风险,包括财务报表合并、商誉减值测试、长期股权投资核算以及特殊目的实体核算等问题。

2. 所有权结构

被审计单位可能是一个在不同地点有多个子公司或其他组成部分的复杂结构,在这种所有权结构下,除了编制合并报表困难外,还容易产生重大错报风险,包括:将商誉分配到业务分部及商誉的减值;投资对象是不是合营企业、子公司或应当采用权益法处理的投资;特殊目的实体的处理等。注册会计师应当了解所有权结构以及所有者与其他人员或主体之间的关系,考虑关联方关系是否已经得到识别,以及关联方交易是否得到恰当核算。

3. 治理结构

良好的治理结构可以对被审计单位的经营和财务运作实施有效的监督,从而降低财务报表发生重大错报的风险。注册会计师应当了解被审计单位的治理结构,考虑治理层是否能够在独立于管理层的情况下对被审计单位事务(包括财务报告)作出客观判断。

4. 业务模式

业务模式主要是指运营商、设备制造商、终端提供商、网络业务供应商等产业链的各个环节在整个产业生态环境中的位置、互相的关系。捕捉机会、制定对策、建设能力、实现卓越是其四个步骤。注册会计师应当了解不同的业务模式对会计准则业务处理核算是否恰当,是否符合商业实质,所采取的经营活动、投资活动和筹资活动是否符合会计准则要求。

1)经营活动

了解被审计单位经营活动有助于注册会计师了解预期将在财务报表中反映的主要交易类别、账户余额和列报。主要内容包括:①主营业务的性质;②与生产产品或提供劳务相关的市场信息;③业务的开展情况;④联营、合营与外包情况;⑤从事电子商务的情况;⑥地区与行业分布;⑦生产设施、仓库的地理位置及办公地点;⑧关键客户;⑨重要供应商;⑩劳动用工情况;⑪研究与开发活动及其支出;⑫关联方交易。

2)投资类型

了解被审计单位投资类型有助于注册会计师关注被审计单位在经营策略和方向上的

重大变化。主要内容包括：①近期拟实施或已实施的并购活动与资产处置情况；②证券投资、委托贷款的发生与处置；③资本性投资活动，包括固定资产和无形资产投资，近期发生或计划发生的变动，以及重大的资本承诺等；④不入合并范围的投资。

3）筹资方式

了解被审计单位的筹资方式有助于注册会计师评估被审计单位在融资方面的压力，并进一步考虑被审计单位在可预见的未来的持续经营能力。主要内容包括：①债务结构和相关条款，包括担保情况及表外融资；②固定资产的融资租赁；③关联方融资；④实际受益股东；⑤衍生金融工具的运用。

5. 实施的风险评估程序

在了解被审计单位的性质时，除查阅以前年度的审计工作底稿、与项目组成员或其他有经验的人员和行业专家讨论、利用业务承接和续约过程中获取的信息外，注册会计师运用的风险评估程序还包括：

（1）询问被审计单位管理层和内部其他相关人员。

注册会计师可以就被审计单位性质询问管理层、治理层及被审计单位担任不同职责处于不同层级的人员，以全面了解被审计单位的情况。

（2）查阅相关文件和报告。

注册会计师可以查阅被审计单位的组织结构图，关联方清单，公司章程，对外签订的主要销售、采购、投资、债务合同等，以及被审计单位内部的管理报告财务报告、生产经营情况分析、会议记录或纪要等，了解被审计单位的性质。

（3）实地察看被审计单位的主要生产经营场所。

实地察看被审计单位的主要生产经营场所能增强注册会计师对被审计单位性质的了解。实地察看主要经营场所对于了解新承接的审计项目、收购了新业务的被审计单位和跨地区经营的被审计单位尤其重要。实地察看被审计单位的厂房和办公场所，可以使注册会计师对被审计单位的布局、生产流程以及固定资产和存货的状况获得一定的了解。

（4）分析程序。

注册会计师可以通过分析程序对财务数据之间以及财务数据与非财务数据之间的内在关系进行研究和评价。例如，将被审计单位的财务信息与以前期间的可比数据、被审计单位的预算或注册会计师的预期数据进行比较，对重要财务比率进行分析，以了解被审计单位在经营活动、投资活动、筹资活动等各方面的情况及其重大变化。

（二）行业状况、法律环境与监管环境以及其他外部因素

被审计单位所处的行业状况、法律环境与监管环境以及其他外部因素可能会对被审计单位的经营活动乃至财务报表产生影响，注册会计师应当对这些信息进行了解，了解的具体内容及实施的风险评估程序如下。

1. 行业状况

了解行业状况有助于注册会计师识别与被审计单位所处行业有关的重大错报风险。

主要内容包括：①所处行业的市场供求与竞争；②生产经营的季节性和周期性；③产品生产技术的变化；④能源供应与成本；⑤行业的关键指标和统计数据。

2. 法律环境与监管环境

由于相关法律或监管要求可能对被审计单位经营活动有重大影响，如不遵守可能导致停业等严重后果，某些法律或监管要求或规定了被审计单位的责任和义务，或决定了被审计单位需要遵循的行业惯例和核算要求，故而注册会计师应当了解被审计单位所处的法律环境及监管环境。主要内容包括：①适用的会计准则、会计制度和行业特定惯例；②对经营活动产生重大影响的法律法规及监管活动；③对开展业务产生重大影响的政府政策，包括货币、财政、税收和贸易等政策；④与被审计单位所处行业和所从事经营活动相关的环保要求。

3. 其他外部因素

除了被审计单位的行业状况、法律环境和监管环境外，其他外部因素也可能对被审计单位的财务报告产生影响。注册会计师还应当了解影响被审计单位经营活动的其他外部因素，这些因素主要包括：①宏观经济的景气度；②利率和资金供求状况；③通货膨胀水平及币值变动；④国际经济环境和汇率变动。

4. 实施的风险评估程序

针对被审计单位的行业状况、法律环境和监管环境及其他外部因素，注册会计师可以考虑运用以下风险评估程序获得了解。

1）查阅以前年度的审计工作底稿

对于连续审计业务，查阅以前年度的工作底稿，包括审计计划备忘录、审计总结备忘录等，有助于注册会计师了解与特定经营活动和行业相关的一些因素。注册会计师应根据本年度发生的变化，对其予以更新并根据实际情况在本年度审计中重新获取审计证据。

2）询问被审计单位管理层和员工

通过询问被审计单位管理层其权责范围内涉及的重要外部因素及其对被审计单位产生的影响，注册会计师可以对管理层作出的重大决策及采取的行动有进一步的了解。询问负责市场和销售的人员所处行业的市场供求和竞争情况，可以增强或更新注册会计师对被审计单位所处环境的了解。

对于连续审计业务，注册会计师询问的重点通常是以前年度了解到的情况是否在本期发生了变化。注册会计师对最新动态的关注应当贯穿于整个审计过程中。

3）查阅内部与外部的信息资料

内部信息资料主要包括中期财务报告（包括管理层的讨论和分析）、管理报告、其他特殊目的报告，以及股东大会、董事会会议、高级管理层会议的会议记录或纪要。外部信息资料包括外部顾问、代理机构、证券分析师等编制的关于被审计单位及其所处行业的报告，政府部门或民间行业组织发布的行业报告、宏观经济统计数据、行业统计数据，以及贸易和商业杂志等信息资料。

4）与项目组成员或熟悉被审计单位所处行业的其他人员讨论

与项目组成员特别是经验较多的人员进行讨论，有助于注册会计师获知和利用他人积累的有关被审计单位经营活动以及行业状况的经验与知识。与会计师事务所内熟悉被审计单位所处行业的其他人员讨论，也有助于注册会计师深入、快捷地了解当前行业面临的外部因素与重大事项及其对被审计单位的影响。

5）分析程序

分析程序是注册会计师在了解被审计单位及其环境时运用的重要程序之一。在许多情况下，运用分析程序可以帮助注册会计师评价被审计单位在行业中的经营状况和竞争环境。例如：①将被审计单位的关键业绩指标与同行业平均数据或同行业中规模相近的其他单位的数据相比较，可以了解被审计单位在市场中的相对表现，并识别存在重大错报风险的迹象；②利用从外部获取的市场份额变化趋势信息，可以识别被审计单位竞争能力的重大变化；③按业务分部或地区分部分类计算的销售和毛利变动趋势，可以揭示经营业绩随时间推移而发生的变化，将这一业绩与以前年度比较，可以获得对经营业绩趋势的了解。

（三）财务业绩的衡量标准

内部或外部对被审计单位财务业绩的衡量和评价可能对被审计单位管理层产生压力，促使其采取行动改善财务业绩或歪曲财务报表。因此，注册会计师应当了解对被审计单位财务业的衡量和评价情况，考虑这种压力是否可能导致管理层采取行动，以至于增加财务报表发生重大错报的风险。

1. 了解的具体内容

（1）关键业绩指标。
（2）业绩趋势。
（3）预测、预算和差异分析。
（4）管理层和员工业绩考核与激励性报酬政策。
（5）分部信息与不同层次部门的业绩报告。
（6）与竞争对手的业绩比较。
（7）外部机构提出的报告。

在了解的这些信息中，注册会计师应当关注被审计单位内部财务业绩衡量所显示的未预期到的结果或趋势、管理层的调查结果和纠正措施，以及相关信息是否显示财务报表可能存在重大错报。如果拟利用被审计单位内部信息系统生成的财务业绩衡量指标，注册会计师应当考虑相关信息是否可靠，以及利用这些信息是否足以实现审计目标。

对于小型被审计单位来说，由于通常没有正式的财务业绩衡量和评价程序，管理层往往将某些关键指标作为评价财务业绩和采取适当行动的基础，注册会计师应当了解管理层使用的关键指标。

2. 实施的风险评估程序

注册会计师通常通过询问被审计单位管理层，查阅被审计单位的内部报告和外部报告，以及实施分析程序，获得对被审计单位财务业绩的衡量和评价的了解。注册会计师还可以从管理层那里了解哪些业绩指标是其他关键利益方关注的重点，以及管理层的内部业绩衡量标准如何受这些外部因素的影响。注册会计师应当考虑管理层的业绩指标是否与关键利益方的预期相一致，并考虑不一致的情况或管理层应对外部压力的结果，及其对重大错报风险的影响。

二、适用的财务报告编制基础、会计政策以及变更会计政策的原因

注册会计师应当了解被审计单位对会计政策的选择和运用，是否符合适用的会计准则和相关会计制度，是否符合被审计单位的具体情况。了解的具体内容及实施的风险评估程序如下。

（1）重要项目的会计政策和行业惯例。

（2）重大和异常交易的会计处理方法。

（3）在新领域和缺乏权威性标准或共识的领域，重要会计政策的采用产生的影响。

（4）会计政策的变更。

（5）被审计单位何时采用以及如何采用新颁布的会计准则和相关会计制度。

如果被审计单位变更了重要的会计政策，注册会计师应当考虑会计政策变更的原因及其适当性，确定：①会计政策的变更是否符合法律、行政法规或者适用的会计准则和相关会计制度的规定；②会计政策的变更能否提供更可靠、更相关的会计信息；③会计政策的变更是否得到了恰当的披露。此外，注册会计师应当考虑被审计单位的会计政策是否适合其经营活动，并与适用的财务报告编制基础、相关行业使用的会计政策保持一致。

（6）实施的风险评估程序。

在了解被审计单位对会计政策的选择和运用时，注册会计师实施的风险评估程序通常包括查阅以前年度的审计工作底稿、询问被审计单位管理层和员工查阅被审计单位的财务资料和内部报告（如会计手册和操作指引）等。注册会计师还可结合对被审计单位及其环境其他方面的了解，考虑被审计单位选用的会计政策是否符合其具体情况。

注册会计师应当重点关注被审计单位本期会计政策的选择和运用与前期相比发生的重大变化，包括对本期新发生的交易或事项选用的会计政策，对前期不重大而本期重大的交易或事项选用的会计政策，重要会计政策的变更以及新会计准则发布施行的影响等。

三、固有风险因素怎样影响各项认定以及发生错报的可能性和影响的程度

被审计单位在按照适用的财务报告编制基础编制财务报表时，固有风险因素怎样影响各项认定易于发生错报的可能性以及影响的程度。注册会计师应当评价被审计单位的

会计政策是否适当、是否符合适用的财务报告编制基础的规定；考虑因相关交易类别、账户余额和披露的具体特征而导致的发生错报的可能性和严重程度。

第三节 了解被审计单位的内部控制

一、内部控制的基本理论

（一）内部控制的内涵

内部控制是被审计单位为了合理保证财务报告的可靠性、提高经营效率和效果以及遵守适用的法律法规等目标，由治理层、管理层和其他人员设计、执行和维护的政策和程序。薄弱的内部控制会滋生舞弊的机会，因此注册会计师应当了解与审计相关的内部控制以识别潜在错报的类型，考虑导致重大错报风险的因素，以及设计和实施进一步审计程序的性质、时间安排和范围。注册会计师需要考虑的并非被审计单位整体的内部控制，而只是与审计相关的内部控制，包括被审计单位为实现财务报告可靠性目标设计和实施的控制。考虑一项控制单独或连同其他控制是否与审计有关，需要注册会计师作出职业判断。注册会计师通常会综合运用询问、观察、检查和穿行测试的风险评估程序，以获取有关控制的设计和运行有效的审计证据。

（二）了解内部控制与控制测试的区别

注册会计师在审计工作中应当了解被审计单位的内部控制，这是一项必要的审计程序，而控制测试属于针对评估的重大错报风险采取的应对措施，是非必要的审计程序，只有当存在某些情形时，注册会计师才应当实施控制测试（将在第十一章详细介绍）。了解内部控制与控制测试之间存在以下的异同点。

1. 相同点

了解内部控制与控制测试采用的审计程序的类型基本相同，包括询问、观察和检查等。

2. 不同点

一是目的不同，了解内部控制旨在评价内部控制的设计是否合理、确定控制是否得到执行；而控制测试旨在测试控制运行的有效性，包括控制由谁执行、控制以何种方式运行、控制是否得到一贯执行。

二是要求不同，了解内部控制是必要的审计程序，需要审计证据相对较少，即注册会计师只需抽取少量的交易进行检查或观察某几个时点进行了解；而控制测试是非必要审计程序，需要审计证据较多，即注册会计师需要抽取足够数量的交易进行检查或对多个不同时点进行观察以获取相关控制在整个审计期间运行有效的审计证据。

二、内部控制的要素

内部控制包含五个相互关联的要素,即内部环境(控制环境)、风险评估过程、内部监督(对控制的监督)、信息与沟通(信息系统与沟通)、控制活动五个要素(图10-1)。注册会计师应当根据对被审计单位内部控制体系各要素的评价,确定是否识别出控制缺陷。

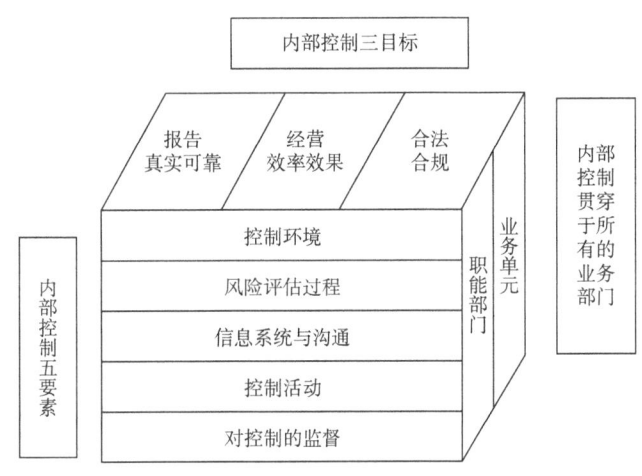

图 10-1　内部控制三个目标和五个要素

(一)控制环境

控制环境包括治理职能和管理职能,以及治理层和管理层对内部控制及其重要性的态度、认识和措施。控制环境奠定了被审计单位的内部控制基调,影响员工对内部控制的认识和态度。良好的控制环境是实施有效内部控制的基础。控制环境的要素包括对诚信和道德价值观念的沟通与落实、对胜任能力的重视、治理层的参与程度、管理层的理念和经营风格、组织结构、职权与责任的分配、人力资源政策导向等。

注册会计师为了解与财务报表编制相关的内部环境,应当实施以下风险评估程序。

1. 了解涉及下列方面的控制、流程和组织结构

(1)管理层如何履行其管理职责。例如,被审计单位的组织文化,管理层是否重视诚信、道德和价值观。

(2)在治理层与管理层分离的体制下,治理层的独立性以及治理层监督内部控制体系的情况。

(3)被审计单位内部权限和职责的分配情况。

(4)被审计单位如何吸引、培养和留住具有胜任能力的人员。

(5)被审计单位如何使其人员致力于实现内部控制体系的目标。

2. 评价下列方面的情况

(1)在治理层的监督下,管理层是否营造并保持了诚实守信和合乎道德的文化。

（2）根据被审计单位的性质和复杂程度，内部环境是否为内部控制体系的其他要素奠定了适当的基础。

（3）识别出的内部环境方面的控制缺陷是否会削弱被审计单位内部控制体系的其他要素。

（二）风险评估过程

风险评估过程包括识别与财务报告相关的经营风险，以及针对这些风险所采取的措施，包括被审计单位是否已建立相关机制，识别和应对会计准则的重大变化、业务操作流程的重大变化以及经营环境的重大变化等。在评价被审计单位风险评估过程的设计和执行时，注册会计师应当通过询问确定管理层如何识别与财务报告相关的经营风险，如何估计该风险的重要性，如何评估风险发生的可能性，以及如何采取措施管理这些风险。

注册会计师为了解被审计单位与财务报表编制相关的风险评估工作，应当实施以下风险评估程序。

（1）了解被审计单位的下列工作：①识别与财务报告目标相关的经营风险；②评估上述风险的重要程度和发生的可能性；③应对上述风险。

（2）根据被审计单位的性质和复杂程度，评价其风险评估工作是否适合其具体情况。

（三）信息系统与沟通

与财务报告相关的信息系统，包括用以生成、记录、处理和报告交易、事项和情况，对相关资产、负债和所有者权益履行经营管理责任的程序和记录。被审计单位设计和建立用于：生成、记录、处理和报告交易（以及事项和情况），以及为相关资产、负债和所有者权益明确受托责任；解决不正确处理交易的问题，如自动生成暂记账户文件，以及及时按照程序清理暂记项目；处理并解释凌驾于控制之上或规避控制的情况；将信息从交易处理系统过入总分类账；针对除交易以外的事项和情况获取与财务报告相关的信息，如资产的折旧和摊销、应收账款可回收性的改变等；确保适用的财务报告编制基础规定披露的信息得到收集、记录、处理和汇总，并在财务报表中进行了适当报告。在了解与财务报告相关的信息系统时，注册会计师应当特别关注由于管理层凌驾于账户记录控制之上，或规避控制行为而产生的重大错报风险，并考虑被审计单位如何纠正不正确的交易处理。

注册会计师为了解被审计单位与财务报表编制相关的信息与沟通，应当实施以下风险评估程序。

（1）了解被审计单位的信息处理活动（包括数据和信息），在这些活动中使用的资源，针对相关交易类别、账户余额和披露的信息处理活动的政策。具体包括：

a. 信息在被审计单位信息系统中的传递情况，包括交易如何生成，与交易相关的信息如何进行记录、处理、更正、结转至总账、在财务报表中报告，以及其他方面的相关信息如何获取、处理、在财务报表中披露。

b. 与信息传递相关的会计记录、财务报表特定项目以及其他支持性记录。

c. 被审计单位的财务报告过程。

d. 与上述前3项相关的被审计单位资源，包括信息技术环境。

（2）了解被审计单位如何沟通与财务报表编制相关的重大事项，以及信息系统和内部控制体系其他要素中的相关报告责任。具体包括：

a. 被审计单位内部人员之间的沟通，包括就与财务报告相关的岗位职责和相关人员的角色进行的沟通。

b. 管理层与治理层之间的沟通。

c. 被审计单位与监管机构等外部各方的沟通。

（3）评价被审计单位的信息与沟通是否能够为被审计单位按照适用的财务报告编制基础编制财务报表提供适当的支持。

（四）控制活动

控制活动是指有助于确保管理层的指令得以执行的政策和程序，包括与授权、业绩评价、信息处理、实物控制和职责分离等相关的活动。

1. 授权

注册会计师应当了解与授权有关的控制活动，授权的目的在于保证交易在管理层授权范围内进行，包括一般授权和特别授权。一般授权是指管理层制定的要求组织内部遵守的普遍适用于某类交易或活动的政策。特别授权是指管理层针对特定类别的交易或活动逐一设置的授权，如重大资本支出和股票发行等。

2. 业绩评价

被审计单位分析的业绩评价活动主要包括评价实际业绩与预算（或预测、前期业绩）的差异，综合分析财务数据与经营数据的内在关系，将内部数据与外部信息来源相比较，评价职能部门、分支机构或项目活动的业绩，以及对发现的异常差异或关系采取必要的调查与纠正措施。注册会计师应当对这些业绩评价活动进行了解，以识别可能存在的非预期的结果或非正常的趋势，并了解管理层是如何对这些异常作出识别和应对的。

3. 信息处理

信息处理是指被审计单位信息系统中，与信息技术应用程序进行的信息处理和人工进行的信息处理两方面相关的控制。

信息处理控制可以是人工的、自动化的，或是基于自动流程的人工控制。审计过程中，要考虑运用信息技术导致的风险，由于被审计单位信息技术一般控制的设计无效或运行无效可能会导致信息处理控制的设计无效或运行无效，信息系统中的信息（如交易信息等）在完整性、准确性和有效性方面存在的风险等。

信息技术可分为一般控制和应用控制。信息技术一般控制是指为支持被审计单位信息技术环境持续正常运行而实施的控制，包括为支持信息处理控制持续有效运行，以及确保信息系统中信息的完整性、准确性和有效性而实施的控制。

信息技术环境是指被审计单位用于支持其经营战略和经营活动的信息技术应用程序、信息技术基础设施、信息技术流程以及流程中的相关参与人员。具体如下。

（1）信息技术应用程序是指用于生成、处理、记录和报告交易或其他方面信息的程序，包括数据仓库和报告生成工具。

（2）信息技术基础设施包括网络、操作系统、数据库及相关的硬件和软件。

（3）信息技术流程是指被审计单位用于管理信息技术环境访问权限、程序更改、信息技术环境变化以及信息技术运行的流程。

信息技术应用控制是指主要在业务流程层次运行的人工或自动化程序，与用于生成、记录、处理、报告交易或其他财务数据的程序相关，通常包括检查数据计算准确性、审核账户和试算平衡表、设置对输入数据和数字序号的自动检查，以及对例外报告进行人工干预。

4. 实物控制

实物控制主要包括了解对资产和记录采取适当的安全保护措施，对访问计算机程序和数据文件设置授权，以及定期盘点并将盘点记录与会计记录相核对。例如，对现金、存货和固定资产的定期盘点控制。实物控制的效果影响资产的安全，从而对财务报表的可靠性及审计产生影响。

5. 职责分离

职责分离主要包括了解被审计单位如何将交易授权、交易记录以及资产保管等职责分配给不同员工，以防范同一员工在履行多项职责时可能发生的舞弊或错误。例如，"管钱的不能管账"、有权决定或审批材料采购的人员不能同时兼任采购员职务、销货人员不能同时兼任会计记账工作等。

注册会计师为了解控制活动，应当实施以下风险评估程序。

（1）识别用于应对认定层次重大错报风险的控制，包括：

a. 应对特别风险的控制。

b. 与会计分录相关的控制，这些会计分录包括用以记录非经常性的、异常的交易，以及用于调整的非标准会计分录。

c. 注册会计师拟测试运行有效性的控制，包括用于应对仅实施实质性程序不能提供充分、适当审计证据的风险的控制。

d. 注册会计师根据职业判断认为适当的、能够有助于实现与认定层次重大错报风险有关目标的其他控制。

（2）基于上述第（1）项中识别的控制，识别哪些信息技术应用程序及信息技术环境的其他方面，可能面临运用信息技术导致的风险。

（3）针对上述第（2）项中识别的信息技术应用程序及信息技术环境的其他方面，进一步识别：

a. 运用信息技术导致的相关风险。

b. 被审计单位用于应对这些风险的信息技术一般控制。

（4）针对上述第（1）项以及第（3）项 b 点识别出的每项控制：

a. 评价控制的设计是否有效，即这些控制能否应对认定层次重大错报风险或为其他控制的运行提供支持。

b. 询问被审计单位内部人员，并实施其他风险评估程序，以确定控制是否得到执行。

（五）对控制的监督

对控制的监督是指被审计单位评价内部控制在一段时间内设计和运行的有效性的过程，以及根据评价结果采取必要的纠正措施。对控制的监督包括持续监督活动和专门的评价活动。持续的监督活动通常贯穿于被审计单位的日常经营活动与常规管理工作中。例如，对资产的定期盘点、管理层对是否定期编制银行存款余额调节表的复核、法律部门定期监控公司的道德规范和是否遵守商务行为准则等。被审计单位还可能使用内部审计人员或具有类似职能的人员对内部控制的设计和执行进行专门的评价。例如，要求内部审计部门出具内部控制评价报告。被审计单位也可能利用与外部有关各方沟通或交流所获取的信息监督相关的控制活动。例如，利用会计师事务所出具的内部控制评价报告，认清自身的内部控制存在的缺陷并实施整改措施。

注册会计师为了解被审计单位对与财务报表编制相关的内部控制体系的监督工作，应当实施以下风险评估程序。

（1）了解被审计单位实施的持续性评价和单独评价，以及识别出控制缺陷的情况和整改的情况。

（2）了解被审计单位的内部审计，包括内部审计的性质、职责和活动。

（3）了解被审计单位在监督内部控制体系的过程中所使用信息的来源，以及管理层认为这些信息足以信赖的依据。

（4）根据被审计单位的性质和复杂程度，评价被审计单位对内部控制体系的监督是否适合其具体情况。

三、与审计相关的控制

内部控制的目标包括保证财务报告的可靠性、经营的效率和效果以及对法律法规的遵守，但注册会计师审计的目标是对财务报表是否存在重大错报发表审计意见，所以，注册会计师要考虑的并非被审计单位整体的内部控制，而只是与财务报表审计相关的内部控制，即与审计相关的控制。与审计相关的控制，主要包括被审计单位为实现财务报告可靠性目标设计和实施的控制，为实现经营的效率和效果以及对法律法规的遵守而设计和实施的控制，也可能存在某些与审计相关的控制。注册会计师应当运用职业判断，考虑一项控制单独或连同其他控制是否与评估重大错报风险以及针对评估的风险设计和实施进一步审计程序有关。在运用职业判断时，注册会计师应当考虑下列因素。

（1）注册会计师确定的重要性水平。

（2）被审计单位的性质。
（3）被审计单位的规模。
（4）被审计单位经营的多样性和复杂性。
（5）法律法规和监管要求。
（6）作为内部控制组成部分的系统的性质和复杂性。

此外，如果在设计和实施进一步审计程序时拟利用被审计单位内部生成的信息，注册会计师应当考虑用以保证该信息完整性和准确性的控制可能与审计相关。

如果用以保证经营效率、效果的控制以及对法律法规遵守的控制与实施审计程序时评价或使用的数据相关，注册会计师应当考虑这些控制可能与审计相关。

用以保护资产的内部控制可能包括与实现财务报告可靠性和经营效率、效果目标相关的控制。注册会计师在了解保护资产的内部控制各项要素时，可仅考虑其中与财务报告可靠性目标相关的控制。

四、对内部控制了解的深度

对内部控制了解的深度是指在了解被审计单位及其环境时对内部控制了解的程度，包括评价控制的设计，以及评价控制设计的风险评估程序。

（一）评价控制的设计

注册会计师在了解内部控制时，应当评价控制的设计，并确定其是否得到执行。评价控制的设计是指考虑一项控制单独或连同其他控制是否能够有效防止或发现并纠正重大错报。控制得到执行是指某项控制存在且被审计单位正在使用。如果控制设计不当可能表明内部控制存在重大缺陷，注册会计师在确定控制是否得到执行时，应当首先考虑控制的设计，如果控制设计不当，不需要再考虑控制是否得到执行。

（二）评价控制设计的风险评估程序

注册会计师通常实施下列风险评估程序，以获取有关控制的设计和控制得到执行的审计证据：①询问被审计单位的人员；②观察特定控制的运用；③检查文件和报告；④追踪交易在财务报告信息系统中的处理过程（穿行测试）。

需要注意的是，询问本身并不足以评价控制的设计以及确定其是否得到执行，注册会计师应当将询问与其他风险评估程序结合使用。

对于自动化控制来说，除非存在某些可以使控制得到一贯运行的自动化控制，注册会计师对控制的了解并不能够代替对控制运行有效性的测试。

五、内部控制的固有局限性

需要了解的是，内部控制存在固有局限性，无论如何设计和执行，只能对财务报告的可靠性提供合理的保证。内部控制存在的固有局限性主要包括：

（1）在决策时人为判断可能出现错误和由于人为失误而导致内部控制失效。

例如，被审计单位信息技术工作人员没有完全理解系统如何处理销售交易，为使系统能够处理新型产品的销售，可能错误地对系统进行更改；或者对系统的更改是正确的，但是程序员没能把更改转化为正确的程序代码。

（2）可能由于两个或更多的人员进行串通或管理层凌驾于内部控制之上而被规避。

例如，管理层可能与客户签订背后协议，对标准的销售合同作出变动，从而导致确认收入发生错误。再如，软件中的编辑控制旨在发现和报告超过赊销信用额度的交易，但这一控制可能被逾越或规避。

此外，小型被审计单位拥有的员工通常较少，限制了其职责分离的程度业主凌驾于内部控制之上的可能性较大，注册会计师应当考虑一些关键领域是否存在有效的内部控制，包括考虑小型被审计单位总体的控制环境，特别是业主对于内部控制及其重要性的态度、认识和措施。

【审计案例】内控被否的上市公司漏洞在哪？

第四节 识别和评估重大错报风险

一、识别和评估财务报表层次和认定层次的重大错报风险

注册会计师应当识别重大错报风险，并确定其存在于财务报表层次，还是存在于各类交易、账户余额和披露的认定层次。

对于识别出的财务报表层次重大错报风险，注册会计师应当从下列两方面进行评估。
（1）评价这些风险对财务报表整体产生的影响。
（2）确定这些风险是否影响对认定层次风险的评估结果。

对于识别出的认定层次重大错报风险，注册会计师应当分别评估固有风险和控制风险。固有风险应当通过评估错报发生的可能性和严重程度来评估。在评估时，注册会计师应当考虑：
（1）固有风险因素如何以及在何种程度上影响相关认定易于发生错报的可能性。
（2）财务报表层次重大错报风险如何以及在何种程度上影响认定层次重大错报风

险中固有风险的评估。

（一）识别和评估重大错报风险的审计程序

注册会计师应当实施下列审计程序以识别和评估重大错报风险。

1. 在了解被审计单位及其环境的整个过程中识别风险，并考虑各类交易、账户余额、列报

注册会计师应当在了解被审计单位及其环境（包括与风险相关的控制）的整个过程中识别风险，并将识别的风险与各类交易、账户余额和列报联系起来。例如，被审计单位因相关环境法规的实施需要更新设备，将导致对原有设备提取减值准备；宏观经济的低迷可能预示应收账款的回收存在问题；竞争者开发的新产品上市，可能导致被审计单位的主要产品在短期内过时，预示将出现存货跌价和长期资产（如固定资产等）的减值。

2. 将识别的风险与认定层次可能发生错报的领域相联系

在评估重大错报发生的可能性时，除了考虑可能的风险外，还要考虑控制对风险的抵消和遏制作用。有效的控制会减少错报发生的可能性，而控制不当或缺乏控制，错报就会由潜在变成现实。控制可能与某一认定直接相关，也可能与某一认定间接相关，关系越间接，控制对防止或发现并纠正认定错报的效果越小。

3. 考虑识别的风险是否重大

评估识别出的风险，并评价其是否更广泛地与财务报表整体相关，进而潜在地影响多项认定。注册会计师应当将识别的风险与认定层次可能发生错报的领域联系起来。例如，销售困难使产品的市场价格下降，可能导致年末存货成本高于其可变现净值而需要计提存货跌价准备，这表明存货的计价认定可能发生错报。

4. 考虑识别的风险导致财务报表发生重大错报的可能性

注册会计师还需要考虑识别出的风险是否会导致财务报表发生重大错报。例如，考虑存货的账面余额是否巨大，是否已适当计提了存货跌价准备等。在某些情况下，尽管识别的风险重大，但仍不至于导致财务报表发生重大错报风险。例如，期末财务报表中存货的余额较低，尽管识别的风险重大，但不至于导致存货的计价认定发生重大错报风险。又如，被审计单位对于存货跌价准备的计提实施了比较有效的内部控制，管理层已根据存货的可变现净值，计提了相应的跌价准备。在这种情况下，财务报表发生重大错报的可能性将相应降低。

（二）可能表明存在重大错报风险的事项和情况

下列事项和情况可能表明被审计单位存在重大错报风险。
（1）在经济不稳定的国家或地区开展业务。
（2）在高度波动的市场开展业务。

（3）在严厉、复杂的监管环境中开展业务。
（4）持续经营和资产流动性出现问题，包括重要客户流失。
（5）融资能力受到限制。
（6）行业环境发生变化。
（7）供应链发生变化。
（8）开发新产品或提供新服务，或进入新的业务领域。
（9）开辟新的经营场所。
（10）发生重大收购、重组或其他非经常性事项。
（11）拟出售分支机构或业务分部。
（12）复杂的联营或合资。
（13）运用表外融资、特殊目的的实体以及其他复杂的融资协议。
（14）重大的关联方交易。
（15）缺乏具备胜任能力的会计人员。
（16）关键人员变动。
（17）内部控制薄弱。
（18）信息技术战略与经营战略不协调。
（19）信息技术环境发生变化。
（20）安装新的与财务报告有关的重大信息技术系统。
（21）经营活动或财务报告受到监管机构的调查。
（22）以往存在重大错报或本期期末出现重大会计调整。
（23）发生重大的非常规交易。
（24）按照管理层特定意图记录的交易。
（25）应用新颁布的会计准则或相关的会计制度。
（26）会计计量过程复杂。
（27）事项或交易在计量时存在重大不确定性。
（28）存在未决诉讼和或有负债。

注册会计师应当充分关注上述可能表明被审计单位存在重大错报风险的事项和情况，并考虑由上述事项和情况导致的风险是否重大，以及由该风险导致财务报表发生重大错报的可能性。

【一问一答】生产与存货循环的主要风险有哪些？

(三)重大错报风险的层次

在本章第一节我们了解到风险评估程序是一项必要的审计程序,注册会计师应当利用实施风险评估程序获取的信息,包括在了解被审计单位及其环境时获取的信息和在评价控制设计和确定其是否得到执行时获取的审计证据,作为支持风险评估结果的审计证据,并根据风险评估结果,确定实施进一步审计程序的性质、时间和范围。

对于识别出的重大错报风险,注册会计师应当确定,是与特定的某类交易、账户余额、列报的认定相关的认定层次重大错报风险,还是与财务报表整体广泛相关,进而影响多项认定的财务报表层次重大错报风险。

某些重大错报风险可能与财务报表整体广泛相关,进而影响多项认定。例如,在经济不稳定的国家和地区开展业务、资产的流动性出现问题、重要客户流失、融资能力受到限制等,可能导致注册会计师对被审计单位的持续经营能力产生重大疑虑。又如,管理层缺乏诚信或承受异常的压力可能引发舞弊风险,这些风险与财务报表整体相关。

一般来说,财务报表层次的重大错报风险很可能源于薄弱的控制环境,而薄弱的控制环境带来的风险可能对财务报表产生广泛影响,不仅限于某类交易、账户余额、列报,注册会计师应当采取总体应对措施,审计人员应当采取总体应对措施。

某些重大错报风险可能与特定的各类交易、账户余额、列报的相关认定相关。例如,被审计单位的竞争对手推出新产品并受到市场热捧,这一事项表明存货的跌价准备,即准确性、计价与分摊认定可能存在重大错报风险。又如,被审计单位存在重大的关联方交易,该事项表明关联方及关联方交易的披露认定可能存在重大错报风险。

对于认定层次的重大错报风险,注册会计师应当将所了解的控制与特定认定相联系。控制与认定直接或间接相关;关系越间接,控制对防止或发现并纠正认定错报的效果越小。注册会计师可能识别出有助于防止或发现并纠正特定认定发生重大错报的控制。在确定这些控制是否能够实现上述目标时,注册会计师应当将控制活动和其他要素综合考虑。

注册会计师应当采取适当方式对识别的各类交易、账户余额和列报认定层次的重大错报风险予以汇总和评估,便于确定进一步审计程序的性质、时间安排和范围。使用识别和评估认定层次的重大错报风险汇总表即可达到这个目的,如表10-1所示。

表10-1 识别和评估认定层次的重大错报风险汇总表

重大账户	认定	识别的重大错报风险	风险评估结果
列示重大账户,如应收账款	列示相关认定,如存在、完整性、计价和分摊	结合对拟测试的相关控制的考虑,将识别出的风险与认定层次可能发生错报的领域相联系	考虑发生错报的可能性(包括发生多项错报的可能性),以及潜在错报的重大程度是否足以导致重大错报

注:注册会计师也可以在该表中记录针对评估的认定层次重大错报风险制订的审计方案

（四）内部控制对财务报表可审计性的影响

如果通过对内部控制的了解发现下列情况，并对财务报表局部或整体的可审计性产生疑问时，注册会计师应当考虑出具保留意见或无法表示意见的审计报告：①被审计单位会计记录的状况和可靠性存在重大问题，不能获取充分、适当的审计证据以发表无保留意见；②对管理层的诚信存在严重疑虑。必要时，注册会计师还应当考虑解除业务约定。

二、需要特别考虑的重大错报风险

（一）特别风险的判定

职业判断贯穿审计工作过程的始终，作为风险评估的一部分，注册会计师应当运用职业判断，确定识别的风险哪些是需要特别考虑的重大错报风险（简称特别风险）。在确定哪些风险是特别风险时，注册会计师应当在考虑识别出的控制对相关风险的抵消效果前，根据风险的性质、潜在错报的重要程度和发生的可能性，判断风险是否属于特别风险。在确定风险的性质时，注册会计师应当考虑下列事项。

（1）风险是否属于舞弊风险，如由于管理层凌驾于控制之上的行为。
（2）风险是否与近期经济环境、会计处理方法和其他方面的重大变化有关。
（3）交易的复杂程度。
（4）风险是否涉及重大的关联方交易。
（5）财务信息计量的主观程度，特别是对不确定事项的计量存在较大区间。
（6）风险是否涉及异常或超出正常经营过程的重大交易。

特别风险通常与重大的非常规交易和判断事项有关，而一些日常的、常规的简单的交易或事项则不大可能产生特别风险。例如，现金日记账和银行存款日记账的登记产生特别风险的概率极低。

非常规交易是指由于金额或性质异常而不经常发生的交易。非常规交易具有下列特征，致使与重大非常规交易相关的特别风险可能导致更高的重大错报风险。

（1）管理层过多地介入会计处理。
（2）数据收集和处理涉及过多的人工成分。
（3）复杂的计算或会计处理方法。
（4）非常规交易的性质可能使被审计单位难以对由此产生的特别风险实施有效控制。

判断事项通常包括作出的会计估计，由于下列原因，与重大判断事项相关的特别风险可能导致更高的重大错报风险：①对涉及会计估计、收入确认等方面的会计原则存在不同的理解；②所要求的判断可能是主观和复杂的，或需要对未来事项作出假设。

（二）特别风险的处理

针对特别风险，注册会计师应当评价相关控制的设计情况，并确定其是否已经得到执行。与重大非常规交易或判断事项相关的风险很少受到日常控制的约束，审计人员应当了解被审计单位是否针对该特别风险设计和实施了控制。如果管理层未能实施控制以恰当应对特别风险，注册会计师应当认为内部控制存在重大缺陷，并考虑其对风险评估的影响。在此情况下，注册会计师应当考虑就此类事项与治理层沟通。

三、仅通过实质性程序无法应对的重大错报风险

作为风险评估的一部分，如果认为仅通过实质性程序获取的审计证据无法将认定层次的重大错报风险降至可接受的低水平，注册会计师应当评价被审计单位针对这些风险设计的控制，并确定其执行情况。

例如，在被审计单位对日常交易采用高度自动化处理的情况下，审计证据可能仅以电子形式存在，其充分性和适当性通常取决于自动化信息系统相关控制的有效性，注册会计师应当考虑仅通过实施实质性程序不能获取充分、适当审计证据的可能性。如果认为仅通过实施实质性程序不能获取充分、适当的审计证据，注册会计师应当考虑依赖的相关控制的有效性，并对其进行了解、评估和测试。

注册会计师可以编制表格来汇总识别出的重大错报风险，判定它们的性质，如表 10-2 所示。

表 10-2　识别的重大错报风险汇总表

识别的重大错报风险	对财务报表的影响	相关的交易类别、账户余额和列报认定	是否与财务报表整体广泛相关	是否属于特别风险	是否属于仅通过实质性程序无法应对的重大错报风险
记录识别的重大错报风险	描述对财务报表的影响和导致财务报表发生重大错报的可能性	列示相关的各类交易、账户余额、列报及其认定	考虑是否属于财务报表层次的重大错报风险	考虑是否属于特别风险	考虑是否属于仅通过实质性程序无法应对的重大错报风险

四、对风险评估的修正

注册会计师对认定层次重大错报风险的评估应以获取的审计证据为基础，并可能随着不断获取审计证据而作出相应的变化。例如，注册会计师在前期执行风险评估程序时可能预期被审计单位的内部控制是有效的，但随着审计工作的进行，注册会计师获取的证据可能表明相关控制在被审计期间并未有效运行，或者在实施实质性程序后，可能发现错报的金额和频率比在风险评估时预计的金额和频率要高，此时就需要对风险评估进行修正以符合实际情况。

如果通过实施进一步审计程序获取的审计证据与初始评估重大错报风险时获取的审

计证据相矛盾，注册会计师应当修正风险评估结果，并相应修改原计划实施的进一步审计程序。因此，评估重大错报风险与了解被审计单位及其环境一样，也是一个连续和动态地收集、更新与分析信息的过程，贯穿于整个审计过程的始终。风险评估总流程如图10-2所示。

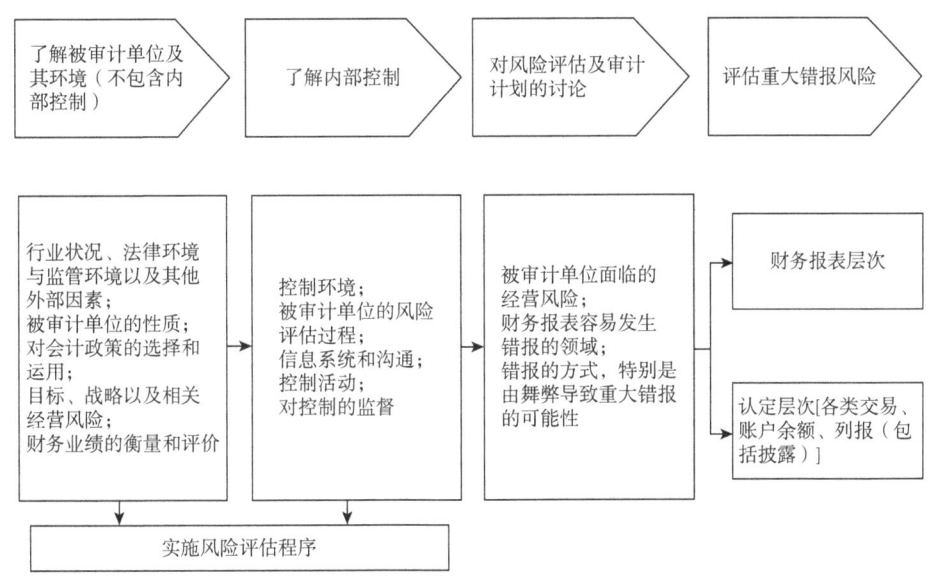

图 10-2 风险评估总流程

思考题

1. 什么是风险评估程序？可以通过实施哪些程序来获得信息？
2. 被审计单位及其环境包括哪几个方面？为什么要了解被审计单位及其环境？可以通过哪些方法了解？
3. 被审计单位的内部控制包括哪些内容？
4. 识别和评估重大错报风险时，注册会计师实施哪些审计程序？
5. 需要特别考虑的重大错报风险有哪些？

【**审计实践**】被审计单位风险评估

推荐阅读

李子瑶，宋夏云. 獐子岛财务舞弊案例分析. 审计与理财，2020，（7）：37-40.

第十一章

风险应对

引例：康美药业造假落槌，罚没广东正中珠江5 700万元

2021年2月18日，中国证券监督管理委员会发布行政处罚决定书〔2021〕11号，因为康美药业股份有限公司（简称康美药业）财务造假事件，正式对广东正中珠江会计师事务所（特殊普通合伙）（简称正中珠江）开出行政处罚决定书，罚款5 700万元！中国证券监督管理委员会勒令正中珠江改正，没收业务收入1 425万元，并处以4 275万元罚款，共计5 700万元，对三名注册会计师给予警告并分别处以10万元罚款，对一名项目经理给予警告并处以3万元罚款。除此之外，中国证券监督管理委员会还对上述涉事注册会计师开出市场禁入决定书。

处罚决定书中指出，正中珠江在审计过程中存在如下违法行为：①正中珠江出具的康美药业2016年至2018年年度审计报告存在虚增收入、虚增货币资金等虚假记载行为；②2016年和2018年年报审计期间，正中珠江未对康美药业的业务管理系统实施相应审计程序，未获取充分适当的审计证据。例如，风险识别与评估阶段，部分审计底稿存在缺陷；货币资金科目、营业收入科目的风险应对措施（包括内部控制测试程序和实质性程序）均存在重大缺陷。

中国证券监督管理委员会最后根据当事人违法行为的事实、性质、情节与社会危害程度给予了相应的行政处罚。

资料来源：中国证监会行政处罚决定书（广东正中珠江会计师事务所、杨文蔚、张静璃、刘清、苏创升）。http://www.csrc.gov.cn/csrc/c101928/c9a654df415374f6aa6a1a5e46e4e8221/content.shtml，2021-02-20

通过上述的案例可知，在审计过程中根据《中国注册会计师审计准则》制定充分必要的审计风险应对措施、总体方案和审计程序并严格执行，对于会计师事务所和注册会

计师避免发生审计失败来说是至关重要的。在上一章的学习中，我们了解了如何实施风险评估程序以识别和评估重大错报风险，那么注册会计师应该如何应对识别出的重大错报风险？如何考虑所实施审计程序的性质、时间安排和范围？

第一节　针对财务报表层次重大错报风险的总体应对措施

重大错报风险是指财务报表在审计前存在重大错报的可能性，对重大错报风险的识别、评估和应对是现代风险导向审计的主线。注册会计师在采用风险评估程序了解了被审计单位及其环境，充分识别和评估了财务报表的重大错报风险之后，便要考虑如何应对评估的重大错报风险问题，包括确定针对评估的财务报表层次重大错报风险的总体应对措施，以及针对评估的认定层次重大错报风险设计和实施的进一步审计程序，包括审计程序的性质、时间安排和范围，以将审计风险降至可接受的低水平。《中国注册会计师审计准则第1231号——针对评估的重大错报风险采取的应对措施》为注册会计师针对已评估的财务报表层次重大错报风险确定总体应对措施和针对评估的认定层次重大错报风险设计和实施进一步审计程序提供了规范性的指导。

财务报表层次重大错报风险与财务报表整体存在广泛联系，它可能影响多项认定，此类风险通常与控制环境有关，如管理层缺乏诚信或串通舞弊、治理层形同虚设而不能对管理层进行有效监督等；但也可能与其他因素有关，如经济萧条、企业主要产品更新换代、企业所处行业处于衰退期等。此类风险难以被界定于某类交易、账户余额、列报和披露的具体认定，但是，此类风险增大了一个或多个不同认定发生重大错报的可能性。注册会计师应当运用职业判断针对评估的财务报表层次重大错报风险确定下列总体应对措施。

（1）向项目组强调在收集和评价审计证据过程中保持职业怀疑态度的必要性。

（2）分派更有经验或具有特殊技能的审计人员，或利用专家的工作。

对于各行各业的审计客户，其单位性质、业务特点、经营风险、财务报告、相关法律法规和监管要求等都各不相同，审计项目组在选派项目组成员时，要考虑项目组成员的胜任能力、专业知识和相关审计经验，项目组成员中应保持一定比例的参与过该被审计单位以前年度审计或具有该行业审计经验的人员，必要时，还应考虑利用专家的工作。

（3）提供更多的督导。

对财务报表层次重大错报风险较高的被审计单位，项目组内经验丰富的项目组成员要为经验较少的成员提供更多的指导、监督和复核。

在督导项目组成员时，考虑承担重要业务职责的项目组成员所具备的知识、技能和能力，并考虑舞弊导致的重大错报风险的评估结果。

（4）评价被审计单位对会计政策（特别是涉及主观计量和复杂交易的会计政策）的选择和运用，是否可能表明管理层通过操纵利润对财务信息作出虚假报告。

（5）在选择审计程序的性质、时间安排和范围时，增加审计程序的不可预见性。

会计师事务所为客户提供连续审计，通常难以避免被审计单位的人员特别是管理层渐渐熟悉审计人员的审计"套路"，就可能采取规避手段以掩盖重大错报。因此，注册会计师在设计拟实施的审计程序时，可以采取一些手段以增加审计程序的不可预见性，如：①对未测试过的低于设定的重要性水平或风险较小的账户余额和认定实施实质性程序；②调整实施审计程序的时间，使被审计单位不可预期；③采取不同的审计抽样方法，使当期抽取的测试样本与以前有所不同；④选取不同的地点实施审计程序，或预先不告知被审计单位所选定的测试地点。

当被审计单位的重大错报风险水平较高或内部控制环境薄弱时，审计人员应该考虑在期末而非期中实施实质性程序，或修改审计程序的性质以获取更具说服力的审计证据。

一、对源于内部控制的财务报表层次重大错报风险的考虑

财务报表层次的重大错报风险很可能来源于薄弱的内部控制。一般来说，薄弱的控制环境所带来的风险可能对财务报表整体产生广泛影响，而不仅限于某类交易、账户余额和列报。例如，薄弱的控制环境容易滋生舞弊的机会，通常会与财务报表层次的重大错报风险相关联。因此，当被审计单位的内部控制存在缺陷时，注册会计师在对拟实施审计程序的性质、时间和范围作出总体修改时，应当考虑：

1. 在期末而非期中实施更多的审计程序

当内部控制存在缺陷时，期中获取的审计证据通常不可信。

2. 主要依赖实质性程序获取审计证据

当内部控制环境薄弱时，审计人员无法过度依赖控制测试，而主要依赖实质性程序来获取审计证据。

3. 修改审计程序的性质

在必要时应考虑修改审计程序的性质以获取更具说服力的审计证据。

4. 扩大审计程序的范围

例如，扩大样本规模、扩大盘点范围、采用更详细的数据实施分析程序等。

二、总体应对措施对拟实施进一步审计程序的总体审计方案的影响

注册会计师评估的财务报表层次重大错报风险以及采取的总体应对措施，对拟实施进一步审计程序的总体方案具有重大影响。拟实施进一步审计程序的总体方案包括实质性方案和综合性方案。实质性方案是指注册会计师实施的进一步审计程序以实质性程序为主；综合性方案是指注册会计师在实施进一步审计程序时，将控制测试与实质性程序结合使用。

需要注意辨析的是,总体应对措施和总体审计方案是两个完全不同的概念。总体应对措施是应对财务报表层次重大错报风险的措施;而总体审计方案针对的是认定层次重大错报风险,属于拟实施的进一步审计程序。

当评估的财务报表层次重大错报风险属于高水平时(并相应采取更强调保持职业怀疑态度、增加审计程序的不可预见性、重视调整审计程序的性质、时间安排和范围等的总体应对措施),注册会计师拟实施进一步审计程序的总体方案往往更倾向于实质性方案。反之,则采用综合性方案。但无论采取何种方案,均要实施实质性程序。

【一问一答】如何理解财务报表层次重大错报风险?

第二节 针对认定层次重大错报风险的进一步审计程序

一、进一步审计程序的内涵和要求

注册会计师应当针对评估的认定层次重大错报风险,设计和实施进一步审计程序,包括审计程序的性质、时间安排和范围。进一步审计程序是相对于风险评估程序而言的,是指注册会计师针对评估的各类交易、账户余额、列报和披露认定层次重大错报风险实施的审计程序,包括控制测试和实质性程序。实质性程序包括对各类交易、账户余额和披露的细节测试和实质性分析程序。

注册会计师在设计和实施进一步审计程序的性质、时间和范围时,应当考虑评估的认定层次重大错报风险水平,明确拟实施的审计程序与重大错报风险水平之间的对应关系,使审计程序更具有目的性和针对性,有的放矢地配置审计资源并尽可能将审计风险降低至可接受的低水平,提高审计的效率和效果。在设计和实施进一步审计程序的性质、时间和范围时,保证审计程序的性质对风险具有高度针对性是至关重要的,这是因为,一般来说,评估的重大错报风险越高,实施的进一步审计程序的范围也越大,但只有首先确保进一步审计程序的性质与特定风险相关时,扩大审计程序的范围才是有效的。

在设计进一步审计程序时,注册会计师应当考虑下列因素。

(1)针对每项相关交易类别、账户余额和披露,考虑评估出认定层次重大错报风险的依据。

这些依据包括因相关交易类别、账户余额和披露的具体特征而导致的发生错报的可能性和严重程度（即固有风险），以及风险评估是否考虑了应对重大错报风险的控制（即控制风险），从而要求注册会计师获取审计证据以确定控制是否有效运行（即注册会计师在确定实质性程序的性质、时间安排和范围时拟测试控制运行的有效性）。注册会计师需要区别对待，并有针对性地设计进一步审计程序予以应对。

（2）评估的风险越高，需要获取越有说服力的审计证据。

注册会计师应当设计和实施进一步审计程序，审计程序的性质、时间安排和范围应当能够应对评估的舞弊导致的认定层次重大错报风险。例如，针对舞弊导致的认定层次重大错报风险，注册会计师应当考虑实施函证程序以获取更多的相互印证的信息。

（3）重大错报发生的可能性。

重大错报发生的可能性越大，同样越需要注册会计师精心设计进一步审计程序。

（4）被审计单位采用的特定控制的性质。

不同性质的控制对注册会计师设计的进一步审计程序具有重要影响，例如，一般来说人工控制出现差错的概率较高，而自动化控制出错率较低，但是一旦自动化控制出现系统性错误，那么其带来的影响可能是重大且广泛的，所以注册会计师应考虑是人工控制还是自动化控制，并针对不同的控制设计不同的进一步审计程序。

（5）注册会计师是否拟获取审计证据，以确定内部控制在防止或发现并纠正重大错报方面的有效性。

如果注册会计师拟在风险评估时预期内部控制运行有效，随后拟实施的进一步审计程序必须包括控制测试，此时，实质性程序自然会受到之前控制测试结果的影响。

此外，小型被审计单位可能不存在能够被注册会计师识别的控制活动，注册会计师实施的进一步审计程序可能主要是实质性程序。在缺乏控制的情况下，注册会计师应当考虑仅通过实施实质性程序是否能够获取充分、适当的审计证据。

二、进一步审计程序的性质

进一步审计程序的性质是指进一步审计程序的目的和类型。进一步审计程序的目的包括通过实施控制测试以确定内部控制运行的有效性，通过实施实质性程序以发现认定层次的重大错报。进一步审计程序的类型包括检查、观察、询问、函证、重新计算、重新执行和分析程序，俗称审计的"七大武器"。

不同的审计程序应对特定认定错报风险的效力不同。例如，对于与收入完整性认定相关重大错报风险，控制测试通常更能有效应对；对于与收入发生认定相关的重大错报风险，实质性程序通常更能有效应对。所以，在应对评估的风险时，合理确定审计程序的性质是非常重要的。

注册会计师在选择审计程序时应当考虑评估的认定层次重大错报风险结果。当评估的认定层次重大错报风险越高，对通过实质性程序获取的审计证据的相关性和可靠性的要求越高，即对获取的审计证据的数量和质量的要求就越高，从而可能影响进一步审计程序的类型及其综合运用。例如，当注册会计师判断某类交易协议的完整性存在更高的重大错报风险时，除了检查文件以外，注册会计师还可能决定向第三方询问或函证协议条款的完整性。

注册会计师在确定拟实施的审计程序时,应当考虑评估的认定层次重大错报风险产生的原因,包括考虑各类交易、账户余额、列报的具体特征以及内部控制。例如,注册会计师可能判断某特定类别的交易即使在不存在相关控制的情况下发生重大错报的风险仍较低,此时注册会计师可能认为仅实施实质性程序就可以获取充分、适当的审计证据。另外,如果在实施进一步审计程序时拟利用被审计单位信息系统生成的信息,注册会计师应当就信息的准确性和完整性获取审计证据。例如,注册会计师在执行实质性分析程序时,使用了审计单位内部生成的非财务信息或预算数据,注册会计师应当获取关于这些信息的准确性和完整性的审计证据。

三、进一步审计程序的时间

进一步审计程序的时间是指注册会计师何时实施进一步审计程序,或审计证据适用的期间或时点。注册会计师可以在期中或期末实施控制测试或实质性程序。当重大错报风险较高时,注册会计师应当考虑在期末或接近期末实施实质性程序;或采用不通知的方式,或在管理层不能预见的时间实施审计程序。

在确定何时实施审计程序时,注册会计师应当考虑下列因素。

1. 控制环境

通常情况下,当企业的内部控制良好时,在期中实施进一步审计程序所获取的审计证据具有一定的可信度和适当性,使注册会计师在确定实施的进一步审计程序的时间时有更大的灵活度。

2. 何时能得到相关信息

某些控制活动可能仅在期中(或期中以前)发生,而之后可能难以再被观察到。此时,注册会计师如果希望获取相关信息,则需要考虑能够获取相关信息的时间。

3. 错报风险的性质

例如,当被审计单位制定了高盈利性目标且预期难以达到时,被审计单位可能为了保证盈利目标的实现而提前确认收入,或者在会计期末以后伪造销售合同以虚增收入,此时注册会计师需要考虑在期末(即资产负债表日)这个特定时点获取被审计单位截至期末所能提供的所有销售合同及相关资料,以防范被审计单位提前确认收入或在资产负债表日后伪造销售合同虚增收入的风险。

4. 审计证据适用的期间或时点

注册会计师应当根据需要获取的特定审计证据,确定何时实施进一步审计程序。

虽然注册会计师在很多情况下可以根据具体情况选择实施进一步审计程序的时间,但是也存在某些限制情形。例如,有某些审计程序只能在期末或期末以后实施,包括将财务报表与会计记录相核对,检查财务报表编制过程中所做的会计调整等。另外,如果被审计单位在期末或接近期末发生了重大交易，或重大交易在期末尚未完成，注册会计师应当考虑交易的发生或截止等认定可能存在的重大错报风险，并在期末或期末以后检查此类交易。

四、进一步审计程序的范围

进一步审计程序的范围是指实施进一步审计程序的数量，包括抽取的样本量、对某项控制活动的观察次数等。

在确定审计程序的范围时，注册会计师应当考虑下列因素。

1. 确定的重要性水平

确定的重要性水平越低，注册会计师实施进一步审计程序的范围越大。

2. 评估的重大错报风险

评估的重大错报风险越高，对拟获取审计证据的相关性、可靠性的要求越高，因此，注册会计师实施的进一步审计程序的范围也越广。

3. 计划获取的保证程度

计划获取的保证程度越高，对测试结果的可靠性要求越高，因此，计划获取的保证程度越高，注册会计师实施的进一步审计程序的范围越大。

随着重大错报风险的增加，注册会计师应当考虑扩大审计程序的范围。但是，只有当审计程序本身与特定风险相关时，扩大审计程序的范围才是有效的。

注册会计师可以使用计算机辅助审计技术对电子化的交易和账户文档进行更广泛的测试，包括从主要电子文档中选取交易样本，或按照某一特征对交易进行分类，或对总体而非样本进行测试。通常情况下，注册会计师使用恰当的抽样方法可以得出有效结论，但如果存在下列情形，会计师依据样本得出的结论可能与对总体实施同样的审计程序得出的结论不同，出现不可接受的审计风险：①从总体中选择的样本量过小；②选择的抽样方法对实现特定目标不适当；③未对发现的例外事项进行恰当的追查。因此，注册会计师需要慎重考虑抽样过程对审计程序范围的影响是否能够有效实现审计目标。

此外，当注册会计师综合运用不同审计程序时，应当同时考虑各类审计程序的性质和测试的范围是否适当。

第三节 控制测试

一、控制测试的内涵和要求

控制测试是指用于评价内部控制在防止或发现并纠正认定层次重大错报方面的运行

有效性的审计程序，它的目的是评价控制运行的有效性（包括控制设计的有效性和执行的有效性）。需要注意辨析的是，测试控制运行的有效性与确定控制是否得到执行所需获取的审计证据是不同的。在实施风险评估程序以获取控制是否得到执行的审计证据时，注册会计师应当确定某项控制是否存在，被审计单位是否正在使用。控制运行的有效性强调的是控制能够在各个不同的时间按照既定的设计一贯地执行。如果被审计单位在所审计期间内的不同时期使用了不同的控制，注册会计师应当考虑不同时期控制运行的有效性。

在识别和评估重大错报风险时，审计准则要求注册会计师了解被审计单位的内部控制体系。在进行风险评估时，注册会计师了解被审计单位内部控制体系的目的是设计适合具体情况的审计程序，而不是对内部控制的有效性发表意见。

无论在风险评估过程中，还是在审计工作的其他阶段，注册会计师都有可能识别出内部控制缺陷。

内部控制缺陷是指在下列任一情况下内部控制存在的缺陷。

（1）某项控制的设计、执行或运行不能及时防止或发现并纠正财务报表错报。

（2）缺少用以及时防止或发现并纠正财务报表错报的必要控制。

注册会计师的目标是，向治理层和管理层恰当通报注册会计师在审计过程中识别出的，根据职业判断认为足够重要从而值得治理层和管理层各自关注的内部控制缺陷。

了解内部控制是一项必要的审计程序，但控制测试并不是必要的审计程序，只有当存在下列情形之一时，注册会计师才应当实施控制测试。

（1）在评估认定层次重大错报风险时，预期控制的运行是有效的。

如果在评估认定层次重大错报风险时预期控制的运行是有效的，注册会计师应当实施控制测试，就控制在相关期间或时点的运行有效性获取充分、适当的审计证据。只有认为控制设计合理、能够防止或发现并纠正认定层次的重大错报，注册会计师才有必要对控制运行的有效性实施测试。

（2）仅实施实质性程序不足以提供认定层次充分、适当的审计证据。

如果认为仅实施实质性程序获取的审计证据无法将认定层次重大错报风险降至可接受的低水平，注册会计师应当实施相关的控制测试，以获取控制运行有效性的审计证据。

二、控制测试的性质

控制测试的性质是指控制测试所使用的审计程序的类型及其组合。注册会计师应当选择适当类型的审计程序以获取有关控制运行有效性的保证。当计划的保证水平越高，或对控制有效性的信赖程度越高时，注册会计师应当获取更具可靠性和说服力更高的审计证据。注册会计师应当从下列方面获取有关控制运行有效的审计证据。

（1）控制在所审计期间的不同时点是如何运行的。

（2）控制是否得到一贯执行。

（3）控制由谁执行。

（4）控制以何种方式运行。

在上一章学习了解内部控制时提到，了解内部控制可采用的审计程序包括询问、观察、检查和穿行测试，控制测试所采用的审计程序的类型通常与了解内部控制相同，但是控制测试的程序还包括重新执行。

需要注意的是，询问本身并不足以测试控制运行的有效性，注册会计师应当将询问与其他审计程序结合使用，以获取有关控制运行有效性的审计证据。例如，可以将询问与检查或重新执行结合使用，通常能够比仅实施询问和观察获取更高的保证。另外，观察提供的证据仅限于观察发生的时点，而不能保证该控制在整个审计期间是运行有效的。内部控制与控制测试如图11-1所示。

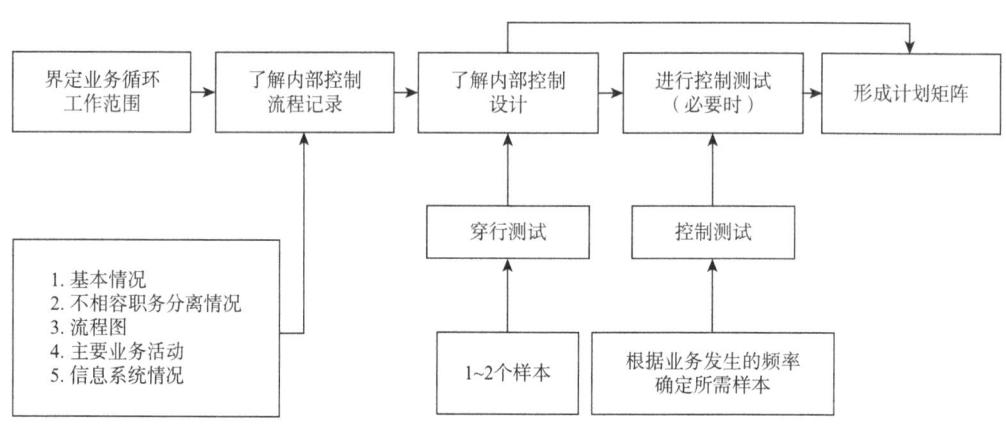

图11-1　内部控制与控制测试

注册会计师在选择控制测试的性质时通常会考虑以下因素。

1. 特定控制的性质

某些控制的运行可能会留下反映控制运行有效性的轨迹，如文件记录，在这种情况下，注册会计师应当考虑检查这些文件记录以获取控制运行有效性的审计证据；某些控制在运行过程中则无法留下轨迹，或存在的文件记录与证实控制运行有效性不相关，在这种情况下，注册会计师应当考虑除检查这些文件记录以外的其他审计程序，以获取控制运行有效性的审计证据。

2. 与认定直接相关和间接相关的控制

例如，被审计单位可能针对超出信用额度的例外赊销交易设置报告和审核制度（与认定直接相关的控制），在测试该项制度的运行有效性时，注册会计师不仅应当考虑审核的有效性，还应当考虑与例外赊销报告中信息准确性有关的控制（与认定间接相关的控制）是否有效运行。

3. 应用控制的自动化

对于一项自动化的应用控制由于信息技术处理过程的内在一贯性，注册会计师可以利用该项控制得以执行的审计证据和信息技术一般控制（特别是对系统变动的控制）运行有效性的审计证据，作为支持该项控制在相关期间运行有效性的重要审计证据。

4. 控制测试的目的

控制测试的目的是评价控制是否有效运行；细节测试的目的是发现认定层次的重大错报。尽管两者目的不同，但注册会计师可以考虑针对同一交易同时实施控制测试和细节测试，以实现双重目的。例如，注册会计师通过检查某笔交易的发票可以确定其是否经过适当的授权，也可以获取关于该交易的金额、发生时间等细节证据。如果拟实施双重目的测试，注册会计师应当仔细设计和评价测试程序。

5. 实施实质性程序的结果对控制测试结果的影响

注册会计师应当考虑实施实质性程序发现的错报对评价相关控制运行有效性的影响，如降低对相关控制的信赖程度、调整实质性程序的性质、扩大实质性程序的范围等。如果实施实质性程序发现被审计单位没有识别出的重大错报，通常表明内部控制存在重大缺陷，注册会计师应当就这些缺陷与管理层和治理层进行沟通。

三、控制测试的时间

（一）基本原则

控制测试的时间包括以下两个方面的内容：①何时实施控制测试（通常以财务报表日为测试的时间点，在财务报表日前的测试属于期中测试）；②测试所针对的控制适用的时点或期间。需要遵循的基本原则：如果测试特定时点的控制，注册会计师仅需得到该时点控制运行有效性的审计证据；如果测试某一期间的控制，注册会计师应获取控制在该期间有效运行的审计证据。

注册会计师应当根据控制测试的目的确定控制测试的时间，并确定拟信赖的相关控制的时点或期间。如果仅需要测试控制在特定时点的运行有效性（例如，对被审计单位期末存货盘点进行控制测试），注册会计师只需要获取该时点的审计证据。如果需要获取控制在某一期间有效运行的审计证据（例如，对被审计单位的超过正常信用额度的赊销的审批流程进行控制测试），仅获取与时点相关的审计证据是不充分的，注册会计师应当辅以其他控制测试，包括测试被审计单位对控制的监督。也就是说，某一时点的控制有效并不能证明该控制在某一期间的运行也是有效的，多个时点控制有效的简单累加也不能证明在整个期间的运行有效，注册会计师应当考虑结合其他控制测试是否能够证明相关控制在所有时点都有效运行。

（二）对期中审计证据的考虑

如果已获取有关控制在期中运行有效性的审计证据，并拟利用该证据，注册会计师应当实施下列审计程序：①获取这些控制在剩余期间变化情况的审计证据；②确定针对剩余期间还需获取的补充审计证据。

在获取针对剩余期间还需补充的审计证据时，注册会计师应当考虑下列因素。

（1）评估的认定层次重大错报风险的重大程度。
（2）在期中测试的特定控制。
（3）在期中对有关控制运行有效性获取的审计证据的程度。
（4）剩余期间的长度。
（5）在信赖控制的基础上拟减少进一步实质性程序的范围。
（6）控制环境。

（三）对以前审计获取的审计证据的考虑

在确定利用以前审计获取的有关控制运行有效性的审计证据是否适当以及再次测试控制的时间间隔时，注册会计师应当考虑：

（1）内部控制其他要素的有效性，包括控制环境、对控制的监督以及被审计单位的风险评估过程。
（2）控制特征（人工控制或是自动化控制）产生的风险。
（3）信息技术一般控制的有效性。
（4）控制设计及其运行的有效性，包括在以前审计中测试控制运行有效性时发现的控制运行偏差的性质和程度。
（5）由于环境发生变化而特定控制缺乏相应变化导致的风险。
（6）重大错报的风险和对控制的拟信赖程度。

如果拟信赖以前审计获取的有关控制运行有效性的审计证据，注册会计师应当获取这些控制是否已经发生变化的审计证据。如果控制在本期发生变化，注册会计师应当考虑以前审计获取的有关控制运行有效性的审计证据是否与本期审计持续相关。

注册会计师应当通过实时询问并结合观察或检查程序，获取这些控制是否发生重大变化的审计证据，以确认对这些控制的了解，并根据下列情况作出不同处理。

（1）如果已发生变化，并且这些变化对以前审计获取的审计证据的持续相关性产生影响，注册会计师应当在本期审计中测试这些控制运行的有效性，而不应利用以前审计期间获取的审计证据。

（2）如果未发生这些变化，注册会计师应当每三年至少对内部控制测试一次，并且在每年审计中测试部分控制，以避免将所有拟信赖控制的测试集中于某一年，而在之后的两年中不进行任何测试。

四、控制测试的范围

控制测试的范围主要是指某项控制活动的测试次数。注册会计师应当设计控制测试，以获取控制在整个拟信赖的期间有效运行的充分、适当的审计证据。在确定某项控制的测试范围时，注册会计师通常考虑下列因素。

（1）在整个拟信赖的期间，被审计单位执行控制的频率，频率越高，控制测试的范围就越大。

（2）在所审计期间，注册会计师拟信赖控制运行有效性的时间长度，拟信赖的期间越长，控制测试的范围就越大。

（3）为证实控制能够防止或发现并纠正认定层次重大错报，所需获取审计证据的相关性和可靠性，此要求越高，控制测试的范围就越大。

（4）通过测试与认定相关的其他控制获取的审计证据的充分性和适当性较高时，测试该控制的范围可以适当缩小。

（5）在风险评估时拟信赖控制运行有效性的程度。越信赖则需要测试的范围就越大。

（6）控制的预期偏差。控制的预期偏差率越高，需要实施控制测试的范围越大。如果控制的预期偏差率过高，注册会计师应当考虑控制可能不足以将认定层次的重大错报风险降至可接受的低水平，从而针对某一认定实施的控制测试可能是无效的。而且注册会计师还应当调查出现偏差的原因及估计其潜在后果，并确定：①已实施的控制测试是否为信赖这些控制提供了适当的基础；②是否有必要实施追加的控制测试；③是否需要针对潜在的错报风险实施实质性程序。

此外，对自动化控制来说，信息技术处理具有内在一贯性，除非系统发生变动，注册会计师通常不需要增加自动化控制的测试范围。对于一项自动化应用控制，一旦确定被审计单位正在执行该控制，注册会计师通常无须扩大控制测试的范围，但需要实施以下几个程序：①测试与该应用控制有关的一般控制的运行有效性；②确定系统是否发生更改，如果发生更改，是否存在适当的系统更改控制；③确定对交易的处理是否使用授权批准的软件版本，以确定该项控制是否持续有效运行。

【一问一答】生产与存货循环的控制测试包括哪些？

第四节 实质性程序

一、实质性程序的内涵和要求

实质性程序是指注册会计师针对评估的重大错报风险实施的直接用于发现认定层次重大错报风险的审计程序，包括对各类交易、账户余额和披露的细节测试以及实质性分析程序。

注册会计师对重大错报风险的评估是一种判断，可能无法充分识别所有的重大错报风险，并且由于内部控制存在固有局限性，无论评估的重大错报风险结果如何，注册会计师都应当针对所有重大的各类交易、账户余额、披露实施实质性程序，即实质性程序是必要的、不可省略的审计程序。注册会计师实施的实质性程序应当包括下列与财务报表编制完成阶段相关的审计程序。

（1）将财务报表中的信息与其所依据的会计记录进行核对或调节，包括核对或调节披露中的信息，无论该信息是从总账和明细账中获取，还是从总账和明细账之外的其他途径获取。

（2）检查财务报表编制过程中作出的重大会计分录和其他会计调整。注册会计师对会计分录和其他会计调整检查的性质和范围，取决于被审计单位财务报告过程的性质和复杂程度以及由此产生的重大错报风险。

如果认为评估的认定层次重大错报风险是特别风险，注册会计师应当专门针对该风险实施实质性程序。例如，如果认为管理层面临实现盈利指标的压力而可能提前确认收入，注册会计师在设计询证函时不仅应当考虑函证应收账款的账户余额，还应当考虑询证销售协议的细节条款（如交货、结算及退货条款）；注册会计师还可考虑在实施函证的基础上针对销售协议及其变动情况询问被审计单位的非财务人员。

如果针对特别风险仅实施实质性程序，注册会计师应当使用细节测试，或将细节测试和实质性分析程序结合使用，以获取充分、适当的审计证据，即无论采取何种方案，细节测试都是必需的。因为为应对特别风险需要获取具有高度相关性和可靠性的审计证据，仅实施实质性分析程序不足以获取有关特别风险的充分、适当的审计证据。

二、实质性程序的性质

实质性程序的性质是指实质性程序的类型和组合。注册会计师应当根据各类交易、账户余额、列报的性质选择实质性程序的类型。实质性程序包括细节测试和实质性分析程序。细节测试是对各类交易、账户余额和披露的具体细节进行测试，其目的在于发现认定层次的重大错报，其程序包括询问、观察、检查、重新计算、监盘、函证等。实质性分析程序是指用作实质性程序的分析程序，用于分析各类交易、账户余额等之间存在的相关关系。

细节测试适用于对各类交易、账户余额、列报认定的测试，尤其是对存在或发生、计价认定的测试；对在一段时期内存在可预期关系的大量交易，注册会计师可以考虑实施实质性分析程序。注册会计师应当针对评估的风险设计细节测试，获取充分、适当的审计证据，以达到认定层次所计划的保证水平。在针对存在或发生认定设计细节测试时，注册会计师应当选择包含在财务报表金额中的项目，并获取相关审计证据。在针对完整性认定设计细节测试时，注册会计师应当选择有证据表明应包含在财务报表金额中的项目，并调查这些项目是否确实包括在内。

在设计实质性分析程序时，注册会计师应当考虑下列因素。

（1）对特定认定使用实质性分析程序的适当性。

（2）对已记录的金额或比率作出预期时，依据的内部或外部数据的可靠性。

（3）作出预期的准确程度是否足以在计划的保证水平上识别重大错报。

（4）已记录金额与预期值之间可接受的差异额。

当实施实质性分析程序时，如果使用被审计单位编制的信息，注册会计师应当考虑测试与信息编制相关的控制，以及这些信息是否在本期或前期经过审计。

【一问一答】实施函证时应该对舞弊风险迹象采取什么应对措施？

三、实质性程序的时间

如果在期中实施了实质性程序，注册会计师应当针对剩余期间实施进一步的实质性程序或将实质性程序和控制测试结合使用，以将期中测试得出的结论合理延伸至期末。所以，在期中实施实质性程序，一方面消耗了审计资源，另一方面期中实施实质性程序获取的审计证据又不能直接作为期末财务报表认定的审计证据，注册会计师仍然需要消耗更多的审计资源使期中审计证据能够合理延伸至期末。因此，注册会计师需要权衡这两部分所需消耗的审计资源的总和是否能够显著小于完全在期末实施实质性程序所需消耗的审计资源，以考虑在何时实施审计程序更恰当。

注册会计师对于实质性程序的时间的考虑与控制测试时间的考虑相似，都需要考虑以前年度审计期间和期中实施实质性程序所获取的审计证据在本期的适用性。

（一）对期中实施实质性程序获取审计证据的考虑

首先，注册会计师需要权衡成本效益和审计证据的适用性来考虑在期中实施实质性程序是否是适当的。在实务中，大部分实质性程序都是在资产负债表日后进行的，但会计师事务所需要审计的上市公司数量多、任务繁重，如果把所有审计程序都留在期后执行，可能会导致财务报表和审计报告无法及时披露。所以，有一部分的审计程序可能在期中执行。在审计资源既定的情况下，注册会计师在期中实施实质性程序，可能减少期末实施实质性程序的数量，但可能增加期末存在错报而未被发现的风险，并且这种风险随着剩余期间的延长而增加。在考虑是否在期中实施实质性程序时，注册会计师需要考虑如下因素。

1. 控制环境和其他相关的控制

控制环境和其他相关的控制越薄弱，注册会计师越不宜依赖期中实施的实质性程序。

2. 实施审计程序所需信息在期中之后的可获得性

如果实施实质性程序所需信息在期中之后可能难以获取，注册会计师应考虑在期中实施实质性程序；但如果实施实质性程序所需信息在期中之后的可获得性并不存在明显困难，该因素不应成为注册会计师在期中实施实质性程序的重要影响因素。

3. 实质性程序的目标

如果针对某项认定实施实质性程序的目标包括获取该认定的期中审计证据，注册会计师应在期中实施实质性程序。

4. 评估的重大错报风险

注册会计师评估的某项认定的重大错报风险越高，对针对该认定所需获取的审计证据的相关性和可靠性要求也就越高，注册会计师越应当考虑将实质性程序集中于期末或接近期末实施。

5. 各类交易或账户余额以及相关认定的性质

某些交易或账户余额以及相关认定的特殊性质，如收入截止认定、未决诉讼等，决定了注册会计师必须在期末（或接近期末）实施实质性程序。

6. 针对剩余期间，能否通过实施实质性程序或将实质性程序与控制测试相结合，降低期末存在错报而未被发现的风险

如果在期中实施了实质性程序，注册会计师应当针对剩余期间实施进一步的实质性程序，或将实质性程序和控制测试结合使用，以将期中测试得出的结论合理延伸至期末。如果拟将期中测试得出的结论延伸至期末，注册会计师应当考虑针对剩余期间仅实施实质性程序是否足够。如果认为实施实质性程序本身不充分，注册会计师还应测试剩余期间相关控制运行的有效性或针对期末实施实质性程序。如果实质性程序在中期执行，可能会增大错报在期末存在但未被审计人员发现的风险。当剩余期间较长时，审计人员应考虑以下内在的因素：①控制环境和其他相关控制；②在以后日期对审计而言所必需的信息的可获得性；③实质性程序的目标；④所评估的重大错报风险；⑤交易种类或账户余额及相关认定的性质；⑥审计人员执行恰当实质性程序或结合控制程序以涵盖

剩余期间，从而降低错报在期末存在而未被发现的风险的能力。

如果已识别出舞弊导致的重大错报风险，为将期中得出的结论延伸至期末而实施的审计程序通常是无效的，注册会计师应当考虑在期末或者接近期末实施实质性程序。

如果已在期中实施了实质性程序，或将控制测试与实质性程序相结合，并拟信赖期中测试得出的结论，注册会计师应当将期末信息和期中的可比信息进行比较、调节，识别和调查出现的异常金额，并针对剩余期间实施实质性分析程序或细节测试。在确定针对剩余期间拟实施的实质性程序时，注册会计师应当考虑是否已在期中实施控制测试，并考虑与财务报告相关的信息系统能否充分提供与期末账户余额及剩余期间交易有关的信息。在针对剩余期间实施实质性程序时，注册会计师应当重点关注并调查重大的异常交易或分录、重大波动以及各类交易或账户余额在构成上的重大或异常变动。如果拟针对剩余期间实施实质性分析程序，注册会计师应当考虑某类交易的期末累计发生额或账户期末余额在金额、相对重要性及构成方面能否被合理预期。

如果在期中检查出某类交易或账户余额存在错报，注册会计师应当考虑修改与该类交易或账户余额相关的风险评估以及针对剩余期间拟实施实质性程序的性质、时间和范围，或考虑在期末扩大实质性程序的范围或重新实施实质性程序。

（二）对以前审计获取的审计证据的考虑

在以前审计中实施实质性程序获取的审计证据，通常对本期只有很弱的证据效力或没有证据效力，不足以应对本期的重大错报风险。只有当以前获取的审计证据及其相关事项未发生重大变动时（例如，在以前审计通过实质性程序测试过的某项诉讼在本期没有任何实质性进展），以前获取的审计证据才可能用作本期的有效审计证据。如果拟利用以前审计中实施实质性程序获取的审计证据，注册会计师应当在本期实施审计程序，以确定这些审计证据是否具有持续相关性。

四、实质性程序的范围

在确定实质性程序的范围时，注册会计师应当考虑评估的认定层次重大错报风险和实施控制测试的结果。注册会计师评估的认定层次的重大错报风险越高，需要实施实质性程序的范围越广。再者，如果对控制测试结果不满意，注册会计师也应当考虑扩大实质性程序的范围。

在细节测试时，注册会计师除了需从样本量的角度考虑测试范围外，还要考虑选样方法的有效性等因素。例如，从总体中选取大额或异常项目，而不是进行代表性抽样或分层抽样。

在设计实质性分析程序时，注册会计师应当确定已记录金额与预期值之间可接受的差异额。在确定该差异额时，注册会计师应当主要考虑各类交易、账户余额、列报及相关认定的重要性和计划的保证水平。实施分析程序可能发现偏差，但并非所有的偏差都值得展开进一步调查，可容忍或可接受的偏差（即预期偏差）越大，作为实质性分析程序一部分的进一步调查的范围就越小。注册会计师在审计过程中通常还要基于重要性原则和成本效益原则来判断是否需要采取以及对哪些项目采取更进一步的审计程序。

至此，我们已经沿着现代风险导向审计的主线学习了重大错报风险的识别、评估和应对，此部分内容的相互联系如图 11-2 所示。

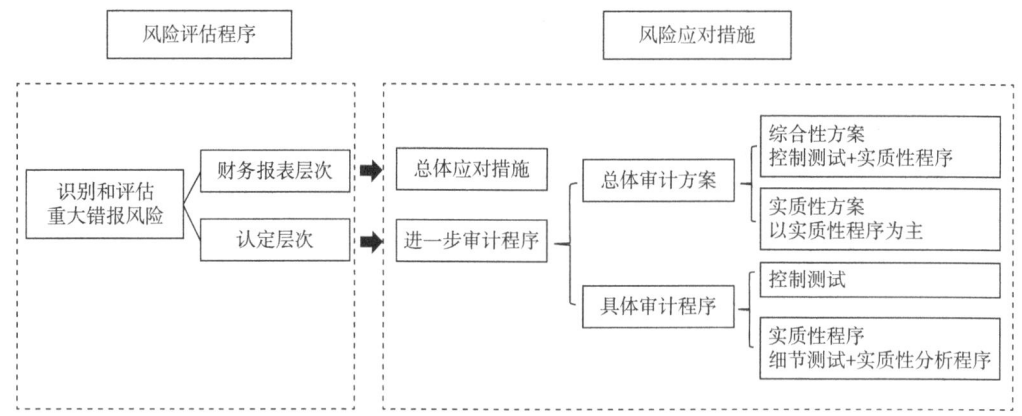

图 11-2 重大错报风险的识别、评估和应对关系图

【一问一答】如何确定已记录金额与预期值之间可接受的差异额？

【审计实践】重大错报风险评估及其应对措施

思考题

1. 针对评估的财务报表层次重大错报风险应确定哪些总体应对措施？
2. 针对评估的认定层次重大错报风险拟实施的进一步审计程序的性质、时间安排和范围，应如何考虑？
3. 什么是控制测试？哪些情形下需要进行控制测试？
4. 什么是实质性程序？在设计实质性程序时，如何考虑其性质、时间安排和范围？
5. 控制测试包括哪些审计程序？实质性程序包括哪些审计程序？

推荐阅读

刘俊萍，沈真恋. 水产养殖企业审计风险识别及应对策略——以獐子岛为例. 经济研究导刊，2021，（12）：62-64.

第十二章

财务报表审计中对舞弊的考虑

第一节 舞弊及其舞弊风险动因和责任

【审计故事】以小见大,见微知著

一、舞弊的含义、种类及舞弊三角理论

(一)舞弊的含义

舞弊是指被审计单位的管理层、治理层、雇员或第三方使用欺骗手段获取不当或非法利益的故意行为。财务报表的错报可能由舞弊或错误导致,区别于错误,舞弊是故意行为。

(二)舞弊的种类

1. 虚假编制财务报表导致的错报

虚假编制财务报表导致的错报是指为了欺骗财务报表使用者而在财务报表中作出的故意错报,包括但不限于:①操纵、伪造或篡改财务报表所依据的会计记录或相关凭证;②在财务报表中不真实地表达或故意遗漏交易、事项或其他重要信息;③故意误用与计量、分类、列报或披露有关的会计政策。

虚假编制财务报表的动机包括但不限于：①满足市场预期；②使以财务业绩为基础的报酬最大化；③降低税负；④获取银行贷款。

2. 侵占资产导致的错报

侵占资产导致的错报是指盗取被审计单位的资产。如果由雇员实施，通常金额较小或不重大；如果由管理层实施，通常金额较大且不容易被发现。侵占资产的形式包括但不限于：①贪污收入款项；②盗取实物资产或无形资产；③使被审计单位对并未收到的货物或服务付款；④将公司资产用于私人用途。

（三）舞弊三角理论

注册会计师可从下列方面考虑舞弊的发生，缺少三种要素中的任何一项要素都不可能真正形成企业舞弊行为。

1. 舞弊的动机或压力

压力要素是企业舞弊者的行为动机。刺激个人为其自身利益而进行企业舞弊的压力大体上可分为四类：经济压力、恶癖的压力、与工作相关的压力和其他压力。

2. 舞弊的机会

机会要素是指可进行企业舞弊而又能掩盖起来不被发现或能逃避惩罚的时机，主要有六种情况：缺乏发现企业舞弊行为的内部控制、无法判断工作的质量、缺乏惩罚措施、信息不对称、能力不足和审计制度不健全。

3. 对舞弊行为的合理化解释

在面临压力、获得机会后，真正形成企业舞弊还有最后一个要素——借口（自我合理化），即企业舞弊者必须找到某个理由，使企业舞弊行为与其本人的道德观念、行为准则相吻合，无论这一解释本身是否真正合理。企业舞弊者常用的理由有：这是公司欠我的；我只是暂时借用这笔资金；肯定会归还的；我的目的是善意的；用途是正当的；等等。

【审计案例】 欣泰电气（300372）IPO造假

【审计案例】基于舞弊三角理论探析东方金钰虚构翡翠原石销售财务造假案件

二、治理层、管理层的责任和注册会计师的责任

（一）治理层、管理层的责任

被审计单位治理层和管理层对防止或发现舞弊承担主要责任。

治理层有责任监督管理层建立和维护内部控制。在行使治理职能时，治理层应当考虑管理层凌驾于控制之上或对财务报告过程施加其他不当影响的可能性。

管理层有责任在治理层的监督下建立良好的控制环境，维护有关政策和程序，以保证有序和有效地开展业务活动。管理层有责任制定和维护与财务报告可靠性相关的控制，并对可能导致财务报表发生重大错报的风险实施管理。在确定实施何种控制以防止或发现舞弊时，管理层应当考虑舞弊导致财务报表发生重大错报的风险。

（二）注册会计师的责任

"祸常发于所忽之中，而乱常起于不足疑之事"，人们常常"备其所可畏，而遗其所不疑"。注册会计师应当具有批判和质疑的精神，摒弃"存在即合理"的逻辑思维，寻求事物的真实情况，对审计证据进行审慎评价。注册会计师应当在整个审计过程中以职业怀疑态度计划和实施审计工作，充分考虑舞弊导致财务报表发生重大错报的可能性，而不应依赖以往审计中对管理层、治理层诚实和正直形成的看法。对管理层和治理层保持职业怀疑态度，要求注册会计师结合审计过程中获取的其他证据，慎重考虑管理层和治理层对询问作出答复的合理性，以及提供的其他信息的合理性。在审计过程中，注册会计师应当考虑作为审计证据的信息的可靠性，并考虑与生成和维护这些信息相关的控制。如果在审计过程中识别出的情况使其认为文件记录可能是伪造的或文件记录中的某些条款已发生变动，注册会计师应当作出进一步调查。

为获取财务报表在所有重大方面不存在重大错报的合理保证，注册会计师应当在整个审计过程中保持职业怀疑态度，考虑管理层凌驾于控制之上的可能性，并应当意识到，在已识别舞弊导致的重大错报风险的情况下，仅实施旨在发现错误的审计程序是不适当的。注册会计师是否按照审计准则实施了审计工作，取决于注册会计师是否根据具体情况实施了审计程序，是否获取了充分、适当的审计证据，以及是否根据证据评价结果出具了适当的审计报告。

注册会计师对发现舞弊方面的责任可从两方面界定：一方面，注册会计师有责任按照审计准则的规定实施审计工作，获取财务报表在整体上不存在重大错报的合理保证；另一方面，由于审计的固有限制，即使按照准则的规定恰当计划实施审计工作，注册会计师也不能对财务报表整体不存在重大错报获取绝对保证。

第二节　识别与评估舞弊风险

一、风险评估程序的性质

正如《汉书·龚遂传》中的"治乱绳，不可急"，识别舞弊如同解开一团乱麻般的绳子，不能着急，需要慢慢理清头绪。注册会计师应当实施下列程序，以获取用于识别舞弊导致的财务报表重大错报风险所需的信息后再结合加以分析。

（1）询问被审计单位的管理层、治理层以及内部的其他相关人员，以了解治理层如何监督管理层对舞弊风险的识别和应对过程以及管理层针对舞弊风险设计的内部控制。

（2）考虑是否存在舞弊风险因素。

（3）考虑在实施分析程序时发现的异常或偏离预期的关系。

（4）考虑有助于识别舞弊导致的重大错报风险的其他信息。

二、识别与评估

在识别和评估财务报表层次以及各类交易、账户余额、列报与披露认定层次的重大错报风险时，注册会计师应当识别和评估舞弊导致的重大错报风险。

舞弊导致的重大错报风险属于需要注册会计师特别考虑的重大错报风险，即特别风险。对于此类风险，注册会计师应当评价被审计单位相关控制的设计情况，并确定其是否已经得到执行。为了评估舞弊导致的重大错报风险，注册会计师应当：

（1）考虑实施风险评估程序获取的信息，并考虑各类交易、账户余额、列报与披露，以识别舞弊风险。

（2）将识别的风险与认定层次可能发生错报的领域相联系。

（3）考虑识别的风险是否重大。

（4）考虑识别的风险导致财务报表发生重大错报的可能性。

虚假编制财务报表导致的重大错报通常源于多计或少计收入，注册会计师在通常情况下应当假定被审计单位在收入确认方面存在舞弊风险，并应当考虑哪些收入类别以及与收入有关的交易或认定可能导致舞弊风险。注册会计师应当了解管理层为防止或发现舞弊而设计、实施的内部控制，以理解管理层对拟实施控制及拟承受风险的性质和范围所作出的判断。

三、风险评估程序的相关活动

"不受虚言，不听浮术，不采华名，不兴伪事"，注册会计师在审计过程中应保持自己的职业谨慎，不听不真实的话，不相信不切实际的方法，不谋取浮华的名声，不做虚伪的事，正确实施审计程序。注册会计师在财务报表审计中考虑舞弊时，同样需要采用风险导向审计的总体思路，即首先识别和评估舞弊风险，然后采取恰当的措施有针对地予以应对。注册会计师通常采用下列程序评估舞弊风险。

【审计故事】 审计人的客观性——公正审计

（一）询问

在了解被审计单位及其环境时，注册会计师应当向管理层询问下列事项。
（1）管理层对舞弊导致的财务报表重大错报风险的评估。
（2）管理层对被审计单位舞弊风险的识别和应对过程。
（3）管理层就其对被审计单位舞弊风险的识别和应对过程与治理层沟通的情况。
（4）管理层就其经营理念及道德观念与员工沟通的情况。

在评价管理层对询问作出的答复时，注册会计师应当保持职业怀疑态度，认识到管理层通常最有条件实施舞弊。注册会计师应当运用职业判断，确定何时有必要通过其他信息对管理层的答复进行佐证。如果管理层的答复与其他信息不一致，注册会计师应当采取适当措施解决该不一致。

（二）考虑舞弊风险因素

在了解被审计单位及其环境时，注册会计师应当考虑所获取的信息是否表明存在舞弊风险因素。舞弊风险因素是指注册会计师在了解被审计单位及其环境时识别的，表明存在舞弊动机、压力或机会的事项或情况。舞弊风险因素的存在并不一定表明发生了舞弊，但在舞弊发生时通常存在舞弊风险因素。注册会计师应当考虑舞弊风险因素的存在对其评估重大错报风险可能产生的影响。注册会计师应当运用职业判断，考虑被审计单位的规模、复杂程度、所有权结构及所处行业等，以确定舞弊风险因素的相关性和重要性。

（三）考虑异常或偏离预期的关系

在实施分析程序以了解被审计单位及其环境时，注册会计师应当考虑可能表明存在舞弊导致的重大错报风险的异常或偏离预期的关系。注册会计师实施分析程序有助于识别异常的交易或事项，以及对财务报表和审计产生影响的金额、比率和趋势。在实施分析程序时，注册会计师应当预期可能存在的合理关系，并与被审计单位记录的金额、依据记录金额计算的比率或趋势相比较；如果发现异常或偏离预期的关系，注册会计师应当在识别舞弊导致的重大错报风险时考虑这些比较结果。

（四）考虑其他信息

注册会计师应当考虑在了解被审计单位及其环境时所获取的其他信息是否表明被审计单位存在舞弊导致的重大错报风险。其他信息可能来源于项目组内部的讨论、客户承接或续约过程以及向被审计单位提供其他服务所获得的经验。

【扩展阅读】《中国企业反舞弊调查报告2022》摘要

第三节 应对舞弊风险的决策

一、应对程序的性质

注册会计师应当针对评估的舞弊导致的财务报表层次重大错报风险确定总体应对措施，并针对评估的舞弊导致的认定层次重大错报风险设计和实施进一步审计程序。

舞弊导致的重大错报风险属于特别风险，注册会计师应当针对特别风险实施实质性程序。为应对评估的舞弊导致的重大错报风险，注册会计师应当在下列方面保持高度的职业怀疑态度。

（1）在检查有关重大交易的凭证记录时，对凭证记录的性质和范围的选择保持敏感。

（2）就管理层对重大事项作出的解释或声明，有必要通过其他信息予以验证。

二、总体应对措施

在针对评估的舞弊导致的财务报表层次的重大错报风险确定总体应对措施时，注册会计师应当：

（1）考虑人员的适当分派和督导。

注册会计师应当根据舞弊导致的重大错报风险的评估结果，分派具备相应知识和技能的人员或利用专家的工作，并进行相应的督导。

（2）考虑被审计单位采用的会计政策。

注册会计师应当考虑管理层对重大会计政策（特别是涉及主观计量或复杂交易时）的选择和运用，是否可能表明管理层通过盈余管理虚假编制财务报表。

（3）在选择审计程序的性质、时间和范围时有意识地避免被管理层预见或事先了解。

熟悉常规审计程序的被审计单位内部人员更有能力掩盖其虚假编制财务报表行为，注册会计师在选择审计程序的性质、时间和范围时，应当有意识地避免被这些人员预见或事先了解。注册会计师可以考虑采取下列措施。

（1）对通常由于风险程度较低而不会作出测试的账户余额实施实质性程序。

（2）调整审计程序的时间，使之有别于预期的时间安排。

（3）运用不同的抽样方法。

（4）对不同地理位置的多个组成部分实施审计程序。

（5）以不预先通知的方式实施审计程序。

三、针对舞弊导致的认定层次的重大错报风险实施的审计程序

注册会计师可以考虑通过下列方式，应对舞弊导致的认定层次的重大错报风险。

（1）改变拟实施审计程序的性质，以获取更为可靠、相关的审计证据，或获取其他佐证性信息，包括更加重视实地观察或检查，在实施函证程序时改变常规函证内容，询问被审计单位的非财务人员等。

（2）改变实质性程序的时间，包括在期末或接近期末实施实质性程序，测试以前期间或整个本期的交易事项更能有效应对舞弊导致的重大错报风险等。

（3）改变审计程序的范围，包括扩大样本规模，采用更详细的数据实施分析程序等。

【一问一答】为何仅通过实质性程序无法应对重大错报风险？

四、针对管理层凌驾于控制之上的风险实施的审计程序

管理层凌驾于控制之上的风险属于特别风险，注册会计师针对该特别风险应当实施的审计程序包括如下内容。

(一)调整项目

测试日常会计核算过程中作出的会计分录以及为编制财务报表作出的调整分录是否适当。

会计分录测试是指注册会计师针对被审计单位日常会计核算过程中作出的会计分录,以及编制财务报表过程中作出的其他调整实施的测试。

会计分录测试的目的是应对被审计单位管理层凌驾于控制之上的风险。管理层在被审计单位处于实施舞弊的独特地位,通常有能力通过凌驾于控制之上的方式操纵会计记录并编制虚假财务报表,而这些被凌驾的控制却看似有效运行。

在设计和实施审计程序以测试日常会计核算过程中作出的会计分录以及为编制财务报表作出的调整分录是否适当时,注册会计师应当运用职业判断,确定测试的性质、时间和范围。了解管理层利用虚假会计分录和其他调整实施舞弊的常用手段,有助于注册会计师更加有针对性地实施审计程序。

会计分录测试的对象是与被审计财务报表相关的所有会计分录和其他调整,包括编制合并报表时作出的调整分录和抵销分录。会计分录和其他调整的类型不同,其固有风险和受被审计单位内部控制影响的程度不同,因而具有不同程度的重大错报风险。

基于会计分录测试的目的,注册会计师可将被审计单位的会计分录和其他调整分为下列三种类型。

(1)标准会计分录。此类会计分录用于记录被审计单位的日常经营活动或经常性的会计估计,通常是由会计人员作出或会计系统自动生成的,受信息系统一般控制和其他系统性控制的影响。

(2)非标准会计分录。此类会计分录用于记录被审计单位日常经营活动之外的事项或异常交易,可能包括特殊资产减值准备的计提、期末调整分录等。非标准会计分录可能具有较高的重大错报风险,因为此类分录通常容易被管理层用来操纵利润,并且可能涉及任何报表项目。

(3)其他调整。其他调整包括为编制合并财务报表而作出的调整分录和抵销分录、通常不作为正式的会计分录反映的重分类调整等,其他调整可能不受被审计单位内部控制的影响。

需要指出的是,在实施会计分录测试时,注册会计师可能需要分析大量的会计分录,采用计算机辅助审计技术或电子表格(如 Excel),可以显著提高会计分录测试的效率和效果。注册会计师通常可以考虑要求被审计单位提供所需要的电子数据,如果能够以标准的格式导出、验证并传输所需要的会计分录数据,则可以进一步提高会计分录测试的效率和效果。

为选择拟测试的会计分录或调整分录并确定适当的测试方法,注册会计师应当考虑下列因素。

1. 注册会计师对舞弊导致的重大错报风险的评估

注册会计师识别出的舞弊风险因素和在评估舞弊导致的重大错报风险过程中获取的

其他信息，可能有助于注册会计师识别需要测试的特定类别的会计分录和其他调整。

2. 被审计单位对会计分录或调整分录已实施的控制

在注册会计师已经测试了这些控制运行的有效性的前提下，针对会计分录和其他调整的编制和过账所实施的有效控制，可以缩小所需实施的实质性程序的范围。但应注意的是，注册会计师需要充分考虑管理层凌驾于控制之上的风险。

3. 被审计单位的财务报告过程以及所能获取的证据性质

在很多被审计单位中，交易的日常处理同时涉及人工和自动化的步骤和程序。类似地，会计分录和其他调整的处理过程也可能同时涉及人工和自动化的程序和控制。当信息技术应用于财务报告过程时，会计分录和其他调整可能仅以电子形式存在。

4. 虚假会计分录或调整分录的特征

不恰当的会计分录或其他调整通常具有一定的识别特征。这类特征可能包括：
（1）分录涉及不相关、异常或很少使用的账户。
（2）分录由平时不负责作出会计分录的人员作出。
（3）分录在期末或结账过程中作出，且没有或只有很少的解释或描述。
（4）分录在编制财务报表之前或编制过程中作出且没有科目代码。
（5）分录金额为约整数或尾数一致。

5. 会计账户的性质和复杂程度

不恰当的会计分录或其他调整可能体现在以下账户中：
（1）包含复杂或性质异常的交易的账户。
（2）包含重大估计及期末调整的账户。
（3）过去易于发生错报的账户。
（4）未及时调节的账户，或含有尚未调节差异的账户。
（5）包含集团内部不同公司间交易的账户。
（6）其他虽不具备上述特征但与已识别的舞弊导致的重大错报风险相关的账户。

在审计拥有多个组成部分的被审计单位时，注册会计师需考虑从不同的组成部分选取会计分录进行测试。

6. 在常规业务流程之外处理的会计分录和调整分录

针对非标准会计分录实施的控制的水平与针对为记录日常交易（如每月的销售、采购及现金支出）所作出的分录实施的控制的水平可能不同。

此外，由于会计分录测试的主要目的是应对管理层凌驾于内部控制之上的风险，因此，注册会计师在选取并测试会计分录和其他调整时增加不可预见性非常重要。

（二）估计项目

审查会计估计是否有失公允，从而可能产生舞弊导致的重大错报。

由于某些财务报表项目需要进行估计，管理层有可能通过选择不符合最佳实务做法的会计估计或故意作出不恰当的会计估计对财务报表进行操纵。管理层在编制和列报财务信息时缺乏中立性称为管理层偏向。表明可能存在与会计估计相关的管理层偏向迹象的例子包括：

（1）管理层主观地认为环境已经发生变化，并相应地改变会计估计或估计方法；或者环境已经发生变化，但管理层并未根据变化对会计估计或估计方法作出相应的改变；或者会计估计或估计方法频繁变更，但似乎并非由所处环境的变化所致。

（2）管理层选择或作出重大假设以产生有利于管理层目标的点估计。例如，被审计单位在确认建造合同收入时，完工百分比根据实际已发生成本占预计总成本的比例确定，管理层在作出预计总成本的估计时，可能高估或低估预计总成本，从而达到调节收入和利润的目的。

（3）会计估计所依赖的假设存在内在的不一致，如对成本费用增长率的预期与收入增长率的预期显著不同。

（4）管理层的主观判断或采用的假设与市场、宏观环境、行业数据或历史信息不一致，从而显示管理层的主观判断或采用的假设带有明显偏向。例如，针对公允价值会计估计，如果被审计单位使用模型作出会计估计，在管理层使用的假设与可观察到的市场假设存在重大不一致的情况下，管理层仍使用其自有假设。再如，被审计单位所处行业整体产能过剩，被审计单位在经营过程中发生连续亏损，固定资产使用率明显低于设计使用率，但管理层在对固定资产进行减值测试时，仍然采用比较乐观的经营预测，且该经营预测未能如实反映被审计单位的经营状况和经营环境。

（5）以前年度财务报表确认和披露的重大会计估计与后期实际结果之间存在重大差异，并且各项差异的方向一致（例如，各项差异同为增加利润）或者差异的方向与管理层目标一致（例如，管理层当年度的目标是增加利润，或减少税负）。

（6）变更会计估计后被审计单位的财务成果或财务状况将发生显著的变化，如扭亏为盈、达到再融资要求等。

（7）选择带有乐观或悲观倾向的会计估计。管理层的经营理念和风格也可能导致管理层偏向，注册会计师注意到被审计单位在编制财务报表时表现出明显的过于激进或过于保守的倾向，这可能使得管理层作出的会计估计也表现为过于激进（例如，管理层在考虑商誉减值时，对于产生商誉的资产组或资产组组合的未来现金流量过于乐观）或过于保守（例如，坏账准备的计提比例过高）。

（8）管理层试图通过对专家的选择以及对专家工作的干涉，从而影响专家对特定会计估计的工作结果，这也可能表明存在管理层偏向。例如，管理层在选择专家时，刻意避开相关领域内信誉和胜任能力较好的专家，转而聘用该领域胜任能力不足或信誉一般的专家，以便可以更加容易地影响相关专家的工作结果。再如，管理层可能在选择专家时已经向相关专家透露了其对特定事项的预期结果，从而只选择愿意满足管理层预期结果的专家（购买意见）对相关会计估计进行评估。

虚假编制财务报表通常是通过故意作出不当的会计估计实现的。如果发现管理层作出的会计估计可能有失公允，注册会计师应当评价这是否表明存在舞弊导致的重大错报风险。在审查会计估计是否有失公允从而可能产生舞弊导致的重大错报时，注册会计师应当：

（1）从整体上考虑管理层在财务报表中作出的某项会计估计是否与注册会计师所获取审计证据表明的最佳估计存在重大差异。

（2）审查管理层在以前年度财务报表中作出的重大会计估计及其依据的假设。

注册会计师在评价重大假设的合理性时，需要考虑管理层的预期、管理层的意图和能力，以及相关法律法规的要求来进行综合评价。

1. 考虑管理层的预期

会计估计所依据的假设可能反映管理层对特定目标和战略结果的预期。注册会计师在考虑相关重大假设是否合理时，可以考虑以下事项。

（1）同行业公开数据或可以获得的同行业类似的经验。例如，管理层在编制盈利预测时采用的未来期间的毛利率明显高于同行业其他主体，注册会计师可能需要对相关假设的合理性保持警觉。

（2）可获取的支持性证据，如专家的结论或意见等。例如，某从事核电业务的被审计单位预计在生产结束时清理核废料的费用将由于未来技术的变化而显著降低，那么该被审计单位由此作出的有关预计负债的估计金额应当反映有关专家对技术发展及清理费用减少作出的合理预测。

2. 考虑管理层的意图和能力

会计估计涉及的假设的合理性可能取决于管理层执行某项措施的意图和能力。针对重大假设的合理性，注册会计师在评估管理层的意图和能力时，可以考虑以下事项。

（1）管理层实现其意图的能力。例如，管理层应对持续经营假设疑虑的措施是从银行获取额外贷款，则注册会计师需要评估其获取额外贷款的可能性。

（2）从管理层建立的持续战略分析和风险管理流程中可能获取支持管理层作出重大假设的其他相关信息。例如，被审计单位的生产能力报告，或相关项目的可行性报告中包含的有关最大产能分析，或者盈亏平衡点信息等。

当然，并非所有存在重大假设的会计估计都需要考虑管理层的意图和能力。例如，作出公允价值会计估计通常不考虑管理层的意图或能力，因为公允价值计量的目标要求假设反映市场参与方的有序交易中可能运用的假设。

3. 考虑相关法律法规的要求

注册会计师考虑管理层的预期和能力，在适用的情况下，还可能需要考虑相关法律法规的要求。例如，随着国家及社会公众对环保问题的日益关注，相关法律法规可能对被审计单位涉及的环保责任予以加强，从而导致与此相关的会计估计发生变化。从事资源开采行业的被审计单位的预计固定资产弃置费用可能需要根据相关法律法规的要求予以更新，而注册会计师需要考虑被审计单位对于预计弃置费用的估计是否符合相关法律法规的要求。

【专业拓展】针对常见的会计估计，注册会计师可以考虑的事项

（三）异常项目

对于注意到的、超出正常经营过程或基于对被审计单位及其环境的了解显得异常的重大交易，了解其商业理由的合理性。

对于超出正常经营过程或基于对被审计单位及其环境的了解显得异常的重大交易，注册会计师应当了解商业理由的合理性，应评价其商业理由（或缺乏商业理由）是否表明被审计单位从事重大非常规交易的目的是对财务信息作出虚假陈述或掩盖侵占资产的行为。下列情形可能表明重大非常规交易被用于构造虚假财务报告。

（1）交易的形式显得过于复杂。

（2）管理层是否已与治理层就此类交易的性质和会计处理进行讨论并作出适当记录。

（3）管理层是否更强调需要采用某种特定的会计处理方式，而非交易的经济实质。

（4）交易涉及不纳入合并范围的关联方（包括特殊目的实体），或者未经治理层的适当审核与批准。

（5）交易涉及以往未能识别出的关联方，或涉及在没有被审计单位帮助的情况下不具备物质基础或财务能力完成交易的第三方。

注册会计师同样需要评价超出被审计单位正常经营过程的重大关联方交易的商业理由。对此，除考虑上述情形外，注册会计师可能需要考虑交易条款是否异常，交易的发生是否缺乏明显且符合逻辑的商业理由，交易的处理方式是否异常，以及管理层是否已与治理层就这类交易的性质和会计处理进行讨论。

【专业拓展】11项公司财务风险及其尽调方法

第十三章

审 计 抽 样

第一节 审计中选择测试项目的方法

注册会计师在选取样本项目时,应当使总体中的每个抽样单元都有被选取的机会。注册会计师应当针对选取的每个项目,实施适合具体目的的审计程序。如果审计程序不适用于选取的项目,注册会计师应当针对替代项目实施该审计程序。如果未能对某个选取的项目实施设计的审计程序或适当的替代程序,注册会计师应当将该项目视为控制测试中对规定的控制的一项偏差,或细节测试中的一项错报。

选取测试项目旨在帮助注册会计师确定实施审计程序的范围,即实施审计程序的数量,包括抽取的样本量、对某项控制活动的观察次数等。

在设计审计程序时,注册会计师应当确定选取测试项目的适当方法,包括选取全部项目、选取特定项目和审计抽样。

一、选取全部项目

对全部项目进行检查,通常更适用于细节测试,而不适用于控制测试。
当存在下列情形之一时,注册会计师应当考虑选取全部项目进行测试。
(1)总体由少量的大额项目构成。
(2)存在特别风险且其他方法未提供充分、适当的审计证据。
(3)由于信息系统自动执行的计算或其他程序具有重复性,对全部项目进行检查符合成本效益原则。

二、选取特定项目

选取特定项目时,注册会计师只对审计对象总体中的部分项目进行测试。注册会计师通常按照覆盖率或风险因素选取测试项目，或将这两种方法结合使用。另外，还可能选取某些项目进行检查，以获取与被审计单位的性质、交易的性质以及内部控制等事项有关的信息，确定某一控制活动是否得到执行。

选取的特定项目可能包括：

（1）大额或关键项目。

（2）超过某一金额的全部项目。

（3）被用于获取某些信息的项目。

（4）被用于测试控制活动的项目。

需要注意的是，根据判断选取特定项目，容易产生非抽样风险。作为注册会计师，应仔细选择特定项目，通过对过程的指导、监督与复核降低非抽样风险。

三、审计抽样

符合审计抽样的基本特征：

（1）对某类交易或账户余额中低于百分之百的项目实施审计程序。

（2）所有抽样单元都有被选取的机会。

（3）审计测试的目的是评价该账户余额或交易类型的某一特征。对某类交易或账户余额使用审计抽样时，注册会计师可以使用统计抽样方法，也可以使用非统计抽样方法，非统计抽样会在本章第二节进行更加详细的讲述。

需要注意的是，选取特定项目实施检查，通常是获取审计证据的有效手段，但并不构成审计抽样。对按照这种方法所选取的项目实施审计程序的结果，不能推断至整个总体。当总体的剩余部分重大时，注册会计师应当考虑是否需要针对该剩余部分获取充分、适当的审计证据。图13-1展示了选取测试项目的流程及其对应的方法。

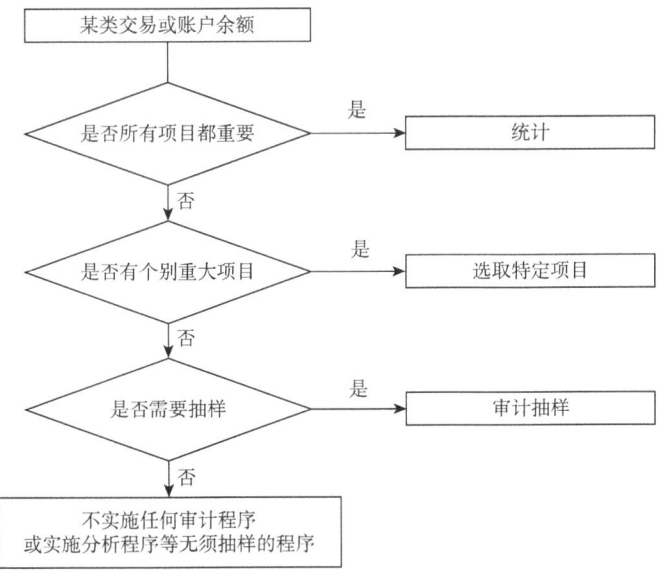

图13-1　选取测试项目的流程及其对应的方法

第二节 审计抽样

一、审计抽样的含义

审计抽样是指注册会计师对某类交易或账户余额中低于百分之百的项目实施审计程序，使所有抽样单元都有被选取的机会，其为注册会计师针对整个总体得出结论提供合理基础。总体是指注册会计师从中选取样本并期望据此得出结论的整个数据集合。抽样单元是指构成总体的个体项目。

风险评估程序通常不涉及使用审计抽样和其他选取测试项目的方法。但如果注册会计师在了解控制的设计和确定其是否得到执行时，一并计划和实施控制测试，则会涉及审计抽样和其他选取测试项目的方法。当控制的运行留下轨迹时，注册会计师可以考虑使用审计抽样和其他选取测试项目的方法实施控制测试。在实施实质性分析程序时，注册会计师不宜使用审计抽样和其他选取测试项目的方法。

二、审计抽样的目标

在使用审计抽样时，注册会计师的目标是，为得出有关抽样总体的结论提供合理的基础。审计抽样使注册会计师能够获取和评价与被选取项目的某些特征有关的审计证据，以形成或帮助形成对从中抽取样本的总体结论。

三、审计的种类

（一）统计抽样与非统计抽样

按抽样决策的依据不同，可将审计抽样分为统计抽样和非统计抽样。

统计抽样是指同时具备下列特征的抽样方法，不同时具备这两个特征的抽样方法为非统计抽样。

（1）随机选取样本项目。
（2）运用概率论评价样本结果，包括计量抽样风险。

统计抽样的优点在于能够客观地计量抽样风险，并通过调整样本规模精确地控制风险，这是与非统计抽样最重要的区别。另外，统计抽样还有助于注册会计师高效地设计样本，计量所获取证据的充分性，以及定量评价样本结果。但统计抽样可能产生额外的成本，非统计抽样在设计适当的情况下，也能提供与设计适当的统计抽样方法同样有效的结果。注册会计师使用非统计抽样时，必须考虑抽样风险并将其降至可接受水平，但不能精确地测定出抽样风险。

需要注意：

（1）注册会计师在统计抽样与非统计抽样方法之间进行选择时主要考虑成本效益。

（2）统计抽样的优点在于能够客观地计量抽样风险，并通过调整样本规模精确地控制风险。

（3）无论是统计抽样还是非统计抽样，都离不开注册会计师的职业判断。

统计抽样与非统计抽样审计流程对比图如图 13-2 所示。

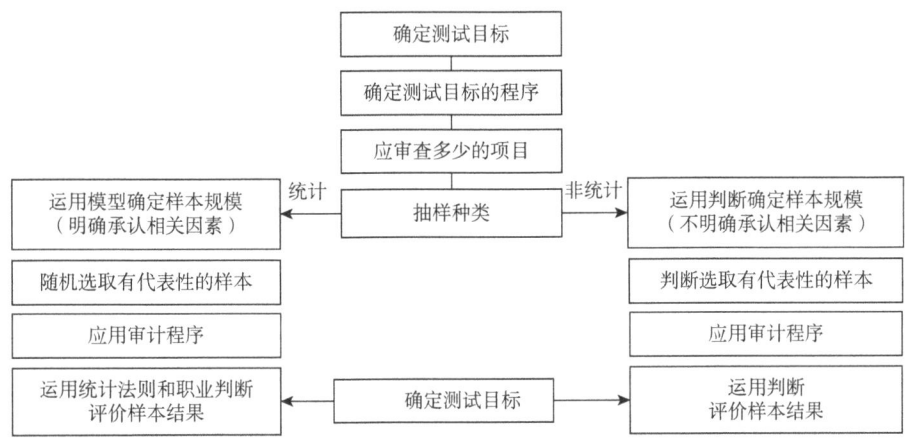

图 13-2　统计抽样与非统计抽样审计流程对比图

（二）属性抽样与变量抽样

按审计抽样所了解的总体特征的不同可将审计抽样分为属性抽样和变量抽样。

属性抽样是指在精确度界限和可靠程度一定的条件下，为了测定总体特征的发生频率而采用的一种方法，即根据控制测试的目的和特点所采用的审计抽样；变量抽样是用来估计总体金额的一种方法，即根据实质性测试的目的和特点所采用的审计抽样。根据控制测试的目的和特点所采用的审计抽样通常是属性抽样；根据细节测试的目的和特点所采用的审计抽样通常为变量抽样。若控制测试和细节测试同时进行，此时则为双重目的抽样。抽样技术及其对应的测试种类与目标如表 13-1 所示。

表 13-1　抽样技术及其对应的测试种类与目标

抽样技术	测试种类	目标
属性抽样	控制测试	估计总体既定控制的偏差率（次数）
变量抽样	实质性测试	估计总体总金额或者总体中的错误金额

【一问一答】传统变量抽样属于统计抽样吗？

四、抽样风险与非抽样风险

抽样风险是指注册会计师根据样本得出的结论,可能不同于如果对整个总体实施与样本相同的审计程序得出的结论的风险。只要使用了审计抽样,抽样风险就总会存在;如果对总体中的所有项目都实施检查,就不存在抽样风险,此时审计风险完全由非抽样风险组成。

抽样风险可能导致两种类型的错误结论。

(1) 在实施控制测试时,注册会计师推断的控制有效性高于其实际有效性;或在实施细节测试时,注册会计师推断某一重大错报不存在而实际上存在。注册会计师主要关注这类错误结论,原因是其影响审计效果,非常有可能导致发表不恰当的审计意见。

(2) 在实施控制测试时,注册会计师推断的控制有效性低于其实际有效性;或在实施细节测试时,注册会计师推断某一重大错报存在而实际上不存在。这类错误结论影响审计效率,原因是其通常导致注册会计师实施额外的工作,以证实初始结论是错误的。

因抽样风险与样本规模反方向变动,且控制抽样风险的唯一途径是控制样本规模,无论是控制测试还是细节测试,注册会计师都可以通过扩大样本规模降低抽样风险。

【一问一答】如何理解抽样风险?

非抽样风险是指注册会计师由于任何与抽样风险无关的原因而得出错误结论的风险。在实施控制测试时,误差指控制偏差;在实施细节测试时,误差指错报。非抽样风险由人为错误造成,因而可以降低、消除或防范。注册会计师可以通过仔细设计其审计程序尽量降低非抽样风险。审计测试以及其对应的抽样风险种类和对审计工作的影响如表 13-2 所示。

表 13-2 审计测试以及其对应的抽样风险种类和对审计工作的影响

审计测试	抽样风险种类	对审计工作的影响
控制测试	信赖过度风险	效果
	信赖不足风险	效率
实质性测试	误受风险	效果
	误拒风险	效率

注:两种测试中的非抽样风险对审计效果和效率都有影响

【一问一答】抽样风险与非抽样风险的关系是什么?

【审计案例】抽样风险的识别及其对审计工作的影响

第三节 控制测试中抽样技术的运用

在控制测试中使用的抽样方法主要是属性抽样。属性是指审计对象总体的质量特征,即被审计业务或被审计内部控制是否遵循了既定的标准及存在的误差水平。属性抽样是在一定的精确度和可信赖水平的条件下,通过计算样本差错率来对总体的某种"差错"(属性)的发生频率进行推断的统计抽样审计方法。属性抽样审计是对总体某种属性的"是"或"否"的回答。属性抽样主要有固定样本量抽样、停-走抽样和发现抽样三种方法。

一、固定样本量抽样

固定样本量抽样常用于估计审计对象总体中某种误差发生的比例,步骤如下。
(1)确定审计目标。
(2)定义"误差"。
(3)定义审计对象总体。
(4)确定样本选取方法。
(5)确定样本量的大小。
(6)选取样本,并进行审计。
(7)评价抽样结果。
(8)书面说明抽样程序。

二、停-走抽样

停-走抽样从预期总体误差为零开始,通过边抽样边评价来完成抽样审计工作,步骤如下。

(1)确定可容忍误差和风险水平。
(2)确定初始样本。
(3)进行停-走抽样决策。

三、发现抽样

发现抽样是在既定的可信赖程度下,假定误差以既定的误差率存在于总体之中,至少查出一个误差的抽样方法,步骤如下。

(1)确定可容忍误差率、可信赖程度以及总体量的大小。
(2)然后根据发现抽样表确定样本量。
(3)抽取样本,并对抽取的样本进行审查。若发现一个误差,则停止,转而进行全面审查;若未发现误差,则可得出结论。

在实施控制测试时,由于样本的误差率就是整个总体的推断误差率,注册会计师无须推断总体误差率。另外,如果样本的误差率超出预期,注册会计师应当修正评估的重大错报风险,或获取进一步审计证据支持初始评估结果。

第四节 细节测试中抽样技术的运用

实质性测试中运用的抽样技术主要是变量抽样。变量抽样是通过对总体进行定量估计,取得总体的数量特征,从而形成对总体的结论。变量抽样主要有单位平均估计抽样、比率估计抽样和差额估计抽样三种传统方法及PPS(概率比例规模)抽样。

审计抽样仅适用于实质性程序中的细节测试,而不适用于分析程序,因此我们讨论细节测试中抽样技术的运用。细节测试中的统计抽样主要是针对金额的估计,而不是针对比率的估计。

当实施细节测试时,注册会计师通常按照货币金额对某类交易或账户余额进行分层,以将更多的审计资源投入大额项目中。注册会计师也可以按照显示较高误差风险的某一特定特征对总体进行分层。其中,分层是指将一个总体划分为多个子总体的过程,每个子总体由一组具有相同特征(通常为货币金额)的抽样单元组成。分层可以降低每一层中项目的变异性,从而在抽样风险没有成比例增加的前提下减小样本规模。注册会计师可以考虑将总体分为若干个离散的具有识别特征的子总体(层),以提高审计效率。注册会计师应当仔细界定子总体,以使每一抽样单元只能属于一个层。对某一层中的样本项目实施审计程序的结果,只能用于推断构成该层的项目。如果对整个总体作出结论，注册会计师应当考虑与构成整个总体的其他层有关的重大错报风险。

一、单位平均估计抽样

单位平均估计抽样是指通过样本检查确定样本的平均值，再根据样本平均值推断总体的平均值和总值的方法。这种方法的适用范围十分广泛，无论被审计单位提供的数据是否完整可靠，甚至在被审计单位缺乏基本的经纪业务账面记录的情况下，均可以使用该方法。在评价样本时，若实际抽样偏差大于计划抽样偏差，应考虑增加样本规模以降低实际抽样偏差。

使用该方法时，样本规模可以通过以下公式得出：

$$n' = \left(\frac{U_r \times S \times N}{P}\right)^2$$

$$n = \frac{n'}{1 + \frac{n'}{N}}$$

其中，U_r 表示可信赖程度系数；S 表示估计的总体标准离差；N 表示总体项目个数；P 表示计划的抽样误差；n' 表示放回抽样的样本量；n 表示不放回抽样的样本。

二、比率估计抽样

比率估计抽样是指以样本实际价值与账面价值之间的比率关系来估计总体实际价值与账面价值之间的比率关系，然后再以这个比率去乘总体的账面价值，从而求出总体实际价值的估计金额的一种抽样方法。个体单位实际价值与账面值之间的差额的标准差必定小于个体单位实际价值的标准差，因此差额估计抽样所需的样本规模小于单位平均数抽样所需的样本规模。在可行的情况下，此抽样方法比单位平均数抽样更符合成本效益原则。当错报与账面价值呈比例关系时，通常可以运用比率抽样。

公式如下：
比率=样本实际价值之和/样本账面价值之和
估计的总体实际价值=总体账面价值×比率
推断的总体错报 = 估计的总体实际价值−总体账面价值

三、差额估计抽样

差额估计抽样是指以样本实际价值与账面价值的平均差额来估计总体实际价值与账面价值的平均差额，然后再以这个平均差额乘以总体项目个数，从而求出总体的实际价值与账面价值差额的一种抽样方法。当错报与账面价值不成比例时，通常可以运用差额估计抽样。

公式如下：

平均差额=样本实际价值与账面价值的差额/样本量

估计的总体差额=平均差额×总体项目个数

【一问一答】控制测试中影响样本规模的因素有哪些？

第十四章

审计报告与沟通

第一节 审计报告概述

一、审计报告的定义

审计报告是指注册会计师根据审计准则的规定,在执行审计工作的基础上,对财务报表发表审计意见的书面文件。它是审计工作的最终结果,是对审计工作的全面总结,是向审计服务需求者传达所需信息的重要手段,是表明注册会计师完成了审计任务并愿意承担审计责任的证明文件。

审计报告应当采用书面形式,包括下列要素:标题;收件人;审计意见;形成审计意见的基础;管理层对财务报表的责任;注册会计师对财务报表审计的责任;按照相关法律法规的要求报告的事项(如适用);注册会计师的签名和盖章;会计师事务所的名称、地址和盖章;报告日期。注册会计师应当在审计报告中对持续经营相关的重大不确定性、关键审计事项、被审计单位年度报告中包含的除财务报表和审计报告之外的其他信息进行报告。

二、审计报告的种类

(1)按格式和措辞的规范性,分为规范性审计报告和特殊性审计报告。
(2)按发表意见的类型,分为无保留意见审计报告和非无保留意见审计报告。
(3)按使用的目的,分为公布目的审计报告和非公布目的审计报告。
(4)按详略程度,分为简式审计报告和详式审计报告。

三、审计报告的基本内容

（1）标题：统一规范为"审计报告"，以突出业务性质，并与其他业务报告相区别。

（2）收件人：注册会计师按照业务约定书的要求致送审计报告的对象，一般指审计业务的委托人，审计报告应当载明收件人的全称。

（3）审计意见：财务报表是否在所有重大方面按照适用的财务报告编制基础编制，是否公允反映了被审计单位的财务状况、经营成果和现金流量。

（4）形成审计意见的基础：

a. 说明注册会计师按照审计准则的规定执行了审计工作。

b. 提及审计报告中用于描述审计准则规定的注册会计师责任的部分。

c. 声明注册会计师按照与审计相关的职业道德要求独立于被审计单位，并按照这些要求履行了职业道德方面的其他责任。声明中应当指明适用的职业道德要求，如中国注册会计师职业道德守则。

d. 说明注册会计师是否相信获取的审计证据是充分、适当的，为发表审计意见提供了基础。

（5）管理层对财务报表的责任：

a. 按照适用的财务报告编制基础编制财务报表，使其实现公允反映，并设计、执行和维护必要的内部控制，以使财务报表不存在舞弊或错误导致的重大错报。

b. 评估被审计单位的持续经营能力和使用持续经营假设是否适当，并披露与持续经营相关的事项（如适用）。

（6）注册会计师对财务报表审计的责任：

a. 说明注册会计师的目标是对财务报表整体是否不存在舞弊或错误导致的重大错报获取合理保证，并出具包含审计意见的审计报告。

b. 说明合理保证是高水平的保证，但并不能保证按照审计准则执行审计在某一重大错报存在时总能发现。

c. 说明错报可能由舞弊或错误导致。

（7）按照相关要求，履行其他报告责任（如适用）：除审计准则规定的注册会计师责任外，如果注册会计师在对财务报表出具的审计报告中履行其他报告责任，应当在审计报告中将其单独作为一部分，并以"对其他法律和监管要求的报告"为标题，或使用适合于该部分内容的其他标题，除非其他报告责任与审计准则所要求的报告责任涉及相同的主题。

（8）注册会计师的签名及盖章：审计报告应当由项目合伙人和另一名负责该项目的注册会计师签名和盖章。

（9）会计师事务所的名称、地址及公章：会计师事务所的名称和地址（一般只写明其注册地城市名），并加盖会计师事务所公章。

（10）报告日期：注册会计师完成审计工作的日期。审计报告的日期不应早于注册会计师获取充分、适当的审计证据，并在此基础上对财务报表形成审计意见的日期。

第二节 无保留意见审计报告

一、出具无保留意见审计报告的条件

注册会计师经过审计后,认为被审计单位财务报表符合下列所有条件,注册会计师应当出具无保留意见的审计报告。

(1)财务报表已经在所有重大方面按照适用的财务报告编制基础编制,公允反映了被审计单位的财务状况、经营成果和现金流量。

(2)注册会计师已经按照中国注册会计师审计准则的规定计划和实施审计工作,在审计过程中未受到限制。

综合起来,注册会计师出具无保留意见审计报告的条件:一是财务报表按财务报告编制基础编制;二是注册会计师的审计范围没有受到重大限制。

二、评价财务报表应考虑的内容

(1)评价财务报表是否在所有重大方面按照适用的财务报告编制基础编制。
(2)评价财务报表是否实现公允反映。

三、标准无保留意见审计报告的关键措辞

无保留意见审计报告应当以"我们认为"作为意见段的开头,并使用"在所有重大方面""公允反映了"等专业术语。

第三节 非无保留意见审计报告

一、非无保留意见的定义与种类

非无保留意见是指对财务报表发表的保留意见、否定意见或无法表示意见。
当存在下列情形之一时,注册会计师应对财务报表清楚地发表恰当的非无保留意见。
(1)根据获取的审计证据,得出财务报表整体存在重大错报的结论。
(2)无法获取充分、适当的审计证据,不能得出财务报表整体不存在重大错报的结论。
注册会计师确定恰当的非无保留意见类型,取决于下列事项。
(1)导致非无保留意见的事项的性质,是财务报表存在重大错报,还是在无法获

取充分、适当的审计证据的情况下，财务报表可能存在重大错报。

（2）注册会计师就导致非无保留意见的事项对财务报表产生或可能产生影响的广泛性作出的判断。

共有三种类型的非无保留意见，分别为保留意见、否定意见、无法表示意见。

二、保留意见

1. 签发条件

（1）在获取充分、适当的审计证据后，注册会计师认为错报单独或汇总起来对财务报表影响重大，但不具有广泛性。

（2）注册会计师无法获取充分、适当的审计证据以作为形成审计意见的基础，但认为未发现的错报（如存在）对财务报表可能产生的影响重大，但不具有广泛性。

2. 保留意见审计报告的基本内容与关键措辞

保留意见审计报告的基本内容除了包括标准无保留意见审计报告的基本内容外，在审计意见部分，除形成保留意见的基础部分所述事项产生的影响外，还应将"形成审计意见的基础"这一标题修改为"形成保留意见的基础"，在该部分包含对导致发表保留意见的事项的描述。

三、否定意见

1. 签发条件

（1）否定意见是指注册会计师认为财务报表没有在所有重大方面按照适用的财务报告编制基础编制，未能实现公允反映被审计单位的财务状况、经营成果和现金流量而发表的审计意见。

（2）在获取充分、适当的审计证据后，如果认为错报单独或汇总起来对财务报表的影响重大且具有广泛性，注册会计师应当发表否定意见。

2. 否定意见审计报告的基本内容与关键措辞

否定意见审计报告的基本内容除了包括标准无保留意见审计报告的基本内容外，在审计意见部分，标题应为"否定意见"，并说明"由于受到前段事项的重大影响，财务报表没有……按照企业会计准则的规定编制，未能公允反映……"。

将"形成审计意见的基础"这一标题修改为"形成否定意见的基础"，在该部分包含对导致发表否定意见的事项的描述，说明注意到的、将导致发表否定意见的所有其他事项及其影响。

四、无法表示意见

1. 签发条件

（1）无法表示意见是指注册会计师不能就被审计单位财务报表整体是否在所有重大方面按照适用的财务报告编制基础编制，以及是否公允反映其财务状况、经营成果和现金流量而发表的审计意见。

（2）如果无法获取充分、适当的审计证据以作为形成审计意见的基础，但认为未发现的错报（如存在）对财务报表的影响重大且具有广泛性，注册会计师应当发表无法表示意见。

（3）在极少数情况下，可能存在多个不确定事项。尽管注册会计师对每个单独的不确定事项获取了充分、适当的审计证据，但由于不确定事项之间可能存在相互影响，以及可能对财务报表产生累积影响，注册会计师不可能对财务报表形成审计意见。在这种情况下，注册会计师应当发表无法表示意见。

2. 审计受到重大限制的情况

（1）未能对存货进行监盘。
（2）未能对应收账款进行函证。
（3）未能取得被投资企业的财务报表。
（4）内部控制极度混乱，会计记录缺乏系统性与完整性等。

3. 无法表示意见审计报告的基本内容与关键措辞

审计意见部分：标题为"无法表示意见"，只强调"我们接受委托"，而非"我们审计了……"。

将"形成审计意见的基础"这一标题修改为"形成无法表示意见的基础"，在该部分包含对导致发表无法表示意见的事项的描述，说明注册会计师无法获取审计证据的原因，注意到的、将导致发表无法表示意见的所有其他事项及其影响。

【审计案例】 华信证券被出具"无法表示意见"

第四节 在审计报告中增加强调事项段和其他事项段

注册会计师可以在审计报告中提供补充信息,以提醒使用者关注下列事项:①尽管已在财务报表中列报,但对使用者理解财务报表至关重要的事项;②未在财务报表中列报,但与使用者理解审计工作、注册会计师的责任或审计报告相关的事项。

一、强调事项段

1. 强调事项段的含义

强调事项段是指审计报告中含有的一个段落,该段落提及已在财务报表中恰当列报的事项,且根据注册会计师的职业判断,该事项对财务报表使用者理解财务报表至关重要。

2. 强调事项段的条件

同时满足下列条件时,注册会计师应当在审计报告中增加强调事项段。
(1)该事项不会导致注册会计师发表非无保留意见。
(2)该事项未被确定为将要在审计报告中沟通的关键审计事项。

3. 强调事项段关键措辞

如果在审计报告中包含强调事项段,注册会计师应采取下列措施。
(1)将强调事项段作为单独的一部分置于审计报告中,并使用包含"强调事项"这一术语的适当标题。
(2)明确提及被强调事项以及相关披露的位置,以便能够在财务报表中找到对该事项的详细描述。强调事项段应当仅提及已在财务报表中列报的信息。
(3)指出审计意见没有因该强调事项而改变。

二、其他事项段

1. 其他事项段的含义

其他事项段是指审计报告中含有的一个段落,该段落提及未在财务报表中列报的事项,且根据注册会计师的职业判断,该事项与财务报表使用者理解审计工作、注册会计师的责任或审计报告相关。

2. 其他事项段的条件

如果认为有必要沟通虽然未在财务报表中列报或披露,但根据职业判断认为与财务报表使用者理解审计工作、注册会计师的责任或审计报告相关的事项,在同时满足下列条件时,注册会计师应当在审计报告中增加其他事项段。

（1）未被法律法规禁止。

（2）该事项未被确定为将要在审计报告中沟通的关键审计事项。

3. 其他事项段关键措辞

（1）如果在审计报告中包含其他事项段，注册会计师应当将该段落作为单独的一部分，并使用"其他事项"或其他适当标题。

（2）其他事项段应置于关键审计事项部分之后。

（3）如果其他事项段的内容与其他报告责任部分相关，这一段落也可以置于审计报告的其他位置。

第五节 公司持续经营能力对审计报告的影响

在持续经营假设下，财务报表是基于被审计单位持续经营并在可预见的将来继续经营下去的假设编制的。

通用目的财务报表是运用持续经营假设编制的，除非管理层计划清算被审计单位、终止运营或别无其他现实的选择。特殊目的财务报表可以根据需要按照（或不按照）与持续经营假设相关的财务报告编制基础编制（例如，在特定国家或地区，持续经营假设与某些按照计税核算基础编制的财务报表无关）。

如果运用持续经营假设是适当的，则被审计单位对其资产和负债的记录是建立在正常经营过程中能够变现资产、清偿债务的基础上的。

注册会计师的责任是，就管理层在编制财务报表时运用持续经营假设的适当性获取充分、适当的审计证据并得出结论，并根据获取的审计证据就被审计单位持续经营能力是否存在重大不确定性得出结论。

一、风险评估程序和相关活动

实施风险评估程序时，注册会计师应当考虑是否存在可能导致对被审计单位持续经营能力产生重大疑虑的事项或情况。在进行考虑时，注册会计师应当确定管理层是否已对被审计单位持续经营能力作出初步评估。在评价管理层作出的评估时，注册会计师应当考虑该评估是否已包括注册会计师在审计过程中注意到的所有相关信息。

如果管理层已对持续经营能力作出初步评估，注册会计师应当与管理层进行讨论，并确定管理层是否已识别出单独或汇总起来可能导致对被审计单位持续经营能力产生重大疑虑的事项或情况。如果管理层已识别出这些事项或情况，注册会计师应当与其讨论应对计划。

如果管理层未对持续经营能力作出初步评估，注册会计师应当与管理层讨论其拟运用持续经营假设的理由，询问管理层是否存在单独或汇总起来可能导致对被审计单位持续经营能力产生重大疑虑的事项或情况。

持续经营能力疑虑包括财务、经营、其他等方面迹象，具体如下。

（一）财务方面

到期日无法偿还债务；定期借款即将到期，预期不能展期或偿还；存在大额逾期未交缴税金；发生重大经营亏损或用以产生现金流量的资产价值大幅下跌；过度依赖短期借款为长期资产筹资；供应商由赊购变为货到付款；净资产为负或运营资金出现负数；重要子公司无法持续经营且未进行处理；存在大量长期未作处理的不良资产；存在巨额担保等或有事项引发的或有负债等。

单独或汇总起来可能导致对被审计单位持续经营能力产生重大疑虑的事项或情况还包括以下示例。这些示例并未涵盖所有事项或情况，也不意味着存在其中一个或多个事项或情况就一定表明可能导致对持续经营能力产生重大疑虑。

（1）坏账大幅度增加，或重要客户经营状况恶化。

（2）需要寻求新的资金来源或融资方式来维持日常经营活动，或需要处置重要资产才能维持运营。

（3）贸易条款的改变（包括贸易信贷的可获得性）对被审计单位严重不利。

（4）更依赖于非传统的融资方式。

（5）难以通过有效手段筹集资金用于偿付到期债务。

（6）在获取必要的资本和信用方面出现更多的限制。

（7）信用评级机构的评级降低。

（二）经营方面

预期之外的公司组织结构或经营管理的变化，如关键管理人员离职且无人替代、人力资源短缺等；管理层计划清算被审计单位或终止运营；重要经营活动受到市场不稳定的影响，如重要原材料短缺，失去主要供应商等；现存客户需求量大幅下滑；失去关键特许权、专利权或许可权；主导产品不符合国家产业政策；在经济不稳定地区（高通胀或货币大幅贬值的地区）有重大经营活动。还包括以下示例。

（1）过度依赖某个项目的成功。

（2）需要对经营政策作出重大调整。

（3）被审计单位所属行业发生重大变化。

（4）在经济不稳定地区（如高通胀国家、货币大幅贬值国家）有重大经营活动。

（5）重要经营活动易受市场不稳定的影响。

（6）主要生产线已经出现非正常停产。

（7）产品和服务的需求出现大幅下滑或结构性调整。

（8）预期之外的公司组织结构和经营管理的变化。

（9）被审计单位被司法机关立案调查或可能面临行政处罚。

（三）其他方面

违反有关资本或其他法定监管要求，如对金融机构的偿债能力或流动性要求等；有关法律法规或政策的变化可能造成重大不利影响；未决诉讼或监管程序可能导致其无法支付索赔金额；投资者未履行合同义务并有可能造成重大不利影响。

某些措施可能减轻这些事项或情况的严重性。例如，被审计单位无法正常偿还债务的影响，可能由管理层通过替代方法（如处置资产、重新安排贷款偿还或获得额外资本金）计划保持足够的现金流量所抵销。类似地，主要供应商的流失也可以通过寻找适当的替代供应来源以降低损失。

二、识别出事项或情况时实施追加的审计程序

如果识别出可能导致对持续经营能力产生重大疑虑的事项或情况，注册会计师应当通过实施追加的审计程序（包括考虑缓解因素），获取充分、适当的审计证据，以确定可能导致对被审计单位持续经营能力产生重大疑虑的事项或情况是否存在重大不确定性（简称重大不确定性）。

这些程序应当包括：

（1）如果管理层尚未对被审计单位持续经营能力作出评估，提请其进行评估。

（2）评价管理层与持续经营能力评估相关的未来应对计划，这些计划的结果是否可能改善目前的状况，以及管理层的计划对于具体情况是否可行。

管理层与持续经营能力评估相关的未来应对计划可能包括变卖资产、债务融资、缩减或延缓开支、增加权益资本、获取母公司或其他方面的支持、调整营销策略等。针对不同类型的应对计划，注册会计师关注的事项可能包括：

a. 变卖资产。

第一，对于拟处置的资产，确定支持证据的充分性。

第二，考虑是否存在处置资产的限制。例如，在贷款协议中存在有限制处置资产的条款。

第三，考虑拟处置资产的变现能力。

第四，确定拟处置资产的潜在直接或间接影响。

第五，从资产处置中获取资金的充足性和及时性。

b. 债务融资。

第一，阅读公司债券和借款合同的条款并确定是否存在违约情况，或者在可预见的未来可能违约。

第二，确认授信合同的存在性、条款和充分性。

第三，考虑债务融资的可获得性。

第四，考虑被审计单位现有的借款合同是否对继续举债存在限制条款。

第五，检查被审计单位与金融机构就固定期限借款展期的协议，如固定期限借款合同尚未到期，了解被审计单位与金融机构就展期进行的沟通情况。

c. 缩减或延缓开支。

第一，考虑缩减管理费用等间接费用、推迟固定资产维修、推迟项目研发等的可行性。

第二，评价缩减或延缓开支的直接或间接影响。

第三，考虑管理层缩减或延缓开支计划的详细程度。

d. 增加权益资本。

第一，考虑增加权益资本计划的可行性。

第二，评价增加权益资本对被审计单位的影响。

e. 获取母公司或其他方面的支持。

第一，向关联方或第三方确认提供或保持财务支持的协议的存在性、合法性和可执行性，并对其提供额外资金的能力作出评估。

第二，评价母公司或其他方面提供支持的可能性。

f. 调整营销策略，预计市场改善。

第一，评价基础数据的恰当性和可靠性，以及增长率和利润率的可实现性。

第二，确定销售预测的可靠性。

第三，考虑行业的发展情况和宏观经济环境。

（3）如果被审计单位已编制现金流量预测，且在评价管理层未来应对计划时对预测的分析是考虑事项或情况未来结果的重要因素，评价用于编制预测的基础数据的可靠性，并确定预测所基于的假设是否具有充分的支持。

在评价被审计单位编制的预测时，需注意的问题包括以下方面。

a. 高级管理层和治理层是否适当参与预测的制定，并给予相应的关注；预测是否由适当人员完成。

b. 预测中所使用的基础数据是否准确，财务信息相关的主要假设是否具有充分依据以及是否合理。例如，预测中采用的增长率是否与宏观经济环境及行业经济发展趋势相吻合。

c. 预测是否足够详细。例如，预测是否按月编制，如果是，预测是如何反映收入和支出情况的。

d. 预测是否显示现金不充足的月份，如果是，了解、评价相关影响及管理层计划采取的应对措施。

e. 预测是否存在管理层偏向。

f. 比较管理层以前年度预算与实际结果，评价管理层预算的可靠性。

g. 预测中是否考虑了潜在的收入下滑。

h. 预测中是否考虑了融资成本的上升对管理层决策的影响。

i. 管理层是否进行了适当的敏感性分析。例如，考虑销售预测的变化可能对整体现金流量预测产生的影响。

j. 预测中如何考虑资产变现的问题，包括变现是否可行以及金额是否合理。

k. 预测中是否涵盖了对被审计单位履行未来债务协议要求的考虑。

（4）考虑自管理层作出评估后是否存在其他可获得的事实或信息。

（5）要求管理层和治理层（如适用）提供有关未来应对计划及其可行性的书面声明。

三、对审计报告的影响

注册会计师经审计,如果公司财务报表已按照持续经营假设编制,但根据判断认为管理层在财务报表中运用持续经营假设是不适当的,注册会计师应当发表否定意见。

如果运用持续经营假设是适当的,但存在重大不确定性,且财务报表对重大不确定性已作出充分披露,注册会计师应当发表无保留意见,并在审计报告中增加以"与持续经营相关的重大不确定性"为标题的单独部分。

如果运用持续经营假设是适当的,但存在重大不确定性,且财务报表对重大不确定性未作出充分披露,注册会计师应当按照《中国注册会计师审计准则第1502号——在审计报告中发表非无保留意见》的规定,恰当发表保留意见或否定意见。注册会计师应当在审计报告"形成保留(否定)意见的基础"部分说明,存在可能导致对被审计单位持续经营能力产生重大疑虑的重大不确定性,但财务报表未充分披露该事项。

如果运用持续经营假设是适当的,但存在重大不确定性,且管理层不愿按照注册会计师的要求作出评估或延长评估期间,注册会计师应当考虑这一情况对审计报告的影响。

如果管理层或治理层在财务报表日后严重拖延对财务报表的批准,注册会计师应当询问拖延的原因。如果认为拖延可能涉及与持续经营评估相关的事项或情况,注册会计师应当实施必要的追加审计程序,并考虑是否存在重大不确定性得出的结论的影响。

【扩展阅读】对与持续经营相关的重大不确定性的上市公司年报审计风险的关注

第六节 在审计报告中沟通关键审计事项

沟通关键审计事项,旨在通过提高已执行审计工作的透明度,增加审计报告的沟通价值。《中国注册会计师审计准则第1504号——在审计报告中沟通关键审计事项》规范注册会计师如何确定关键审计事项以及如何在审计报告中沟通关键审计事项,包括沟通的形式和内容。

沟通关键审计事项能够为财务报表预期使用者提供额外的信息,以帮助其了解注册会计师根据职业判断认为对本期财务报表审计最为重要的事项。沟通关键审计事项还能够帮助财务报表预期使用者了解被审计单位,以及已审计财务报表中涉及重大管理层判断的领域。

在审计报告中沟通关键审计事项,能够为财务报表预期使用者就与被审计单位、已审计财务报表或已执行审计工作相关的事项进一步与管理层和治理层沟通提供基础。

一、关键审计事项的定义

关键审计事项是指注册会计师根据职业判断认为对本期财务报表审计最为重要的事项。关键审计事项从注册会计师与治理层沟通过的事项中选取。

注册会计师应当从与治理层沟通过的事项中确定在执行审计工作时重点关注过的事项。在确定时,注册会计师应当考虑下列方面。

(1) 按照《中国注册会计师审计准则第 1211 号——重大错报风险的识别和评估》的规定,评估的重大错报风险较高的领域或识别出的特别风险。

(2) 与财务报表中涉及重大管理层判断(包括涉及高度估计不确定性的会计估计)的领域相关的重大审计判断。

(3) 本期重大交易或事项对审计的影响。

注册会计师应当从上述事项中,确定哪些事项对本期财务报表审计最为重要,从而构成关键审计事项。

二、沟通关键审计事项的要求

除非存在下列情形之一,注册会计师应当在审计报告中描述每项关键审计事项。

(1) 法律法规禁止公开披露某事项。

(2) 在极少数情形下,如果合理预期在审计报告中沟通某事项造成的负面后果超过在公众利益方面产生的益处,注册会计师确定不应在审计报告中沟通该事项。如果被审计单位已公开披露与该事项有关的信息,则本项规定不适用。

(3) 导致非无保留意见的事项或者可能导致对被审计单位持续经营能力产生重大疑虑的事项或情况存在重大不确定性,就其性质而言都属于关键审计事项。然而,这些事项不得在审计报告的关键审计事项部分进行描述。注册会计师应当按照适用的审计准则的规定报告这些事项,并在关键审计事项部分提及形成保留(否定)意见的基础部分或与持续经营相关的重大不确定性部分。

注册会计师应当在审计报告中单设一部分,以"关键审计事项"为标题,并在该部分使用恰当的子标题逐项描述关键审计事项。关键审计事项部分的引言应当同时说明下列事项。

(1) 关键审计事项是注册会计师根据职业判断,认为对本期财务报表审计最为重要的事项。

(2) 关键审计事项的应对以对财务报表整体进行审计并形成审计意见为背景,注册会计师不对关键审计事项单独发表意见。

按照《中国注册会计师审计准则第 1502 号——在审计报告中发表非无保留意见》的规定，某些事项导致注册会计师应当发表非无保留意见，注册会计师不得在审计报告的关键审计事项部分沟通这些事项。

第七节 期后事项

期后事项是指财务报表日至审计报告日之间发生的事项，以及注册会计师在审计报告日后知悉的事实。财务报表日是指财务报表涵盖的最近期间的截止日期。审计报告日是指注册会计师按照《中国注册会计师审计准则第 1501 号——对财务报表形成审计意见和出具审计报告》的规定在对财务报表出具的审计报告上签署的日期。财务报表报出日是指审计报告和已审计财务报表提供给第三方的日期。财务报表批准日是指构成整套财务报表的所有报表（包括相关附注）已编制完成，并且被审计单位的董事会、管理层或类似机构已经认可其对财务报表负责的日期。

一、财务报表日至审计报告日之间发生的事项

注册会计师应当设计和实施审计程序，获取充分、适当的审计证据，以确定所有在财务报表日至审计报告日之间发生的、需要在财务报表中调整或披露的事项均已得到识别，以使审计程序能够涵盖财务报表日至审计报告日（或尽可能接近审计报告日）之间的期间。但是，注册会计师并不需要对之前已实施审计程序并已得出满意结论的事项执行追加的审计程序。

在实施相应审计程序后，如果注册会计师识别出需要在财务报表中调整或披露的事项，应当确定这些事项是否按照适用的财务报告编制基础的规定在财务报表中得到恰当反映。

二、在审计报告日后至财务报表报出日前知悉的事实

在审计报告日后，注册会计师没有义务针对财务报表实施任何审计程序。

在审计报告日后至财务报表报出日前，如果知悉了某事实，且若在审计报告日知悉可能导致修改审计报告，注册会计师应当：
（1）与管理层和治理层（如适用）讨论该事项。
（2）确定财务报表是否需要修改。
（3）如果需要修改，询问管理层将如何在财务报表中处理该事项。
如果管理层修改财务报表，注册会计师应当：
（1）根据具体情况对有关修改实施必要的审计程序。
（2）将审计程序延伸至新的审计报告日，并针对修改后的财务报表出具新的审计

报告。新的审计报告日不应早于修改后的财务报表被批准的日期。

如果管理层对财务报表的修改仅限于反映导致修改的期后事项的影响，被审计单位的董事会、管理层或类似机构也仅对有关修改进行批准，注册会计师可以仅针对有关修改按上述审计程序延伸至新的审计报告日。在这种情况下，注册会计师应当选用下列处理方式之一。

（1）修改审计报告，针对财务报表修改部分增加补充报告日期，从而表明注册会计师对期后事项实施的审计程序仅限于财务报表相关附注所述的修改。

（2）出具新的或经修改的审计报告，在强调事项段或其他事项段中说明注册会计师对期后事项实施的审计程序仅限于财务报表相关附注所述的修改。

如果认为管理层应当修改财务报表而没有修改，注册会计师应当分别以下情况予以处理。

（1）如果审计报告尚未提交给被审计单位，注册会计师应当按照《中国注册会计师审计准则第1502号——在审计报告中发表非无保留意见》的规定发表非无保留意见，然后再提交审计报告。

（2）如果审计报告已经提交给被审计单位，注册会计师应当通知管理层和治理层（除非治理层全部成员参与管理被审计单位）在财务报表作出必要修改前不要向第三方报出。如果财务报表在未经必要修改的情况下仍被报出，注册会计师应当采取适当措施，以设法防止财务报表使用者信赖该审计报告。

三、在财务报表报出后知悉的事实

在财务报表报出后，注册会计师没有义务针对财务报表实施任何审计程序。在财务报表报出后，如果知悉了某事实，且若在审计报告日知悉可能导致修改审计报告，注册会计师应当：①与管理层和治理层（如适用）讨论该事项；②确定财务报表是否需要修改；③如果需要修改，询问管理层将如何在财务报表中处理该事项。

1. 管理层修改了财务报表

如果管理层修改了财务报表，注册会计师应当：

（1）根据具体情况对有关修改实施必要的审计程序。

（2）复核管理层采取的措施能否确保所有收到原财务报表和审计报告的人士了解这一情况。

（3）将执行审计程序延伸至新的审计报告日，并针对修改后的财务报表出具新的审计报告，新的审计报告日不应早于修改后的财务报表被批准的日期。

注册会计师应当在新的或经修改的审计报告中增加强调事项段或其他事项段，提醒财务报表使用者关注财务报表附注中有关修改原财务报表的详细原因和注册会计师提供的原审计报告。

2. 管理层未采取任何行动

如果管理层没有采取必要措施确保所有收到原财务报表的人士了解这一情况,也没有在注册会计师认为需要修改的情况下修改财务报表,注册会计师应当通知管理层和治理层(除非治理层全部成员参与管理被审计单位),注册会计师将设法防止财务报表使用者信赖该审计报告。

如果注册会计师已经通知管理层或治理层,而管理层或治理层没有采取必要措施,注册会计师应当采取适当措施,以设法防止财务报表使用者信赖该审计报告。

【一问一答】期后事项的三个阶段是什么?

【审计实践】期后事项的披露

第十五章

常见非年报审计的鉴证业务

第一节 验资业务

一、验资的含义

验资是指注册会计师依法接受委托，对被审验单位注册资本的实收情况或注册资本及实收资本的变更情况进行审验，并出具验资报告。

被审验单位是指在中华人民共和国境内拟设立或已设立的，依法应当接受验资的有限责任公司和股份有限公司。拟设立公司是指处于筹备阶段中，已经向公司登记机关办理了公司名称预先核准，或已办理了审批手续（对法律、行政法规规定设立公司必须报经批准的），正准备向公司登记机关申请设立登记的公司。已设立公司是指已经办理了公司登记，领取了营业执照，正式成立的公司。

注册会计师的审验意见旨在提高被审验单位的注册资本实收情况或注册资本及实收资本变更情况的信赖程度，满足公司登记机关登记注册资本和实收资本及被审验单位向出资者签发出资证明的需要。

注册会计师完成审验工作后，应对被审验单位注册资本的实收情况或注册资本及实收资本的变更情况发表审验意见，出具验资报告。

二、验资类型

验资分为设立验资和变更验资。

（一）设立验资

设立验资是指注册会计师对被审验单位申请设立登记时的注册资本实收情况进行的审验。需要注册会计师进行设立验资的情况主要包括：①被审验单位向公司登记机关申请设立登记时全体股东的一次性全部出资和分次出资的首次出资；②公司新设合并、分立，新设立的公司向公司登记机关申请设立登记。

（二）变更验资

变更验资是指注册会计师对被审验单位申请变更登记时的注册资本及实收资本的变更情况进行的审验。需要注册会计师进行变更验资的情况主要包括：①被审验单位出资者（包括原出资者和新出资者）新投入资本，增加注册资本及实收资本；②分次出资的非首次出资，增加实收资本，但注册资本不变；③被审验单位以资本公积、盈余公积、未分配利润转增注册资本及实收资本；④被审验单位因吸收合并变更注册资本及实收资本；⑤被审验单位因派生分立、注销股份或依法收购股东的股权等减少注册资本及实收资本；⑥被审验单位整体改制，包括由非公司制企业变更为公司制企业或由有限责任公司变更为股份有限公司时，以净资产折合实收资本。

需要指出的是，公司因出资者、出资比例等发生变化，注册资本及实收资本金额不变，需要按照有关规定向公司登记机关申请办理变更登记，但不需要进行变更验资。

三、验资业务程序

（一）承接验资业务

注册会计师应当了解被审验单位基本情况，考虑自身独立性和专业胜任能力，初步评估验资风险，以确定是否接受委托。了解被审验单位基本情况，主要是指在接受委托前，注册会计师应当与委托人、被审验单位管理层沟通，实地察看被审验单位的住所和主要经营场所，了解被审验单位基本情况，获取有关资料，填写被审验单位基本情况表，如表15-1和表15-2所示。

表15-1　有限责任公司、股份有限公司设立验资被审验单位基本情况表

被审验单位名称					
住所					
联系电话		传真		邮政编码	
电子信箱					
公司类型					
法定代表人		经营期限			
经营范围					
审批机关及文号					
董事长		总经理		委托代理人	
开户银行及账号					

续表

出资者名称	认缴（认购）的注册资本			实收资本		
	出资方式	出资金额	出资比例	出资方式	出资金额	出资比例
合计						
备注						

表15-2　有限责任公司、股份有限公司变更验资被审验单位基本情况表

被审验单位名称					
住所					
联系电话		传真		邮政编码	
电子信箱					
公司类型					
法定代表人		经营期限			
经营范围					
审批机关及文号					
营业执照号码		注册日期			
董事长		总经理		财务负责人	
开户银行及账号					
出资者名称	变更前注册资本/实收资本			变更后注册资本/实收资本		
	出资方式	出资金额	出资比例	出资方式	出资金额	出资比例
合计						
备注						

注册会计师应当就委托目的、出资者和被审验单位的责任以及注册会计师的责任、审验范围、时间要求、验资收费、报告分发和使用的限制等主要事项与委托人沟通，并达成一致意见。

如果接受委托，注册会计师应当与委托人就双方达成一致的事项签订业务约定书。验资业务约定书的具体内容可能因被审验单位的不同、验资类型的不同而存在差异，但至少应当包括业务范围与委托目的、双方的责任与义务、验资收费、验资报告的用途及使用责任、业务约定书的有效期间、约定事项的变更及违约责任等条款。业务约定书应当由会计师事务所与委托人签订。

(二)确定验资范围

1. 设立验资的审验范围

设立验资的审验范围一般限于与被审验单位注册资本实收情况有关的事项,包括出资者、出资币种、出资金额、出资时间、出资方式和出资比例等。

2. 变更验资的审验范围

变更验资的审验范围一般限于与被审验单位注册资本及实收资本增减变动情况有关的事项。

增加注册资本及实收资本时,审验范围包括与增资相关的出资者、出资币种、出资金额、出资时间、出资方式、出资比例和相关会计处理,以及增资后的出资者、出资金额和出资比例等。

减少注册资本及实收资本时,审验范围包括与减资相关的减资者、减资币种、减资金额、减资时间、减资方式、债务清偿或债务担保情况、相关会计处理,以及减资后的出资者、出资金额和出资比例等。

四、编制验资计划

注册会计师执行验资业务,应当编制验资计划,包括总体验资计划和具体验资计划。总体验资计划是注册会计师对验资业务作出的总体安排;具体验资计划是注册会计师对拟实施审验程序的性质、时间安排和范围作出的具体安排。

计划验资工作并非验资业务的一个孤立阶段,而是一个持续的、不断修正的过程,贯穿于整个验资业务的始终。由于未预期事项、条件的变化或在实施审验程序中获取的审验证据的变化等原因,注册会计师可以在验资过程中对总体验资计划和具体验资计划作出必要的更新和修改。

五、执行审验程序

(一)审验方法

注册会计师应当关注出资者的出资金额、出资时间、出资方式、出资比例等内容是否符合法律法规以及协议、章程的规定。

对于出资者投入的资本及其相关的资产、负债,注册会计师应当分别采用下列方法进行审验。

1. 货币出资的审验

以货币出资的,应当在检查被审验单位开户银行出具的收款凭证、对账单及银行询证函回函等的基础上，审验出资者的实际出资金额，并关注全体股东的货币出资额占注册资本的比例是否符合法定要求。对于股份有限公司向社会公开募集的股本，还应当检查证券公司承销协议、募股清单和股票发行费用清单等。

2. 实物出资的审验

以实物出资的，应当观察、检查实物，审验其权属转移情况，并按照国家有关规定在资产评估的基础上审验其价值。如果被审验单位是外商投资企业，注册会计师应当按照国家有关外商投资企业的规定，审验实物出资的价值。

3. 无形资产出资的审验

以知识产权、土地使用权等无形资产出资的，应当审验其权属转移情况，并按照国家有关规定在资产评估的基础上审验其价值。如果被审验单位是外商投资企业，注册会计师应当按照国家有关外商投资企业的规定，审验无形资产出资的价值。

4. 净资产折合实收资本的审验

以净资产折合实收资本的，或以资本公积、盈余公积、未分配利润转增注册资本及实收资本的，应当在审计的基础上按照国家有关规定审验其价值。

5. 其他财产出资的审验

以货币、实物、知识产权、土地使用权以外的其他财产出资的，注册会计师应当审验出资是否符合国家有关规定。

6. 外商投资企业外方出资的审验

对于外商投资企业外方出资的，注册会计师还应当关注其是否符合国家外汇管理有关规定，向企业注册地的外汇管理部门发出外方出资情况询证函，并根据外方出资者的出资方式附送银行询证函回函、资本项目外汇业务核准件及进口货物报关单等文件的复印件，以询证上述文件内容的真实性、合规性。

（二）审验要求

1. 对非货币财产作价出资的审验要求

对于出资者以实物、知识产权和土地使用权等非货币财产作价出资的，注册会计师应当在出资者依法办理财产权转移手续后予以审验。

无论是设立验资还是变更验资，对出资者以实物、知识产权、土地使用权等非货币财产出资的，注册会计师都应当检查上述出资财产办理财产权转移手续的证明文件，验证其出资前是否归属于出资者，出资后是否归属于被审验单位，并关注出资财产是否未设定担保、未被封存或冻结等。

2. 对于设立验资的首次出资的审验要求

对于设立验资，如果出资者分次缴纳注册资本，注册会计师应当关注全体出资者的首次出资额和出资比例是否符合国家有关规定。

这里需要关注三种情形：一是关注有限责任公司全体股东的首次出资额是否不低于公司注册资本的 20%，且不低于法定的注册资本最低限额。二是关注发起设立的股份有限公司全体发起人的首次出资额是否不低于公司注册资本的 20%。三是关注外商投资的有限责任公司股东的首次出资额是否不低于其认缴出资的 15%，是否在公司成立之日起 3 个月内缴足。

3. 对于变更验资注册会计师应当关注的事项

对于变更验资，注册会计师应当关注被审验单位以前的注册资本实收情况，并关注出资者是否按照规定的期限缴纳注册资本。

关注被审验单位以前的注册资本实收情况，注册会计师主要是通过查阅前期验资报告，关注前期出资的非货币财产是否办理财产权转移手续；关注被审验单位与其关联方的有关往来款项有无明显异常情况；查阅近期财务报表和审计报告，关注被审验单位是否存在由于严重亏损而导致增加注册资本前的净资产小于实收资本的情况。

关注出资者是否按照规定的期限缴纳注册资本，主要是关注出资者首次出资后，其余部分是否由出资者自公司成立之日起 2 年内缴足，其中投资公司在 5 年内缴足。

六、编制审验工作底稿

注册会计师应当对验资过程及结果进行记录，形成验资工作底稿。验资工作底稿一般分为综合类工作底稿、业务类工作底稿和备查类工作底稿。注册会计师应当按照《中国注册会计师审计准则第 1131 号——审计工作底稿》的要求，编制和归档验资工作底稿。

七、验资报告

注册会计师应当评价根据审验证据得出的结论，以作为形成审验意见和出具验资报告的基础。验资报告应当包括下列要素。

1）标题

验资报告的标题应当统一规范为"验资报告"。

2）收件人

验资报告的收件人是指注册会计师按照业务约定书的要求致送验资报告的对象，一般是指验资业务的委托人。验资报告应当载明收件人的全称。

3）范围段

验资报告的范围段应当说明审验范围、出资者和被审验单位的责任、注册会计师的责任、审验依据和已实施的主要审验程序等。

4）意见段

验资报告的意见段应当说明已审验的被审验单位注册资本的实收情况或注册资本及

实收资本的变更情况。对于变更验资，注册会计师仅对本次注册资本及实收资本的变更情况发表审验意见。

5）说明段

验资报告的说明段应当说明验资报告的用途、使用责任及注册会计师认为应当说明的其他重要事项。

对于变更验资，注册会计师还应当在验资报告说明段中说明对以前注册资本实收情况审验的会计师事务所名称及其审验情况，并说明变更后的累计注册资本实收金额。

6）附件

验资报告的附件应当包括已审验的注册资本实收情况明细表或注册资本、实收资本变更情况明细表和验资事项说明等。

7）注册会计师的签名和盖章

8）会计师事务所的名称、地址及盖章

9）报告日期

第二节 内部控制审计

一、内部控制审计的概念

内部控制审计是指会计师事务所接受委托，对特定基准日内部控制设计与运行的有效性进行审计。出于注册会计师的专业胜任能力、审计成本效益的约束，以及投资者对财务信息质量的需求考虑，注册会计师执行的内部控制审计严格限定在财务报告内部控制审计。财务报告内部控制是指公司的董事会、监事会、经理层及全体员工实施的旨在合理保证财务报告及相关信息真实、完整而设计和运行的内部控制，以及用于保护资产安全的内部控制中与财务报告可靠性目标相关的控制。

针对财务报告内部控制，注册会计师对其有效性发表审计意见；针对非财务报告内部控制，注册会计师对内部控制审计过程中注意到的非财务报告内部控制的重大缺陷，在内部控制审计报告中增加"非财务报告内部控制重大缺陷描述段"予以披露。

注册会计师不可能对企业内部控制在某个时间段（如一年）内每天的运行情况进行描述，然后发表审计意见，这样做不切实际，并且无法向信息使用者提供准确清晰的信息（考虑到中间对内部控制缺陷的纠正），甚至会误导信息使用者。注册会计师应当获取内部控制在基准日之前一段足够长的时间内有效运行的审计证据。内部控制审计基准日是指注册会计师评价内部控制在某一时日是否有效所涉及的基准日，也是被审计单位评价基准日，即最近一个会计期间截止日。

二、计划内部控制审计工作

注册会计师应当恰当地计划内部控制审计工作,配备具有专业胜任能力的项目组,并对助理人员进行适当的督导。

(一)计划审计工作时应考虑的事项

在计划审计工作时,注册会计师应当评价下列事项对财务报告内部控制、财务报表及审计工作的影响。

(1)与企业相关的风险。了解企业面临的风险可以帮助识别重大错报风险,继而帮助注册会计师识别重要账户、重要列报和相关认定以及识别重大业务流程,对内部控制审计的重大风险形成初步评价。注册会计师通常通过询问被审计单位的高级管理人员、考虑宏观形势对企业的影响并结合以往的审计经验,了解企业在经营活动中面临的各种风险,并重点关注那些对财务报表可能产生重要影响的风险以及这些风险当年的变化。

(2)相关法律法规和行业概况。注册会计师应当了解与被审计单位业务相关的法律法规及其合规性。在整合审计中,注册会计师应当重点关注可能直接影响财务报表金额与披露的法律法规,如税法、高度监管行业的监管法规(如适用)等。同时,注册会计师通过询问董事会、管理人员和相关部门人员以及检查被审计单位与监管部门的往来函件,关注被审计单位的违法违规情况,考虑违法违规行为可能导致的罚款、诉讼及其他可能对企业财务报表产生重大影响的事件,并初步判断是否可能造成非财务报告内部控制的重大缺陷。

另外,注册会计师应了解行业因素以确定其对被审计单位经营环境的影响。

(3)企业组织结构、经营特点和资本结构等相关重要事项。注册会计师应当了解被审计单位的股权结构、企业的实际控制人及关联方;企业的子公司、合营公司、联营公司以及财务报表合并范围;企业的组织结构、治理结构;业务及区域的分部设置和管理架构;企业的负债结构和主要条款,包括资产负债表外的筹资安排等。注册会计师了解企业的这些情况,以便评价企业是否存在重大的、可能引起财务报表重大错报的非常规业务和关联交易,是否构成财务报表重大错报风险,以及相关的内部控制是否可能存在重大缺陷。

(4)企业内部控制最近发生变化的程度。注册会计师应当了解被审计单位本期内部控制发生的变化以及变化的程度,从而相应调整审计计划。这些变化包括新增的业务流程、原有业务流程的变更、内部控制执行人的变更等。

企业内部控制的变化将会直接影响到注册会计师内部控制审计程序的性质、时间安排和范围。例如,针对企业新增业务的重大业务流程,注册会计师需要安排有经验的审计人员了解该业业务流程,并在实施审计工作中的前期识别该流程相关控制,以尽早地与企业沟通该流程中的相关控制是否可能存在重大的设计缺陷。

(5)与企业沟通过的内部控制缺陷。注册会计师应当了解被审计单位对以前年度审计中发现的内部控制缺陷所采取的改进措施及改进结果,并相应适当地调整本年的内部控制审计计划。如果以前年度发现的内部控制缺陷未得到有效整改,则注册会计师需要评价这些缺陷对当期的内部控制审计意见的影响。

(6)重要性、风险等与确定内部控制重大缺陷相关的因素。注册会计师应当对与确定内部控制重大缺陷相关的重要性、风险及其他因素进行初步判断。

对于已识别的风险,注册会计师应当评价其对财务报表和内部控制的影响程度。注册会计师应当更多地关注内部控制审计的高风险领域,而没有必要测试那些即使有缺陷也不可能导致财务报表重大错报的控制。

(7)对内部控制有效性的初步判断。注册会计师综合上述考虑以及借鉴以前年度的审计经验,形成对企业内部控制有效性的初步判断。

对于内部控制可能存在重大缺陷的领域,注册会计师应给予充分的关注,具体表现在:对相关的内部控制亲自进行测试而非利用他人工作;在接近内部控制评价基准日的时间测试内部控制;选择更多的组成部分进行测试;扩大相关内部控制的控制测试范围等。

(8)可获取的、与内部控制有效性相关的证据的类型和范围。注册会计师应当了解可获取的、与内部控制有效性相关的证据的类型和范围。例如,第三方证据还是内部证据,是书面证据还是口头证据,所获得证据可以覆盖所有测试领域还是仅能覆盖部分领域。内部控制的特定领域存在重大缺陷的风险越高,注册会计师所需获取的审计证据客观性、可靠性越强。

(二)总体审计策略和具体审计计划

内部控制审计计划分为总体审计策略和具体审计计划两个层次。

1. 总体审计策略

总体审计策略用以总结计划阶段的成果,确定审计的范围、时间和方向,并指导具体审计计划的制订。注册会计师应当在总体审计策略中体现下列内容:①确定审计业务的特征,以界定审计范围;②明确审计业务的报告目标,以计划审计的时间安排和所需沟通的性质;③根据职业判断,考虑用以指导项目组工作方向的重要因素;④考虑初步业务活动的结果,并考虑对被审计单位执行其他业务时获得的经验是否与内部控制审计业务相关;⑤确定执行业务所需资源的性质、时间安排和范围,如项目组成员的选择以及对项目组成员审计工作的分派、项目时间预算等。

2. 具体审计计划

具体审计计划比总体审计策略更加详细,内容包括项目组成员拟实施的审计程序的性质、时间安排和范围。计划这些审计程序,会随着具体审计计划的制订逐步深入,并贯穿于审计的整个过程。注册会计师应当在具体审计计划中体现下列内容:①了解和识别内部控制的程序的性质、时间安排和范围;②测试控制设计有效性的程序的性质、时间安排和范围;③测试控制运行有效性的程序的性质、时间安排和范围。

三、自上而下的方法

注册会计师应当采用自上而下的方法选择拟测试的控制。

自上而下的方法始于财务报表层次，从注册会计师对财务报告内部控制整体风险的了解开始，然后，将关注重点放在企业层面的控制上，并将工作逐渐下移至重要账户、列报及其相关认定。随后，确认其对被审计单位业务流程中风险的了解，并选择能足以应对评估的每个相关认定的重大错报风险的控制进行测试。

自上而下的方法分为下列步骤：①从财务报表层次初步了解内部控制整体风险；②识别、了解和测试企业层面控制；③识别重要账户、列报及其相关认定；④了解潜在错报的来源并识别相应的控制；⑤选择拟测试的控制。

下面对上述步骤进行具体说明。

（一）识别、了解和测试企业层面控制

企业层面的控制通常为应对企业财务报表整体层面的风险而设计，或作为其他控制运行的"基础设施"，通常在比业务流程更高的层面上乃至整个企业范围内运行，其作用比较广泛，通常不局限于某个具体认定。企业层面控制包括下列内容。

（1）与控制环境（即内部环境）相关的控制。

（2）针对管理层和治理层凌驾于控制之上的风险而设计的控制。

（3）被审计单位的风险评估过程。

（4）对内部信息传递和期末财务报告流程的控制。

（5）对控制有效性的内部监督（即监督其他控制的控制）和内部控制评价。

此外，集中化的处理和控制（包括共享的服务环境）、监控经营成果的控制以及针对经营控制及风险管理实务的政策也属于企业层面控制。

（二）识别重要账户、列报及其相关认定

注册会计师应当基于财务报表层次识别重要账户、列报及其相关认定。

如果某账户或列报可能存在一个错报，该错报单独或连同其他错报将导致财务报表发生重大错报，则该账户或列报为重要账户或列报。

如果某财务报表认定可能存在一个或多个错报，这个或这些错报将导致财务报表发生重大错报，则该认定为相关认定。

在识别重要账户、列报及其相关认定时，注册会计师应当从定性和定量两个方面作出评价，包括考虑舞弊的影响。

在识别重要账户、列报及其相关认定时，注册会计师不应考虑控制的影响，因为内部控制审计的目标本身就是评价控制的有效性。

在内部控制审计中，注册会计师在识别重要账户、列报及其相关认定时应当评价的风险因素，与财务报表审计中考虑的因素相同。因此，在这两种审计中识别的重要账户、列报及其相关认定应当相同。

（三）了解潜在错报的来源并识别相应的控制

1. 了解潜在错报的来源

注册会计师应当实现下列目标，以进一步了解潜在错报的来源，并为选择拟测试的控制奠定基础。

（1）了解与相关认定有关的交易的处理流程，包括这些交易如何生成、批准、处理及记录。

（2）验证注册会计师识别出的业务流程中可能发生重大错报（包括舞弊导致的错报）的环节。

（3）识别被审计单位用于应对这些错报或潜在错报的控制。

（4）识别被审计单位用于及时防止或发现并纠正未经授权的、导致重大错报的资产取得、使用或处置的控制。

2. 实施穿行测试

穿行测试通常是实现上述目标和评价控制设计的有效性以及确定控制是否得到执行的有效方法。穿行测试是指追踪某笔交易从发生到最终被反映在财务报表中的整个处理过程。

在下列情况下，注册会计师一般会实施穿行测试。

（1）存在较高固有风险的复杂领域。

（2）以前年度审计中识别出的缺陷（需要考虑缺陷的严重程度）。

（3）由于引入新的人员、新的系统、收购和采取新的会计政策而导致流程发生重大变化。

如果注册会计师首次接受委托执行内部控制审计，通常预期注册会计师会对重要流程实施穿行测试。

穿行测试涵盖交易生成、授权、记录、处理和报告整个过程，以及识别出的重要流程中的控制，包括针对舞弊风险的控制。一般而言，对每个重要流程，选取一笔交易或事项实施穿行测试即可。如果被审计单位采用集中化的系统为多个组成部分执行重要流程，则可能不必在每个重要的经营场所或业务单位选取一笔交易或事项实施穿行测试。

（四）选择拟测试的控制

注册会计师应当对被审计单位的控制是否足以应对评估的每个相关认定的错报风险形成结论。因此，注册会计师应当选择对形成这一评价结论具有重要影响的控制进行测试。

对特定的相关认定而言，可能有多项控制用以应对评估的错报风险；反之，一项控制也可能应对评估的多项相关认定的错报风险。注册会计师没有必要测试与某项相关认定有关的所有控制。在确定是否测试某项控制时，注册会计师应当考虑该项控制单独或连同其他控制，是否足以应对评估的某项相关认定的错报风险，而不论该项控制的分类和名称如何。

注册会计师在选取拟测试的控制时，通常不会选取整个流程中的所有控制，而是选择关键控制，即能够成为一个或多个重要账户或列报的一个或多个相关认定提供最有效率的证据的控制。每个重要账户、认定或重大错报风险至少应当有一个对应的关键控制。

在选择关键控制时，注册会计师需要考虑：①哪些控制是不可缺少的？②哪些控制直接针对相关认定？③哪些控制可以应对错误或舞弊导致的重大错报风险？④控制的运行是否足够精确？

注册会计师应当选择测试那些对形成内部控制审计意见有重大影响的控制。对于与所有重要账户和列报相关的所有相关认定，注册会计师都需要取得关于控制设计和运行是否有效的证据。如果存在多个控制均应对相关认定的重大风险错报，注册会计师通常会选择那个能够以最有效的方式予以测试的控制。

四、内部控制的有效性

内部控制的有效性包括内部控制设计的有效性和内部控制运行的有效性。

如果某项控制由拥有有效执行控制所需的授权和专业胜任能力的人员按规定的程序和要求执行，能够实现控制目标，从而有效地防止或发现并纠正可能导致财务报表发生重大错报的错误或舞弊，则表明该项控制的设计是有效的。

如果某项控制正在按照设计运行、执行人员拥有有效执行控制所需的授权和专业胜任能力，能够实现控制目标，则表明该项控制的运行是有效的。

注册会计师应当测试控制设计的有效性和控制运行的有效性。注册会计师获取的有关控制运行有效性的审计证据包括：①控制在所审计期间的相关时点是如何运行的；②控制是否得到一贯执行；③控制由谁或以何种方式执行。

五、内部控制缺陷评价

（一）内部控制缺陷种类

内部控制存在的缺陷包括设计缺陷和运行缺陷。

设计缺陷是指缺少为实现控制目标所必需的控制，或现有控制设计不适当，即使正常运行也难以实现预期的控制目标。运行缺陷是指现存设计适当的控制没有按设计意图运行，或执行人员没有获得必要授权或缺乏胜任能力，无法有效地实施内部控制。

内部控制存在的缺陷，按其严重程度分为重大缺陷、重要缺陷和一般缺陷。

重大缺陷是内部控制中存在的、可能导致不能及时防止或发现并纠正财务报表出现重大错报的一项控制缺陷或多项控制缺陷的组合。重要缺陷是内部控制中存在的、其严重程度不如重大缺陷但足以引起负责监督被审计单位财务报告的人员（如审计委员会或类似机构）关注的一项控制缺陷或多项控制缺陷的组合。一般缺陷是内部控制中存在的、除重大缺陷和重要缺陷之外的控制缺陷。

注册会计师应当评价其识别的各项控制缺陷的严重程度，以确定这些缺陷单独或组合起来，是否构成内部控制的重大缺陷。但是，在计划和实施审计工作时，不要求注册会计师寻找单独或组合起来不构成重大缺陷的控制缺陷。

（二）内部控制缺陷整改

如果被审计单位在基准日前对存在缺陷的控制进行了整改，整改后的控制需要运行足够长的时间，才能使注册会计师得出其是否有效的审计结论。注册会计师应当根据控制的性质和与控制相关的风险，合理运用职业判断，确定整改后控制运行的最短期间（或整改后控制的最少运行次数）以及最少测试数量。

如果被审计单位在基准日前对存在重大缺陷的内部控制进行了整改，但新控制尚没有运行足够长的时间，注册会计师应当将其视为内部控制在基准日存在重大缺陷。

【一问一答】内部控制审计与财务报表审计中的控制测试有何区别？

六、出具审计报告

（一）形成审计意见

注册会计师应当评价从各种来源获取的审计证据，包括对控制的测试结果、财务报表审计中发现的错报以及已识别的所有控制缺陷，形成对内部控制有效性的意见。在评价审计证据时，注册会计师应当查阅本年度涉及内部控制的内部审计报告或类似报告，并评价这些报告中指出的控制缺陷。

在对内部控制的有效性形成意见后，注册会计师应当评价企业内部控制评价报告对相关法律法规规定的要素的列报是否完整和恰当。

根据中国证券监督管理委员会《上市公司实施企业内部控制规范体系监管问题解答》的规定，公开发行证券的公司在年度报告中应披露的财务报告内部控制评价报告应包括以下内容。

（1）公司董事会关于建立健全和有效实施财务报告内部控制，并就公司财务报告内部控制评价报告真实性作出的声明。

（2）财务报告内部控制评价的依据。

（3）根据自我评价情况，认定于评价基准日存在的财务报告内部控制重大缺陷情况。

（4）对发现的重大缺陷已采取或拟采取的整改措施的说明。

（5）公司董事会对评价基准日财务报告内部控制有效性的自我评价结论。

（6）在财务报告内部控制自我评价过程中关注到的非财务报告内部控制重大缺陷情况。

（二）内部控制审计报告的意见类型

1. 无保留意见

如果符合下列所有条件，注册会计师应当对财务报告内部控制出具无保留意见的内部控制审计报告。

（1）在基准日，被审计单位按照适用的内部控制标准的要求，在所有重大方面保持了有效的内部控制。

（2）注册会计师已经按照《企业内部控制审计指引》的要求计划和实施审计工作，在审计过程中未受到限制。

2. 非无保留意见

（1）内部控制存在重大缺陷时的处理。如果认为内部控制存在一项或多项重大缺陷，除非审计范围受到限制，注册会计师应当对内部控制发表否定意见。否定意见的内部控制审计报告还应当包括重大缺陷的定义、重大缺陷的性质及其对内部控制的影响程度。

（2）审计范围受到限制时的处理。注册会计师只有实施了必要的审计程序，才能对内部控制的有效性发表意见。如果审计范围受到限制，注册会计师应当解除业务约定或出具无法表示意见的内部控制审计报告。在出具无法表示意见的内部控制审计报告时，注册会计师应当在内部控制审计报告中指明审计范围受到限制，无法对内部控制的有效性发表意见，并单设段落说明无法表示意见的实质性理由。

【一问一答】经济责任审计的对象有哪些？经济责任审计的内容有哪些？

【一问一答】什么是资源环境审计？